I0826452

Katia Dianina

•

When Art Makes News

Writing Culture and Identity in Imperial Russia

Northern Illinois University Press

2013

Катя Дианина

•

Искусство на повестке дня

Рождение русской культуры из духа газетных споров

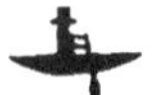

Academic Studies Press

Библиороссика

Бостон / Санкт-Петербург

2023

УДК 7.03
ББК 85.03(2)
Д44

Перевод с английского Е. Гавриловой

Серийное оформление и оформление обложки Ивана Граве

Дианина, Катя

Д44 Искусство на повестке дня. Рождение русской культуры из духа газетных споров / К. Дианина ; [пер. с англ. Е. Гавриловой]. — СПб.: Academic Studies Press / Библиороссика, 2023. — 498 с. — (Серия «Современная западная русистика» = «Contemporary Western Rusistika»).

ISBN 9798897837908 (Academic Studies Press)
ISBN 978-5-907532-68-7 (Библиороссика)

Книга Кати Дианиной переносит нас в 1860-е годы, когда выставочный зал и газетный разворот стали теми двумя новыми пространствами публичной сферы, где пересекались дискурсы об искусстве и национальном самоопределении. Этот диалог имел первостепенное значение, потому что колонки газет не только описывали культурные события, но и определяли их смысл для общества в целом. Благодаря популярным текстам прежде малознакомое изобразительное искусство стало доступным грамотному населению — как источник гордости и как предмет громкой полемики. Таким образом, изобразительное искусство и журналистика приняли участие в строительстве русской культурной идентичности. В центре этого исследования — развитие общего дискурса о культурной самопрезентации, сформированного художественными экспозициями и массовой журналистикой.

УДК 7.03
ББК 85.03(2)

ISBN 9798897837908
ISBN 978-5-907532-68-7

Моей семье — и жар-птице

Благодарности

Этот труд вырос из моего давнего пристрастия к российским музеям и выставкам. Годы, в течение которых я исследовала, писала и редактировала эту книгу, были временем открытий — как научного, так и личного характера. В диалоге с другими — писателями, коллегами, наставниками и друзьями — созревала и сама книга о публичном дискурсе. Мне выпала честь получить руководство и поддержку многих людей и учреждений — сегодня я хотела бы поблагодарить тех, кто вдохновлял и делился критическими замечаниями, помогал словами мудрости и уроками стиля: Сьюзан Бин, Розалинд Полли Блейксли, Джозефа Брэдли, Дэвида Бранденбергера, Джеффри Брукса, Патрицию Шапю, Кристофера Эли, Кэрил Эмерсон, Дональда Фэнгера, Эми Фарранто, Дэвида К. Фишера, Элисон Хилтон, Барбару Э. Джонсон, Джанет Кеннеди, Натаниэля Найта, Маркуса Ч. Левитта, Луизу Макрейнольдс, Энн Одом, Венди Салмонд, Андреаса Шенле, Ричарда Стайтса, Элизабет Сыркин, Уильяма Миллза Тодда III и Ричарда Уортмана. Я благодарна за оказанную мне финансовую поддержку в рамках стипендии ACLS/SSRC/NEH в области международных и региональных исследований, а также грантов для международных исследований и исследований в области искусства, гуманитарных и социальных наук от университета Вирджинии.

Части этой книги были опубликованы ранее в виде статей в журналах:

The Feuilleton: An Everyday Guide to Public Culture in the Age of the Great Reforms // Slavic and East European Journal. 2003. Vol. 47. № 2. P. 186–208.

The Firebird of the National Imaginary: The Myth of Russian Culture and Its Discontents // The Journal of European Studies. 2012. Vol. 42. № 3. P. 223–244.

Museum and Message: Writing Public Culture in Imperial Russia // Slavic and East European Journal. 2012. Vol. 56. № 2. P. 173–195.

Переработанные версии этих публикаций используются здесь с разрешения.

Введение

Предмет всенародного обсуждения

«Опять культура? Да, снова культура. Я не знаю ничего иного, что может спасти нашу страну от гибели», — писал М. Горький в 1918 году [Горький 1918: 49]. Культура как спасение и гордость, как вера и красота — традиция вкладывать в культуру особый смысл имеет в России глубокие корни. Она пережила революции и войны XX столетия и остается одной из немногих констант идентичности, которую разделяют дореволюционный, советский и постсоветский периоды. Культура — это светская религия России: невзирая на серьезные национальные потрясения и повседневные трудности, приверженность русских культуре остается неизменной. Б. А. Пильняк блестяще это выразил: «Я люблю русскую культуру, русскую — пусть нелепую — историю, ее самобытность, ее несуразность, ее лежанки (знаете, этакие кафельные), ее тупички, — люблю нашу мусоргсовщину»[1]. Его страстная риторика заразительна: имея дело с предметом более подходящим для почитания, чем для критического исследования, читатель не может оставаться равнодушным к этому эмоционально заряженному дискурсу. Универсально признанный русский канон включает в себя А. С. Пушкина и Н. В. Гоголя, Ф. М. Достоевского и Л. Н. Толстого, А. Н. Островского и А. П. Чехова, И. Е. Репина и В. М. Васнецова, Эрмитаж и Третьяковскую галерею, классическую музыку и балалаечные концерты, П. И. Чайковского и М. П. Мусоргского, русские народные песни и сказки, Русские сезоны и Мариинский театр, иконы и матрешки, жар-птицу

---

[1] Письмо Д. А. Лутохину, 3 мая 1922 года, в [Пильняк 2002: 166].

и Фаберже. Список, очевидно неполный, можно продолжить. Как отдельные произведения и учреждения искусства объединяются в устоявшуюся традицию? Когда и как культура становится маркером национальной принадлежности?

Существует ряд исчерпывающих обзоров русской культуры, а недавно появилось также несколько новых исследований, посвященных непосредственно живописи, архитектуре, а также народному искусству[2]. По большей части эта книга не о литературе и не об истории искусств. Не связана она и с привычным атрибутом этой культуры — русским православием — освященным веками институтом, который в основном обошли стороной дискуссии о зарождающейся светской традиции в дореволюционный период. Напротив, данное исследование сосредоточивается на искусстве как на общественном событии: в нем описывается и оценивается сложное влияние изобразительных искусств на публику и рассматриваются истоки русского почитания культуры. Казалось бы, в стране, где писатель — это «второе правительство» и «музей [...] — больше, чем музей», о культуре говорили всегда — в салонах, конференц-залах или за кухонным столом [Солженицын 1969: 418; Толстой 1998]. Однако многие ее классические элементы появились лишь во второй половине XIX века, в ту эпоху, которая породила основную часть образов и текстов, отождествляемых сегодня с русским наследием. Эта книга посвящена тому, *как* создавалась эта национальная традиция.

Книга «Искусство на повестке дня» переносит нас в 1860-е годы, когда изобразительное искусство — живопись, архитектура, скульптура и театральный дизайн — присоединилось к литературе и журналистике в продолжающемся проекте создания русской культурной идентичности[3]. Эпоха Великих реформ,

---

[2] Среди недавних публикаций см. [Cracraft, Rowland 2003; Ely 2002; Gray 2000б; Jenks 2005; Stites 2005].

[3] К изобразительным искусствам принято относить живопись, скульптуру и архитектуру, которые также известны как традиционное «триединство высоких искусств». Я использую это понятие в данном классическом смысле. Интерпретация в более широком смысле включает в себя кинематограф, кукольный театр и т. д. См. «The Idea of "The Visual Arts"» [Alperson 1992: 1–6].

послужившая толчком для радикальных изменений во всех сферах жизни страны, также ускорила развитие современной русской культуры. До середины XIX века в России отсутствовали необходимые предпосылки для национальной культуры: гражданское общество и массовая пресса. Великие реформы (1860–1874) заложили в России основу современной нации со свободным крестьянством, независимыми судами и выборной местной администрацией (земством)[4]. Уже в начале своего царствования Александр II реформировал Главное управление цензуры, снял запрет на выезд за границу и отменил высокие пошлины на паспорта. В 1865 году новые «временные правила» еще больше ослабили правительственный контроль над прессой, упразднив предварительную цензуру ежедневных газет и большинства журналов. Эти либеральные изменения расширили публичное пространство для выражения и распространения национальных идей.

Развитие изобразительного искусства, происходившее в такой благоприятной обстановке, было особенно заметным благодаря публичному характеру выставок, их ярко выраженному национальному колориту и огромному объему творческой продукции. В течение нескольких десятилетий между отменой крепостного права и началом XX века произошла удивительная перемена: искусство перестало быть исключительной привилегией посвященных и стало привычным маркером национальной принадлежности. Два современных явления — публичная выставка и массовая газета — способствовали колоссальному росту культурного производства. Музеи и выставки предоставляли искусство в самых разных формах и жанрах городской публике в столичных городах, в то время как массовые газеты и журналы предлагали пространные комментарии, которые делали эти культурные события доступными для широкой публики по всей стране.

Вторая половина XIX века стала для России эпохой музеев. В это время в современных музеях, коллекционировавших изобразительное искусство, историю, прикладные науки, этнографию, народное

---

4 Подробнее см. в [Lincoln 1990].

декоративно-прикладное творчество, военную историю и т. д., накапливались фрагменты культурной идентичности. В период с 1851 по 1900 год многие учреждения визуальной культуры открыли двери для широкой публики: Императорский Эрмитаж, Третьяковская галерея, Исторический музей, Политехнический музей, Русский музей, Военно-исторический музей и другие.

Национальный поворот в искусстве заявил о себе ярко выраженными русскими темами и предметами, привлекавшими широкую публику, такими как реалистические полотна передвижников, выставочные павильоны, выполненные в пряничном народном стиле, и экзотическая многоцветная архитектура в духе допетровской Московии. Он также перенес внимание на старую столицу России, Москву, которая часто отождествлялась с традиционным укладом, не испорченным западной цивилизацией. Именно в эпоху музеев многие картины, памятники и целые здания приобрели особый статус символического выражения национальности. Однако сила этих образов зависела от массовых текстов, которые помогали «переводить» символические представления в легкодоступные сообщения. Печатное слово было основным средством, благодаря которому учреждения культуры в царской России могли охватить более широкую аудиторию.

Примерно в середине XIX века эстетика также оказалась в центре общественных дискуссий. В первой половине столетия литература «положила у нас основание публичности и общественного мнения», как отмечал В. Г. Белинский и многие после него. В 1860-е годы изобразительное искусство также стало вносить свою лепту в «гражданский долг» по формированию «воображаемого сообщества» нации[5][6]. В стране заговорили

---

[5] Белинский В. Г. «Общее значение слова литература» [Белинский 1953–1959, 5: 653]. Не так давно Дж. Хоскинг заметил: «Российское “воображаемое сообщество” сложилось прежде именно под воздействием литературы». См. [Хоскинг 2000: 305]. Также см. [Андерсон 2001].

[6] Воображаемое сообщество — концепция в рамках теории нации, разработанная Бенедиктом Андерсоном в одноименной книге, где рассматривается нация как социально сконструированное сообщество, воображенное людьми, воспринимающими себя как его часть. — *Прим. ред.*

о культуре, когда художники и критики активно включились в производство и распространение русского искусства и когда в результате освободительных реформ и роста грамотности широкая общественность созрела для ее восприятия. Новые дискурсивные возможности, которые предоставляла ежедневная пресса, способствовали открытому обсуждению тем, связанных с искусством; в отличие от многих других новостей, искусство нечасто подозревалось в подрывных намерениях. Один из сочинителей объяснил такое выдающееся положение искусства и художественной критики в 1860-е годы следующим образом:

> Силою обстоятельств вопрос об искусстве и полемика об нем были выдвинуты у нас в последнее время на первый план, или лучше сказать область искусства была у нас недавно чуть ли не единственною областью, в которой пишущие могли высказывать с большею свободой свои идеи и мнения[7].

Знатоки и новички, профессионалы и любители — русские говорили о культуре, потому что могли делать это свободно. Количество опубликованных в это время в массовой прессе материалов, посвященных самым разнообразным вопросам культуры, поражает воображение: наряду с привычными книжными рецензиями, произошел всплеск интереса к театру, цирку, художественным выставкам, музеям, библиотекам, памятникам, канкану и пр. Это разительно отличалось от первой половины столетия, когда и количество культурных событий, и их отражение в прессе были весьма ограничены. В стране, где культура до сих пор описывалась преимущественно с точки зрения ее недостатка, а само понятие едва ли существовало в эпоху великого национального поэта А. С. Пушкина, культурная активность 1860-х годов была примечательным явлением.

Почему русские стали проявлять такой большой интерес к культуре? В этой книге рассматривается история о роли изобразительного искусства в процессе собирания, оформления

---

[7] Курочкин Н. С. «Предисловие» к [Прудон 1865: iii].

и интерпретации культуры для широкой публики. В центре этого исследования — развитие общего дискурса о культурной самопрезентации, сформулированного художественными экспозициями и массовой журналистикой. Выставочный зал и страница газеты представили два новых вида публичного пространства, порожденных Великими реформами, где пересекались дискурсы об искусстве и национальности. Этот диалог, уникальным образом сохранившийся в периодике того времени, позволяет нам определить моменты пересечения искусства и общества — на местных и международных выставках, в музеях и общественных местах, на страницах газет и журналов — и оценить их резонанс в российском гражданском обществе. Вдохновляемые искусством тексты, обусловленные современным культурным национализмом, помогали превратить текущие события в структурные блоки идентичности. Комментарий в массовой прессе имел первостепенное значение, потому что колонки газет не только отражали культурные события, но и придавали им смысл для общества в целом. Благодаря популярным текстам изобразительное искусство стало широкодоступным — и как источник гордости, и как предмет обширной полемики.

Русская культура процветала благодаря дискуссиям. Хотя большинство культурных событий происходило в городских центрах, особенно в Санкт-Петербурге и Москве, сообщения о них в ежедневной прессе распространялись по всей империи. Музеи и выставки стали доступны большинству грамотных жителей страны в форме печатных комментариев, которые давали, с одной стороны, специалисты, с другой — когорта зачастую анонимных журналистов, с эпизодическим участием литераторов (Достоевского, М. Е. Салтыкова-Щедрина, Д. В. Григоровича, В. Г. Короленко, В. М. Гаршина, Евгении Тур), а также многих простых читателей. Это не были беспристрастные обзоры: участники высказывали резко субъективные взгляды, спорили с организаторами и друг с другом, навязывали свои определения и повестку дня. И не всегда такой обмен мнениями был приятным. Искусство вызывало жаркие споры, вспыхивающие то из-за одной картины, как в случае с «Тайной вечерей» Н. Н. Ге, то из-за отдельного музея, то из-за судьбы русской эстетики в целом, о чем свидетельствует ожесточенный диалог на исходе столетия между националистически настроенным критиком В. В. Стасовым и импресарио «Мира искусства» С. П. Дягилевым. С каждым новым мнением, переходящим из газеты в журнал, в другую газету и обратно, к произведению искусства или к учреждению добавлялся новый слой значения.

Среди спорных тем были русская школа живописи (существовала она или нет, и если да, то с какого момента) и национальный стиль в архитектуре (какой его вариант был подлинным, а какой — мнимым). Современники также спорили о том, является ли русское искусство самобытным или производным, выставлены ли на всемирных ярмарках адекватные русские экспонаты и есть ли у России вообще самобытная идентичность. Теперь, по прошествии времени, однозначно ответить на эти открытые вопросы вряд ли возможно. Но в то время самое большое значение имел собственно разговор, а не ответы. К. Н. Бестужев-Рюмин, профессор истории в Санкт-Петербургском университете, подытожил достоинства русских музеев в либеральной ежедневной газете «Голос» следующим образом: музеи «вызвали о себе много толков и разнесли по разным концам России много знаний и, что еще важнее, временно возбужденных толков»[8]. Именно из этих разговоров родилась идея общей культуры. Парадокс, находящийся в основе данной монографии, заключается в том, что создание массовых текстов не столько отражало материальную культуру, сколько само по себе было событием, ее формирующим.

Современная газета была основной площадкой для этого диалога между искусством и обществом и предлагала то, что Б. Андерсон называет «новой грамматикой репрезентации», необходимой для создания национального сообщества [Anderson 1998]. Газеты 1850–1890-х годов предоставляют нам уникальную возможность познакомиться с широкой практикой формирования культуры посредством текстов. На страницах массовых

---

[8] Бестужев-Рюмин К. Н. Санкт-Петербург. 30 января 1873 года // Голос. 1873. № 31.

ежедневных газет, таких как «Голос», «Новое время», «Петербургский листок», «Биржевые ведомости», «Московские ведомости», «Санкт-Петербургские ведомости» и другие, русское культурное наследие создавалось в соавторстве журналистами, художниками, критиками и читающей общественностью. Хотя эти источники не могут предоставить исчерпывающее документальное подтверждение или окончательное решение вопроса о том, что это была за культура, они освещают процесс, с помощью которого российская публика *представляла себе* этот общий культурный опыт и с помощью которого эти представления производились, распространялись и потреблялись.

Переход от фактологического к репрезентативному регистру открывает доступ к многослойному образу современной общественной жизни, где крайности — Россия и Запад, нация и империя, икона и канкан — сосуществовали во множестве вариантов. Движимый теми же оппозициями, которые определили бóльшую часть русской истории, публичный дискурс постоянно менял фокус и местоположение, перемещаясь между Санкт-Петербургом и Москвой, Талашкином и Парижем, архитектурой и театральным дизайном и т. д. Газета была особым очагом культуры, где эти противоположности пересекались. Но культура, накапливаемая таким образом в периодических изданиях, была недолговечна, как и сами газеты, и эта неустойчивость отличала искусство как дискурс от литературного канона и постоянной музейной экспозиции. Культура как дискурс была по своей сути незавершенным и беспорядочным проектом, чем-то, по поводу чего люди в действительности *не соглашались* — не цельным памятником, а набором оспариваемых мнений.

Для вовлечения широкого круга читателей в этот постоянный диалог лучше всего подходила легкая для восприятия рубрика — фельетон. В фельетоне, который представлял собой тематическую статью, открытую для самого разного материала, редко содержалось беспристрастное обсуждение искусства; вместо этого эстетика перемежалась с насущными проблемами дня. Именно это изобилие безапелляционных текстов в конечном итоге преобразовало институты, демонстрирующие материальные объекты, в носителей идентичности и превратило искусство в мобилизующий фактор в обществе. И если кажется, что каждый грамотный русский человек в стране питал интерес к памятникам и музеям, то это связано с тем, что изобразительное искусство регулярно включалось в публичные споры о национальной самопрезентации. Точно так же именно актуальность этих дискуссий придавала институтам, изначально европейским, отчетливый русский колорит. Регулярное отражение изобразительного искусства в современной прессе помогало сформировать эстетическую чувствительность у зачастую малообразованной широкой аудитории; это также способствовало развитию национального самосознания и формированию сообщества участвующей публики. По словам одного журналиста, «наше среднее читающее общество, его взгляды и понятия, его слабости и противоречия, отражаются, как в зеркале, в наиболее распространенных и популярных ежедневных изданиях»[9]. Представленная таким образом культура позиционировалась как выражение культуры нации.

В этом образе было мало гармонии, однако. В то время как выставки и собственно музеи заботятся о физических объектах, сопровождающий их дискурс имеет дело с изображением этих объективных реалий в свете текущей идеологии, общепринятого мнения или личных предпочтений. Во второй половине XIX века профессионализация и канонизация изобразительных искусств развивалась стремительно. Но до появления книг и обзоров русского искусства ключевыми проводниками этого дискурса были повседневные критики культуры всех мастей — все те, кто, независимо от своей подготовленности, распространял свои взгляды в только что освобожденной массовой прессе и высказывался по вопросам эстетики и политики. Вынесение искусства за пределы стен музеев и переосмысление его истории на основании материалов в современной прессе также отдает должное скоротечным текстам, которые в значительной степени воспламенили общественную дискуссию, и их многочисленным авторам,

---

9 С. Типы современных газет. II. «Голос» // Слово. 1879. № 9. С. 182. См. также: С. Типы современных газет. I. «Новое время» // Слово. 1879. № 8. С. 242.

являвшимся неофициальными творцами русской идентичности. И здесь мы сталкиваемся с еще одним парадоксом: вместо гордости и торжества мы обнаруживаем полемику и прямое неприятие культуры даже у таких впоследствии признанных ее основателей, как Достоевский и Толстой.

Привлекая внимание к растущей общественности и грамотной «середине», данное исследование ставит под сомнение привычное предположение о том, что культура в заведомо несвободной царской России строилась преимущественно сверху вниз. Массовая пресса вдохновляла грамотных граждан России участвовать в далеко идущих спорах и делиться опытом. Немногие выражали свое мнение столь же чутко, как Горький и Пильняк, но поколения русских до и после них проявляли к культуре не менее глубокий интерес. Благодаря массовой прессе такие картины, как «Бурлаки на Волге» Репина или «Богатыри» Васнецова, стали «светскими иконами», частью повседневной жизни, даже если сами читатели никогда не видели оригиналов своими глазами.

Этот сценарий создания культуры отнюдь не был уникальным для России. Ряд недавних исследований представляют проблему нации как «произведения искусства» в сравнительном контексте[10]. Франция, предсказуемо находящаяся в авангарде, и другие европейские страны, в первую очередь Великобритания и Германия, ранее испытали ускорение в сфере изобразительных искусств и массовой прессы, подобное тому, которое стало известно в российской науке как «музейный бум» и «газетный бум» [Егоров 1991: 17]. В данной работе я не пытаюсь доказать, что отношение к культуре в России было в чем-то более значимо, чем у других народов: по сравнению с другими странами, с их собственными национальными мифологиями, русский сценарий не отличался радикально. Что делает пробуждение публичного художественного дискурса в России интересным объектом для изучения, так это то, что на фоне жестких социальных условий — цензуры,

---

[10] См., к примеру, [Hoffenberg 2001; Forster-Hahn 1996; Hargrove, McWilliam 2005; Taylor 1999; Simon 2007]. См. также [Wallis 1994]; «нация как произведение искусства» — его выражение.

крепостного права, самодержавия — этот мощный всплеск культурной активности в 1860-е годы, совершаемый во имя национального сознания, был особенно примечательным. И тем заметней была ирония, что культ высокой культуры укоренился в практически необразованной стране.

Данное исследование охватывает весь спектр критических мнений, посвященных изобразительным искусствам, как профессиональных, так и любительских, опубликованных в русскоязычных периодических изданиях с 1851 года до начала XX века. Многие из рассматриваемых здесь положений были опубликованы анонимно, часто авторы использовали псевдонимы. Дискурс, о котором идет речь, не принадлежал какому-то одному человеку или даже целой определенной группе — он был достоянием читающей публики в целом. Я рассматриваю мимолетные фельетоны и каноническую классику как равных участников. На фоне малоизвестных газетных статей такие знакомые тексты, как «Записки из подполья» Ф. М. Достоевского, «Снегурочка» А. Н. Островского и «Левша» Н. С. Лескова, обнаруживают удивительные связи и новые открытия.

Часть I представляет собой изложение теоретических обоснований русской одержимости культурой. В главе 1 я рассматриваю исторический контекст и разрабатываю концептуальную основу для анализа искусства как дискурса. Не принимая величие или уникальность русской культуры как данность, я поднимаю проблему этого понятия и исследую генезис культурной мифологии. В последующем анализе демонстрируется множественность смыслов, сосуществовавших в массовой современной прессе, где вместо прославления мы находим нескончаемый кризис. Культура как дискурс оказалась в высшей степени спорным делом. В этом контексте я анализирую несколько основных противоречий, в том числе всплески полемики в 1876 и 1888 годах и на рубеже веков, которые документально демонстрируют как богатство возможностей, так и несовместимость представлений о том, что называлось «культурой» во второй половине XIX века.

В главе 2 наше внимание переключается на международные выставки, давшие основной импульс русским спорам о культурной идентичности. Хотя европейские выставки осуществлялись за пределами России, они оказали серьезное влияние на то, как русские стали воспринимать свою культуру. Именно поэтому история публичных споров о русском искусстве начинается в Европе. Эти нашумевшие европейские мероприятия также выдвинули на передний план болезненный вопрос культурных заимствований и подчеркнули необходимость самоопределения для русских. Русским критикам и писателям международные выставки давали возможность дискутировать о том, что составляет русскую исключительность и как ее следует представлять. В период между первой всемирной выставкой в Лондоне в 1851 году и последней выставкой столетия в Париже в 1900 году — двумя событиями, обрамляющими эту книгу, — идея национальной культуры и составляющих ее элементов эволюционировала от миниатюрных экспериментов в русском народном стиле до целого выставочного павильона «Берендеевка», оформленного в виде крестьянской избы. В этой главе более подробно рассматриваются две первые всемирные выставки: одна — Великая выставка 1851 года, а затем ее менее известная преемница 1862 года; обе они проходили в Лондоне с участием России. Несмотря на непримечательную самопрезентацию России на обеих выставках, в ходе многосторонних комментариев в прессе кристаллизовались важные культурные понятия: русский стиль и русская художественная школа.

В главе 3 мы возвращаемся в Россию, чтобы исследовать фон, на котором происходил подъем публичной культуры на местах. Приоритетными для обсуждения здесь являются три аспекта, которые были основными для этого процесса в дореволюционном обществе: подъем национального сознания, музейный век и газетный бум. В центре моего внимания — параллельный рост публичных музеев и массовых периодических изданий и их участие в дискуссиях о национальном самоопределении. Активизация национальных движений в Европе и на окраинах России побуждала образованных русских граждан задаваться вопросом культурной идентичности. Современные выставки и массовая пресса предлагали ответы на некоторые из них, в то же время выдвигая на передний план и сами вопросы, и многочисленные противоречия, возникшие вместе с новыми институтами культуры. Хотя во второй половине XIX века число посетителей музеев и выставок существенно выросло, большинство грамотных подданных Российской империи участвовало в культурном процессе на самом базовом уровне: читая ежедневные газеты, тиражи которых резко возросли в результате Великих реформ. Популярный газетный фельетон — удобная для читателя рубрика — особенно способствовал тому, что искусство стало доступным для широкой аудитории.

Четыре тематические главы части II посвящены разнообразным формам визуального искусства и сопутствующим публичным дискуссиям. Я исследую взаимодействие искусства и власти в царском обществе на примере трех выдающихся институтов: памятника Тысячелетию России, Эрмитажа и Академии художеств. Фундаментально европейские заимствования, эти институты русской культуры напоминали современникам о том, что иностранные формы в ее основе практически подрывают любые претензии на предполагаемую уникальность русской традиции. Тысячелетие России, широко отмечавшееся в 1862 году, вызвало широкие споры по поводу русской истории и наследия. Всевозможные реакции в обществе на памятник в Новгороде — от самых хвалебных до весьма критических — иллюстрируют, как на практике работал публичный дискурс. Анализ двух знаменитых институций, Императорского Эрмитажа и Академии художеств, через призму различных современных текстов о них представляет их в неожиданном свете, как довольно сомнительные опоры идентичности. Скорее, в народном воображении они служили чем-то вроде центра переговоров между государством и обществом.

Следующая глава посвящена в основном живописи и прослеживает эволюцию «русской школы», которая в дискуссиях тех лет претендовала на статус универсального ответа на обвинения в подражании, регулярно обрушивавшиеся на выставки русского искусства как на международном, так и на местном уровне. Национальный реализм объединения художников, известного как передвижники, лучше всего отражает революционную эстетику эпохи: восстав против удушающего неоклассицизма Академии в 1863 году, русские художники обратились к «безобразной» действительности своего повседневного окружения и изобразили ее во всех шокирующих подробностях. Эти картины были крайне необычны для современников и спровоцировали не один скандал в обществе. Анализируя то, как две знаменитые коллекции — Третьяковская галерея и Русский музей — позиционировались в периодике того времени, я показываю, что искусство существовало в обществе не только как собрание шедевров, но и как сеть противоречивых мнений и споров, которые касались многих актуальных вопросов.

В главе 6 наше внимание переключается на некоторые архитектурные интерпретации национальной идентичности, включая русские павильоны, созданные для международных выставок за границей, и Исторический музей в Москве. Во второй половине XIX века вопрос репрезентации русской истории был актуальным, как и вопрос о том, в каком стиле уместно представлять ее. Москва играет в этом исследовании видную роль как основное место распространения русского стиля и новый культурный центр России. Исторический музей, который современники считали символом своеобразия русской культуры, обладал особой притягательностью для дискуссий. В целом, музейный бум в Москве способствовал тому, что русские обыватели хлынули в музеи, и журналисты писали об этом энтузиазме не меньше, чем непосредственно о самих учреждениях культуры.

Культ старины в конце XIX века привел к вдохновленной реконструкции предметов и текстов национального прошлого. В последней главе я обращаюсь к малым формам национального возрождения, таким как народные изделия кустарного промысла, сувениры, театральные декорации и убранство интерьера, как к символам культурной идентичности. Колонии художников в Абрамцеве и Талашкине служили островками старины посреди индустриализирующейся России. Благодаря выставкам, продажам и спектаклям, а также многочисленным комментариям в прессе, сопровождавшим каждое из этих публичных событий, эти особые центры по сохранению и восстановлению русской старины достигали широкой аудитории. Данный вариант обновленной традиции также получил распространение благодаря стилизованным произведениям художественной литературы, таким как весенняя сказка Островского «Снегурочка» и знаменитый сказ Лескова «Левша». Успех, которым пользовалось Русское отделение на международной выставке 1900 года в Париже, был подготовлен этой деятельностью.

В истории многолетних поисков Россией жизнеспособных форм национальной самобытности можно было бы ожидать счастливого конца. Между тем, хотя саморепрезентация России в сказочном стиле многими была хорошо воспринята, критики продолжали оспаривать саму ее подлинность и подогревали полемику. И тем не менее, даже если рассматриваемое изображение или текст представляли собой резкую критику или безжалостную карикатуру, они все-таки вносили *положительный* вклад в ту особую репутацию, которой русская культура пользуется по сей день. Творческое напряжение между дискурсом и контрдискурсом способствовало тому, что в процессе оформлялся голос публики в обществе, и разговоры о ее культуре превращались в национальную традицию.

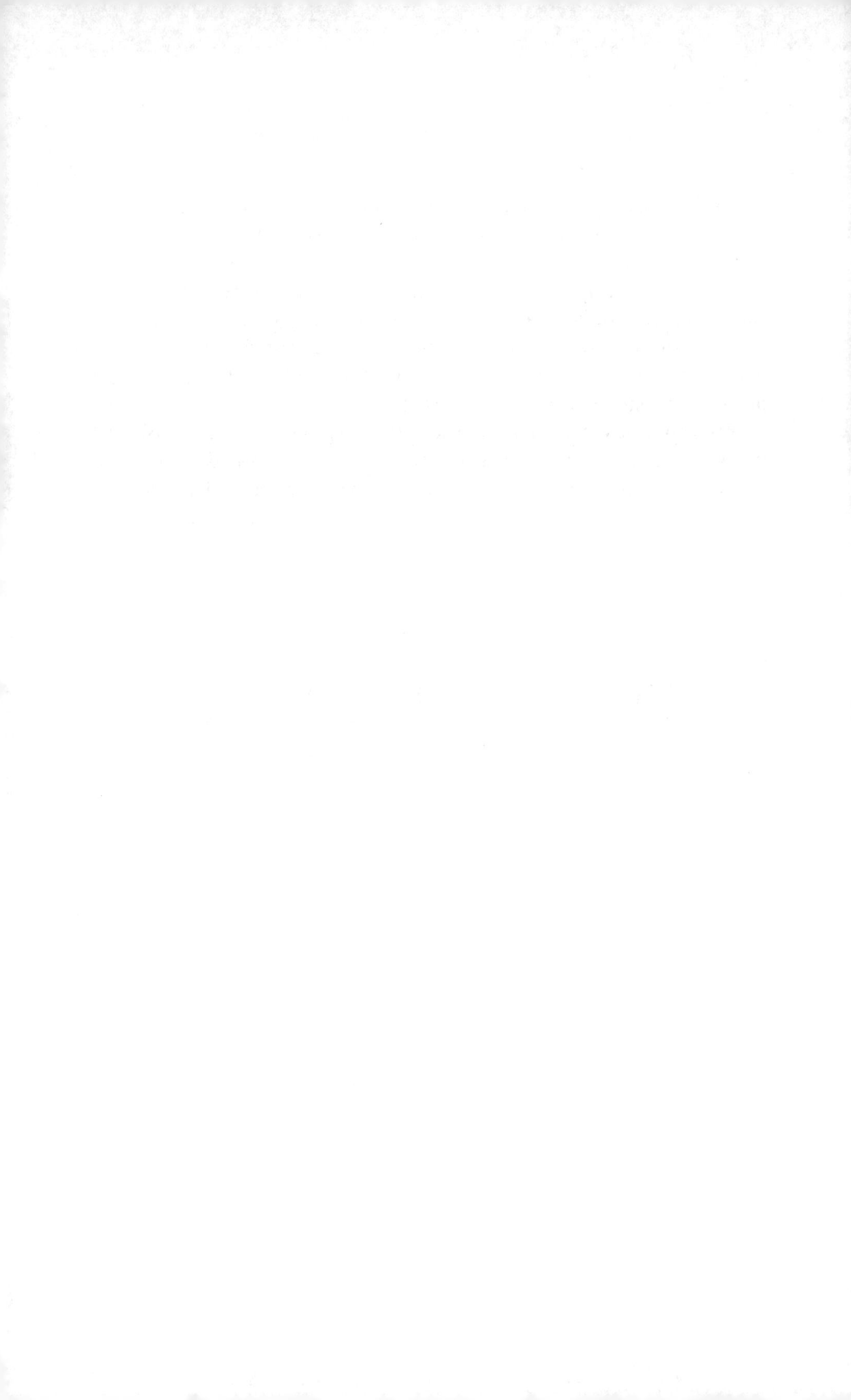

Часть I

СЛОЖНОСТИ РУССКОЙ КУЛЬТУРЫ

Глава 1
Национальная культура
Концептуальное прочтение

> Нет ничего менее определенного, чем это слово — «культура», и нет ничего более обманчивого, как прилагать его к целым векам и народам.
>
> *И. Г. Гердер* [Гердер 1977: 7]

> Что такое культура?.. Культура — это как акцент, это мера расстояния: социального, географического и политического. Ни у кого нет акцента дома. Вся идея акцента, как и культура, имеет смысл только тогда, когда сталкивается с другим, тем, кто «говорит» по-другому.
>
> *Дж. Брэдберн* [Bradburne 2000: 379–380]

Сегодня культура — это все и везде. В результате культурного поворота в научных кругах в 1980-х и 1990-х годах появились сотни определений и десятки подходов к этому понятию. В самом деле, мы имеем дело с настоящей «какофонией» дискурсов о культуре [Sewell 1999: 35–36]. Общеизвестно заявление Дж. Клиффорда, написанное 30 лет назад: «Культура — это глубоко скомпрометированное понятие, без которого я все же не могу обойтись» [Clifford 1988: 10]. Тем не менее этот избитый термин продолжает вдохновлять на создание множества книг, академических и популярных, больших и маленьких, о культуре в целом и о русской культуре в частности. Непосредственно о русскости, той ускользающей сущности, интерпретация которой привлекала всевозможные критические взгляды от исторических до мифологических, было написано так много, что одна современная исследовательница даже предостерегает от избытка культуры в научной литературе [Энгельштейн 2001].

Имеется несколько причин для столь продолжительного интереса, которому развитие культурологии в России в недавнее время дало новый стимул. Культура находится в поле зрения наблюдателя: новые поколения, дисциплины и школы мысли создают новые толкования. Культура — это всегда процесс. История русской культуры постоянно пересматривается и переписывается с различных точек зрения. Грандиозное представление о русской национальной культуре на самом деле зародилось в пылу жестких разногласий, и споры *между* некоторыми из ее вариантов остаются центральными для выражения идентичности сегодня. Какая трактовка подходит нам, зависит от многих национальных, институционных, временных и личных переменных. Другой причиной является «проблема культуры» — состояние периодического кризиса культурной идентичности[1]. Национальная идентичность становится проблемой именно в момент кризиса, когда усиливается переживание неопределенности. По словам религиозного философа Н. А. Бердяева, именно во второй половине XIX века в России впервые был поставлен «вопрос о цене культуры» [Бердяев 2016: 305, 160].

Прежде чем обратиться к этой научной теме, вызывающей столько полемики, необходимо сделать несколько оговорок. Хотя я подчеркиваю разнообразие мнений, я не рассматриваю культуру в широком антропологическом смысле «сложного целого» или в соответствии со словарным определением как «совокупность отличительных навыков, верований и традиций» — в том значении, в котором, к примеру, Дж. Биллингтон использует этот тер-

---

[1] Андрей Белый. «Кризис культуры» [Белый 1994: 260–296] Как замечает К. Мерсер в другом контексте, «идентичность только тогда становится проблемой, когда она переживает кризис, когда нечто предположительно устойчивое, понятное и постоянное вытесняется опытом сомнения и неопределенности» [Mercer 1990: 43]. Культура вряд ли является уникальной для русских потребностью, о чем свидетельствуют научные и популярные издания, такие как [Lepenies 2006] и [Aderhold, Thomazo 2003].

мин[2]. Я также не рассматриваю культуру исключительно с точки зрения истории, истории искусства или культурологии, хотя многие из моих «текстов» действительно являются музеями и картинами. Не является моей целью и реконструкция каждой малой детали: некоторые недавние исследования уже выполнили эту задачу[3]. Цель этой главы — зафиксировать изменчивый дух современных дискуссий о культуре. Моим главным источником является печатная страница, хотя и не романов, а газет и журналов, и мой подход — это исторически обоснованный текстологический и культурный анализ. Вместо того чтобы исследовать художественные или литературные произведения как таковые, взятые по отдельности или в группе, я сосредоточиваюсь на публичном дискурсе, который вписал их в национальную культуру. Когда искусство выносится на повестку дня, оно становится частью национальной культуры.

Несмотря на популярность рассматриваемых текстов, вдохновленных искусством, сфера культуры в данном исследовании отличается от «массовой культуры» в традиционном понимании, хотя есть несколько неизбежных пересечений[4]. В моей модели начальная грамотность выступает в качестве общего знаменателя для различных групп, составлявших публику, поскольку она позволяет широкой аудитории — тем, кто, возможно, не интересуется музеями и картинами как таковыми, — разделить опыт, основанный на печатном слове. Если в дореформенном обществе печатная культура «оказывала небольшое влияние на большую часть населения», как утверждает Р. Стайтс, то во второй половине столетия

---

2 Культура как «сложное целое» — классическое определение Э. Б. Тайлора; см. Гирц К. «Насыщенное описание»: в поисках интерпретативной теории культуры [Гирц 2004: 10]; см. также [Биллингтон 2011: 24].

3 Фрагменты этой парадигмы описывались различными исследователями на протяжении многих лет. В 2000 году впервые в России была опубликована монография на эту тему [Асоян, Малафеев 2000].

4 Ср. эссе К. Келли, в [Kelly 1998]. Подробнее о коммерциализированном досуге, таком так туризм, спорт, театр, ночная жизнь и кино, см. в [McReynolds 2003]. Настоящее исследование прямо не занимается массовой культурой или народными забавами, будь то лубки или народные гуляния. Предметом моего внимания является грамотная середина, ядро русской публики.

публичный дискурс стал ключевым двигателем культуры не только сам по себе, но и как распространитель искусства [Stites 2005: 4]. Не дублируя огромный объем работы, проделанной ранее опубликованными изданиями, я рассматриваю русскую традицию *написания* публичной культуры[5]. В качестве обобщающего понятия я использую термин, предложенный Дж. Бруксом применительно к литературному творчеству в царской России: «национальная культура, основанная на печатном слове», или сокращенно «национальная культура» [Brooks 1981: 315][6].

Судя по периодической печати, *написание* культуры в дореволюционном обществе выстраивалось неравномерно и переменчиво. Комментарий в массовой прессе имел решающее значение, потому что статьи в газетах не только отражали культурные события, но и формулировали их общественное значение. На страницах периодики мы обнаруживаем, к примеру, что ни всемирно известный Эрмитаж, ни знаменитый Русский музей не сыграли значительной роли в развитии национальной культуры — в то время как молодой Исторический музей и изначально частная Третьяковская галерея, напротив, были существенными игроками. Как будет продемонстрировано ниже, не столько сам институт или произведение искусства как таковые, сколько их резонанс в обществе стимулирует общенациональную дискуссию. Между строк случайных фельетонов, сохранившихся на пожелтевших страницах массовых ежедневных газет, мы получаем представление о давно забытых компонентах культуры.

Если судить по периодическим изданиям XIX века, традиция определения культуры как положительного явления изначально вызывала бурные споры, а некоторые выдающиеся литераторы были и вовсе категорически *против* культуры. Современная общественная жизнь в России складывалась из разногласий между позициями «за» и «против» культуры. Это помогает объ-

---

5 Несколько недавних исследований изучали связь между изобразительным искусством и национальной идентичностью в русском контексте. Среди них [Norris 2006] и [Kivelson, Neuberger 2008].

6 См. также основополагающее исследование Брукса, изменившее наше представление о русской культуре сегодня: [Brooks 1985].

яснить проницательное, хотя и парадоксальное утверждение Бердяева, которое кратко резюмирует русскую проблему: «русская идея не есть идея культуры» [Бердяев 2016: 160][7]. Тем не менее это негативное видение культуры, породив множество горячих споров, способствовало формированию позитивной мифологии, которая окружает русскую традицию сегодня. В ходе публичных дискуссий того времени культура стала «притчей во языцех» и маркером идентичности.

Первая глава начинается с обзора некоторых исследований, а затем переходит к осмыслению идеи культуры в том виде, в котором она формировалась в России в течение XIX столетия. Далее я коротко описываю междисциплинарную парадигму, которая помогает объяснить множество несовместимых вариантов культуры, существовавших параллельно. Отдельные эпизоды из истории дискуссий, о которых пойдет речь ниже, показывают динамику *написания* культуры в дореволюционном обществе; подробно рассматривая эпизоды обострения полемики, я отдаю предпочтение внимательному прочтению отдельных современных текстов, а не исчерпывающему хронологическому изложению всех событий. В заключение я обращаю внимание на то, что современники называли кризисом культуры ближе к концу века, когда заявления на этот счет звучали со всех сторон. Однако этот кажущийся кризис лишь укрепил русскую традицию разговоров о культуре — традицию, которая сохранилась и по сей день.

Что означает само понятие «культура»

С тех пор как русская культура была популяризирована на Западе в период с 1885 по 1920 год посредством переводов, международных выставок и постановок Русских сезонов, предпринимались многочисленные попытки описать и понять Россию через ее культурные проявления. Статья Вирджинии Вулф

---

[7] Бердяев пишет: «У русских нет культуропоклонства, так свойственного западным людям» [Бердяев 2016: 158].

«Русская точка зрения» является одной из наиболее известных попыток уловить дух глубоко чуждой литературы, пользовавшейся в то время небывалой славой. В результате последующих исследований появилась коллекция, как я называю, «больших книг» о русской культуре — широко известных и любимых многими исследований, на которые опирались несколько поколений англоязычных студентов и ученых: «Икона и топор. Опыт истолкования истории русской культуры» Дж. Биллингтона (1966); «Земля Жар-птицы. Краса былой России» С. Масси (1980); «Between Heaven and Hell: The Story of a Thousand Years of Artistic Life in Russia» Б. Линкольна (1998); «Russia Under Western Eyes: From the Bronze Horseman to the Lenin Mausoleum» М. Малиа (1999) и «Natasha's Dance: A Cultural History of Russia» О. Файджеса (2002). Несмотря на очевидные различия в методологических подходах и датах публикаций, названия всех этих работ основываются на ярких оппозициях, красивых метафорах и запоминающихся образах. Так или иначе, все они затрагивают основополагающие предположения о русской культуре, хорошо сформулированные Файджесом: «Мы ожидаем, что русские будут "русскими" — их искусство легко отличить по использованию народных мотивов, луковкам куполов, звону колоколов и широкой русской душе» [Figes 2002: xxxii][8].

Русская культура — как экзотическая жар-птица, чудесный народный танец, толковый учебник или подарочное издание на журнальном столике — попытки всесторонне собрать и представить ее неизменно приводят к появлению мифических конструктов. Подобные образы единой национальной традиции привлекают своей завершенностью, но они опираются на негибкие допущения: всеохватывающую пару бинарных оппозиций «мы — они» и стирание границ между группами внутри нации[9].

---

[8] Подробнее об истории русской культуры см. в [Rzhevsky 1998: 1]. О конструкте «русская душа» см. в [Williams 1970: 573–588].

[9] Как заметила К. Эмерсон в устном выступлении на конференции AAASS 2007 (Новый Орлеан), идея национальной культуры также страдает от двух парадоксов: ложной бинарной оппозиции между Россией и Западом и искусственного затушевывания различий между классами и группами.

Они представляют собой попытку преодолеть различия между «культурами» во множественном числе внутри общества в целом. Напротив, множественные версии, выделенные ниже, подчеркивают фрагментарность и незавершенность, привлекая внимание к неравномерному процессу формирования культуры.

Раздвигая национальные и дисциплинарные границы, мы открываем множественность культур — массовую и элитарную, визуальную и словесную, частную и публичную. Каждая из них имеет свою собственную историю. Значение, приписываемое культуре, может быть только контекстуальным: оно всегда зависит от того, где и когда это значение формулируется. По словам С. Холла, «мы все пишем и говорим, находясь в определенном месте и в определенное время, из конкретной истории и культуры» [Hall 1994: 392]. Диалог между многими историями и вариантами, сохранившимися в современной периодической печати, дает ключ к пониманию того, как общественность в XIX веке участвовала в формировании русской национальной культуры. Это, возможно, объясняет, как и мы сегодня ежедневно создаем — а не только потребляем — культуру.

На протяжении XIX века российская публика все чаще посещала музеи и выставки, слушала оперу и концерты, подписывалась на журналы и газеты. Для многих эти занятия были в новинку, и сатирические публикации 1860-х годов, такие как еженедельные журналы с карикатурами «Искра» и «Будильник», не уставали высмеивать начинающих посетителей музеев, чьи суждения об искусстве были явно дилетантскими. Уровень грамотности в России в конце дореволюционного периода возрастал, общее образование также было на подъеме — и тем не менее массовая пресса часто считалась основным средством просвещения широких слоев населения. Принимая во внимание ожесточенные споры вокруг большей части художественной продукции на страницах массовых газет, разногласий было больше, чем единства. Однако сама беседа была общим знаменателем для этих островков различия, составлявших русскую культуру: чтение массовой прессы объединяло русскую публику в общественное мнение.

Газеты охотно комментировали все культурные события. Зачастую недавно научившаяся читать аудитория воспринимала различные формы культурного самовыражения, будь то музеи, памятники или картины, не только как самостоятельные произведения искусства и архитектуры, но и как новости: *то, как они были представлены на печатной странице*. Если судить по любому выпуску массовой ежедневной газеты, такой как «Голос», считавшей себя лидером общественного мнения в 1860-х годах, или «Новое время», взявшее на себя эту популистскую роль в последующие десятилетия — и вопреки распространенному представлению о том, что свободы выражения практически ни в каком виде не существовало, — публичная культура в царской России процветала. Я заимствую описание, которым Л. Н. Толстой открывает свой противоречивый трактат «Что такое искусство?»:

> Возьмите какую бы то ни было газету нашего времени, и во всякой вы найдете отдел театра и музыки; почти в каждом номере вы найдете описание той или другой выставки или отдельной картины и в каждом найдете отчеты о появляющихся новых книгах художественного содержания, стихов, повестей и романов.
>
> Подробно и тотчас же, как это совершилось, описывается, как такая-то актриса или актер в такой-то драме, комедии или опере играл или играла такую или иную роль, и какие выказали достоинства, и в чем содержание новой драмы, комедии или оперы, и их недостатки и достоинства. С такою же подробностью и заботливостью описывается, как спел или сыграл на фортепиано или скрипке такой-то артист такую-то пьесу и в чем достоинства и недостатки этой пьесы и его игры. В каждом большом городе всегда есть если не несколько, то уже наверное одна выставка новых картин, достоинства и недостатки которых с величайшим глубокомыслием разбираются критиками и знатоками. Каждый день почти выходят новые романы, стихи, отдельно и в журналах, и газеты считают своим долгом в подробности давать отчеты своим читателям об этих произведениях искусства [Толстой 1978–1985, 15: 41].

Писатель точно передает составной образ общедоступной современной культуры, о которой говорили по всей стране. Одни ее прославляли, другие, в том числе и Толстой, испытывали к ней отвращение.

Для Толстого культура проблематична: это искусственный конструкт и «общее отвлечение», которое в лучшем случае можно считать «так называемой культурой». Далекая от общенационального опыта, культура, в узком значении искусства (архитектура, скульптура, живопись, музыка, поэзия), была доступна лишь «культурной толпе», которую Толстой определяет как «люди высших классов». По мнению писателя, существует два вида культуры и два вида искусства: «искусство народное и искусство господское», разделение, восходящее к европеизировавшему Россию царю Петру Великому, когда исчезло искусство, общее для всех. Но бинарность, которую диагностировал Толстой, была лишь одной из многих[10]. Класс, вера, гендер, география — эти и другие разделения продолжали расщеплять идею «национальной культуры» и в трудах мыслителей начала XX века: они подрывали миф об однородной, непрерывной традиции. Рядом с «так называемой культурой» Толстого мы находим множество других трактовок, начиная от национального возрождения, основанного на прославлении народного искусства, и заканчивая дягилевским изысканно высоким искусством Русских сезонов. Если не прибегать к мифологии, как мы можем учесть и объяснить все эти несовместимые возможности?

Междисциплинарная парадигма изучения русской культуры

Моя интерпретация понятия «русская культура» опирается на ряд хорошо известных концептуальных рамок, в том числе «воображаемое сообщество» (Андерсон), «изобретение традиции»

---

[10] Толстой Л. Н. «Война и мир. Эпилог. Часть вторая» [Толстой 1978–1985, 7: 316, 325]; Толстой Л. Н. «Что такое искусство?» [Толстой 1978–1985, 15: особенно 85–99].

(Э. Хобсбаум и Т. Рейнджер), «публичная сфера» (Ю. Хабермас), «культурный капитал» (П. Бурдье), «семиотический механизм» (Ю. М. Лотман), «сети значений» (К. Гирц), искусство и общество (Г. Ю. Стернин), институты литературы (У. М. Тодд III), диалог культур (М. М. Бахтин), «поэтика культуры» (новый историзм) и «лирическое начало» (Д. С. Лихачев) [Андерсон 2001; Hobsbawm, Ranger 1983; Хабермас 2016; Bourdieu 1993; Лотман 1996; Гирц 2004; Стернин 1991; Тодд 1996; Todd 1978; Бахтин 1975; Gallagher, Greenblatt 2000; Лихачев 1999]. Веские аргументы приводились как в пользу, так и против этих теорий и методов в отдельности; не отдавая предпочтения одному или другому, я в общих чертах обрисую свою сборную модель в виде пяти позиционных утверждений.

1. *Русская культура в том виде, в котором мы знаем ее сегодня, является курированной изобретенной традицией конца XIX века.* В России, как и в большой части Европы, XIX век был периодом собирания культуры, когда появилось множество коллекций песен и сказок — как реальных, так и вымышленных — и когда музей прочно утвердился как общественный институт. Нельзя сказать, что до этого в России не существовало уникальной отечественной культуры, как утверждали в то время некоторые крайние западники: скорее, была придумана «историческая преемственность» современной культуры со славным древним прошлым, ибо, согласно небезызвестному утверждению Хобсбаума и Рейнджера, там, где «живы старые пути, традиции не нужно ни возрождать, ни изобретать»[11]. Во второй половине XIX века по всей Европе традиции были «поставлены на поток», когда «национализм стал заменой социального единства через национальную церковь, королевскую семью или другие связующие традиции или коллективные групповые самопрезентации». Между 1870 и 1914 годами были переосмыслены старые ритуалы на фоне хаотичного опыта современности, и новый «стиль публичного символического дискурса» — церемонии и празднова-

---

[11] Hobsbawm E. «Introduction: Inventing Traditions» [Hobsbawm, Ranger 1983: 2, 7–8].

ния, парады, статуи, памятники, выставочные павильоны, музеи и стилизованные здания — достиг в Европе своего пика[12]. В России в то время завоевал популярность неорусский стиль в искусстве. Хотя и вдохновленный многовековой историей и фольклорными мотивами, неорусский стиль тем не менее представлял современную стилизацию; однако именно в этом стилизованном ключе была художественно определена «традиционная» Москва к концу XIX века. Одобренный обществом и государством, ретроспективный русский стиль вскоре начал преобладать в архитектуре церквей, частных домов, общественных учреждений и в итоге повсюду — от обеденного меню до придворных нарядов и театральных декораций. В отличие от европеизированного культурного производства предшествующей эпохи, национальный стиль в искусстве, сложившийся в конце XIX века, был однозначно антиевропейским.

Русская культура как современная традиция возникла в конце 1860-х годов и к концу столетия стала одной из главных категорий измерения и выражения идентичности. Общая культура была по определению невозможна до тех пор, пока бо́льшая часть населения не была официально освобождена после отмены крепостного права в 1861 году; ослабление законов цензуры позволило затем расширить публичную сферу. В течение знаменательных десятилетий после Великих реформ национальная принадлежность, основанная на общей культуре, стала новым кредо для растущего среднего сословия, которому не хватало других очевидных форм сплочения. Несомненно, институты культуры, подтолкнувшие изобретение традиции, были сосредоточены вокруг столичных городов. Так, революция в изобразительных искусствах, происходившая в XVIII веке, была сконцентрирована в императорском Санкт-Петербурге, а центр ее пересмотра — национального поворота в искусстве второй половины XIX века — находился в старой русской столице, Москве. Но эти публичные события дискурсивно охватывали всю страну в форме

---

12 Hobsbawm E. «Mass-Producing Traditions: Europe, 1870–1914» [Hobsbawm, Ranger 1983: 303–304].

комментариев и дискуссий: таким образом, бóльшая часть грамотного русскоязычного населения приобщалась к общей культуре.

Ближе к концу дореволюционного периода национальная культура фактически стала новой светской религией России. Брукс поясняет:

> Среди изменений, произошедших в русской культурной жизни конца XIX — начала XX века, был сдвиг в отношении к традиционным символам русской национальности — царю и церкви. Со времен критика Белинского среди образованных людей развился новый вид патриотизма, и преданность была направлена не столько на церковь и государство, сколько на русскую культуру, в особенности на литературу золотого века — русскую классику [Brooks 1981: 315].

Общедоступность периодической печати и специальные издания, подготовленные для массовой аудитории, сделали классическую литературу более доступной для широких кругов читателей. Не только литература, но и музыка и архитектура, живопись и скульптура, а также народное искусство и промыслы стали символом идентичности для многих русских. Термин «национальная культура» стал общеупотребительным выражением в русском языке того времени.

2. *Национальная культура — это и система символических представлений, и живой опыт.* Культура — это одновременно и синхронное собрание текстов, и подвижная практика их интерпретации. Лотман удачно использует аналогию с витриной музея, чтобы проиллюстрировать эту двойную темпоральность культуры:

> Представим себе в качестве некоторого единого мира, взятого в синхронном срезе, зал музея, где в разных витринах выставлены экспонаты разных эпох, надписи на известных и неизвестных языках, инструкции по дешифровке, составленные методистами пояснительные тексты к выставке, схемы маршрутов экскурсий и правила поведения посе-

> тителей. Поместим в этот зал еще экскурсоводов и посетителей, и представим себе это все как единый механизм (чем, *в определенном отношении*, все это и является). Мы получим образ семиосферы. При этом не следует упускать из виду, что все элементы семиосферы находятся не в статическом, а в подвижном, динамическом соотношении, постоянно меняя формулы отношения друг к другу [Лотман 1996: 168].

С одной стороны, у нас есть постоянный музей или памятник; с другой — все время меняющийся публичный дискурс, лучше всего представленный ежедневной газетой, которая устаревает на следующий день. Эти два, казалось бы, несовместимых аспекта культуры не только сосуществуют, но и информируют друг друга; между ними идет постоянный диалог, принимающий различные формы в разных исторических обстоятельствах. Существует и затяжной конфликт: живой опыт грозит подорвать представление о национальной культуре как конечной и непротиворечивой. Что примечательно, само слово и понятие «культура» вошли в русскую публичную сферу в конце 1880-х годов в форме публичной дискуссии.

Как система репрезентации, с ее обозначенными героями и идеалами, культура является воображаемой сущностью, как утверждает Лотман, поскольку она «нуждается в единстве»[13]. В ее основе находится идеал, тоска по национальной форме, ностальгия по подлинно русским истокам, которые можно идентифицировать и сохранить, и желание объединить общество, разделенное со времен петровской культурной революции. Национальные памятники и праздники — празднование тысячелетия Российского государства в 1862 году в Новгороде, открытие памятника Пушкину в Москве в 1880-м, празднование столетия со дня рождения К. П. Брюллова в 1899-м в Санкт-Петербурге — наглядно демонстрируют использование культуры как средства для примирения антагонистичных мнений. В то же время в культуре нет ничего естественного. Она, пишет Бурдье, «искусственна и ис-

---

[13] Лотман также указывает на искусственность этой модели единой культуры [Лотман, Успенский 1971: 163].

кусственно произведена»: «культура — это не то, чем человек является, а то, что он имеет, или, скорее, то, что он получил» [Bourdieu 1993: 234]. Другими словами, культура — это выученное поведение, и образование является ее главным проводником. Чтобы приобщиться к национальному наследию, необходимо сначала выучить язык, а также его многочисленные диалекты.

Изучение культуры как пережитого опыта означает работу с целым рядом культурных проявлений — от высоких до низких. Не разделяя элитарную и массовую культуры, я отдаю приоритет *переводу* высокой культуры изобразительного искусства на общедоступный язык прессы, а также диалогу между искусством и обществом, который все чаще происходил в периодической печати. В ходе этого продолжающегося диалога частью общей практики становились как народные, так и элитарные выражения культуры, часто в форме газетных и журнальных рецензий. Общая культура находится на пересечении дискурсов: не являясь ни исключительно классической, ни массовой, она представляет собой тот широкий слой между балалайкой и балетом, который признавали большинство грамотных русских. Из этих широких дискуссий в прессе родилось общество, говорящее о русской культуре.

3. *Национальная культура — это калейдоскоп меняющихся перспектив*. Отчасти сложность определения культуры заключается в том, что она всегда в движении, всегда избирательна и частична. Вся идея безвременной национальной культуры — это абстракция и условность, «способ наложения воображаемой целостности на опыт рассредоточения и фрагментации», — пишет Холл [Hall 1994: 394][14]. Существует множество вариантов культуры, которые в определенное время и в определенном месте воплощают то, что для определенных групп людей означает «национальное». В случае с Россией, как отмечает Файджес,

---

[14] Гирц также считает, что «анализ культуры отличается характерной неполнотой», а музеи и фольклор могут предложить лишь временный выход из этой культурной проблемы. Гирц К. «Насыщенное описание»: в поисках интерпретативной теории культуры [Гирц 2004: 38]. См. также [Лотман, Успенский 1971: 158]; Лотман Ю. М. «Введение: Быт и культура» [Лотман 1994: 9].

страна «слишком сложна, слишком социально разделена, слишком политически разнообразна, слишком непросто определена географически и, возможно, слишком велика для того, чтобы за национальное наследие можно было выдать только одну культуру». «Не существует *классической* национальной культуры, есть только ее мифические образы», как народный танец Наташи в «Войне и мире» Толстого. И все же мы хотим уловить целое и примирить разногласия. Файджес, например, видит национальную сущность в «русском темпераменте, совокупности местных обычаев и верований, чем-то интуитивном, эмоциональном, инстинктивном, передаваемом из поколения в поколение, что помогает сформировать индивидуальность и сплотить сообщество» [Figes 2002: xxviii–xxx]. Однако эта ускользающая сущность, очень может быть, является частью той же мифологии.

Рассмотрим ряд стилей и подходов, которые, по утверждению критиков, в то или иное время представляли дух уникально русской традиции в искусстве: критический реализм передвижников; русские пейзажи «этой скудной природы»; храмовую архитектуру в неорусском стиле; национальный стиль в декоративно-прикладном искусстве; псевдорусскую архитектуру выставочных павильонов; традиционное и возрожденное народное искусство. «Материалы», которым отдавали приоритет различные творцы культуры, также кардинально различались. Например, идеолог панславизма Н. Я. Данилевский, один из первых явных поборников национальной культуры, строил свой канон исключительно из классики. Национальное возрождение, связанное с движением искусств и ремесел, отдавало предпочтение утилитарным предметам, созданным народными мастерами, которые затем стали представлять сувенирную идентичность России на Всемирной выставке в Париже 1900 года и за ее пределами. Еще один вариант можно найти в экзотическом колорите Русских сезонов. Наряду с памятниками и текстами, составляющими культуру, мы наследуем множество критических откликов, поскольку произведения искусства не входят в историю тихо. Культура как дискурс сродни бахтинскому диалогу в том смысле, что она всегда в процессе становления:

> Нет ни первого, ни последнего слова и нет границ диалогическому контексту (он уходит в безграничное прошлое и в безграничное будущее). Даже *прошлые*, то есть рожденные в диалоге прошедших веков, смыслы никогда не могут быть стабильными (раз и навсегда завершенными, конченными) — они всегда будут меняться (обновляясь) в процессе последующего, будущего развития диалога [Бахтин 1979: 373].

4. *Национальная культура — это дискурсивный конструкт.* Я рассматриваю идею национальной культуры в первую очередь как сеть дискурсивных позиций[15]. Традиционно культура описывается в рамках бинарных оппозиций. Прочтение В. З. Паперным советского культурного опыта как чередования двух парадигм: ориентированной на будущее динамичной культуры 1 и ориентированной на прошлое монументальной культуры 2 — является одним из таких интересных примеров[16]. В царский период публичный диалог зависел от пар бинарных оппозиций, определивших современную историю: Россия и Запад, Москва и Петербург, центр и окраина, город и деревня. Однако оппозиции регулярно встречались и в газетных колонках: в болтовне фельетонистов, в полемических перепалках, в жарких спорах. Этот широкий средний слой культуры между крайностями формировался не только за счет оппозиций как таковых, но и в результате разговора *между* ними.

Возможно, необходимо изменить ракурс и рассматривать общую сложность культуры с точки зрения не того, чем культура *является*, а того, как различные группы и поколения *говорят*

---

[15] Шенле и Шайн недавно назвали этот подход «конструктивистским»: Schönle A., Shine J. «Introduction» [Schönle 2006: 8–9]. Я рассматриваю дискурсивный конструкт как социально настроенный способ мышления и разговора, управляемый условностями и кодами данного общества.

[16] Паперный сравнивает «разговор» между культурой 1 и культурой 2 с абсурдным диалогом в беккетовском «В ожидании Годо». К примеру, один и тот же архитектурный объект — проект Дворца Советов — вызвал кардинально разную реакцию у представителей двух полярных культур, как если бы они говорили на разных языках [Паперный 1985].

о культуре. Культура — это форма коммуникации, непрекращающийся многоголосый диалог между людьми, группами и институтами [Бахтин 1986: 507–508][17]. Общий опыт посещения выставок и чтения газет объединял членов этого воображаемого сообщества так же, как и ожесточенная полемика, развернувшаяся на страницах прессы. Поэтому даже статичные символы остаются активными и живыми, так как различные дискурсивные позиции постоянно пересматривают их значение.

5. *Национальная культура — это публичная культура.* Гирц пишет: «Культура публична, потому что публичны коммуникация и значение» [Гирц 2004: 19][18]. В русском дореволюционном обществе изобразительное искусство, привлекавшее образованных граждан к широкому участию, составляло часть публичной сферы. Это была не классическая «*либеральная* модель буржуазной публичной сферы»; не была она и чисто «литературной»[19]. Чаще всего дискуссии в русском обществе имели место не в физических местах, как кофейни и клубы, а в виртуальном публичном пространстве — печатного слова. Споры о значении отдельной картины или проекта целого Исторического музея, разворачивавшиеся на страницах массовой прессы, были одними из самых ярко выраженных проявлений публичной сферы.

Культура — это неотъемлемая часть общества, которое ее создает; она никогда не бывает «просто культурой». Ни один аспект культурного производства, включая индивидуальный талант, институциональную поддержку и образование, не может происходить в отрыве от институтов власти. Искусство и политика в России всегда были переплетены, и многие российские императоры были выдающимися коллекционерами, начиная с Петра Великого, основавшего первый русский музей, Кунсткамеру, и заканчивая Николаем II, который в течение некоторого време-

---

[17] Больше о многослойности культуры см. также в: Лотман Ю. М. «Введение: Быт и культура» [Лотман 1994: 15]. Ср. [Brower 2002: 81].

[18] Ср. высказывание Лотмана и Успенского: «культура, по определению, есть социальное явление» [Лотман, Успенский 1971: 147].

[19] Ср. [Хабермас 2016: 47].

ни поддерживал выпуск дягилевского скандального журнала «Мир искусства». Р. Уортман подробно исследует эту идущую «сверху вниз» парадигму русской культурной традиции в своей книге «Сценарии власти. Мифы и церемонии русской монархии» [Уортман 2004]. Помимо этого взаимодействия между искусством и властью, имелись также и другие сценарии.

Принимая как данность пантеон писателей, художников и героев, традиционно представляющих русскую национальную традицию, в данной работе я отдаю предпочтение другим агентам культуры, чья роль была очевидной и в то же время часто невидимой: купцам-меценатам, промышленникам-коллекционерам, расчетливым предпринимателям, знатокам искусства, профессиональным журналистам, анонимным авторам и критикам-любителям всех мастей. Это также позволяет нам сместить акцент с иерархии дискурсов на их параллельное существование. Художественные критики, как, например, В. В. Стасов и А. Н. Бенуа, издатели популярных ежедневных газет, такие как А. А. Краевский и А. С. Суворин, и множество анонимных журналистов вносили свой вклад в публичную культуру, делясь своими взглядами в прессе. Недавно ставшее грамотным население принимало участие, читая популярные рубрики и отправляя письма в редакцию.

Таким образом, в единственном числе не существует такого понятия, как «национальная культура»: вместо этого имеется множество дискурсов об идентичности — официальных и неофициальных, профессиональных и любительских, — которые находятся в постоянном движении, даже когда они позиционируются как традиционные и постоянные. Затруднительное положение русской культуры проистекает из ее изменчивости: постоянные пересмотры и перемены направления составляют живой культурный опыт. Это подрывает ожидания и компрометирует нормы, поскольку любая попытка построить упорядоченную парадигму приводит к неизбежному упрощению и дальнейшему мифотворчеству. Аналогичным образом, любая стройная классификация многочисленных участников, многие из которых в то время писали анонимно, была бы вынужденной: нестабильность и экспериментальное использование термина на протяжении XIX века, о чем я буду говорить ниже, свидетельствует о том, что современники ощущали культуру в основном как хаос мнений и состязание идей [Appadurai, Breckenridge 1992: 38].

Эволюция культурного дискурса

Что означала национальная культура в дореволюционном обществе на практике? Как люди воспринимали культуру? Русская национальная культура была вымученной идеей. Бердяев определил крайнюю фрагментарность постпетровской культурной традиции следующим образом: «В петровской императорской России не было целостного стиля культуры, образовалась многопланность, разноэтажность, и русские жили как бы в разных веках» [Бердяев 2016: 268]. Полностью европеизированным образованным классам фактически пришлось *учиться* быть русскими, что они и делали, преимущественно через литературу и искусство [Figes 2002: xxx–xxxi]. Это обучение осложнялось непрекращающимися спорами, сопровождавшими идею культуры до рубежа столетий, на котором это исследование заканчивается.

Понятие «культура» в русском языке имеет захватывающую историю. Данная работа не преследует досконального исследования этого термина; ниже приведены лишь несколько моментов, когда разгорались публичные споры, как это было в 1876 и 1888 годах и на рубеже столетий. В ходе этих споров произошла важная трансформация: культура перестала быть достоянием узкой группы интеллектуалов и стала частью публичной сферы. Ученые расходятся во мнении относительно точной даты появления слова «культура» в русском языке, изначально заимствованного из немецкого, но едины в том, что до 1880-х годов оно не использовалось повсеместно[20]. До того, как этот термин получил широ-

---

[20] Больше об истории понятия см. в [Kroeber, Kluckhohn 1952].

кое распространение, вместо него, как правило, употреблялись близкие синонимы — «просвещение» и «образованность». Хотя слово было зафиксировано в словаре уже в 1837 году, что может свидетельствовать об определенной регулярности его употребления, фактически культура существовала в русской публичной сфере не как определение, а как предмет спора [Ре..ф..ц 1837][21]. Так, в одном из первых случаев употребления этого слова вне справочных источников в 1853 году оно было объявлено излишним, «ошибкой», «ничем не оправданным заимствованием»[22]. Мало кто из русских писателей использовал это слово, а те, кто это делал, как Достоевский и Салтыков-Щедрин, интерпретировали культуру в ироническом и преимущественно негативном смысле. Такая провокационная тенденция не осталась без внимания, и многие газетные колонки были посвящены русским культурным войнам.

Одним из направлений в спорах о культуре, привлекшим наибольшее внимание ученых, является различие между «культурой» и «цивилизацией». Начиная с конца 1860-х годов этот «разговор» то и дело возобновлялся в обществе. Широкий диапазон противоречивых определений указывает на экспериментальную природу этих дискуссий и новизну терминов, которыми публика пыталась овладеть[23]. Современники трактовали культуру как в очень широком антропологическом, так и очень узком художественном смысле: ее понимали одновременно как синоним и антоним цивилизации. В этих спорах не было беспристрастных участников: культурные войны в России стали полем битвы за

---

[21] В этом словаре зафиксированы два основных значения этого слова: «хлебопашество, земледелие» и «образованность». Полезную краткую историю этого слова в английском языке можно найти в [Kelly et al. 1998: 7–12]. Следующие справочные источники оказались особенно полезными для прослеживания истории этого слова и его использования: [Этимологический словарь 1982; Сорокин 1965: 94–95; Будагов 1971: 128–129].

[22] Покровский И. Г. «Памятный листок ошибок в русском языке», цит. по: [Асоян, Малафеев 2000: 68].

[23] Этот аспект истории культуры всесторонне освещен в [Асоян, Малафеев 2000]. См. также [Брокгауз и Ефрон 1890–1904, 38: 144–151].

принципиальные убеждения, высказанные различными общественными институтами и отдельными лицами.

В том, что значение этого слова сильно колебалось, не было ничего необычного. Р. Уильямс, к примеру, указывает, что в Великобритании в XIX веке оно изменилось от «культуры *чего-либо*» до «*культуры* как таковой, вещи в себе», культуры как «абстракции и абсолюта». После 1800 года категория «искусства» развивалась параллельно с «культурой», и начиная с этого момента они оказываются тесно связаны [Williams 1983: xvi–xviii][24]. Однако в русском языке слово «культура» оставалось неологизмом на протяжении десятилетий после того, как оно было впервые зафиксировано в словарях. Так в конце 1870-х годов Салтыков-Щедрин в романе «Убежище Монрепо» (1878–1879) относил ее к одному из «еще не утвердившихся, новоявленных» выражений [Салтыков-Щедрин 1951: 124].

«Культура» стала одной из главных тем в русской общественной мысли во второй половине XIX века. Однако как извечная *проблема* она существовала с начала столетия. В 1827 году поэт-романтик и философ Д. В. Веневитинов, основатель и глава Общества любомудрия, сформулировал дилемму русской культуры с точки зрения очевидного недостатка оригинальности:

> У всех народов самостоятельных просвещение развивалось из начала, так сказать отечественного: их произведения, достигая даже некоторой степени совершенства и входя, следственно, в состав всемирных приобретений ума, не теряли отличительного характера. Россия все получила извне; оттуда это чувство подражательности <...> оттуда совершенное отсутствие всякой свободы и истинной деятельности [Веневитинов 1934: 216–217].

Эту дилемму можно схематично свести к вопросу: может ли культура, основанная на иностранных образцах, адекватным

---

[24] Совсем недавно Л. Шайнер похожим образом утверждал, что идея искусства, наряду с такими категориями, как эстетика и художник, была изобретена в XVIII веке [Shiner 2001].

образом выражать уникальный национальный характер? Веневитинов, к примеру, отвечал на этот вопрос отрицательно, утверждая, что отечественную культуру нельзя построить на заимствованных формах. Пресловутое «Первое философическое письмо» П. Я. Чаадаева возмутило общество в 1836 году, когда оно было опубликовано в русском переводе в «Телескопе», так как автор прямо отказывал России в самостоятельной культурной истории. Чаадаев категорически заявлял, что в России нет самобытной культуры, ибо все в ней подражательно, производно и заимствовано[25].

Систематическое рассмотрение проблемы русского культурного наследия началось с полемики между славянофилами и западниками. Ранние славянофилы (И. В. Киреевский, А. С. Хомяков) одними из первых заявили о необходимости национальной культуры («самобытной русской образованности», как называл ее по-русски И. В. Киреевский)[26]. Именно тогда слово «самобытный» (оригинальный, родной) стало рассматриваться как атрибут высшего отличия. Несомненно, культурный национализм славянофилов был частью романтической повестки, если не считать того, что единственная «культура», которую знала Россия, была европейской [Rabow-Edling 2005: 100]. Если в Европе «просвещение и национальность одно, ибо первое развилось из последней», как заметил И. В. Киреевский в 1832 году, то в русском сценарии «отечественный» могло означать только необразованный. Проблема русской культуры заключалась в том, что «национальное» и «культура» были противоположными понятиями: если культура подразумевала просвещение и образование, то национальное отождествлялось с подавляю-

---

25 Оригинальная печатная версия письма в том виде, в каком оно было опубликовано в «Телескопе», воспроизведена в [Чаадаев 1991, 1: 641–676, особенно см. 652, 658]. Современный перевод см. в том же издании [Чаадаев 1991, 1: 320–339]. Французский оригинал см. в [Чаадаев 1991, 1: 86–106]. В оригинальной публикации идея культуры передавалась современными синонимами ‘образованность’ и ‘просвещение’ (в современных переводах вместо них используется слово ‘культура’).

26 Киреевский И. В. «Отрывки» [Киреевский 1984: 277; Lavrin 1961: 120].

щим большинством населения, которое было неграмотным[27]. В похожем ключе Хомяков проводил острое различие между «неученой Русью» и «ученой Россией», которое привело к конфликту между национальной жизнью и иностранной культурой, между самобытностью и подражанием[28]. Иными словами, национальная культура заключала противоречие в своем определении: с самого начала идея культуры в России ассоциировалась с иностранными, а не родными истоками.

Как определить национальную культуру, когда «национальный» недвусмысленно означает *не*культурный? В ходе романтических поисков утраченных национальных традиций современники переменно усматривали культурную идентичность в православной церкви, крестьянской общине, народном орнаменте, русском архитектурном стиле и реалистической живописи. Как правило, эти целенаправленные поиски национальной самобытности в культуре были дискурсивными конструктами не менее, чем материальными проявлениями. Этот дискурс, зародившийся в начале века, с переменной скоростью эволюционировал в течение дореволюционного периода.

Один из громких взрывов в продолжающейся борьбе мнений произошел в 1876 году, когда в прессе развернулся широкий публичный диалог о культурной идентичности. Ф. М. Достоевский и его современник, писатель и критик В. Г. Авсеенко, были среди тех, кто принял участие в этом диалоге[29]. Культура и образованные из нее производные (‘культурный’, ‘культурить’, ‘окультурившийся’, ‘докультуриться’) составляют главную тему в апрельском выпуске «Дневника писателя» Достоевского за 1876 год. Культура здесь, по сути, ругательное слово: отвечая Авсеенко,

---

27 Киреевский И. В. «Девятнадцатый век» [Киреевский 1984: 78].

28 Хомяков А. С. «Мнение русских об иностранцах» [Хомяков 1900, 1: 65–67].

29 В. Г. Авсеенко (1842–1913) был критиком и писателем-беллетристом, к его произведениям относится в том числе роман «Млечный путь», который выходил частями в «Русском вестнике» в 1875–1976 годах и получил главным образом негативный отклик в современной прессе. Его статья «Опять о народности и о культурных типах» была опубликована в «Русском вестнике» (1876, № 3).

Достоевский прямо выступает против «развращенного культурой» образованного общества. Точнее говоря, подвергнутая критике культура определяет европеизированное воспитание русской образованной элиты — так называемых «культурных людей»:

> Нам прямо объявляют, что у народа нет вовсе никакой правды, а правда лишь в культуре и сохраняется верхним слоем культурных людей. Чтоб быть добросовестным вполне, я эту дорогую европейскую нашу культуру приму в самом высшем ее смысле, а не в смысле лишь карет и лакеев, именно в том смысле, что мы, сравнительно с народом, развились духовно и нравственно, очеловечились, огуманились и что тем самым, к чести нашей, совсем уже отличаемся от народа. Сделав такое беспристрастное заявление, я уже прямо поставлю перед собой вопрос: «Точно ли мы так хороши собой и так безошибочно окультурены, что народную культуру побоку, а нашей поклон? И, наконец, что именно мы принесли с собой из Европы народу?»

В более кратком варианте эта же мысль прямо отождествляет «нас» с Европой, образованием и культурой, а «их» — с пассивным, необразованным русским большинством[30]. В качестве альтернативы этой внешней культуре, которую Достоевский с пренебрежением уподобляет водевилю, писатель предлагает народную культуру и ее сторонников — славянофилов. Славянофилы извлекли пользу из европейской культуры так же, как и «культурные люди», но не потеряли связи с корнями[31]. Эта запись в «Дневнике писателя» была частью более широкого публичного спора о культуре. Среди его участников были редактор толстого литературно-политического журнала «Отечественные записки» Н. К. Михайловский, популярный писатель П. Д. Бобо-

---

[30] Достоевский Ф. М. «Дневник писателя, апрель 1876 года» [Достоевский 1972–1990, 22: 109–110].

[31] Подробнее об этом обмене см. в: Достоевский Ф. М. «Дневник писателя, апрель 1876 года» [Достоевский 1972–1990, 22: 103–119]; см. также соответствующий комментарий в этом издании: [Достоевский 1972–1990, 22: 370–381].

рыкин, публицист П. П. Гайдебуров, а также авторы В. М. и П. Ч., писавшие для различных периодических изданий, в том числе для одной из старейших ежедневных газет, основанной самим Петром Великим — «Санкт-Петербургских ведомостей», и недолго просуществовавшей ежедневной газеты «Молва»[32].

В том же году Салтыков-Щедрин написал блестящую сатиру — неоконченное произведение «Культурные люди», первая часть которого была опубликована в начале 1876 года в «Отечественных записках». В центре опубликованного фрагмента — культурный персонаж Прокоп, «один из самых выразительных представителей культурного русского человека, лишь со вчерашнего дня узнавшего о своей культурности». В этом типе Салтыков-Щедрин сатирически высмеивает широкую публику; его «культурные люди» — это чиновники, провинциалы и все те, кто охотно принимает готовые мнения и модные высказывания, особенно иностранного происхождения. Прокоп, к примеру, так определяет свою принадлежность к культурному обществу: «Я человек культурный, потому что служил в кавалерии. И еще потому, что в настоящее время заказываю платья у Шармера. И еще потому, что по субботам обедаю в Английском клубе» [Салтыков-Щедрин 1934, 11: 510, 497]. Как и в случае аллюзии на водевиль у Достоевского, культура здесь является чистой карикатурой, которая приводит к особому виду «культурной тоски», испытываемой Прокопом и ему подобными. Эти выдержки из споров 1876 года показывают, что культура не только означала разные вещи для разных участников, но и то, что преобладало негативное отношение к этой теме. Тем не менее, даже отвергая культуру, авторы этих разрастающихся критических высказываний в то же время формировали ее своими произведениями.

В 1888 году развернулся крупный спор в ответ на книгу «Россия и Европа», представляющую собой выдающуюся современную

---

[32] В тех случаях, когда удавалось установить исторических авторов, публиковавшихся под псевдонимами, данная информация приводится в сносках. В 1875–1878 годах для «Санкт-Петербургских ведомостей» под псевдонимом В. М. писал поэт и критик В. В. Марков [Масанов 1956–1960, 1: 197].

попытку сделать систематический обзор культуры. Впервые этот трактат Н. Я. Данилевского, натуралиста и идеолога панславизма, был издан в 1869 году в славянофильском журнале «Заря», насчитывавшем 700 подписчиков, но долгое время оставался практически незамеченным, пока почти через 20 лет это произведение не оказалось вовлечено в обширную полемику. Книга вышла отдельным изданием в 1871 году и была переиздана в 1888 году. В ходе многочисленных бесед между философами, критиками и журналистами, разговоры о культуре в целом и о книге Данилевского в частности заняли в публичной сфере дореволюционной России значительное место. Если для того, чтобы распродать 1200 экземпляров более раннего издания, понадобилось больше 15 лет, то издание 1888 года разошлось лишь за несколько месяцев.

Всплеск дискурсивной активности вокруг переиздания «России и Европы» в 1888 году — в которой приняли участие философы В. С. Соловьев, К. Н. Леонтьев и Н. Н. Страхов, профессора истории Санкт-Петербургского университета К. Н. Бестужев-Рюмин и Н. И. Кареев, а также многие анонимные журналисты — был связан как с теорией Данилевского, так и с загадкой русской культуры в целом. На страницах массовой прессы одна объемистая книга Данилевского преломлялась в виде множества часто противоречивых суждений, которые были легко доступны публике. Идеи Данилевского вызывали множество истолкований в зависимости от того, кто, когда и где писал[33].

Теория культурно-исторических типов Данилевского основывается на предпосылке, что культура может быть только национальной: «культура <...> и имени этого не заслуживает, если не самобытна» [Данилевский 1995: 429]. Хотя и являясь патриотом самобытной национальной культуры, Данилевский тем не менее признает, что в 1869 году ее в России не существовало; в целом по сравнению с греческим и европейским «великими культурными типами» вклад славян в науки и искусства был «весьма незна-

---

[33] См., к примеру: Бестужев-Рюмин К. Н. «Теория культурно-исторических типов» [Данилевский 1995: 432–435].

чителен». Все, что было в это время в России, это «скромные задатки новой культуры, новой цивилизации». Однако это не было связано с присущей славянам неспособностью заниматься «чисто культурной деятельностью»: Данилевский указывает на исторические причины, помешавшие славянам преуспеть в области культуры. Тем не менее он предсказывает блестящее будущее. Поскольку задатки природных способностей и талантов, «которые необходимы для блистательной деятельности на поприще наук и искусств», в достаточной степени присутствуют в славянском культурном типе, нет причины извиняться за отсутствие действительных культурных достижений: при более благоприятных условиях скромные задатки разовьются в «роскошные цветы и плоды» [там же: 424, 429][34].

Чтобы доказать, что русская культура обладает блестящим потенциалом, Данилевский предлагает скромный канон, включающий русских классиков: писателей Н. В. Гоголя, А. С. Пушкина и Л. Н. Толстого, художника А. А. Иванова, скульптора С. С. Пименова и композитора М. И. Глинку. В частности, колоссальный успех «Войны и мира» Толстого, как он утверждает, доказывает, что «мы, в сущности, лучше, чем мы кажемся. Пусть укажут нам на подобное произведение в любой европейской литературе!» [Данилевский 1995: 426]. То, что славянская цивилизация не дала еще привлекательных плодов, в основном объясняется тем, что Данилевский называет «европейничаньем». Европейничанье — это болезнь России, начало которой Данилевский возводит к Петру Великому, чьи реформы воспрепятствовали «истинному культурному развитию» и привели к радикальной трансформации, когда «русский народ раскололся на два слоя». Данилевский объясняет: «Низший слой остался русским, высший сделался европейским — европейским до неотличимости». Эпитет «русский» стал относиться исключительно к вещам,

---

[34] Бестужев-Рюмин также полностью подтверждал способность славян к искусству, вторя Данилевскому: «Искусство у нас долго жило подражанием и только теперь выходит на прямой путь» (Бестужев-Рюмин К. Н. «Теория культурно-исторических типов» [Данилевский 1995: 452, 443]).

которые хороши только для простого народа: например, «русская лошаденка, русская овца, русская курица, русское кушанье, русская песня, русская сказка, русская одежда». Таким образом, все, что было «специально-русским национальным», представлялось неполноценным, «особливо если смотреть на него с чужой точки зрения», а для тех, кто получил все свое образование из иностранных источников, другой перспективы не существовало [там же: 421, 232][35].

Если Данилевский и его сторонники оптимистично полагали, что, излечившись однажды от болезни европейничанья, русское общество вновь обретет национальную уверенность, то его противники открыто высмеивали такую веру в «великую культурную самобытность России». Одним из главных провокаторов в спорах 1888 года, вспыхнувших после многолетнего молчания вокруг первых двух изданий сочинения Данилевского, был философ В. С. Соловьев. Его статья «Россия и Европа», опубликованная в 1888 году в либеральном толстом журнале «Вестник Европы», опровергает как скромные задатки, так и ожидаемые роскошные плоды русской национальной культуры: «никаких положительных задатков новой самобытной культуры наша действительность не представляет». Соловьев отрицает не столько национальное своеобразие русской культуры, сколько ее радикальное отличие и полную оторванность от европейской традиции — на чем и основывалась позиция Данилевского. Русская культура, далекая от того, чтобы быть отдельным и отличимым историческим типом, является для Соловьева лишь частью европейской культуры, подобно тому, как русский роман, несмотря на свою неопровержимую самобытность, является частью традиции, заложенной О. де Бальзаком и У. Теккереем. Продолжая развивать свою мысль, Соловьев заявляет: «Как русская изящная литература, при всей своей оригинальности, есть одна из европейских литератур, так и сама Россия, при всех своих особенностях, есть одна из европейских наций». Ведь даже если признать за Россией задатки самобытности, отсутствие

---

[35] Ср. [Бердяев 2016: 268].

прогресса в искусстве лишь доказывает, что русская национальная культура является плодом патриотического воображения Данилевского. В конце концов, за золотой эпохой русской культуры (от «Евгения Онегина» Пушкина до «Анны Карениной» Толстого) последовал ощутимый упадок, как это видит Соловьев, и в России второй половины XIX века не было талантов, равных оригинальному канону Данилевского, состоящему из Пушкина, Гоголя, Толстого, Глинки и Иванова. В архитектуре и скульптуре, как указывает Соловьев в сноске, Россия не произвела ничего хоть сколько-то выдающегося: древнерусские храмы были построены иностранными зодчими, а единственный неординарный памятник — Медный всадник в Санкт-Петербурге — также был создан иностранцем [Соловьев 1912: 109, 100–102]. Соловьев заключает, что, поскольку культура лежит в основе славянского вопроса и поскольку самобытная религиозная, художественная, интеллектуальная и политическая жизнь в России развивалась недостаточно быстро, чтобы состязаться с Европой, Россия должна отойти в сторону и заняться национальным самоотречением, которое и изначально дало ей государство и культуру. До тех пор, пока Россия настаивает на национальном эгоизме, она останется «бессильною произвести что-нибудь великое или хотя бы просто значительное» [там же: 29–35, 144, 103].

Статья Соловьева «Россия и Европа», естественно, всколыхнула общественность: последовали продолжительные дебаты, в ходе которых литературное творчество стало толчком к определению культуры. Один из почвенников, философ Страхов, отстаивал идею коренного отличия славян в своей статье «Наша культура и всемирное единство», вышедшей в июне 1888 года в «Русском вестнике», влиятельном консервативном ежемесячном журнале, основанном М. Н. Катковым, который также издавал ведущую крайне правую газету «Московские ведомости». Позиция Страхова была кратко охарактеризована в последовавшем язвительном ответе Соловьева как «проповедь национального самодовольства»: «*Будем сами собою* — вот, в конце концов, все, что нам нужно по его мнению. "Будем сами собою", — значит, нам нечего думать ни о каком существенном, коренном улучшении нашей жизни, ни о каком высоком идеале, *мы и так хороши*». Соловьев продолжает высмеивать страховскую риторику о скромных началах и будущих возможностях: «Все у нас только в зародышах, в зачатке; все в первичных, неясных формах; все чревато будущим, но неопределенно и хаотично в настоящем»[36].

По мере того как обмен мнениями продолжался, дискурс за и против национальной культуры становился все более насыщенным. Обильные перекрестные ссылки, а также прямые и приблизительные цитаты позволяли участникам и читателям внимательно следить за ходом полемики. Чтобы включиться в дискуссию и следить за ее развитием, читателям не обязательно было знакомиться с диалогом во всем его объеме, не говоря о внушительном томе Данилевского. Пока Соловьев сводил счеты со своими оппонентами, в массовой прессе появлялись различные мнения. Один анонимный автор, называвший себя «обыкновенным читателем» и писавший для массовой ежедневной газеты «Новое время», издаваемой известным журналистом и предпринимателем Сувориным, подчеркивал необходимость дать простор национальным аспектам русского ума, слишком долго просвещаемого Западной Европой, и поощрить его «стремление к самобытной культуре». Соглашаясь с Соловьевым, что «без “культуры” и наук довольно трудно быть истинно полезным членом человечества», он категорически возражал против достижения этой культуры ценой «умственного рабства русского общества»[37]. Такого рода общедоступные тексты служили источником знаний о состоянии русской культуры для грамотного большинства. Эти анонимные авторы полностью разделяют заслугу в поддержании актуальности разговора о культуре с такими экспертами в этом вопросе, как Страхов и Соловьев.

Большой спор о культуре постепенно ослабевал, только чтобы периодически разгораться снова, в разное время, во время многих

---

[36] Страхов Н. Н. Наша культура и всемирное единство // Русский вестник. 1888. № 6. С. 200–256; [Соловьев 1912: 304, 310].

[37] ***** Мысли не-литератора (Письмо в редакцию). I. Русская самобытность и г. Вл. Соловьев // Новое время. 1888. № 4529.

культурных революций XX века. Так идеи Данилевского, например, с увлечением подхватили участники Евразийского движения. На протяжении XIX века идея национальной культуры прошла феноменальный путь от «отсутствия культуры» до экспериментальных определений, общедоступной массовой прессы и толстовской «так называемой» пошлой культуры. Но даже когда о русской культуре говорили повсюду, единое мнение о том, что это такое и для чего она вообще, отсутствовало.

Кризис культуры

К концу царского периода недовольство, выражаемое многими философами XIX века, переросло в очевидный кризис. Атмосфера начала XX века располагала к размышлениям о путях культуры. А. П. Чехов блестяще воплотил свое видение упадка культуры в «Чайке». Символист Андрей Белый написал статью, колко озаглавленную «Проблема культуры». Среди других участников современных споров о культурной идентичности были такие мыслители, как В. И. Иванов, Н. А. Бердяев, М. О. Гершензон и Л. И. Шестов [Асоян, Малафеев 2000: 173]. Споры на рубеже столетий колебались между двумя крайностями: «концом культуры» и «культом культуры». «Срединные и усредненные формы» неизменно подвергались нападкам с обеих сторон [Белый 1994: 326]. Как выражение *коллективной* идентичности национальная культура потеряла актуальность к концу дореволюционного периода, когда она подверглась регулярным атакам со стороны таких непохожих друг на друга мыслителей, как Н. А. Бердяев и В. И. Ленин.

Бердяев утверждал, что в России, где национальное сознание определялось апокалиптическими и нигилистскими тенденциями, культура отвергалась как промежуточное и умеренное решение. По его мнению, культура — это аристократический конструкт, противопоставленный буржуазной цивилизации. Бердяев пишет: «Высшие подъемы культуры принадлежат прошлому, а не нашему буржуазно-демократическому веку, который более всего заинтересован уравнительным процессом» [Бердяев 1994, 1: 524–525][38]. Находившийся на противоположном конце спектра вождь социалистической революции Ленин развернул в 1913 году кампанию против национальной культуры, основанную на теории классовой борьбы. Национальная культура, возможно, была жизнеспособной повесткой 125 лет назад, пишет Ленин, но не в настоящее время, когда нация расколота на буржуазию и пролетариат.

> В *каждой* национальной культуре есть, хотя бы не развитые, *элементы* демократической и социалистической культуры, ибо в *каждой* нации есть трудящаяся и эксплуатируемая масса <...> Но в *каждой* нации есть также культура буржуазная <...> притом не в виде только «элементов», а в виде *господствующей* культуры. Поэтому «национальная культура» вообще *есть* культура помещиков, попов, буржуазии [Ленин 1961: 120–121][39].

С точки зрения марксистской теории, как и с точки зрения религиозной философии, понятия «национальный» и «культура» просто не сочетались друг с другом.

На рубеже веков в дискурсе стали преобладать новые, похоронные образы, и в современных спорах зазвучал мотив «спасения от культуры». В отличие от предыдущих попыток собирать и выставлять музейные предметы, русские мыслители теперь призывали культуру выйти за пределы материального мира институтов и взойти к статусу жизнесозидающей силы. В статьях Андрея Белого, много писавшего о «путях культуры», культура подчеркнуто духовна и индивидуалистична. По его мнению, только созидательная жизнь может преодолеть смерть культуры, которую Белый представляет как мавзолей музейных реликвий, где можно играть на «рояле культуры»: коснись клавиш,

---

[38] В анализе Бердяева цивилизация движется в направлении, противоположном культуре, снизу вверх.

[39] Первоначально опубликовано в 1913 году в журнале «Просвещение» (выпуски № 10, 11, 12); курсив в оригинале.

и возникнут приятные звуки — Рафаэль, Леонардо да Винчи, Вагнер[40].

Философ-утопист Н. Ф. Федоров еще более радикально провозгласил, что «целью жизни должно стать спасение от культуры»[41]. Для Федорова культура, как и институты, ее организующие, противоположна жизни. Поэтому он берет музей — квинтэссенцию такого института культурного наследия — и деконструирует его как ложное и механическое проявление жизни. Идеальный музей Федорова не хранит фрагменты материального наследия: он, скорее, функционирует как лаборатория для воскрешения умерших предков, перерабатывающая прошлое в животворящую энергию [Федоров 1982]. Возможно, самый явный аргумент против современной светской культуры принадлежит православному богослову П. А. Флоренскому, который считает ее лишь бедной заменой Бога: «Мы так привыкли *веровать* в культуру вместо Бога». Он продолжает: «Современному человечеству нужна христианская культура, не бутафория, а серьезная, действительно по Христу и действительно культура» [Флоренский 1983: 53–54]. Религиозный культ предлагал на рубеже веков один из способов выхода из кризиса современной культуры[42]. Обращение к традиционной и переосмысленной русской народной традиции, которую начали с воодушевлением возрождать в конце XIX века, было другой возможностью разрешить этот предполагаемый кризис.

Мы можем продолжать и продолжать, как это делали современники, поиски долговременного разрешения русских споров о культуре. Модернистский поворот в искусстве и эстетика авангарда, стремившиеся сбросить классиков «с парохода совре-

---

40 Андрей Белый. «Кризис культуры», цит. по: [Асоян, Малафеев 2000: 142]. См. также: Андрей Белый. «Философия культуры» [Белый 1994: 326]; Андрей Белый «Пути культуры» [Белый 1994: 308]. Ср.: Adorno T. W. «Valéry Proust Museum» [Adorno 1967: 175–178].

41 Цит. по: [Асоян, Малафеев 2000: 183].

42 См. также: Бердяев Н. А. «О культуре» [Бердяев 1994, 1: 525].

менности», остаются за рамками настоящего исследования, как и многие другие последующие события. Вновь и вновь каждое высказывание в поддержку национальной культуры вызывало сопротивление, и в то время как Федоров призывал к спасению *от* культуры, Н. К. Рерих заявлял, что культура *есть* спасение[43]. Споры, вспыхнувшие в последней трети XIX века, так и не были разрешены, и поэтому о культуре продолжали открыто говорить, пока она не была упорядочена в угоду марксистской идеологии после 1917 года, а затем сжата в жесткую формулу «национальная по форме и социалистическая по содержанию» в сталинскую эпоху[44]. И все же, даже когда контрдискурс ушел в подполье, он не исчез совсем: то, что было спрятано от взгляда одних, было жизненно важным выражением культурной идентичности для других. В постсоветский период эти разговоры рубежа веков вернулись. Были переизданы труды Данилевского, Соловьева, Бердяева и многих других мыслителей, писавших о русской культурной идентичности столетие назад, но не печатавшихся в течение многих десятилетий в советское время. Вечные разногласия продолжают тянуть культуру в разные стороны, и вопрос культурной идентичности остается в центре общественной жизни.

Что является особенным в русской культуре, это не русская душа и не русский стиль: уникальность того и другого неоднократно оспаривалась. Культура — это изобретенная традиция и процесс, практика постоянного пересмотра, потерь и обретений, написания и переписывания. Национальная культура существует как дискурс *и* контрдискурс. Русская гордость и парадокс заключаются в том, что Культура (подчеркнуто с заглавной буквы «К») начала служить *популярным* маркером идентичности в стране с малограмотным населением. За счет открытых дискус-

---

43 Рерих Н. К. «Культура — почитание света» [Рерих 1994: 41]. Рерих, осмысливавший культуру буквально как поклонение, определял ее как «почитание света», с двойным значением просвещения — как в европейской традиции и как культ восточного мистицизма.

44 См., например, [Сталин 1934].

сий в прессе широкая публика научилась *говорить* о культуре и сделала из этого национальную традицию.

До наступления кризиса рубежа веков идея национальной культуры в России процветала. Последующие главы посвящены этому периоду собирания и обсуждения культуры во второй половине XIX века, когда появились знаменитые музеи, памятники и стили, наряду с ожесточенными спорами, сопровождавшими каждую попытку создать и сформулировать национальную идиому в искусстве. Пятьдесят лет сознательного построения культуры в дореволюционной России обрамляют две международные выставки, продемонстрировавшие достижения и недостатки России: первая всемирная выставка в Лондоне, состоявшаяся в 1851 году, и кульминационное событие века — Всемирная выставка 1900 года в Париже.

Глава 2
Начало дискурса
Международные выставки и русские тексты

Великая выставка промышленных работ всех народов открылась в лондонском Гайд-парке 1 мая 1851 года. Она разместилась в великолепном Хрустальном дворце, как журнал «Punch» остроумно окрестил огромную роскошную оранжерею, спроектированную для этого случая Дж. Пакстоном (рис. 1). За пять с половиной месяцев работы выставки более шести миллионов человек посетили Хрустальный дворец, где свои изделия демонстрировали участники из 32 стран, включая Россию [Richards 1990: 17][1]. Разветвленная сеть железных дорог и дешевые организованные экскурсии, например Томаса Кука, позволяли жителям Англии приезжать в Лондон для этой цели со всех уголков страны. Также за время работы Великой выставки Англию посетили около 60 000 иностранцев (среди которых, по оценкам, было 854 русских) [Auerbach 1999: 138, 185][2]. Этому важному событию Викторианской эпохи посвящена обширная литература; я сосредоточусь исключительно на описании выставочных со-

1 Другие исследователи предлагают несколько отличающиеся цифры.

2 См. также [Buzard 1993]. Хотя в 1851 году в Великобританию приехало в три раза больше иностранцев по сравнению с предыдущими годами, тем не менее их число было значительно меньше, чем ожидалось. Помимо участников выставки и индивидуальных путешественников, Хрустальный дворец посетили некоторые русские чиновники из Министерства финансов и Министерства государственных имуществ, чтобы осмотреть иностранные отделения и приобрести оборудование [Fisher 2008: 123–146]. Подробнее об участии России в международных выставках см. в [Fisher 2003]. См. также недавно опубликованную статью [Swift 2007].

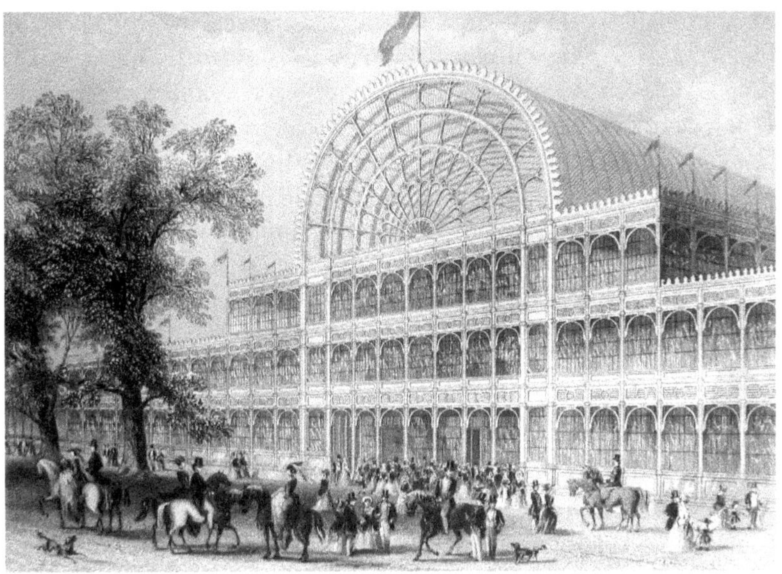

Рис. 1. Хрустальный дворец (северный трансепт), Великая выставка в Лондоне, проект Д. Пакстона (1851) [Tallis 1852, 3]

оружений и разнообразных художественных объектах, показанных на выставке, а также на широкой полемике, которую они вызвали в России[3]. Русские много писали о международном чуде Хрустального дворца. Почему всемирная выставка в Лондоне привлекла столько внимания в царских владениях?

История осмысления русской культуры не случайно начинается с международной выставки. Вторая половина XIX века была временем, когда выставки и их критическая оценка распространились по всей Европе[4]. Хотя ни одна из всемирных выставок не проходила в России, они призывали образованных русских граждан задаваться вопросом, как представить себя в особом

---

[3] Библиография по Хрустальному дворцу обширна и постоянно пополняется. [Auerbach 1999] — хорошая отправная точка, как и [Davis 1999] и [Piggott 2004].

[4] См., например, антологию [Holt 1982].

национальном стиле, который был бы узнаваем как их собственный. Таким образом и международная выставка в Лондоне оказалась связанной с русской культурной идентичностью. Сами по себе специальные празднования и выставки как возможность проявить идентичность не были чем-то новым: в качестве яркого примера можно привести коронации и роскошные коронационные альбомы, которые хорошо служили для представления страны в уникальном виде — как у себя дома, так и за границей[5]. Но эти богато иллюстрированные издания с ограниченным тиражом не были предназначены для широкой публики и не вызывали в обществе разговоров, не говоря уже о дискуссиях; да это и не являлось их задачей. С другой стороны, первая международная выставка принесла России небывалую публичность. То, что эта публичность оказалась по большей части негативной, только усилило гражданскую активность дома. Возможно, Хрустальный дворец указал на кризис русской культуры, но он также послужил призывом к решительным действиям. К эпохе первых международных выставок относятся два важных открытия. В 1851 году в Лондоне уникальный русский стиль, воплощенный в широко известной декоративной скульптуре серебряных дел мастера И. П. Сазикова, подарил ключ к успеху России на всемирных выставках и сыграл важнейшую роль в формировании культурной идентичности для показа на международном уровне. Второе открытие произошло во время Всемирной выставки 1862 года, когда русские критики объявили о рождении особой русской школы живописи, несмотря на то что иностранные обозреватели беспощадно критиковали русские картины за подражательность.

«Великая выставка и малая»

> Для России середины XIX века Хрустальный дворец был одной из самых захватывающих и интригующих грез современности. Неожиданно сильное психологическое влияние

---

[5] Подробнее о коронационных альбомах см. в [Kasinec, Wortman 1992].

> Хрустального дворца — в русской литературе и мысли он играет куда более значительную роль, чем в английской — происходит из его роли призрака модернизации, преследующего страну, которая отчаянно корчится в муках отсталости [Берман 2020: 304].

Согласны ли мы с поразительными образами Бермана или нет, нельзя отрицать, что некоторые из наиболее замечательных литературных трактовок Хрустального дворца были действительно придуманы русскими авторами. В 1863 году Н. Г. Чернышевский опубликовал роман «Что делать?», в котором содержался знаменитый сон о Хрустальном дворце; в следующем году Достоевский написал «Записки из подполья» — литературный ответ Чернышевскому и его последователям, где сон превращается в кошмар. Эти знаменитые произведения глубоко укоренились в публичном дискурсе о Хрустальном дворце. Разнообразные прочтения и искажения этого современного чуда технологии, созданные русскими писателями, критиками и фельетонистами, разожгли полемику, ставшую важным культурным событием в развивающейся русской публичной сфере.

Сначала рассмотрим резонанс, который Хрустальный дворец вызвал в Великобритании. Мы увидим, что освещение в русской прессе как подпитывалось иностранными рецензиями, так и резко от них отклонялось. В Англии несколько элементов сформировали Хрустальный дворец как дискурсивный конструкт. Одно из направлений споров определялось оппозиционной парой: цивилизация и варварство. В напечатанном в журнале «Household Words» и посвященном событию 1851 года очерке «Великая выставка и малая» Ч. Диккенс саркастически противопоставил два вида выставок: первая признавала «прогресс человечества, шаг за шагом, в направлении к социальным условиям», когда «улучшенное и более стабильное состояние счастья» будет достигнуто у более великих народов; вторая, так называемая «малая», относилась к тем менее выгодным отделениям на всемирной выставке, которые представляли «странные, варварские или эксцентричные» народы, не затронутые «этим законом человеческого прогресса». Диккенс обрисовал последнюю позицию следующим образом:

> Может существовать — ибо свободная воля, как и извращенная, по-видимому, предоставлена Провидением и народам, и отдельным личностям — может существовать странная, варварская или эксцентричная нация, тут и там на земном шаре, которая может счесть подходящим проявить свою свободную волю в отрицательной форме волинежелания и закрыться от остального мира, решившись не двигаться с ним дальше.

В отличие от Великой выставки, малая не движется «в правильном направлении к какому-то высшему состоянию общества» — она стоит на месте. Диккенс использовал Великобританию для иллюстрации первого вида выставки, а Китай — для второго [Dickens 1851a]. Судя по представлениям в современной британской прессе, Российская империя также принадлежала к «малым» нациям.

Еще одна линия разногласий прослеживала путь оппозиции «культура и коммерция». Хрустальный дворец был и изящным музеем, и торговой ярмаркой, и с самого начала вызывал противоречивые отклики современников. С одной стороны, Хрустальный дворец привлекал блеском множества чудесных вещей. Среди прочих, Ш. Бронте находила экспозицию головокружительной: «Со всех сторон сияют ярчайшие цвета, и можно увидеть товары [sic] всех видов, от бриллиантов до прядильных машин и печатных прессов. Это было очень изысканно, великолепно, оживленно, потрясающе»[6]. С другой стороны, критики выставки видели за всем этим выставочным чудом «фантасмагорию капиталистической культуры». В. Беньямин обобщил эту вторую позицию следующим образом: «Всемирные выставки — это места паломничества к фетишу товара» [Беньямин 2000: 158]. Современник Дж. Рескин высмеивал новую коммерциализацию вкуса, примером которой являлась оранжерея Пакстона: «в середине XIX столетия мы предполагаем, что изобрели новый стиль архитектуры, в то время

---

[6] Цит. по: [Miller 1995: 53].

как мы прославили теплицу!» [Ruskin 1890: 412]. Еще один посетитель Хрустального дворца, У. Моррис, пришел в ужас от самой банальности всего зрелища [Beaver 1986: 57].

Столь же проблематичным был и конфликт между идеей всеобщего братства, олицетворяемой всемирной выставкой, и открыто националистическими программами ее различных отделений. Подчеркивая идеологию единой большой семьи, стоящей за Великой выставкой, один религиозный трактат описывал ее в терминах мирного «собрания людей» и великой «мечты поэта» [Stoughton 1851][7]. Однако массовая пресса, как в Англии, так и в России, не колеблясь высмеивала эти идеалы. Консервативный публицист и религиозный философ А. С. Стурдза, например, подвергал сомнению нравственную ценность того, что он назвал «каким-то бездушным братством»[8]. Ф. В. Булгарин, скандально известный издатель «Северной пчелы», также категорически отвергал «братскую любовь» выставки:

> Польза от местных выставок художеств, мануфактурных и земледельческих изделий очевидна и несомненна, потому что они возбуждают в художниках, фабрикантах и сельских хозяевах соревнование, а от соревнования и усилий к усовершенствованиям улучшается всякое производство. Это аксиома, и с этой стороны мы смотрим на нынешнюю Всемирную Выставку в Лондоне. Но все фантастические мечты о последствиях Выставки, которая будто бы должна водворить братскую любовь между всеми народами, посеять во всех сердцах миролюбие и т. п., все это не что иное, как поэзия, которая точно так же чужда коммерческой и промышленной почве, как лимонные и апельсинные деревья чужды почве Лапландской. Братская любовь к ближнему и миролюбие находятся в Святом Евангелии, а не на Лондонской Выставке[9].

---

7 Под «поэтом», очевидно, подразумевается Чосер.

8 Стурдза А. С. Духовная жизнь и духовная словесность на Востоке // Москвитянин. 1851. № 16, кн. 2. С. 370.

9 Ф. Б. Пчелка. Журнальная всякая всячина // Северная пчела. 5 мая 1851 года. № 100. Почти полвека спустя Толстой столь же категорично охарактеризовал международную выставку 1893 года в Чикаго: «Выставка Чикаго, как и все

В самом деле, всемирная выставка для многих оказалась связана с национальными и местными вопросами. Викторианцы использовали ее, чтобы определить себя как нацию [Auerbach 1999: 5]. Репрезентация мира, представленная организаторами, обеспечила центральное положение Британии в нем: «облик выставки, по сути, балканизировал остальную часть мира, создавая своего рода геополитическую карту мира, занятого наполовину Англией, наполовину — собранием княжеств, претендующих на оставшееся пространство» [Richards 1990: 25][10]. Как великие, так и малые народы определяли себя на международном форуме именно *по контрасту с* другими участвующими «братьями». Некоторые русские журналисты, к примеру, высмеивали саму идею всемирной выставки в целом и утверждали, что вместо этого России следует продвигать свои местные выставки. Так, Булгарин заявил, что главная сила России находится не в Лондоне, а в Нижнем Новгороде, где располагалась крупнейшая торговая ярмарка России[11]. Это лишь один пример из многих, иллюстрирующий то, как Всемирная выставка в Лондоне стала по сути стимулом скорее для споров вокруг насущных «домашних» вопросов, чем самостоятельным предметом интереса. Не-

---

выставки, есть поразительный образчик дерзости и лицемерия: все делается для наживы и потехи: от скуки, а приписываются благие любвенародные цели. Оргии лучше» [Толстой 1952: 84].

[10] См. также: Smith P. T. «London 1851: The Great Exhibition of the Works of Industry of all Nations», в [Findling 1990: 3–9]. Планировка выставки также соответствовала националистической повестке дня. Дж. Стокинг отмечает, что первоначально «принц Альберт предложил, чтобы группировка производилась без связи с национальным происхождением; однако фактическое расположение было национально-географическим...» См. [Stocking 1987: 2]. Подробнее о представлении вещей и наций на всемирных выставках см. в [Mitchell 1989: 217–236].

[11] Ф. Б. Пчелка. Журнальная всякая всячина // Северная пчела. 1851. № 100. Пока в Лондоне продолжалась Великая выставка, где Россия так очевидно не выдерживала конкуренции, газеты с большим энтузиазмом писали и о местной ярмарке в Урюпинске: Н. К. Урюпинская ярмарка. Из путевых заметок // Северная пчела. 1851. № 142; Г. В. Урюпинская ярмарка // Московские ведомости. 1851. № 109.

прекращающееся напряжение между крайностями — национальным и общечеловеческим, эстетическим и коммерческим, материальным и словесным — во многом объясняет тот особый резонанс, который Хрустальный дворец вызвал в России.

Великая выставка закрылась в октябре 1851 года. Несколько лет спустя здание Хрустального дворца было перемещено из лондонского Гайд-парка в пригород Сиденхэм-Хилл, где оно оставалось до тех пор, пока не было уничтожено пожаром в 1936 году. В расширенном и перенесенном в Сиденхэм сооружении размещалось множество экспонатов, относящихся к истории и искусству, в том числе десять так называемых «дворов изящных искусств». Через десять лет после первой международной выставки для Всемирной выставки 1862 года в Лондоне был возведен другой выставочный павильон незадачливой конструкции. Для настоящего обсуждения трех выставочных объектов и их представлений в прессе необходимо подчеркнуть следующие важные факты: в Лондоне было два Хрустальных дворца (исходный в Гайд-парке и модифицированный в Сиденхэме) и две международные выставки, проходившие в 1851 и 1862 годах. Вторая размещалась в новом уродливом здании, названном современниками «убогим сараем», в то время как перенесенный Хрустальный дворец продолжал принимать посетителей в Сиденхэме.

Международная выставка 1862 года вошла в историю как эстетическая и финансовая неудача, хотя было задумано, что она будет больше и лучше, чем ее предшественница 1851 года. Там, где Хрустальный дворец вызывал поэтическое вдохновение, новое здание для выставки, спроектированное Ф. Фоуком, капитаном корпуса Королевских инженеров, вызывало неприязнь. Оно состояло из главного фасада и двух примыкающих к нему крыльев, увенчанных огромными хрустальными куполами (рис. 2) [The Art Journal Illustrated Catalogue 1862: xii]. Реакция современников на этот архитектурный проект была в большинстве случаев негативной, и через два года после того, как здание было возведено в качестве постоянного выставочного помещения, оно было снесено. Ниже приводится краткое изложение характерных отзывов о нем в британской прессе:

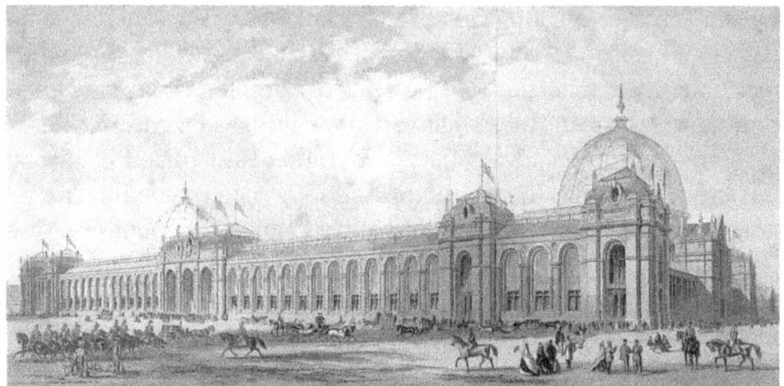

Рис. 2. Выставочный павильон для Всемирной выставки в Лондоне 1862 года, проект капитана Ф. Фоука // Illustrated London News, 24 мая 1862 года

> Преимущество сооружения заключалось в том, что оно было большим; в остальном оно было плохо принято. «Art Journal» назвал его «убогим сараем» и «национальным позором»; «Fraser's» назвал «безобразные сваи» «архитектурным грибом»; «Illustrated London News» посчитал, что «было бы абсурдно» назвать это архитектурой... «Quarterly Review» назвал его «невежественным, самонадеянным, безвкусным, нелепым провалом» [Prasch 1990: 25].

Далее «Quarterly Review» писал более подробно о неудачном проекте:

> Во всем здании, с его постоянными и временными элементами, было что-то *жуткое*; и его безобразие носило тот подлинный отпечаток, который так же сильно взывает к инстинктам масс, как и к экспертизе специалиста. <...> Единственное, что из чистой благотворительности искали, но не могли найти, было что-то, достойное похвалы[12].

---

[12] The Quarterly Review. July 1862. № 112. P. 186–187.

Одним словом, здание выставки 1862 года, преемницы первой Великой международной ярмарки, было лишь жалким подражанием оригиналу, так изумившему всех в 1851 году.

В отличие от других европейских стран, Всемирная выставка 1862 года оказала на Россию большее влияние, чем первая Великая. В самых разных периодических изданиях появилось огромное количество текстов о ней, и благодаря русской прессе неудачная всемирная выставка превратилась в Российской империи в крупное публичное событие. Например, «Северная пчела», процветающая ежедневная газета, которая пользовалась редкой привилегией публиковать политические новости, издавала выпусками письма из Лондона, рекламировала новый путеводитель для русских путешественников и напечатала большую карту выставки[13]. «Русский художественный листок», иллюстрированный альманах, выпускаемый художником В. Ф. Тиммом, опубликовал репродукцию плохо продуманного выставочного здания капитана Фоука[14]. Следуя примеру своих зарубежных коллег, русские журналисты с упоением критиковали этот убогий «сарай или конюшню», выдававший себя за храм искусств[15]. Но там, где британская пресса играла на контрасте между двумя лондонскими выставками, в русских статьях происходило странное наложение 1862 года на 1851-й, что привело к парадоксу, которым являлся русский Хрустальный дворец. Стасов, например, настаивал на том, что Россия впервые участвовала в международной выставке в 1862 году, совершенно не принимая во внимание выставку 1851 года[16]. Он также объявил, что всемирная выставка 1862 года «важнее для нас русских, чем для всех остальных стран и народов»[17]. Он обосновывал это утвер-

[13] Северная пчела. 2 мая 1862 года. № 117; Северная пчела. 22 мая 1862 года. № 136.

[14] Русский художественный листок. 20 апреля 1862 года. № 12.

[15] Среди многих других похожих откликов см.: Англия // Северная пчела. 1862. № 131.

[16] Стасов В. В. После всемирной выставки // Современник. 1863 год. № 95. С. 234.

[17] Стасов В. В. «Наша художественная провизия для Лондонской выставки (1862)» [Стасов 1894–1906, 1: 69]. Эта статья была опубликована в «Современной летописи» (№ 11, 1862).

ждение открытием русской художественной школы, о которой пойдет речь в последнем разделе этой главы.

Критик Стасов (1824–1906) сделал множество произвольных заявлений[18]. Он часто цитируется в этой книге не потому, что был исключительным авторитетом в той или иной теме, будь то международные или местные художественные выставки, а потому, что он был одним из ключевых инициаторов публичного дискурса об искусстве и неустанным участником современных споров о культуре и идентичности. Будучи плодовитым критиком, Стасов писал об искусстве во многих отдельных областях и жанрах. Из-под его пера вышли работы не только о международных выставках, но и о живописи, национальной архитектуре, музыке и народном орнаменте. Его мнение об истории русских былин было столь же весомым, что и его комментарии о последних тенденциях в изобразительном искусстве и музыке. В целом творчество Стасова насчитывает более чем 700 статей, опубликованных в 50 периодических изданиях в течение примерно 50 лет. Его девиз — «реализм и народность» — проходил красной нитью через многие его труды, и он преуспел в продвижении этой эстетики. Он даже позиционировал себя как своего рода национальный артефакт, надевая красную крестьянскую рубаху и нося длинную бороду, и именно этот образ современники сохранили для потомков (рис. 3). Хотя у Стасова не было формального образования в области истории искусств, он руководил Художественным отделением Публичной библиотеки в Санкт-Петербурге, где служил более 30 лет и консультировал многих сочинителей и художников. Он также часто посещал концерты, принимал у себя дома музыкантов и художников и читал лекции о музыке. Прежде всего, он был публичным интеллектуалом своего време-

---

18 Несмотря на заметное присутствие Стасова в публичной сфере XIX века, существует не так много посвященных ему монографий. Среди русских названий — работа О. Д. Голубевой [Голубева 1995], посвященная карьере Стасова в Русской национальной библиотеке в Санкт-Петербурге (бывшей Публичной). Несколько других книг относятся к 1980-м годам, например [Olkhovsky 1983]. См. также недавно вышедшую полезную статью А. Махрова [Makhrov 2009].

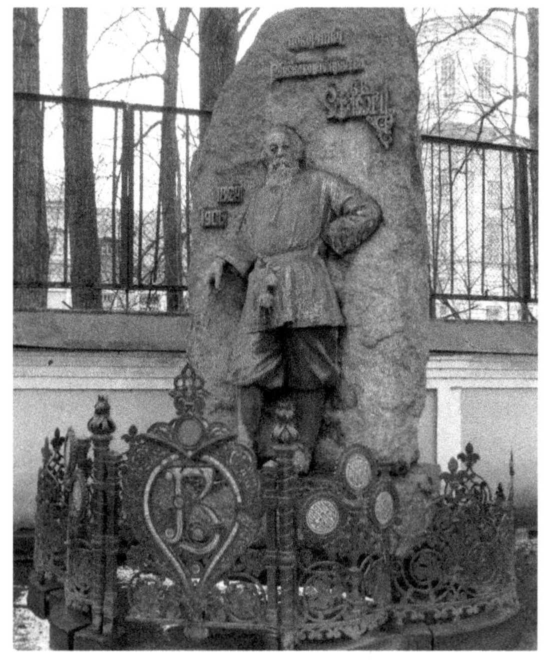

Рис. 3. Надгробие В. В. Стасова, скульптор И. Я. Гинзбург, архитектор И. П. Ропет (1908). Некрополь мастеров искусств Александро-Невской лавры в Санкт-Петербурге

ни не только потому, что открыто высказывал свое мнение, но и потому, что его слова вызывали громкий резонанс и дискуссии в обществе. Известны его слова о том, что человек может писать только тогда, когда он горит[19]. Но именно в диалоге с другими его голос приобретал качество «тромбона», как прозвали современники темпераментного критика. Его можно было назвать и скандалистом, ведь Стасов любил полемику. Писатель и критик Д. В. Философов, к примеру, вспоминал, что Стасову действительно доставляло удовольствие читать обличения в прессе, а затем составлять развернутые опровержения своим обидчикам [Философов 1909: 319–320]. Полемика Стасова с другими критиками по поводу русской живописи рассматривается ниже в главах 3 и 4. Как мы увидим, его резкие высказывания в сочетании

[19] Цит. по: [Stites 2005: 394].

с материалами, посвященными международным выставкам, внесли значительный вклад в полемику вокруг всемирных выставок.

Описание Хрустального дворца: русские толкования и перетолки

В России Хрустальный дворец как дискурсивное событие быстро получил собственную славу, независимую от Всемирной выставки. Причиной тому послужило несколько важных моментов: с Хрустальным дворцом был связан кризис самопрезентации, который был выявлен в Лондоне, модерность, которая происходила везде, кроме России, призрачный Санкт-Петербург и порожденная им великая литературная традиция, исключительность и ущербность, чаяния и страдания. Что самое важное, благодаря накалу и злободневности этих споров, британский Хрустальный дворец превратился в общественное мероприятие и в России. Об этом интернациональном явлении было столько написано, что оно стало неотъемлемой частью русской культуры XIX века. Литературная битва между трактовками Хрустального дворца, созданными Чернышевским и Достоевским, была частью давнего спора, начавшегося в 1851 году и продолжавшегося, с перерывами, более десяти лет. Различные степени преломления, которым подвергся британский выставочный павильон под пером русских писателей, журналистов, мемуаристов и эпизодических авторов, позволяют предположить, что русская идея Хрустального дворца основывалась на ошибках и неверных прочтениях не меньше, чем на фактическом репортаже. Многие журналисты, даже находясь в британской столице, использовали метод написания текстов, известный в народе как «сообщения “по слухам”», что часто означало немногим большее, чем чтение других газет или просто выдумывание новостей [Есин 1971: 38]. Более того, «корреспонденты», как правило, подавали свой материал в форме газетных фельетонов, в которых объективные факты свободно смешивались с субъективной болтовней самоуверенных обозревателей.

Письменное слово было главным средством, благодаря которому Хрустальный дворец прибыл в Россию. В отличие от тысяч британцев, отправлявшихся в Лондон на экскурсионных поездах, большинство образованных русских участвовали в выставке лишь опосредованно, не покидая дома. Русские газеты и журналы широко освещали первую всемирную выставку 1851 года: три массовые столичные газеты — «Санкт-Петербургские ведомости», «Московские ведомости» и «Северная пчела» — регулярно публиковали свежие новости о ходе выставки, а также всю дополнительную информацию, необходимую потенциальным и виртуальным путешественникам.

Некоторые из ранних текстов, посвященных Хрустальному дворцу, были написаны в жанре путевых заметок: в этих рассказах преобладало ощущение чуда. Русские, которым удалось побывать в Лондоне в 1851 году, не жалели слов, чтобы описать то удивительное впечатление, которое произвел на них Хрустальный дворец. Профессор М. Я. Киттары из Казани назвал дворец «лучшим произведением, выставленным англичанами на Всемирной выставке»[20]. Используя почти те же выражения, барон Фелькерзам назвал дворец замечательным шедевром: «Нам нравится, нас поражают колоссальные и однако же гармонические пропорции, свет и легкость, сила и строгая простота, красота и польза здания...»[21]. Г. Мин, чьи «Письма из Лондона» выходили частями в «Московских ведомостях», сравнивал Хрустальный дворец с «чем-то волшебным, слышанном в детстве, какой-то сказкой из “Тысячи и одной ночи”»[22]. Славянофил

---

[20] Цит. по: [Мезенин 1990: 8]. Английских текстов, посвященных Хрустальному дворцу, было написано в изобилии. Доступен ряд критических интерпретаций «вымыслов» Хрустального дворца; среди недавних — [Miller 1995]; см. также [Landon 1997].

[21] Всемирная выставка в Лондоне. Письма из Лондона // Московские ведомости. 1851. № 72. Публикация барона Фелькерзама была основана на письмах его лондонских друзей. Когда вышла последняя часть, Фелькерзам выразил надежду, что его усилия принесут пользу русской публике. Всемирная выставка в Лондоне. Письма из Лондона // Московские ведомости. 1851. № 85.

[22] Мин Г. Письма из Англии // Московские ведомости. 1851. № 98; 18 сентября 1851 года. № 112. Сказочная структура, по-видимому, была довольно распространенной в историях о Хрустальном дворце; см., к примеру, [Dickens 1851b].

А. И. Кошелев, побывавший в Лондоне в августе 1851 года, также описывал свои впечатления от Хрустального дворца в привычных выражениях сказки и чуда:

> Наружный вид этого здания поражает своею огромностью, простотою и изящностью. Смотришь, и не можешь дать себе отчета в том, что видишь. Бывали огромные здания, но это превзошло все доселе известные, не только размерами, но простотою и однообразием линий и материалов — особенно сильно действует оно необычайностью своего вида. — Не во сне ли я это все вижу? Не сказку ли читаю? [Кошелев 1852: 16, 93, 99].

Многие другие «сказки» о Хрустальном дворце дошли тем летом и до России, особенно до подписчиков «Московских ведомостей», в которых в период с июня по сентябрь 1851 года вышло две серии «Писем из Лондона»[23].

Хрустальный дворец стал непременной частью русского воображения. Философ и теолог, славянофил Хомяков, сам не ездивший в Лондон, мог, к примеру, писать: «Да, хотелось бы и мне взглянуть на это чудное здание из железа и хрусталя, посмотреть, как легко поднимались трубчатые столбы, как смело перегибались стеклянные арки, как свет играл на этом странном хрустале, прозрачном для лучей света и непрозрачном для зрения». У Хрустального дворца была «особая поэтическая прелесть», которую он сообщал всей Великой выставке. По мысли Хомякова, в более

---

[23] «Северная пчела» также описывала шедевр Пакстона как «современное диво»: Лондонская всемирная выставка // Северная пчела, 21 мая 1851 года. № 112. Реакция России на современное британское чудо отнюдь не была уникальной. Немецкие комментаторы также заметили магию Хрустального дворца. Ю. Лессинг, которого Беньямин часто цитирует в своей книге «Arcades Project», вспоминает, «как новости о Хрустальном дворце достигли нас в Германии и как его изображения висели в гостиных среднего класса отдаленных провинциальных городов. Тогда казалось, что мир, знакомый нам по старинным сказкам — о принцессе в хрустальном гробу, о королевах и эльфах, живущих в хрустальных домах — ожил <...> и эти впечатления сохранялись на протяжении десятилетий» (Ю. Лессинг, цит. по: [Benjamin 1999: 184]).

широком смысле страна, принимающая столь величественную всемирную выставку, также приобретала черты чудесной страны. «Прошу подражать такой земле!» — призывает он своих русских читателей. Точно так же, как англичане гордятся всем английским, так и русские должны перестать стесняться всего русского[24]. Кошелев завершает свой рассказ о путешествии похожим образом — риторическим движением, схожим с хомяковским, обращая внимание читателей к России, к «своей земле», которую он призывает их изучать [Кошелев 1852: 16, 93, 99]. Этот переход от чуда Хрустального дворца к прославлению принимающего народа, а затем к настоятельному призыву перенести опыт в Россию повторялся снова и снова. Булгарин, освещая выставку, также восхвалял английский патриотизм и рекомендовал русским подражать таким благородным национальным чувствам, как «любовь к своему гнезду, т. е. к родине или к своему дому, поместью» и «любовь к своей народности»[25]. С другой стороны, некоторые другие комментаторы защищали Россию, утверждая, что русская цивилизация ничем не отличается от европейской и что единственной причиной отставания России в развитии промышленности было отсутствие буржуазии[26].

Еще одна серия публикаций появилась, когда частная компания «Crystal Palace Company» купила оригинальное здание и перевезла его в лондонский пригород Сиденхэм-Хилл. Хрустальный дворец в Сиденхэме стал выставочно-развлекательным центром для широкой публики, и в нем располагались этнографические экспозиции, копии античных статуй, репродукции древних жилищ, «дворы изящных искусств», а также популярные египетские и греческие инсталляции, модели доисторических животных, восковые фигуры двора королей и королев Англии, портретная галерея и гигантский концертный зал. В 1854 году Чернышевский

---

24 Хомяков А. С. «Аристотель и всемирная выставка» [Хомяков 1900, 1: 185–186, 192].

25 Ф. Б. Пчелка. Журнальная всякая всячина // Северная пчела. 1851. № 117.

26 Сазонов Н. И. Место России на всемирной выставке // Полярная звезда. 1856. Вып. 2. С. 225.

опубликовал обзорную статью о вновь открытом Хрустальном дворце в «Отечественных записках». Писатель черпал информацию из 15 различных газет и журналов Франции, Великобритании и Германии[27]. Как и в некоторых других, более ранних русских текстах, посвященных этой теме, Чернышевский называет вновь построенный Хрустальный дворец «чудным зданием», «чудным дворцом», «чем-то необыкновенно великолепным, изящным, ослепительным» и т. д. Что еще более важно, Хрустальный дворец в Сиденхэме стал музеем искусств с «целью серьезной и полезной»: наставлением для всех тех, кто не имел необходимого образования, чтобы во всех подробностях читать научные монографии. По словам Чернышевского, Хрустальный дворец ежегодно собирал в среднем два миллиона человек [Чернышевский 1939–1953, 16: 89–127][28].

Такой обширный репортаж, как у Чернышевского, помогал обеспечить Хрустальному дворцу видное место в русской публичной культуре, включая попытки воспроизвести его в Санкт-Петербурге. В 1860 году, например, архитектор Г. А. Боссе предложил миниатюрную модель Хрустального дворца для размещения постоянной выставки цветов в центре города[29]. Хотя именно это проект не был реализован, Хрустальный дворец долгие годы продолжал существовать в русской публичной сфере как художественный образ и риторический конструкт.

Интерес российской общественности к вопросам идентичности и репрезентации достиг своего пика после лондонской всемирной выставки 1862 года. Хрустальный дворец, который к этому времени постоянно находился в Сиденхэме, также переживал дискурсивное возрождение. В 1860-х и в начале 1870-х годов, наряду с путевыми заметками, обзорами и фельетонами, появилось несколько беллетристических и полемических произ-

---

[27] По видимости, Чернышевский был в Лондоне с 26 по 30 июня 1859 года. См. [Стеклов 1928: 48].

[28] Впервые опубликовано в «Отечественных записках» (1854, № 8).

[29] Петербургская летопись // Санкт-Петербургские ведомости. 1860. № 63; [Борисова 1979: 68–70].

ведений, основанных на газетных репортажах, а в ряде случаев и на личных впечатлениях; среди них роман «Что делать?» Чернышевского, «Новый год» Л. К. Панютина, полемические сочинения Н. П. Вагнера и В. В. Стасова и парадоксальные версии Хрустального дворца у Достоевского в «Зимних заметках о летних впечатлениях» и «Записках из подполья». На основании этих и других прочтений и неверных толкований мы находим множество Хрустальных дворцов, циркулирующих в русском публичном пространстве: английское явление материальной культуры воплотилось в русских письменных текстах, где сосуществовали фантастические и реалистические интерпретации. Русский публичный дискурс, развитый британским зрелищем, был чем-то общим у массовой газеты «Сын отечества», толстых журналов Достоевского «Время» и «Эпоха», где были опубликованы «Зимние заметки» и «Записки из подполья», и радикального журнала «Современник», где впервые появился роман «Что делать?».

Чернышевский в своем романе «Что делать?» создал вымышленное изображение Хрустального дворца в знаменитом четвертом сне Веры Павловны[30]. Вспомним, что мечта и чудо также были преобладающей реакцией России на Хрустальный дворец в 1851 году. В кульминационный момент повествования Вера Павловна видит роскошную оранжерею, в которой живут граждане будущего, ведущие «очень здоровый и вместе изящный» образ жизни. Она размышляет: «Но это здание, — что ж это, какой оно архитектуры? теперь нет такой; нет, уж есть один намек на нее, — дворец, который стоит на Сайденгамском холме: чугун и стекло, чугун и стекло — только» [Чернышевский 1939–1953, 11: 282, 277]. Это мечта о русской модерности, «лиричная экспрес-

---

[30] Роман был опубликован в «Современнике» (1863, № 3, 4 и 5), и практически в каждом периодическом издании на него появилась рецензия. В виде книги он был нелегально издан в Женеве в конце 1860-х годов и только в 1905 году был опубликован в России. Алексеев Н. А. «Комментарии к журнальной редакции “Что делать?”» в [Чернышевский 1939–1953, 11: 702–711]; Есин Б. И. «Распространение журнального текста романа Н. Г. Чернышевского “Что делать?”» в [Лазаревич 1972: 275–276]. Об огромной популярности романа см. также в [Паперно 1996: 25–33].

сия возможностей индустриального века», как заметил Берман [Берман 2020: 306][31]. Сон очерчивает различные этапы женской истории, которые представляет Вере Павловне ее старшая сестра. Каждая стадия открывается новой сценой и новой декорацией: сначала Вера Павловна видит царство богини плодородия Астарты на фоне величественных гор и шатров номадов; следующая сцена переносит ее в Афины, с их великолепными храмами и общественными зданиями, где правит Афродита; затем наступает эпоха христианства, с его рыцарями и замками, где обитает Непорочность. Композиционно развитие сна Веры Павловны напоминает постоянную экспозицию в Хрустальном дворце в Сиденхэме, с ее историческими дворами и отделениями изящных искусств.

«Новый год» Панютина — это еще одно утопическое видение о том, как сон о Хрустальном дворце обратился в реальность. Панютин, известный фельетонист, писавший под псевдонимом Нил Адмирари, работал в газете «Голос». «Новый год», хотя номинально и является художественным вымыслом, представляет собой актуальное, свободное повествование, которое читается как газетная статья. Рассказчик представляет себя встречающим Новый год в компании Шиллера, Гёте, Лонгфелло и других великих поэтов, которых он пригласил со своей книжной полки. Компания веселится и поет гимны радости. Затем рассказчик встречает спиритуалиста, и он предсказывает множество чудесных вещей на следующий год, в том числе появление более протяженной, чем в Англии, сети железных дорог и появление нового «Дворца промышленности» в центре Санкт-Петербурга. Это «фантастическое кристальное здание», явно созданное по образцу находящегося в Сиденхэме, должно было стать «восьмым чудом» света. От такого учреждения выиграла бы вся Россия: каждый день около 200 000 посетителей будут приходить туда, чтобы увидеть его богатые музеи, выставку Экономического общества и химическую лабораторию. «Вообще,

---

[31] Этот сон также является классическим выражением «женского вопроса», который занимал русское образованное общество 1860-х годов.

в этом пункте удачно сосредоточено все, что необходимо для назидания и развлечения такого любознательного и даровитого народонаселения, как петербургское». Прежде чем этот сон растворяется в иное, унылое пробуждение, рассказчик воображает, что иностранные гости будут приезжать в Петербург специально для того, чтобы увидеть «сокровища нашей промышленности, выставленные в этом волшебном замке» [Панютин 1872: особенно 28, 38, 41–42].

Утопические варианты Хрустального дворца, представленные Чернышевским и Панютиным, должны были восполнить то ущербное впечатление, которое Россия произвела на международной арене во время двух выставок в Лондоне. Хрустальный дворец, казалось, предлагает волшебное решение: если только в России будет свой Хрустальный дворец, страна обретет все, чего ей не хватало: прогресс, промышленность, образование, демократию. Действительно, увидев воображаемое хрустальное сооружение в центре Санкт-Петербурга, рассказчик Панютина восклицает: «Англия! совершенная Англия!»

Различные аспекты Хрустального дворца продолжали обсуждаться в русской прессе еще долгое время после завершения работы обеих лондонских выставок[32]. Например, профессор зоологии и детский писатель Вагнер в своей статье «“Маленький народ” Лондона в “Хрустальном дворце” Сиденгема» восхвалял это чудо архитектуры как цитадель начального публичного образования в Англии[33]. Для художественного критика Стасова

---

[32] Современный репортаж о том, что Хрустальный дворец в Сиденхеме мог предложить во время выставки 1862 года, см., например, в: М. Р. Листок. Путевые заметки // Сын отечества. 7 августа 1862 года. № 188; 9 августа 1862 года. № 190.

[33] Вагнер Н. «Маленький народ» Лондона в «Хрустальном дворце» Сиденгема (Этюд из педагогической хроники Англии) // Слово. 1879. № 11. С. 1–19. Другие русские комментаторы также находили вдохновляющим успешное применение выставочной культуры в целях общего образования в Великобритании. А. П. Ходнев, например, выдвинул убедительные доводы в пользу учреждения в России полезного и доступного музея прикладного искусства и науки, подобного тому, который открылся в Южном Кенсингтоне в Лондоне [Ходнев 1862].

Хрустальный дворец означал универсальный музей, заключенный в самую оригинальную архитектуру:

> Громадная оранжерея, громадный стеклянный футляр, надвинутый чьею-то гигантскою рукою над снесенными и свезенными отовсюду созданиями человеческого творчества; футляр, под которым свободно стояли самые великанские, самые великолепные деревья Гайд-Парка, захваченные в пределы дворца выставки; футляр, отовсюду освещенный насквозь английским скупым солнцем, сверху и с боков; футляр, не оставивший ни единого уголка темным, и давший просвет всем краскам и формам, всем созданиям фантазии, роскоши и пользы, которыми был наполнен дворец [Стасов 1894–1906, 1: 398][34].

Стасов хвалил новое учреждение в Сиденхэме за то, что в нем собраны образцы искусства со всех уголков земли и среди фонтанов и зелени размещены архитектурные фрагменты некоторых из самых знаменитых зданий. В Хрустальном дворце Стасов видел успешное воплощение идеала национального музея, открытого для всех. Он признавал ценность такого полезного института, отсутствовавшего в России в это время, и в течение 1860-х и 1870-х годов критик активно продвигал как русское национальное искусство, так и публичный музей для его размещения.

Сон, школа, музей — вот некоторые из коннотаций, которыми пользовался Хрустальный дворец в России. Большинство из них были положительными: в отличие от Русского отделения на выставке, сам дворец — и как чудо современной архитектуры, и как символ прогресса — не встретил в России резкой критики. Однако было несколько примечательных исключений.

В качестве крайнего примера контрдискурса давайте рассмотрим два произведения Достоевского: «Зимние заметки о летних впечатлениях» (1863) и «Записки из подполья» (1864). Существует традиция чтения «Записок из подполья» Достоевского в диалоге с романом Чернышевского «Что делать?», где Хрустальный

---

[34] Стасов В. В. «Столицы Европы и их архитектура» [Стасов 1894–1906, 1: 398].

дворец стоит окруженный «каменной стеной» материалистического, утилитарного мышления. Об этом литературном споре писали, в частности, Н. Ф. Бельчиков, Б. П. Козьмин, В. А. Туниманов, Дж. Франк, Э. Зихер и М. Г. Берман [Бельчиков 1928; Козьмин 1961; Туниманов 1980: 246–293; Frank 1986: 310–347; Sicher 1985][35]. Согласно некоторым из этих интерпретаций, «Записки из подполья» и «Что делать?» инсценируют два видения модернизации России: «модернизации как *приключения* и модернизации как *рутины*» [Берман 2020: 311–313]. Дж. Франк демонстрирует, что «Записки из подполья» — это «сатирическая пародия» на роман «Что делать?», действующая на нескольких уровнях, включая конфликт между социальными романтиками 1840-х годов и «новыми людьми» 1860-х. «История цивилизации в Англии» Г. Т. Бокля, появившаяся в русском переводе в 1863 году и сразу же ставшая популярной среди радикалов, была учебником для этих новых людей и их мечтаний[36]. В своих произведениях Достоевский нападал и на Чернышевского, и на Бокля. Его полемика с Боклем была разыграна и на интертекстуальном уровне, когда Достоевский-издатель поместил отрывок из «Истории цивилизации» в том же выпуске «Времени», в котором он начал публиковать свои «Зимние заметки»[37].

Рассмотрим произведения Достоевского, стиль письма которого В. В. Набоков пренебрежительно определил как «публицистическое отступление» [Набоков 1996: 193], в другом контексте: многочисленных мнений о международных выставках в совре-

---

35 Берман М. Г. «Послесловие: Хрустальный дворец, факт и символ», в [Берман 2020: 303–320]. Не так давно М. Катц опубликовал статью, в которой собраны воедино многие из различных версий Хрустального дворца, придуманных в России XIX века. Катц утверждает, без документального подтверждения, что «Достоевский совершил небольшую вылазку в Сиденхэм, чтобы увидеть преобразованный и реконструированный Хрустальный дворец» [Katz 2002]. См. также его статью [Katz 2008].

36 Зихер характеризует «Историю цивилизация в Англии» Бокля (1857–1861) как нечто, что «угрожает заключить законы природы в логарифмическую таблицу, ничего не оставляя на волю случая и исключая возможность индивидуального действия» [Sicher 1985: 383].

37 Время. Февраль 1863 года. № 2. С. 132–199.

менной печати. Как мы знаем, Достоевский был заядлым читателем газет, таких как «Голос», которые он никогда не уставал критиковать. Дж. Ауэрбах предположил, как и Берман до него, что «характеристика Хрустального дворца, данная Достоевским, настолько аномальна, что возникает вопрос, видел ли он его вообще» [Auerbach 1999: 206; Берман 2020: 305]. Вполне возможно, что нет, как я предполагаю ниже. Но, чтобы написать о Хрустальном дворце, не обязательно было *видеть* его, учитывая количество печатных текстов, появившихся в русской прессе за более чем десятилетний период. Более того, когда проходила Великая выставка 1851 года, Достоевский находился в сибирской ссылке; в 1862 году он впервые поехал в Европу и посетил Лондон во время второй лондонской всемирной выставки. Вопрос следует перефразировать следующим образом: о *каком* выставочном здании писал Достоевский?

Мы не находим никакого описания Хрустального дворца в «Зимних заметках», написанных Достоевским в форме рассказа о путешествии после его поездки в Европу в 1862 году. Вместо этого объектом сарказма рассказчика становится Всемирная выставка 1862 года, располагавшаяся в «убогом сарае» в центре Лондона, которую Достоевский, судя по всему, видел:

> Да, выставка поразительна. Вы чувствуете страшную силу, которая соединила тут всех этих бесчисленных людей, пришедших со всего мира, в едино стадо; вы сознаете исполинскую мысль; вы чувствуете, что тут что-то уже достигнуто, что тут победа, торжество. <...> Вы смотрите на эти сотни тысяч, на эти миллионы людей, покорно текущих сюда со всего земного шара, — людей, пришедших с одною мыслью, тихо, упорно и молча толпящихся в этом колоссальном дворце, и вы чувствуете, что тут что-то окончательное совершилось, совершилось и закончилось. Это какая-то библейская картина, что-то о Вавилоне [Достоевский 1972–1990, 5: 69–70].

Рассказчик вводит метафору муравейника для описания более масштабного социального порядка, который, вопреки рациональности, лишен высшего смысла или общего языка. По его словам, вся выставка связана с «необходимостью хоть как-нибудь ужиться вместе, хоть как-нибудь составить общину и устроиться в одном муравейнике» [Достоевский 1972–1990, 5: 69]. Муравейник Достоевского, вновь появляющийся в «Записках из подполья», является классическим образом в русской литературе. Он также был частью общего дискурса в прессе 1860-х годов. В «Сыне отечества», например, был опубликован следующий отрывок, скопированный из «The Economist» в день открытия выставки 1 мая 1862 года:

> Теперь — посещение дворца промышленности скорее походит на посещение муравейника, нежели выставки. <...> Любопытная вещь — видеть муравьев со всех краев света, говорящих на всевозможных языках и делающих одно и то же, на один и тот же лад, в одном и том же муравейнике[38].

Стасов, писавший о другом здании — Хрустальном дворце в Сиденхэме, — также сравнивал «сотни тысяч» людей, рассыпавшихся по зелени сада, с шевелящимся разноцветным муравейником[39].

«Зимние заметки», с подзаголовком «Фельетон за все лето», читаются как типичная статья на свободную тему, посвященная осмотру достопримечательностей, выставкам, театральным представлениям и другим впечатлениям, полученным в большом городе или во время европейского гран-тура. Однако рассказчик «Зимних заметок» — плохой путешественник, как он сам признает: «Да и терпеть я не мог, за границей, осматривать по гиду, по заказу, по обязанности путешественника, а потому и просмотрел в иных местах такие вещи, что даже стыдно сказать». Могло ли быть так, что Достоевский, неопытный путешественник, впервые оказавшийся в Европе, на самом деле упустил из виду дворец Пакстона, для осмотра которого требовалась отдельная поездка по железной дороге из города в Сиденхэм-хилл, и принял «окончательный» дворец с двумя хрустальными куполами в цен-

---

[38] Англия // Сын отечества. 1862. № 104.

[39] Стасов В. В. После всемирной выставки // Современник. 1863. № 96. С. 58.

тре Лондона за *тот самый* Хрустальный дворец? Когда фельетонист «Зимних заметок» перечисляет достопримечательности Лондона, которые он наблюдал, он в быстрой последовательности упоминает «отравленную Темзу», Вайтчапель[40], а затем «Сити с своими миллионами и всемирной торговлей, кристальный дворец, всемирную выставку...»[41]. Расстояние между пригородным Сиденхэмом и выставкой в центре Лондона было гораздо больше, чем допускает это описание. Достоевский также не проводил много времени в Лондоне, где его дни, как утверждают исследователи, «были наполнены общением с Герценом» [Брусовани, Гальперина 1988: 281][42].

«Хрустальный дворец» в «Записках из подполья» так же мало напоминает оригинальный дворец Пакстона, как и «весьма просторное и даже опрятное» заведение, куда идет Раскольников, чтобы прочитать в газетах новости о своем преступлении. В «Преступлении и наказании» название «Хрустальный дворец» иронически украшает обыкновенную харчевню; в «Записках из подполья» чудо современности названо «курятником» и капитальным домом. Человек из подполья отказывается считать этот курятник дворцом: «Я не приму за венец желаний моих — капитальный дом, с квартирами для бедных жильцов по контракту на тысячу лет и на всякий случай с зубным врачом Вагенгеймом на вывеске» [Достоевский 1972–1990, 5: 135]. Гигантский курятник — фантастический оксюморон, который многих удивил. Если смотреть сквозь призму современной периодической печа-

---

[40] Уайтчепел. — *Прим. пер.*

[41] Достоевский Ф. М. «Зимние заметки о летних впечатлениях» [Достоевский 1972–1990, 5: 68–69].

[42] Это наиболее точное изложение европейского путешествия Достоевского, которое авторы реконструировали на основе заграничного паспорта Достоевского, его писем и «Зимних заметок». Мы не знаем наверняка, видел ли Достоевский Хрустальный дворец или нет. Следует учесть, что в то время, когда Европа и Россия восхищались первым Хрустальным дворцом в 1851 году, Достоевский находился далеко от городских центров, где активно обсуждалось новое чудо. Мы также не знаем наверняка, посещал ли Хрустальный дворец и Чернышевский, который провел всего четыре дня в Лондоне в 1859 году с конкретной целью встретиться с Герценом. Подробнее о встрече Достоевского и Герцена в Лондоне см. в [Дружакова 1983].

ти, этот гигантских размеров курятник принадлежит к той же группе строений для домашних животных, что и «сараи» и «конюшни», которыми пестрила пресса во время Всемирной выставки 1862 года. «Гигантский» или «колоссальный» были обычными атрибутами, используемыми журналистами для описания массивного здания Фоука. Достоевский также выражал свои лондонские впечатления в превосходной степени: он изобразил выставку как «колоссальный дворец» и «колоссальную декорацию», а масса напивающихся по субботам лондонцев произвела на него впечатление «колоссального и яркого» зрелища [Достоевский 1972–1990, 5: 70–71].

Подпольный человек отказывается участвовать в создании этой колоссальной коллективной мечты: «А покамест я еще живу и желаю, — да отсохни у меня рука, коль я хоть один кирпичик на такой капитальный дом принесу!» Здесь еще один парадокс: как кирпичи вписываются в хрустальный дворец, который описан в эйфорическом сне Веры Павловны как «чугун и стекло, чугун и стекло — только»? Берман отметил необыкновенную «тяжесть» словесной архитектуры Достоевского: «Читатели, которые попытаются вообразить себе Хрустальный дворец на основе описания Достоевского, скорее представят массивное надгробие царя Озимандии, подавляющее своей тяжестью — как физически, так и метафизически...» [Берман 2020: 305]. В отличие от стекла и железа Хрустального дворца Пакстона, в качестве основного строительного материала для выставочного комплекса 1862 года был использован кирпич, и все комментаторы, словно хором, не одобряли этот выбор. «Хрустальными» в новом выставочном дворце были только два стеклянных купола, которые британская пресса охарактеризовала в следующих нелестных выражениях: «громадные крышки для посуды», больше собора Святого Павла, «столь же бесполезные, сколь и неприглядные» [Prasch 1990: 25]. Русская пресса совершенно пропустила купола, развивая базовую метафору «сарая». В своих письмах из Лондона, опубликованных в «Северной пчеле», журналист В. А. Полетика расширил обычный «сарай», назвав здание более точно — «кирпичный сарай» [Достоевский 1972–1990, 5: 70–71]. Именно в этот «кирпичный сарай», которому многие показывали язык летом 1862 года, человек из подполья отказывается принести хотя бы один кирпичик.

Было ли это неправильное прочтение у Достоевского намеренным или нет, его трактовка Хрустального дворца символизирует неудавшуюся русскую мечту — в литературе, на международных выставках и в массовой прессе. Его рассказчики олицетворяют уязвленное самолюбие России. Вполне вероятно, что Достоевский посетил русское отделение, находясь в Лондоне в 1862 году, возможно, в компании А. И. Герцена [Брусовани, Гальперина 1988: 281]. Если так, то страдания рассказчика-фельетониста в «Зимних заметках» передают мучения его соотечественников, побывавших на выставке, во «вспышке уязвленного патриотизма» бросающих бессильный вызов европейскому технологическому прогрессу: «Черт возьми <...> мы тоже изобрели самовар...» [Достоевский 1972–1990, 5: 49]. Критика современности у Достоевского вращалась вокруг русского вопроса, привлекшего всеобщее внимание на международных выставках: что лучше — прогресс западной цивилизации или национальная традиция, кельнский мост или русский самовар? И из чего состояла эта национальная традиция, кроме самовара?

Открытие русского стиля, Лондон, 1851 год

Великая выставка 1851 года широко освещалась журналистами по всему миру. Помимо новизны опыта, причиной большого количества материалов, посвященных первой всемирной выставке, послужила сама природа массовой прессы, ее оперативность и способность выражать мнение в различных формах и жанрах. За счет технических достижений в издательском деле в 1830-е годы и роста сети железных дорог в Великобритании упростилось производство и распространение периодической печати, а общий рост грамотности увеличил ее потребление. В России подобная революция в издательском деле, ретроспективно определенная как «газетный бум», оказалась возможной только в 1860-е годы.

В 1851 году британская пресса не много писала о русском отделении, несмотря на многочисленные награды, полученные русскими участниками. Тон задавала газета «The Times», популярная среди читателей, особенно из среднего класса. Один современник в следующих недвусмысленных выражениях описывал репутацию этой газеты как производителя готовых мнений: «“The Times” заявила, что Великая выставка была Великим делом — и мир в это поверил» [Auerbach 1999: 67–69]. В Русском отделении журналисты высоко оценили «великолепные малахитовые украшения несказанной ценности из собственности князя Демидова, красоту которых невозможно преувеличить». В то же время они обратили внимание на высокую стоимость их производства:

> Почти с горечью видим мы время и труд, которые страны, менее трудолюбивые и занятые, чем наша, могут потратить на медленную и кропотливую работу по соединению в художественной форме разрозненных и разнородных фрагментов природных богатств, как видно по этим образцам малахитовых изделий[43].

В каталоге «The Art-Journal Catalogue» также указывалась экстравагантность русских выставочных изделий: «Русские экспонаты в Хрустальном дворце демонстрируют большое количество пышной роскоши в сочетании с изысканным и своеобразным дизайном, что свидетельствует о богатой фантазии у мастеров, участвовавших в их изготовлении» [The Crystal Palace Exhibition 1970: 266].

Общий портрет России, нарисованный иностранной прессой, представлял собой картину «широко раскинувшейся империи», богатой сырьем и драгоценными камнями, но лишенной изобретательности, оригинальности и демократии[44]. Искусство и поли-

---

[43] The Great Exhibition // The Times. 1851. 9 June. P. 8.

[44] Russia // The Illustrated Exhibitor. 1851. № 8. P. 125–126. Журналисты явно судили не только о материальных благах, выставленных в Хрустальном дворце, но и о системе, которая их производила. Соответственно, в брошюре «The Productions of All Nations About to Appear at the Great Exhibition of 1851» была опубликована известная карикатура на Николая I с бочкой с надписью «каторжный труд 30 000 000 крепостных». Эта карикатура упоминается в [Auerbach 1999: 168].

тика сплетались в портрете России, и русофобия накануне Крымской войны подкрепляла эти суждения, несмотря на исповедуемый дух мирного соревнования. Богато украшенные экспонаты (ювелирные изделия, бриллианты, золото, серебро) в то же время обличали режим, который обычно описывался как «парализующий» и «запретительный»[45]. В обширном путеводителе «Tallis's History and Description of the Crystal Palace» эстетика Русского отделения определялась как «неоспоримая атмосфера великолепия и грубой роскоши» [Tallis 1852: 159].

В контексте международной выставки каждая представленная вещь, будь то предмет искусства, техники или сельского хозяйства, приобретает символическое значение. В 1851 году несколько предметов в Русском отделении были определены как носители идентичности и стиля: два бронзовых канделябра огромного размера от московского производителя Крумбюгеля; малахитовые двери, вазы, стулья и столы с месторождений князей Демидовых; вазы из яшмы; фарфоровые вазы; серебряный канделябр и многочисленные серебряные кубки и статуэтки из мастерской московского мастера серебряных дел Сазикова; и шкатулка из черного дерева, украшенная фруктами из полудрагоценных камней. Фрукты, очевидно, выглядели настолько реалистично, что принц Уэльский заявил, что хотел бы их отведать. Эту вещь, по выражению «The Times» «во всех отношениях достойную величию Самодержца», внес сам российский император. Газета не жалела эпитетов, чтобы описать этот удивительный экспонат и его «изумительную точность воспроизведения»:

> Это действительно одно из главных чудес Выставки, и оно намного превосходит все, что мы видели в этом роде. Огромная кисть винограда выполнена из аметистов, гроздья вишни и смородины — из сердолика, а листья — из яшмы, красиво оттененной. Затем имеются груши из агата и сливы из оникса...[46]

---

[45] Russia // The Illustrated Exhibitor. 1851. № 8. P. 128.

[46] The Great Exhibition // The Times. 1851. 9 June. P. 8.

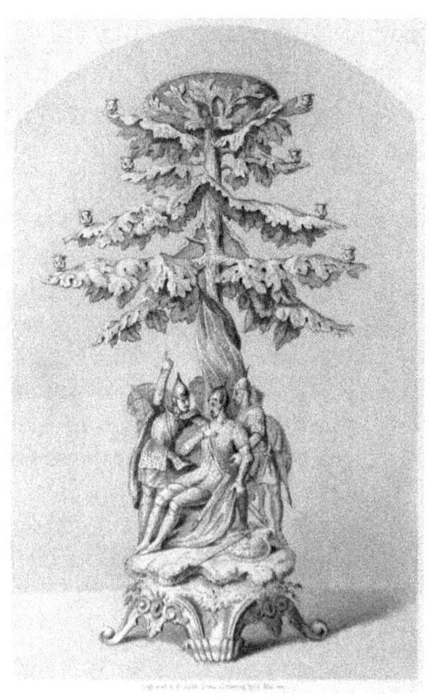

Рис. 4. Серебряное украшение-канделябр И. П. Сазикова с великим князем Дмитрием Донским [Tallis 1852, 2]

В то же время современники в Англии спрашивали, какую именно Россию представляло это отделение, составленное «полностью из вещей для тех, чье богатство позволяет им не ставить никаких границ для ублажения их вкусов»?[47] Русский путешественник А. И. Кошелев вторил этому беспокойству, отмечая с разочарованием, что в Русском отделении нет ни одного самовара. В целом, Россия выглядела богатой предметами роскоши и бедной предметами практической пользы. Кошелев также ревностно отметил полное отсутствие подлинной «русскости» в Хрустальном дворце: «Вообще мы блеснули по части роскоши, и как будто посовестились показать наш настоящий вседневный быт» [Кошелев 1852: 19].

Серебряный канделябр Сазикова, изображающий раненого Дмитрия Донского, был самым обсуждаемым русским предметом в Хрустальном дворце (рис. 4). Он получил медаль Совета —

[47] The Russian Court // The Illustrated London News. 1851. 21 June. P. 597.

высшую награду на Выставке, — присужденную «за новизну и красоту исполнения, а также за совершенство изготовления»[48]. В «Отчетах жюри» его мастерство описывалось в хвалебных выражениях:

> Талант г. Сазикова <...> особенно проявился в большом канделябре, изображающем ель, у корней которой сидит раненый великий князь Дмитрий Донской, только что получивший весть, что он одержал победу. Композиция этой группы превосходна: чеканка обладает большой полнотой [sic], и в то же время выполнена самым тщательным образом: фигуры, прекрасные по композиции и превосходные по исполнению, обладают большой степенью оригинальности и расположены естественным образом; характер и достоинство исполнения этой группы ставят ее выше всего, что было до сих пор создано в этой категории производства[49].

Помимо удостоившегося награды канделябра, другие предметы того же мастера также были отмечены как вещи, «которые отражают великое признание вкуса древней русской столицы» [Tallis 1852: 33]. Английский издатель Дж. Таллис был щедр на похвалу:

> Есть и другие, меньшего размера, искусно сделанные предметы, распределенные по разным частям витрины, такие как кубок, изображающий казачку; еще один — с чухонцем-охотником; третий — с молочницей; а также пресс-папье, украшенное группой крестьян с пляшущим медведем, все характерно и выполнено с большим мастерством.

---

48 Smith P. T. «London 1851: The Great Exhibition of the Works of Industry of all Nations», в [Findling 1990: 7]. Фирма Сазикова впервые получила признание ближе к концу XVIII века и процветала в России до конца XIX века: Мухин В. В. «Петербургское отделение фирмы “Сазиков” и русское серебряное дело XIX — начала XX века», в [Мухин 1992: 43].

49 Reports by the Juries on the Subjects in the Thirty Classes into Which the Exhibition Was Divided. London: Printed for the Royal Commission by William Clowes & Sons, 1852. P. 515.

«The Illustrated Exhibitor» также считал, что эти фигуры показывают «немало юмора и вкуса», и напечатал их изображения [Tallis 1852: 33][50]. Работы Сазикова редко вызывали критику, хотя «The Art-Journal Catalogue» заметил, что даже лучшие из его серебряных кубков вызывают в памяти «немецкие произведения XV века, которым они почти родственны» [The Crystal Palace Exhibition 1970: 267]. Русская пресса по большей части повторяла европейские оценки достижений Сазикова: «До сих пор все серебряные изделия, изготовлявшиеся в России, были подражанием заграничным образцам; в вещах г. Сазикова вымысел, рисунки, модели и само их исполнение принадлежит уму и трудам русских»[51]. Московский мастер серебряных дел пользовался неизменным успехом на всемирных выставках XIX века. Позже в XIX веке национальный стиль Сазикова послужит прототипом для скульптурных групп П.-К. Г. Фаберже [Одом 1993: 109–110]. В некотором смысле московский мастер заложил основу для экспортного варианта культуры в национальном стиле, который будет наслаждаться триумфом на Международной выставке 1900 года в Париже.

Традиционный русский стиль был «открыт» одновременно в Англии и в России — международное соревнование в Лондоне предоставило необходимый контекст для того, чтобы это открытие было сделано. Л. М. Самойлов и А. А. Шерер, посланники Министерства финансов на Выставке, принимавшие участие в организации и продвижении Русского отделения, составили подробный обзор, опубликованный одновременно в двух ведущих газетах — «Санкт-Петербургских ведомостях» и «Московских ведомостях» — в июле 1851 года. Этот же материал был использован как часть их официального доклада в «Журнале мануфактур и торговли» [Fisher 2008]. Как и следовало ожидать, полуофициальная оценка Русского отделения у Самойлова и Ше-

---

[50] Russia // The Illustrated Exhibitor. 1851. № 8. P. 129.

[51] The Broadsheet of Russian Art. 1851. № 21. Цит. по: Мухин В. В. «Петербургское отделение фирмы "Сазиков" и русское серебряное дело XIX — начала XX века», в [Мухин 1992: 46].

рера была полна патриотического энтузиазма: «Сознание нашего первенства, нашего превосходства опирается на постоянное внимание публики, которая толпами сбегалась смотреть на малахиты, яшмы, мозаики, бронзы, фарфор, серебро и бриллианты»[52]. Г. Мин, писавший из Лондона через несколько месяцев, пришел к почти такому же выводу: «Вообще Россия выступила на всемирном состязании достойным образом, и во многих отношениях изумила представителей европейских народов, посетивших Хрустальный дворец»[53].

В 1851 году современники только начинали определять, что составляет уникальный русский стиль в области художественного производства. Еще до отправки в Лондон серебряные вещи, подготовленные Сазиковым для выставки, привлекли к себе благосклонное внимание, когда они были выставлены в магазине русских мануфактурных товаров в Санкт-Петербурге. Фельетонист «Санкт-Петербургских ведомостей» призывал читателей газеты посетить магазин и оценить эти образцы «оригинального русского вкуса» до того, как они отправятся в Лондон. Канделябр Сазикова он представил как исключительную редкость в мануфактурном деле: это было «чисто русское» изделие, вдохновленное древнерусскими произведениями искусства и историей. Для этого случая была удачно выбрана фигура Дмитрия Донского, прославленного московского воина. Уникальный талант Сазикова состоял в смешении новых форм с традиционным мастерством, что привело к созданию предметов «чрезвычайно характерных и национальных». Каждое произведение носило «печать национальности», что-то, что отличало работы Сазикова от работ других мастеров. Другие русские фабриканты, обобщал журналист, «не решаются понять, что хорошее произведение искусства, представляющее предмет родной и знакомый, мастерски созданное и выполненное, всегда найдет больше участия в русской

---

52 [Самойлов Л. М. и Шерер А. А.] Фельетон. Взгляд на русское отделение всемирной выставки 1851 года. (Сообщено) // Санкт-Петербургские ведомости. 26 июля 1851 года. № 165.

53 Мин Г. Письма из Англии. V // Московские ведомости. 1 ноября 1851 года. № 131.

публике, чем подражание предмету, совершенно чуждому нашей жизни»[54]. Следующий фельетон, напечатанный в «Санкт-Петербургских ведомостях», представил малахитовые изделия фабрики Демидовых, также демонстрировавшиеся в Санкт-Петербурге накануне Великой выставки. Как и серебряные предметы Сазикова, демидовские малахитовые вещи позиционировались как подлинные русские произведения[55].

Но в 1851 году свидетельства из первых уст были редкостью. Большая часть «русских» текстов о выставке (с заметным исключением в виде нескольких источников, авторами которых были русские путешественники) была заимствована из зарубежной прессы, и журналисты открыто это признавали. Фельетонист «Санкт-Петербургских ведомостей» заявлял, к примеру, что для своих описаний Великой выставки он отобрал для своих читателей лучшие новости из «тысяч» иностранных журналов[56]. Булгарин, в свою очередь, брал все новости, которые он признавал необходимыми, у французских фельетонистов[57]. Нередко русские узнавали о русской экспозиции в Лондоне из газет «Daily News», «Morning Post» и «Indépendance Belge». Россия как будто смотрела на себя через призму иностранной прессы.

Следовательно, те же самые экспонаты, которые зарубежная пресса выбирала для описания Русского отделения, появлялись и на страницах российских газет: серебряные и бронзовые канделябры, малахитовые двери и яшмовые вазы служили своего рода рекламой отделения. Как наиболее заметные и популярные русские вещи в Хрустальном дворце, они стали воплощать идею России «напоказ». И хотя оригинальность серебряного канделябра и малахитовых изделий временами вызывала сомнения у международных судей, на страницах российских газет эти предметы были описаны как материальное воплощение русской

---

54 Фельетон. Заметки // Санкт-Петербургские ведомости. 1851. № 87.

55 В. П. Фельетон. Выставка малахитовых вещей, отправляемых на лондонскую выставку гг. Демидовых // Санкт-Петербургские ведомости. 1851. № 91.

56 Фельетон. Смесь // Санкт-Петербургские ведомости. 1851. № 36.

57 Ф. Б. Пчелка. Журнальная всякая всячина // Северная пчела. 1851. № 106.

традиции. Имя Сазикова скоро стало синонимом русского стиля: там, где международное жюри высоко оценивало мастерство, на страницах русской газеты «Московские ведомости» работы Сазикова квалифицировались как выражение «национального вкуса, национальной формы и стиля». Кажется, в 1851 году, между официальными сводками и популярными фельетонами, современники нашли в творчестве Сазикова удовлетворительный ответ на проблему национальной самоидентификации. Между тем публичный дискурс о русском национальном стиле, стремительно распространившийся после 1851 года, также стал началом полемики. Кошелев, например, считал работы Сазикова «тяжелыми и неестественными»; таким образом, голоса критиков оспаривали это открытие несмотря на то, что многие продолжали прославлять этот вновь обретенный язык национального самовыражения [Кошелев 1852: 18].

Русская художественная школа на Всемирной выставке 1862 года

Через 11 лет после выставки 1851 года Россия готовилась к другой всемирной выставке в Лондоне. Два важнейших события в русской истории, произошедшие между 1851 и 1862 годом, — Крымская война и отмена крепостного права — определили тон письменных комментариев к Всемирной выставке 1862 года[58]. Журналист Л. де-Р. передавал чувство коллективного энтузиазма, характерное для эпохи реформ и отразившееся также и на искусстве: «Для русских выставка — чисто *общественное* дело; из сочувствия к нему, из любви к стране, уклонение, по недоброжелательству, лени, и т. п., составляет уже своего рода гражданский грех»[59]. Как сообщалось в одном из источников, для участия

---

[58] Россия не участвовала во Всемирной выставке в Париже в 1855 году, которая проходила во время Крымской войны.

[59] Л. де-Р. Русское отделение всемирной выставки // Современная летопись. Август 1862 года. № 35. С. 26.

в выставке было привлечено 658 экспонентов[60]. На этот раз русская комиссия приняла сознательную стратегию позиционировать страну в ярко выраженном национальном ключе[61]. Российские репортажи со всемирной выставки 1862 года также имели национальный характер.

Хотя в 1862 году в Лондон смогло отправиться больше россиян, чем в 1851 году, — благодаря отмене запрета на заграничные поездки и уменьшению пошлин на паспорта, — для большинства чтение оставалось основным видом путешествия. Корреспонденты и обозреватели сыграли существенную роль в выражении мнения, потому что, как объяснял один анонимный комментатор, «в массе нашей читающей публики еще так много детского уважения ко всему печатному»[62]. Наряду с фельетонистами, художественные критики и писатели также публиковали свои размышления в прессе.

Несмотря на сознательное стремление исправить ошибки 1851 года, недостаток экспонатов в национальном ключе и общая неадекватность экспозиции оставались актуальными проблемами, по мнению большинства комментаторов. Второй лондонский корреспондент «Северной пчелы», к примеру, отмечал, что все особо ценные предметы, которые Россия выставила на обозрение в главном ряду, как выяснилось, имели так же мало «русской

---

60 Такова оценка Второго лондонского корреспондента «Северной пчелы»: Русское отделение на всемирной выставке // Северная пчела. 1862. 28 апреля. № 113.

61 Фишер утверждает, что национальный поворот в русском показе был в действительности английской идеей. По его мнению, сэр Родерик Мерчисон, знаменитый британский геолог и своего рода русофил, предположил, что «все подлинно, национально русского склада... привлечет намного больше внимания, чем <...> французские, немецкие или английские соусники» (Fisher D. C. «Especially, Peculiarly Russian: The English Roots of the "Russian Idea" at the 1862 London International Exhibition», неопубликованная работа, поданная на конференции Mid-America Conference on History (Лоренс, Канзас; 22 сентября 2000 года)).

62 Замечания на статью «Русское отделение на всемирной выставке» // Санкт-Петербургские ведомости. 1862. 2 июня. № 117.

национальности», как и французские витрины[63]. Что же тогда отличало Русское отделение? Второй лондонский корреспондент отвечал следующим образом: «Прежде русским посетителям было трудно отыскать, где так называемые *наши* вещи. Теперь это весьма легкая задача. Там *ваши* вещи, где больше досок и где расположение их наиболее неудобно и опасно для посетителей всемирной выставки»[64]. Единственной отличительной чертой Русского отделения, казалось, было ощущение хаоса, в котором терялись даже подлинно необычные вещи. Отсутствие этикеток на английском языке, справедливо беспокоившее Второго лондонского корреспондента, также не способствовало успешному показу[65].

Более вдумчивые комментаторы пытались заглянуть вглубь проблемы. Полетика, например, нашел Русское отделение в целом приемлемым; *не*приемлемым было именно неумение русских *показать* предметы с выгодной стороны. Так, знаменитую пушку П. М. Обухова, вместо того чтобы выставить на обозрение, подобно алмазу Кохинор, засунули под стол; изысканную парчу разрезали на маленькие кусочки и неуклюже сложили в темный шкаф. Именно «внешний вид» Русского отделения был более убогим, чем его содержание, настаивал Полетика. Если бы производители отправили больше предметов, а организаторы показали их более приличным образом, было бы больше положительных отзывов в печати[66]. Стасов также раздраженно отметил, что, подобно варварам, не знающим цены своим сокровищам, самые

---

[63] Хроника русского отделения // Северная пчела. 1862. № 128. Конечно, были и другие мнения. М. Р., автор путевых записок, выходивших в «Сыне отечества», считал, что Россия сохранила высокий статус на выставке и даже опередила другие страны именно благодаря уникальному характеру ее изделий, таких как декоративные вазы, канделябры и бронзовые предметы, уже знакомые с 1851 года: М. Р. Листок. Путевые заметки. V // Сын отечества. 1862. № 179.

[64] Хроника русского отделения // Северная пчела. 1862. № 123.

[65] Русское отделение на всемирной выставке // Северная пчела. 1862 года. № 113.

[66] Полетика В. А. Поездка на Лондонскую выставку. II // Северная пчела. 1862 года. № 160.

интересные экспонаты, включая «знаменитую» пушку, русские оставили лежать на полу. Как это отличалось от той осознанной гордости, с которой англичане позаботились об устройстве своего отделения![67] Как бы то ни было, Русское отделение выглядело «странным»: его общий прогресс, как отмечали многие критики, был «не лучше и не хуже», чем в 1851 году. Но главным достижением выставки 1862 года было открытие русской художественной школы. Хотя в Лондоне русское искусство по большей части было оставлено без внимания, в России комментаторы выставки подхватили эту тему с обновленным чувством надежды.

Национальное искусство стало в Лондоне мерилом самобытности. «Лучшее искусство — то, которое самым точным образом отражает разум расы, и мы можем видеть самих себя как нацию в независимости и в решительной индивидуальности наших художников» — так английский критик и поэт Ф. Т. Палгрев с гордостью прославлял английскую школу живописи на Всемирной выставке 1862 года [Palgrave 1862: 8]. Автор официального справочника «Handbook to the Fine Art Collections» мало что мог сообщить об иностранных экспозициях, и ему совсем нечего было сказать о русской. Для русских, однако, это молчание таило в себе запоздалую возможность обсудить значение — и само существование — нового явления, называемого «русской школой живописи». Стасов сравнивал дебют России на международной художественной сцене с первым балом юной барышни: долгожданная возможность впечатлить свет своей красотой и достоинством. Но появившаяся в Лондоне русская барышня больше походила на бедную «птичку с поломанными крыльями и вывихнутыми ножками» [Стасов 1894–1906, 1: 69–70].

Организаторы Всемирной выставки 1862 года признавали богатый потенциал искусства придать определенный статус и узнаваемое «лицо» национальным павильонам. В отличие от

[67] Стасов В. В. После всемирной выставки // Современник. 1863. № 95. С. 232–235. В. К. Мезенин ретроспективно выбирает пушку П. М. Обухова как символ русского отделения 1862 года; современные журналисты, однако, едва заметили ее [Мезенин 1990: 28].

промышленности и науки, изящные искусства на выставке не привлекали больших толп, но вызвали бурное обсуждение роли искусства в формировании национального характера [Greenhalgh 1988: 198–208]. «Из всех экспозиций на выставке 1862 года галереи изящных искусств наиболее прямолинейно усиливали национализм, — пишет Т. Праш. — Само устройство выставки позволяло демонстрировать школы искусства по национальному признаку» [Prasch 1990: 28][68]. Искусство перестало быть просто эстетикой: оно стало полем битвы за политически окрашенные мнения.

Всемирная выставка 1862 года стала поворотной для русского искусства. Как писал по этому поводу Стасов, «Для многих других нынешняя выставка имела гораздо меньше важности, чем для нас. У них есть музеи для национального искусства, есть книги, сочинения о нем». Однако у русских в это время не было ни национального музея, ни школы искусства, которую они могли бы назвать своей собственной. «Надобна была такая необыкновенная оказия, как всемирная выставка», продолжал критик, чтобы русские начали «лениво» осмысливать свое творчество в терминах национальной школы[69]. Периодическая печать подчеркивала важность этой демонстрации «перед всеми», ибо речь шла не только о репутации отдельных художников — речь шла о судьбе всей русской традиции в живописи[70]. Как русские должны были представить свое искусство в Европе? Как они могли убедить критиков в самобытности своего искусства? Какие произведения искусства должны отправиться в Лондон для этой цели? Как достойно отобразить «гордость и славу национального искусства»? Вот некоторые из вопросов, на которые журналисты обращали внимание читающей публики как во время выставки, так

---

[68] Зарецкая считает, что выражение «русская школа живописи» впервые было сформулировано именно на международных выставках [Зарецкая 1986: 184].

[69] Стасов В. В. После всемирной выставки // Современник. 1863. № 95. С. 230. Сравнительную перспективу по вопросу идентичности в искусстве см. [Blakesley 2004].

[70] Буслаев Ф. И. Картины русской школы живописи, находившиеся на лондонской всемирной выставке // Современная летопись. 1863. № 5. С. 6.

и после нее[71]. Эти вопросы были закономерны; как верно подметил один писатель, иностранцы совсем не знали русского искусства: даже если бы им довелось посетить Эрмитаж, они увидели бы преимущественно европейское искусство. Так, опираясь на свое представление о России как о варварской стране, иностранцы «считали нас варварами и в деле искусства». Всемирная выставка предлагала уникальную возможность исправить это предположение[72].

И все же организаторам Русского отделения не удалось подобрать репрезентативную коллекцию. Филолог Ф. И. Буслаев считал, к примеру, что Россия могла бы улучшить свои шансы на Всемирной выставке, отправив туда несколько знаменитых работ, таких как «Последний день Помпеи» Брюллова[73]. Стасов был разочарован тем, что на выставке не был представлен памятник «Тысячелетие России», даже в виде небольшого макета: «Неужели же прятать и скрывать то, что именно назначено свидетельствовать о нашем веке всем будущим столетиям?» [Стасов 1894–1906, 1: 75]. Стасов также критиковал частных коллекционеров, отказавшихся внести свой вклад в этот национальный проект, передавая их типичную реакцию: «Не будет ни одной картины от меня на выставке! <...> Пусть наперед англичане выстроят нам Севастополь!» Как и в случае с промышленными товарами, в сфере изящных искусств русская публика отказалась объединить свои усилия в коллективной задаче по представлению родины за рубежом. В конце концов Россия отправила в Лондон менее пятидесяти картин, почти ни одной скульптуры и ничего связанного с архитектурой [там же: 70].

Несмотря на предсказуемо неблагоприятные отзывы, отечественная периодическая печать использовала лондонскую выставку, чтобы пробудить массовый интерес к русскому искусству,

---

71 А-в А. По поводу картин русской живописи, бывших на лондонской выставке // Наше время. 1863 года. № 18.

72 К. В. Художественные заметки // Русский художественный листок. 1862. № 18. С. 69.

73 Буслаев Ф. И. Картины русской школы живописи, находившиеся на лондонской всемирной выставке // Современная летопись. 1863. № 5. С. 6.

и начала дискуссии на соответствующие темы. По следам Всемирной выставки в ежемесячном художественном альбоме «Северное сияние», специализировавшемся на репродукциях русских картин, был опубликован исторический обзор русского искусства за минувший век[74]. Два года спустя, во время празднования столетия Академии художеств, журналисты и художественные критики подхватили этот проект историзации русского искусства в полную силу. Лондонская выставка заставила русскую публику размышлять о русском изящном искусстве, что само по себе было новым занятием, поскольку в России не было традиции читать и писать об искусстве, как отмечал литератор и историк искусства Григорович в 1863 году[75]. Всемирные выставки сделали этот недостаток лишь более очевидным. В то же время отдельные авторы и журналисты постоянно вносили свой вклад в то, что к концу столетия превратится в публичный дискурс о русском искусстве[76].

Если одной стратегией, которую использовала пресса, чтобы всколыхнуть национальное чувство, было знакомство русской читающей публики с историей собственного искусства, то другая состояла в том, что из зарубежной прессы перепечатывались язвительные рецензии на русское искусство. Вердикт, вынесенный иностранными обозревателями в отношении русских картин, можно кратко выразить одним словом — подражательно. Таково было мнение «The Times», и издаваемая Катковым русская еженедельная газета «Современная летопись» повторяла на своих страницах это утверждение[77]. Не сильно отличалась и оценка «The Art-Journal»:

---

[74] Петров П. Художественная живопись за сто лет // Северное сияние. 1862. № 1. С. 391–404.

[75] Григорович Д. В. Картины английских живописцев на выставках 1862 года в Лондоне // Русский вестник. 1863. Т. 44. № 3. С. 90.

[76] Стоит обратить внимание на одно из наиболее хорошо сформулированных утверждений этого дискурса: Бенуа А. Н. «Искусство», в [Ковалевский 1900: 889–898].

[77] Отзыв в «Times» о русском отделении художественной выставки // Современная летопись. Ноябрь 1862 года. № 44. С. 21–22.

> Россия давно стала рынком импортируемого искусства и промышленных изделий; и таким образом она переняла и скопировала в своей новой столице Санкт-Петербурге цивилизацию [sic] и даже архитектуру и живопись современной Европы.
> Результат сейчас перед нами в картинных галереях Всемирной выставки. Как и следовало ожидать, вместо оригинальности мы находим подражание, а вместо единства национального и исторического стиля мы имеем разлад, в котором принимают общее участие все школы Европы.

В заключение «The Art-Journal» выразил «надежду» на то, что подлинное искусство России «должно еще возникнуть из ее среды» — искусство, которое будет «созвучно ее пространству, ее народу и ее вере»[78]. Надежда, которую газета «The Times» возлагала на Русское отделение, также была основана на типично русских вещах. Так, обозреватель высоко оценил картину А. Г. Венецианова «Причащение умирающей» как одну из самых ранних и лучших картин, посвященных настоящей русской жизни. Картина Н. Е. Сверчкова «Поезд деревенской свадьбы», изображающая веселую невесту, летящую по замерзшему озеру в кибитке, и картина В. И. Якоби «Продавец лимонов» также были признаны самобытными произведениями искусства. Это представляло резкий контраст по сравнению с полотнами в академическом стиле, такими как «Моление о чаше» («Христос в Гефсиманском саду») Ф. А. Бруни или «Неаполитанские прачки в гроте» Т. А. Неффа, которые выглядели как «чужеземные растения, выращенные на счет и ради удовольствия лиц из высших сфер, как цветы и плоды их оранжерей»[79].

Среди русских критиков выставки мнения сильно разделились. Одни заняли оборонительную позицию, утверждая, что в России действительно существовала уникальная национальная художе-

---

78 Atkinson J. B. Russian School // The Art-Journal. 1862. P. 197–198.

79 Отзыв в «Times» о русском отделении художественной выставки // Современная летопись. 1862. № 44. С. 21–22. Один из британских путеводителей считал, что русское искусство заслуживало внимания «[скорее] за понимание русской жизни, чем за художественные качества» [A Plain Guide 1862: 63].

ственная школа, несмотря на все доказательства обратного[80]. Другие вообще отрицали какую-либо индивидуальность русского искусства. Григорович, например, писал: «Русская школа пока еще не имеет самобытного характера; она подражает то Италии, то Франции, то Бельгии»[81]. Буслаев упоминал русскую школу живописи только в сочетании с определением «так называемая»[82]. Второй корреспондент в Лондоне заявлял более категорично, что русское искусство настолько неопределенно, что он должен был убедиться, действительно ли он посещал Русское отделение[83]. В ответ на эту провокацию газета «The St. Petersburg Times» опубликовала гневное письмо, в котором разоблачалась абсолютная некомпетентность специального корреспондента в оценке искусства: если он не мог отличить русскую живопись от европейских гравюр, по какому праву он подвергал сомнению существование самостоятельной художественной школы в России?[84]

Но наиболее провокационные заявления принадлежали Стасову, полупрофессиональному художественному критику, чьи публикации в различных органах периодической печати в последующие несколько десятилетий окажут серьезное влияние на развитие русского искусства. «Что это за наше искусство, в котором все *чужое*?» — спрашивает Стасов. «На всемирной выставке мы удивили не нашим искусством, а нашей готовностью быть послушным эхом всех и каждого». «Вечная привычка подражать»

---

80 А-в А. По поводу картин русской живописи, бывших на лондонской выставке // Наше время. 1863 года. № 18.

81 Григорович Д. В. Картины английских живописцев на выставках 1862 года в Лондоне // Русский вестник. 1863 года. Т. 43. № 2. С. 818.

82 Буслаев Ф. И. Картины русской школы живописи, находившиеся на лондонской всемирной выставке // Современная летопись. 1863. № 5. С. 7–10.

83 Русское отделение на всемирной выставке // Северная пчела. 1862. № 113.

84 Замечания на статью «Русское отделение на всемирной выставке» // Санкт-Петербургские ведомости. 1862. № 117. Другой читатель объяснил второму лондонскому корреспонденту разницу между живописью и гравюрой, тем самым исправляя несправедливое суждение журналиста о русском искусстве, представленном на выставке. Не артист; О русских гравюрах на лондонской общенародной выставке // Северная пчела. № 132. 18 мая 1862 года.

была единственной традицией, которую русское искусство могло считать своей собственной. В духе некоторых более оптимистичных рецензий в зарубежной прессе Стасов возлагал надежды на те из недавних картин, которые были обращены именно к русской жизни и истории. Русские художники должны начать «писать с натуры», изображая знакомую, повседневную русскую жизнь. «Народность» была единственной достойной уважения дорогой для русского искусства: «наконец, просыпается самосознание и мы пробуем приняться за свое»[85]. Парадокс русской живописи заключался в том, что она *должна* была быть «антинациональной», чтобы вообще существовать, как утверждал Буслаев. До середины столетия искусство оставалось, по сути, прерогативой привилегированных, полностью европеизированных классов, делая его «порабощение чужому влиянию... сильнее и неотразимее». Академия также навязывала классический канон в изображении библейских сцен, по мнению Буслаева, не оставляя места для каких-либо «национальных» элементов[86].

Подлинное национальное искусство, искусство «*новой* русской школы», как называл его Стасов, не было заметно до середины столетия. «Сколько бы это обидно и непозволительно ни казалось, надо признаться, что настоящее русское искусство после-Петровской России в самом деле началось только около 50-х годов» [Стасов 1894–1906, 1: 494]. Новый русский стиль в промышленности, впервые «открытый» на Великой выставке 1851 года, и новая русская школа искусства, возникшая дискурсивно вслед за ее преемницей 1862 года, — оба они принадлежали к качественно новому периоду культуры. Это был «национальный» период в русском искусстве, который критики характеризовали двумя ключевыми понятиями — «реализм» и «национальность» [там же: 521].

---

85 Стасов В. В. После всемирной выставки // Современник. 1863. № 96. С. 26–27, 44–45, 35; Современник. Апрель 1863 года. № 95. С. 226, 232.

86 Буслаев Ф. И. Картины русской школы живописи, находившиеся на лондонской всемирной выставке // Современная летопись. 1863. № 5. С. 7–8.

Глава 3
Искусство и общество
Собирание культуры, сотворение идентичности

Музеи, памятники, выставки и другие публичные события предоставляют богатый материал в процессе создания культурной идентичности. Во время культурных войн XIX века музеи оказались в центре внимания как ключевые институты для собирания, сохранения и демонстрации национального наследия. Новые выставочные пространства в царской России были сами по себе крупными достижениями, но еще до того, как они появились в реальности, они существовали дискурсивно на страницах газет, журналов и каталогов, а также в лекционных залах и университетских аудиториях. Самое главное, они стали катализатором разговоров и дискуссий: музей стал институтом, порождающим дискурс. Независимо от того, были ли газетные репортажи о культурных мероприятиях посвящены недавней выставке в Академии художеств или участию России в последней всемирной выставке, они, как правило, выходили за пределы эстетики и смещались в сторону множества актуальных «сложных вопросов», вызванных Великими реформами. Если реальные объекты, такие как Исторический музей и Русский музей, появились только в конце столетия, публичный дискурс об изобразительном искусстве сделал их неизменно присутствующими в обществе с начала 1860-х годов. Именно тогда визуальная культура стала предметом национальной заботы.

Исследование в этой главе ведется в нескольких направлениях. Сначала будет проанализировано русское национальное движение, в ходе которого первостепенное значение приобрел вопрос культурной идентичности. В этой связи учреждения культуры как маркеры идентичности приобрели дополнительную ценность. Затем я намечаю основные контуры музейного века в России, который последовал за аналогичными событиями в Европе и привел к появлению таких ключевых институтов, как Третьяковская галерея, Исторический музей и Русский музей. Вслед за тем я обращаюсь в моем исследовании к массовой прессе той эпохи: периодические издания сделали доступными для массового читателя новые выставки и музеи за счет все более возрастающего числа рецензий и критических заметок. Особенность русского сценария состояла в том, что музейный и газетный бум наложились друг на друга. Во второй половине XIX века новый феномен музейной культуры стал предметом ежедневных новостей благодаря стремительному росту количества публикаций в массовых газетах. Далее я расскажу об одной особенности периодической прессы, благодаря которой изобразительное искусство оказалось доступным для большинства читателей — о газетном фельетоне. Эта рубрика сыграла центральную роль в толковании менее знакомого языка изобразительного искусства (живописи, архитектуры, скульптуры) для грамотного населения. В последнем разделе этой главы, «Русское искусство как предмет полемики», исследуются различные — и часто противоречивые — публикации, которые внесли свой вклад в формирование общего дискурса в дореволюционном обществе.

Культурное определение России: национальный вопрос и его репрезентации

Национальный вопрос в России есть вопрос не о существовании, а о *достойном существовании*.
В. С. Соловьев [Соловьев 1912: 3]

Эпоха Великих реформ привнесла новый этап национального самосознания, некий «поворот к национальности», по выражению историка-славянофила И. Д. Беляева. В январе 1862 года

Беляев утверждал в еженедельной газете «День» И. С. Аксакова, что русское народное сознание, зародившееся после коронации Екатерины II в 1762 году, наконец начало оформляться в определенных терминах[1]. Вскоре после этого «Мирское слово», газета, выходящая два раза в месяц, похожим образом возвестила о наступлении новой эры самосознания[2]. Этот национальный поворот проявился во множестве дискуссий; в последующем обсуждении я сосредоточусь на выражении культурной идентичности в изобразительном искусстве и в массовой печати. В революционные 1860-е годы российское общество ставило под сомнение такие привычные понятия, как русская история, народ и государственность. Вопрос дня, по выражению историка Н. И. Костомарова, звучал так: «Что мы такое?»[3]

Великие реформы были одной из стратегий, направленной на то, чтобы ответить на этот вопрос. Второй стратегией был культурный национализм на популярном и официальном уровнях. Культура имела ключевое значение для процессов построения нации в эпоху модерности. «В современных обществах необходимость сложного взаимодействия повышает значимость “культуры” — способа общения людей в самом широком смысле» [Eley, Suny 1996: 6, 21]. Это было особенно верно для дореволюционной России, где на протяжении XIX века и, вероятно, позже культура оставалась единственной возможностью для выражения нацио-

---

1 Беляев И. Д. Тысячелетие русской земли // День. 1862 года. № 12. Эту статью предваряет высказывание К. С. Аксакова: «Колесо Русской истории оборачивается в 150 лет»; Беляев разделяет русскую историю на семь разделов, последний из которых, определяемый поворотом к национальности, начался в 1762 году.

2 «Мирское слово», 1863 год. Цит. в В. С. Попытки народной журналистики // Современник. Март 1863 года. № 95. С. 143.

3 См. «Северная пчела» (1860, № 168). «Кто были варяги — русь: т. е. что мы такое?» Костомарова в «Северной пчеле» является ответом на статью Д. Щеглова в «Отечественных записках», что, в свою очередь, повлекло за собой ответ Щеглова на страницах еще одной публикации в «Санкт-Петербургских ведомостях» (6 сентября 1860, № 193). Костомаров написал другую статью, также посвященную тысячелетию, «Тысячелетие», которая была опубликована в «Санкт-Петербургских ведомостях» в начале 1862 года (№ 5).

нальных чувств. Институты культуры, такие как музеи, превратились в инструменты формирования нации, когда они стали частью «дискурса нации», который Р. Г. Суни охарактеризовал как «концентрацию идей и представлений, которые стали окружать символ “нации” в современную эпоху»[4].

Кризис саморепрезентации, который Россия пережила на первой Всемирной выставке в 1851 году, усугубился из-за поражения в Крымской войне (1853–1856). Крымское фиаско показало, что даже традиционный образ России как конкурентоспособной военной державы больше не был устойчивым:

> Если армия России была настолько слаба, то тогда на каком другом основании она могла претендовать на звание великой европейской державы? Этот вопрос стал еще более насущным и сложным в следующие двадцать лет, когда стало очевидно, что успешными игроками в европейском равновесии сил были национальные государства с сильной промышленной базой. Россия как многонациональная империя с отсталой экономикой была вдвойне уязвима [Hosking 1998: 19–20][5].

Стоит подчеркнуть, что Россия не была национальным государством русских; с политической точки зрения она была и оставалась многонациональной династической империей. Собственно говоря, Дж. Хоскинг утверждает, что в России «строительство империи мешало формированию нации» [Хоскинг 2000: 6][6]. Однако репрезентация нации ежедневно происходила в прессе, где формировалось и освещалось *воображаемое* национальное сообщество. В дореволюционный период русская идея — означавшая по существу «идеализированное представление нации о себе, *приемлемая* часть национальной культуры; наследие, подлинное или мнимое, которым нация гордится, которому

---

[4] Suny R. G. «History», в [Motyl 2001, 1: 335].

[5] См. также [Lincoln 1990: 36–37].

[6] См. также [Каппелер 1997: 177]. О ключевом различии между «Русью» и «Россией», «русским» и «российским» см. в [Хоскинг 2000: 5; Kristof 1968: 349].

следует подражать» — наметилась именно в сфере культуры [Kristof 1968: 347].

Вопрос о русской национальной идентичности был тщательно исследован несколькими выдающимися учеными[7]. Ниже следует краткий обзор сценария построения русской нации, дающий необходимый контекст для анализа художественных репрезентаций идентичности и их восприятия различными социальными группами. Русское национальное сознание возникло в высших слоях общества в XVII веке сперва как реакция на возросшее западное влияние в послепетровской России, затем как отклик на идеи Просвещения и романтизма. Типичным для этой стадии национального движения был увеличившийся интерес образованного меньшинства к русскому языку, фольклору, истории и литературе. Во время Отечественной войны 1812 года этнический национализм на короткое время объединился с имперским патриотизмом, чтобы в следующем десятилетии снова разойтись после восстания декабристов 1825 года. В 1833 году национальная идентичность стала частью официальной идеологии «самодержавие, православие, народность», автором которой был С. С. Уваров, министр образования при Николае I [Riasanovsky 1967: 73–76]. Эта официальная дань современной идее нации подверглась критике со стороны ранних западников и славянофилов: невзирая на их разногласия, бóльшая часть интеллигенции 1840-х годов рассматривала пути интеграции русского крестьянства в нацию и отмены крепостного права [Каппелер 1997: 177–179; Szporluk 1988: 160][8]. Белинский одним из первых открыл публичный дискурс, в 1841 году противопоставив два русских понятия, которые употреблялись для выражения идеи нации: «народность» (исконно русское слово, которое использовалось в доктрине Уварова) и «национальность» (заимствованный французский термин). Критик обратил внимание на широкую пропасть, раз-

---

[7] Среди прочих см. [Weeks 1996; Каппелер 1997; Хоскинг 2000; Ливен 2007; Tolz 2001].

[8] По большей части я следую Каппелеру в этом кратком обзоре истории русского национального движения.

деляющую эти два термина: под народом, по его мнению, подразумеваются низшие слои государства, в то время как нация представляет собой совокупность всех слоев общества[9].

Основной импульс для пробуждения русского национального движения исходил извне; в отсутствие внешних стимулов вопрос национальности, как правило, заслонялся более насущными социальными и политическими проблемами. Как отмечал Х. Роггер,

> чтобы не чувствовать себя неполноценными на фоне произведений и представителей европейской культуры, образованные русские были вынуждены развивать для себя саморепрезентацию, которой они могли бы гордиться и с которой они могли себя идентифицировать [Rogger 1960: 276–277][10].

Чтобы подтвердить свою уникальность, русская культура должна была ставить себя в сравнение с другими традициями, как мы это наблюдали в контексте международных выставок. На Западе революция 1848 года, известная как Весна народов, пробудила национальные движения среди чехов, хорватов, румын, словенцев и украинцев. В 1861 году последовало национальное объединение Италии; в результате австро-венгерского соглашения 1867 года Венгрия стала фактически независимой; в 1871 году с созданием Второго рейха был окончательно завершен проект по формированию немецкой нации[11]. Основы Российской империи были потрясены польским восстанием 1863 года, усилив-

---

9 Белинский В. Г. «Россия до Петра Великого» [Белинский 1953–1959, 5: 121, 124]. См. также [Валицкий 2013: 151; Rutherford 1995]. Спустя десятилетия П. Н. Милюков также поместил истоки русской культурной традиции в эпоху Петра Великого [Милюков 1925: 124]. Историческое обсуждение народности см. [Knight 2000].

10 Подробнее об отношениях России с Европой см. также в [Nationalism 1939: 66, 71].

11 Namier S. L. «Nationality and Liberty», в [Namier 1963: 31, 38, 50; Szporluk 1988: 152–153, 160]. С. Л. Нэмир относит активный подъем современного национализма к периоду Французской революции [Namier 1963: 36].

шим русское национальное движение[12]. К этому периоду относится также зарождение квасного патриотизма — самообожания и самовосхваления в русском обществе. Одним словом, национальные движения XIX века работали как «мина», заложенная в фундамент многонациональной Российской империи [Лемке 1904: 134; Каппелер 1997: 156].

Если в 1840-х годах интеллигенты «придумывали нации», как описывает Суни дух романтического национализма, то к 1860-м годам национальное сознание проникло в более широкие социальные круги [Motyl 2001, 1: 347]. В расширившихся рядах гражданского общества дискуссии о национальности выросли в масштабе и значении. С появлением разночинцев — не принадлежащей дворянскому сословию интеллигенции — в России в эпоху реформ система культурной коммуникации начала стремительно расширяться. Рост грамотности среди новых слоев населения сделал возможным некое приближение к всенародному обсуждению, которое включало государственных служащих, женщин, купцов, чиновников, кустарей, слуг, рабочих, крестьян и ремесленников [Милюков 1925: 138][13]. Поворотным моментом в истории русского национального движения, по мнению современников, была отмена крепостного права

---

[12] В своей оценке российской политики в Польше Хоскинг указывает на проблематичность того, «во сколько обошлась попытка русифицировать народ с развитым национальным самосознанием, культурой и религией, отличными от русских» [Хоскинг 2000: 391]. Польская «рана» подорвала не только политику русификации, но и русский панславизм. Больше об этом см. в [Riasanovsky 1967: 153]. Больше о Польском восстании 1863 года см., например, в [Дебогорий-Мокриевич 1906: 11 и далее]. Как отмечает Т. Викс, вопрос национальности «как правило, разгорался только в качестве реакции на внешние события, такие как Польское восстание 1863 года, украинские погромы 1881 года или кишиневский погром в 1903 году» [Weeks 1996: 20].

[13] Ср. рассуждения Милюкова о расширении сферы культурной коммуникации между 1860-ми и 1890-ми годами. Он определяет язык как наиболее чувствительный барометр новой русской национальной культурной традиции [Милюков 1925: особенно 149–150]. Отражением этого значительного социального изменения стало понятие «интеллигенция», вошедшее в употребление в начале 1860-х годов [Thaden 1971: 220].

в 1861 году. Русский публицист и критик Н. В. Шелгунов указывал, что это важнейшее событие ознаменовало конец «романтического периода» в русской мысли. По словам В. А. Соллогуба, известного своими светскими повестями литератора, до 1861 года не существовало такого понятия, как русский народ, а было лишь «большое стадо» рабов. В романе «Бесы» Достоевский также относит период, когда в обществе заговорили о национальности и «общественном мнении», к годам, непосредственно следующим за 1861 годом [Шелгунов 1895б, 1: 484; Соллогуб 1988: 588; Достоевский 1972–1990, 10: 32][14]. В то же время именно с начала 1860-х годов растущая революционная деятельность стала отодвигать на задний план другие социальные события и затрудняла и без того хаотичный ход национализации России. Сложность положения России, по мнению М. Малиа, заключалась в том, что «общество, едва освободившееся от крепостного права и не имевшее открытой практики политической деятельности, жило после 1861 года под угрозой постоянного революционного движения» [Malia 1999: 170]. Сценарий построения нации, ориентированный на культуру, оставался таким образом основным в России. В сфере культуры различные группы российского гражданского общества — от народников и либеральных демократов до крайних националистов и панславистов — разрабатывали версии культурной идентичности в общем стремлении к приемлемому национальному самоопределению[15].

Не то чтобы русская национальная идентичность не существовала до беспокойных 1860-х годов; в действительности русскость

---

[14] Цензор А. В. Никитенко аналогичным образом подчеркивал, что только вслед за отменой крепостного права прогресс русской нации, замедливший свой темп со времени Петра Великого, приобрел «сознательный и определенный» характер и стал «вопиющей потребностью» [Никитенко 1893, 2: 269]. См. также [Thaden 1964: 6].

[15] О различных версиях национализма в России см., например, в [Thaden 1964] и [Knight 2000]. Подробнее о средней, культурно-ориентированной фазе построения нации, во время которой образованные члены общества (журналисты, учителя, общественные деятели) распространяли идею национализма через прессу и школу, см. в [Hroch 2000: 23–24].

была повсеместной, но «невидимой». Это была «нулевая величина», норма, исходя из которой определялись другие народы внутри империи[16]. Памятники, музеи и выставки, а также материальные объекты, которые они показывали, помогали представить абстрактную родину и сделать ее наглядной [Kristof 1968: 354]. В частных коллекциях лишь немногие избранные могли лицезреть эти изображения; с появлением публичной выставки они стали доступными, по крайней мере в теории, для намного более широкой аудитории. Публичные показы сделали видимой идею нации как произведения искусства и как сообщества посещающей музеи публики.

Музейный век в России

Музеи — одно из самых могущественных средств к достижению народного самосознания.

Голос[17]

Период между 1851 и 1900 годами был в России веком музеев, ознаменовавшимся небывалым ростом публичных выставок и в значительной степени сформировавшим мир русских музеев в том виде, в каком мы знаем его сегодня. Музейный век стал возможен в пореформенной России благодаря увеличению количества изображений и тиража текстов, повышению уровня образования и грамотности, популяризации и секуляризации культуры. Собирание и интерпретация национального наследия стало основным проектом музейного века в России и имело далеко идущие результаты. Одним из таких результатов был успех, которым пользовалось Русское отделение на всемирных выстав-

---

16 Я применяю здесь термины, которые использует Р. Брубейкер в своем исследовании национальной динамики в постсоветской России [Brubaker 1996: 48–49].

17 Санкт-Петербург. 30 января 1873 года // Голос. 1873. № 31. Статья не подписана; о ее атрибуции Бестужеву-Рюмину, профессору истории в Санкт-Петербургском университете, см. в [Разгон 1960: 239, прим.].

ках в Париже (1900) и Глазго (1901). Музейный век также заложил основу для триумфального приема дягилевских Русских сезонов в Европе.

Музеи в исторической перспективе

По определению музейный век — это общеевропейское явление, обычно связанное с открытием королевских коллекций для публики и последующим учреждением национальных институтов[18]. В Западной Европе современный музей сформировался в конце XVIII века. Среди первых королевских коллекций, открытых для публики, были художественные музеи Дрездена (1760-е годы) и Мюнхена (1779 год). В 1789 году их примеру последовала коллекция Медичи, а три года спустя — императорский музей в Вене. В 1793 году был учрежден Лувр как национальная галерея; в 1808 году — Рейксмюсеум; а в следующем году — Национальный музей Прадо. Несколько позже, в 1838 году, свои двери для посетителей открыла Национальная галерея в Лондоне; в 1854 году был основан национальный музей баварского искусства — Баварский национальный музей [Taylor 1999: 29; Colley 1992: 174; Bazin 1967: 214, 221–222]. К середине XIX века современный музей стал привычным «элементом хорошо устроенного государства» в своей двойной ипостаси института культуры и символа национальной общности [Duncan 1991: 88][19]. Из всех королевских галерей последним крупным европейским собранием, ставшим доступным для широкой публики — в 1865 году, — стал Императорский Эрмитаж.

---

18 Классическим изложением музейной истории является [Bazin 1967]. В последнее время музееведение привлекает внимание ученых из самых разных дисциплин, справедливым свидетельством чему является обширная текущая библиография. Всеобъемлющую историю русских музеев еще предстоит написать, хотя несколько недавних статей, упомянутых в сносках ниже, свидетельствуют о возрастающем интересе в этой области в том числе и среди славистов.

19 Подробнее о символической силе музея см. в: Georgel C. «The Museum as Metaphor in Nineteenth-Century France», в [Sherman, Rogoff 1994: 113].

История российских музеев начинается с первого публичного кабинета редкостей, называемого Кунсткамерой и основанного в 1719 году Петром Великим, который намеревался перенести на русскую почву свое увлечение европейскими кабинетами чудес. Хотя первые московские коллекции редкостей восходят к концу XVI столетия, именно с созданием Кунсткамеры как публичного музея частные царские владения впервые стали доступными для публики. Музей Кунсткамера был явно создан по образцу европейских коллекций редкостей и диковинок. Во время своего первого пребывания в Амстердаме в 1697 году Петр посетил знаменитый музей Якоба де Вильде, прославившийся своими античными монетами, языческими идолами, античными статуями и резными камнями. Петр приобрел предметы из голландских собраний, такие как поразительные образцы, изготовленные Ф. Рюйшем, пионером в области анатомической консервации, и коллекцию хранящихся в бутылках животных, рыб, змей и насекомых Альберта Себы. Затем последовал знаменитый царский указ от 13 февраля 1718 года, предписывающий, чтобы все древнее и уникальное — живое или мертвое, животное или минеральное, естественное или искусственное — собиралось для показа в Кунсткамере. Из археологических экспедиций в Кунсткамеру привозили древние монеты, рукописи и реликвии вымерших систем верований, но в коллекцию диковинных вещей также попадали такие извращения, как восьминогие и двуротые ягнята, уродливые телята, сиамские близнецы и двухголовые младенцы, законсервированные в формалине. Более того, в первый русский публичный музей нанимали молодых людей с различными уродствами, которые служили в Кунсткамере в первые десятилетия ее существования и которых показывали посетителям вместе с более традиционными чучелами и хранящимися в ящиках и бутылках образцами. Петр, не отличавшийся брезгливостью, любил приводить в замешательство своих гостей, когда во время экскурсий по музею он здоровался за руку со своим любимым монстром Фомой Игнатьевым [Карпеев, Шафрановская 1996: 128]. В Кунсткамеру Петра Великого проникали не только подлинно «найденные» предметы и люди, но и свидетельства гипертрофированного воображения. Например, в каталоге предметов, предложенных музею из провинции в 1725 году, мы встречаем такие невообразимые записи, как «младенец с рыбьим хвостом» или «две собачки, которые родились от девки 60-ти лет» [Пекарский 1862: 57][20]. Культурная инициатива Петра, созданная по образцу европейских кабинетов редкостей, однако, сдержанно воспринималась горсткой русских посетителей, несмотря на угощения и другие поощрения, предлагаемые от имени царя. Хотя номинально Кунсткамера была доступна для посетителей, на протяжении всего XVIII века она оставалась островком, воистину диковинкой, чужой цивилизации в России[21].

В 1764 году российская императрица Екатерина Великая основала Эрмитаж с целью создания в России коллекции, которая могла бы соперничать с прославленными музеями Западной Европы. Примерно через два десятилетия после прихода к власти она собрала внушительную коллекцию из нескольких тысяч картин европейских мастеров, которые современниками обычно описывались в превосходных выражениях [Каспаринская 1991: 16][22]. И. Г. Георги, немецкий географ и профессор химии, например, в 1794 году описывал коллекцию как «одну из преимущественнейших галерей в Европе, как в рассуждении наиизящнейших работ славнейших мастеров всех школ и отменно прекрасных редких и драгоценных картин, так и в рассуждении многочисленности оных» [Георги 1996: 343]. Музей весьма благоприятно отображал русскую культурную сцену; однако, показывая скорее иностранное, чем русское искусство, невероятная коллекция Екатерины II представляла Россию не такой, какой она была, а такой, какой ее видела просвещенная императрица: это была Россия как часть Европы, разделяющая культурный капитал последней.

Лишь в середине XIX века публичные музеи стали не просто диковинкой, а признанным фактом русской культуры. Истоки

---

20 См. также [Панченко 1977: 106].

21 Подробнее о Кунсткамере Петра Великого см. в [Anemone 2000].

22 Ученые расходятся во мнениях относительно точных размеров коллекции Екатерины: количество экспонатов варьируется от 2600 до 4000.

музейного века в России можно проследить до Лондона, где в 1851 году в чудесном Хрустальном дворце проходила первая всемирная выставка и где не оправдавшая ожиданий саморепрезентация России привлекла столько внимания. То, что музейный век в России начался в Британии, характерно для всеобщей направленности русских поисков жизнеспособной самоидентификации. С тех пор как Петр Великий прорубил окно в Европу, западная точка зрения неизменно присутствовала в рассуждениях о русской культурной идентичности. Очная встреча с Европой в Хрустальном дворце в 1851 году, где перед русскими встала необходимость представить индивидуальный стиль, стала внешним стимулом для зарождающегося процесса построения светской культуры в России.

Последовавший музейный бум пореформенной эпохи привел к появлению нового типа показа — публичной выставки [Каспаринская 1991: 32][23]. В первой половине столетия лишь несколько институтов визуальной культуры работали на регулярной основе, даже в столичном Санкт-Петербурге: Кунсткамера практически прекратила работу к 1836 году; Эрмитаж оставался официально закрытым для широкой публики до середины века; Румянцевский музей влачил жалкое существование в Санкт-Петербурге, пока в конечном итоге не переехал в Москву; а Академия художеств открывала свои двери для посетителей только раз в три года во время своих нечастых выставок. Из-за ограниченного доступа некоторые примечательные частные коллекции не могли внести значительный вклад в художественную жизнь — среди них картинная галерея А. С. Строганова, куда допускались только знатоки и студенты Академии, и коллекция европейского искусства Н. Б. Юсупова, которая оставалась закрытой для публики вплоть до Октябрьской рево-

---

23 «Музейный бум» — термин, предложенный Б. Ф. Егоровым; по его мнению, и газетный, и музейный бум стали результатом социальных движений 1860-х годов. См. [Егоров 1991: 17]. В своих воспоминаниях Боборыкин заметил, что русская публика стала активно посещать выставки только начиная с 1860-х годов [Боборыкин 1965, 1: 311].

люции 1917 года[24]. К примеру, в 1860 году все, что мог предложить Санкт-Петербург в сфере светской публичной культуры, — это небольшая постоянная выставка Общества поощрения художников[25], публичная библиотека и ботанический сад[26]. Доступ в музеи и на выставки также был большой проблемой. Как заметил в 1849 году один журналист, писавший для «Санкт-Петербургских ведомостей»: «У нас в Петербурге есть несколько частных картинных галерей и кабинетов редкостей, но все они известны публике только по слухам и доступны только небольшому кругу избранных»[27]. Десять лет спустя та же газета опубликовала настойчивый призыв к созданию более доступных галерей, музеев, библиотек и зоологических садов:

> Там, где желающие побывать в подобном учреждении должны пять раз сходить за билетом, где для посещения назначаются немногие дни известных месяцев, где от посетителя требуют даже известного наряда, там подобные учреждения не могут считаться народными и составляют только украшение города или государства, представляются предметами роскоши, а не пользы.

По сравнению с Парижем и Лондоном, откровенно сокрушался автор, Санкт-Петербург сильно отставал[28].

На этом скудном культурном фоне всплеск общественной деятельности, имевший место в последующие десятилетия,

---

[24] Об истории частных и публичных коллекций в России см. в [Gray 2000b]. О частных коллекциях см. в [Неверов 2004].

[25] Обществом поощрения художников до 1882 года называлось Императорское общество поощрения художеств. — *Прим. пер.*

[26] Петербургская летопись // Санкт-Петербургские ведомости. 1860. № 150.

[27] Кабинет редкостей в С. Петербурге // Санкт-Петербургские ведомости. 1849. № 281.

[28] Похожие призывы к увеличению числа институтов публичной культуры сопровождали прессу эпохи реформ. Среди многих других «Северная пчела» в 1863 году сообщила о новой инициативе Министерства народного просвещения сделать музеи более доступными для публики путем продления времени их работы, отмены входных билетов и включения легко читаемых этикеток и путеводителей: Северная пчела. 22 марта 1863 года. № 78.

оказался колоссальным. Одна за другой открывались новые выставки и галереи: в 1858 году ограниченный доступ для публики предложила Оружейная палата Кремля; в 1859 году в Санкт-Петербурге открылся Сельскохозяйственный музей; начиная с 1860 года Академия художеств стала проводить регулярные ежегодные выставки; в последующие три года доступными для широкой публики также сделались частная художественная галерея московского купца В. А. Кокорева и картинная галерея Н. А. Кушелева в российской столице. Московский публичный и Румянцевский музей, первый публичный музей, получивший такой статус, открылся в 1862 году; в том же году Россия приняла участие во второй всемирной выставке в Лондоне. В 1867 году состоялась Московская этнографическая выставка; пять лет спустя открылась Политехническая выставка и был основан Исторический музей — и то и другое в Москве. Эти учреждения, наряду с Третьяковской галереей, Музеем прикладного искусства, Русским музеем и музеем А. В. Суворова, были среди главных достижений музейного века. К концу столетия на территории всей Российской империи появилось 45 новых музеев общей направленности. Всего в 1870–1890-е годы было основано 80 различных музеев (многие в провинции), в то время как число выставок, организованных между 1843 и 1887 годами, оценивается в 580 [Каспаринская 1991: 53; Кириченко 1982: 119; Кириченко 1984: 96][29].

Сами по себе цифры могут поражать, но действительно выдающимся музейный век в России сделала именно воодушевленная реакция публики на это новое явление. В первую очередь обращал на себя внимание московский музейный бум. Культурное возрождение Москвы началось в 1862 году с перемещением Румянцевского музея из Санкт-Петербурга, вслед за чем в старой столице начало одно за другим появляться множество образовательных и развлекательных учреждений. Прежде музейная сцена Москвы тускнела по сравнению с Санкт-Петербургом. Например,

---

[29] Поучительно сравнить музейный бум в России с аналогичным явлением в Великобритании. См. [Walsh 1992: 31].

в 1843 году патриот города Хомяков писал категорично: «Москва так далека от всякого художественного движения, так бедна художественными произведениями»[30]. Изменение московского культурного ландшафта в 1860-е годы было настолько кардинальным, что один из очевидцев лаконично описывал его как «музеоманию», определяемую как неуправляемая страсть, побуждавшая город учреждать все новые и новые музеи[31]. Другой москвич считал, что чудесные московские музеи оправдывают новую пословицу, которую он огласил в «Санкт-Петербургских ведомостях»: «В гостях хорошо, а дома лучше — а в музеях еще лучше». Другие ежедневные издания северной столицы регулярно сообщали о состоянии московской публичной культуры, которая становилась все более актуальной для страны в целом. Растущая сеть учреждений культуры также распространилась из Москвы в провинцию[32].

Музейный век был одной из несомненных вех на неопределенном пути России к модерности. Заметному взрыву музейной культуры в последней трети XIX века способствовало множество факторов, включая растущую профессионализацию мира искусства и расширение художественного рынка в дореволюционной России. Среди прочего, произошло продвижение художественной критики в основное русло публичных дискуссий, а также развитие базового эстетического образования. Публичные музеи сы-

---

30 Хомяков А. С. «Письма в Петербург о выставке», в [Хомяков 1900, 3: 90]. Ср.: К-ий М. Московский Голицынский музей // Вестник Московской Политехнической выставки. 7 июня 1872 года. № 38.

31 Ц-а. Внутренние известия. Существующие и предполагаемые музеи в Москве // Санкт-Петербургские ведомости. 21 января 1870 года. № 21.

32 О выставках в провинции см., например, в: Повсеместный С. Губернские выставки в 1862 году // Иллюстрация. 20 декабря 1862 года. № 250; также: Зверева Ю. И., Турьинская Х. М. Из истории музейного дела в России (конец XIX — начало XX века) // Вестник Московского университета. 2007. Серия 8. История. № 4. С. 40–62. Еще одной причиной для такого широкого освещения был недостаток ежедневных публикаций в Москве; как полагал один московский современник, в старой столице была «почти одна» газета в середине 1860-х годов: Москвич. Разные известия и заметки. Музей князя С. М. Голицына в Москве // Санкт-Петербургские ведомости. 1866. 20 мая. № 135.

грали важную роль в предполагаемом переносе русской культурной столицы из Санкт-Петербурга в Москву и общем смещении культурной инициативы от государства к обществу. Добровольные объединения стали активной силой в организации и популяризации институтов визуального показа[33]. Участие общества в искусстве также проявлялось в новой системе меценатства, развиваемой богатыми представителями среднего сословия, которым мы обязаны такими великими музеями, как Третьяковская галерея и Абрамцево [Каспаринская-Овсянникова 1971: 368–369; Равикович 1990: 20–23][34]. Читать и писать об этих новых местах культуры тоже было формой участия. Без письменного сопровождения демонстрируемых материальных объектов музеи никогда не смогли бы привлечь внимание публики. Популярный дискурс как предшествовал, так и следовал за институтами визуального показа, интерпретируя их для массового читателя. В следующем разделе я подробно рассмотрю тексты, которые писались вне музейных стен.

Музеи и тексты

Музеи служат для сохранения коллективной памяти, демонстрации экспонатов, формирования национального образа, а также в качестве площадки для образования и дискуссий[35]. Традиционная роль музея — это защитный механизм культуры [Mumford 1996: 446]. Концептуально музей также стал служить «институтом власти», формулирующим идентичность и способ-

---

[33] См. [Брэдли 2012].

[34] В 1846 году коллекция Кушелева-Безбородко была единственной доступной для публики; при этом она была открыта лишь в течение двух часов раз в неделю для людей в благопристойной одежде (т. е. простые люди не допускались).

[35] Американский альянс музеев (American Alliance of Museums, ранее American Association of Museums) предлагает несколько рабочих определений на своем веб-сайте (www.aam-us.org); один признак, который объединяет различные музеи, — это их «уникальный вклад в общество за счет собирания, сохранения и осмысления предметов этого мира».

ствующим «привязанности государству и нации» [Андерсон 2001: 267; Karp 1991: 14; Bennett 1995: 37]. Показываемые культурные репрезентации связаны с политикой; как предполагает Андерсон, «музеи и музейное воображение в глубине своей политичны» [Андерсон 2001: 290][36]. Искусство и гражданская сознательность встречаются в современном выставочном пространстве, ведь вместе с произведением искусства музей демонстрирует сам дух национальной культуры [Fisher 1991: 8][37].

Исторически Лувр был одним из первых учреждений, послуживших целям культурного объединения, когда в 1793 году этот бывший королевский дворец стал публичным музеем, «призванным преобразовать собранные материальные ценности в коллективный дух гражданской сознательности, который материализовал бы новую нацию в культурном отношении»[38]. Это изменение повлияло как на характер выставочного пространства, так и на портрет его посетителей. В отличие от эксклюзивных царских коллекций эпохи премодерна, публичный музей, в начале своего формирования в Европе XVIII века, предлагал общее пространство, теоретически открытое для всех[39]. Став публичной коллекцией, Лувр обрел символическую силу, чтобы представить идею нации для народа в целом. Музей также имел решающее значение для формирования его посетителя, как объясняет Ш. Дж. Макдональд:

> Это был период «окультуривания» публики: проникновения «культуры» в смысле «высокой культуры» в массы и, что еще более важно, попытки сформировать публику. То есть это была также символическая попытка создать «публи-

---

36 См. также [Bhabha 1993: 63]. Тема «распределения власти», со всеми идеологичсскими отголосками, выходит за рамки этого проекта; анализ динамики власти в музее см. в [Bennett 1995].

37 Взаимосвязь искусства и идентичности была плодотворно изучена в нескольких современных исследованиях. См., например, [Hargrove, McWilliam 2005; Thomson 2004; Sheehan 2000; Forster-Hahn 1996; Crowley 1992; Sherman 1989; Paret 1988; Smith 1985].

38 «Museums», в [Encyclopedia of Aesthetics 1998: 303].

39 Подробный анализ связи между искусством и государством, особенно касательно Лувра, см. в [Duncan, Wallach 1980].

> ку» — самоопределяющуюся общность, члены которой имели бы равные права, чувство лояльности друг к другу и свободу от прежних ограничений и исключений [Macdonald 2003: 1–2].

В этом сценарии музей фигурирует и как институт, обладающий властью, и как формирующий публику институт.

Другие критики отрицают это могущество музея и подвергают сомнению достоверность символических репрезентаций внутри него. Как и художники-авангардисты до них, некоторые современные ученые объявляют музей провалом, «дискредитированным институтом», неспособным представить «что-либо хоть сколько-нибудь связное». Дж. Макгиган практически приравнивает репрезентацию в музеях к «предвзятости». Э. Донато утверждает, что «репрезентация в рамках концепция музея объективно невозможна. Музей может показать предметы только метонимически, по меньшей мере дважды удаленными от того, что они изначально должны представлять или обозначать» [Crimp 1983: 49–50; McGuigan 1996: 131; Donato 1979: 224]. Более ранние критики культуры также были скептически настроены по отношению к музею. В 1937 году Беньямин критиковал публичный музей — пространство, где мы видим культуру прошлого «в роскошном праздничном одеянии и лишь чрезвычайно редко в ее по большей части плохонькой повседневной одежде», — за его фрагментарное и избирательное представление истории [Беньямин 2018: 67]. Музей — это глубоко диалектический институт: с одной стороны, он спасает прошлое; с другой — переписывает его. Более радикально Т. Адорно сравнивал музей с мавзолеем — «носителем символизма смерти» [Adorno 1967: 175–178]. Как мы видели, эту ассоциацию со смертью, застоем и концом культуры также разделяли русские мыслители на рубеже столетий.

Инструмент власти с одной стороны и предвзятый и утративший авторитет институт с другой — эти непримиримые противоположности (и диапазон значений между ними) указывают на центральное место репрезентативных методов в работе публичного музея. Репрезентация — это «частичная правда», заполненная «литературными приемами»; это всегда компромисс, конструкт, вымысел [Clifford 1986: 4–7]. По мнению Клиффорда, «*создание* смысла при классификации и демонстрации в музее мистифицируется как адекватная *репрезентация*» [Clifford 1988: 220][40]. Репрезентация не просто отражает социальную действительность, а создает ее и управляет ею в определенных контекстах [Clifford 1986: 26]. Создание культурной идентичности, которое имеет место в публичном музее, — это также не «чистая» репрезентация. Холл отмечает: «Именно потому, что идентичности конструируются внутри, а не вне дискурса, нам следует понимать их как произведенные в конкретный исторический период и в конкретных институтах, в рамках конкретных дискурсивных конструкций и приемов, с помощью конкретных декларативных стратегий» [Hall 1996: 4].

В то время как сами выставки и музеи следят за материальными объектами, построенный вокруг них дискурс имеет дело с репрезентацией этих объективных реалий с учетом национальных идеологий и общественного мнения. Находящиеся на определенном расстоянии от объектов, которые они представляют во времени и пространстве, эти риторические конструкты крайне эластичны. Отсюда регулярные колебания значения «постоянных» институтов культуры: хотя здание и содержание музеев часто могут оставаться нетронутыми на протяжении поколений, роль, которую они играют в обществе, меняется. Письменные тексты являются ключевыми для определения этой роли.

Витрина музея оживает благодаря объяснениям — историям, рассказанным этикетками, путеводителями, туристами или репортерами. Написанный текст, сопровождающий демонстрацию материальных объектов, выполняет функцию переводчика или гида — кого-то, кто преодолевает дистанцию между экспонатом и зрителем. В конце XIX века важность текста уже была оценена американским ихтиологом и управляющим музеем Дж. Б. Гудом,

---

40 Х. Ф. Питкин определяет термин «репрезентация» следующим образом: «репрезентация, взятая в общем смысле, означает сделать присутствующим *в некотором смысле* что-то, что тем не менее *не* присутствует буквально или как факт» [Pitkin 1967: 8–9].

автором известного изречения, радикально изменившего приоритет предметов и текстов в музее: «*Успешный образовательный музей можно описать как собрание информативных этикеток, каждая из которых проиллюстрирована хорошо подобранным образцом*» [Goode 1889][41]. Это утверждение буквально превращает музей как собрание материальных объектов в написанный текст. В недавнее время экспозиция как текст стала привычным приемом в культурной критике. М. Баль, например, утверждает, что язык музея принадлежит традициям романа XIX века. Как реалистический роман, так и музей являются основанными на тексте энциклопедическими проектами, которые перерабатывают многообразие переживаний в синхронное линейное повествование. Согласно Баль, музей — это, по сути, дискурс [Bal 1996: 214][42]. Но агент музейного дискурса — это не только «музей» (как институт, публичное пространство или храм искусства): именно публичный диалог вокруг него (лекции, путеводители, маршруты, рецензии, реклама) наделяет его «голосом».

Написанные тексты способствовали знакомству русскоязычных людей по всей стране с национальными сокровищами. Все текстовые формы, вдохновляемые культурой показа, были «участниками» этого проекта построения идентичности. В частности, на страницах газет рассказы о музеях достигали широкой аудитории; популярные периодические издания также предлагали необходимое руководство и даже готовые мнения для читателей, не имевших опыта посещения музеев[43]. Если целью публич-

---

41 Цит. по: [Kirshenblatt-Gimblett 1991: 395]. Гуд был директором Национального музея Соединенных Штатов. С 1967 года — Смитсоновский институт. — *Прим. пер.*

42 В этом же ключе С. Крейн отмечает, что до музейной эпохи XIX века понятие «музей» «в равной степени обозначало пространство изучения, пространство дискуссии и пространство показа» [Crane 2000: 107].

43 В отличие от Дж. Брукса, Дж. фон Гельдерна и Л. Макрейнольдс, я не рассматриваю массовую культуру и популярные развлечения. В моем употреблении, которое соответствует практике XIX века, под «публикой» всегда подразумевается грамотная публика. Великолепную трактовку массовой культуры и массовой прессы см. в [Brooks 1985] и [von Geldern, McReynolds 1998].

ного музея является сделать национальные богатства доступными для всех, то газета излагает музейное содержание на понятном языке и тем самым делает его более доступным для новичков. В рамках новых социальных отношений, опосредованных формой публичного показа, музей служит национальному сообществу, превращая посетителя в вовлеченного гражданина [Duncan, Wallach 1980: 456–457].

Об этом духе участия свидетельствуют обсуждения различных экспозиций в массовой прессе. Например, в сентябре 1861 года ежедневная военно-политическая и литературная газета «Русский инвалид» опубликовала длинную статью о многочисленных преимуществах этого нового формата[44]. В следующем году появилась другая статья, озаглавленная «Важность и польза выставок». Здесь выставки описывались как лучшее и наиболее удобное средство познакомить общество с продукцией различных отраслей национальной экономики[45]. На страницах газет публичные выставки становились ценными и знакомыми институтами визуальной культуры, достоянием общего знания и народного любопытства. Как выразился один из журналистов, «После политики, выставки играют у нас самую важную роль в настоящее время»[46].

Авторы часто стремились подчеркнуть неотъемлемую русскость многих из этих показов. До какой степени действительно уникально русскими, как утверждали многие современники, были музеи и выставки, возникшие во второй половине XIX века? Исторически музейный век в России был, несомненно, частью более широкого европейского движения. Однако на уровне дискурса знаменательное пересечение искусства и общества в эпоху Великих реформ придало русским музеям стойкий характер национального своеобразия, который окружает их и по сей день. Отличительной чертой русского сценария были не столько сами музеи, сколько их идея.

---

44 Несколько слов о выставке 1861 года // Русский инвалид. 1861. № 192.

45 Важность и польза выставок // Сын отечества. 1862. № 158.

46 Говорун Петербургская летопись // Светоч. 1861. № 5. С. 50.

Национальные коллекции

Современные музеи способствовали формированию русской культурной идентичности, показывая все родное: искусство, историю, прикладную науку, этнографию, народное творчество и промыслы и военную историю. Но музеи были лишь наиболее очевидными площадками для этого начинания. Национальный поворот в искусстве в середине XIX века повлиял на всю сферу культурного производства. Построение культуры происходило повсюду: в концертных залах и на сцене, в библиотеках и школах, в учебниках и сборниках фольклора и песен. Два новых обстоятельства — ярко выраженная национальная ориентация культурных предложений и их однозначно публичный характер — были общими знаменателями для разрозненных в остальном форм и жанров. Давайте вкратце рассмотрим этот более широкий контекст музейной эпохи.

Трудность, с которой столкнулись защитники русской национальной традиции, заключалась в том, что необходимо было собрать достаточное количество доказательств самого существования этой традиции. Такими доказательствами могли служить издания песен и сказок, а также учрежденные галереи, музеи и коллекции. Парадоксальным образом самое очевидное воплощение русского своеобразия в искусстве — традиционная икона — не попадало в поле зрения современников, поскольку статус иконы, когда она из религиозного артефакта превратилась в произведение искусства, поменялся лишь на рубеже веков. Только в начале XX века, когда очищенные и отреставрированные иконы попали в музеи и на выставки, перед широкой публикой вдруг предстало это проявление блестящего национального наследия. По этой причине мы не будем останавливаться на религиозном аспекте в настоящем исследовании светской культуры. Помимо традиционного фольклора и иконописи во второй половине XIX века появились и новые, считавшиеся исключительно русскими, выражения культурной идентичности: социальный реализм в живописи, неорусский стиль в архитектуре, возрождение народного искусства и ремесел, Русские сезоны — как бы ни отличались эти направления, все они разделяли эпитет «национальный». В то же время контрдискурс не уставал подрывать эти претензии на самобытность, разжигая всевозможные дискуссии в печатных текстах и публичных пространствах.

Идея собирания культуры восходит к первым десятилетиям XIX века, когда как ученые, так и любители в духе романтического национализма начали собирать фольклор. Этнограф П. В. Киреевский уже в 1830-е годы составил один из первых крупных сборников народных песен. В пореформенные годы одно за другим стали появляться многочисленные издания о фольклоре. Том «Народных русских легенд», составленный А. Н. Афанасьевым, вышел в 1859 году: между 1855 и 1863 годами было опубликовано восемь частей его «Народных русских сказок». В 1861–1862 годах появились «Пословицы русского народа», собранные В. И. Далем, автором общеизвестного словаря русского языка. К этому же периоду (1861–1867) относится и публикация традиционных «Песен», собранных П. Н. Рыбниковым. Ближе к концу XIX века к этим коллекциям будут обращаться специалисты по декоративно-прикладному искусству в Абрамцеве и основоположники Русских сезонов, с тем чтобы успешно представлять русское наследие на выставках и на сцене как на родине, так и за рубежом.

Традиционные былины, русские эпические поэмы, также пережили бурное возрождение. Хотя первый сборник былин Кирши Данилова датируется серединой XVIII века, именно повторное открытие в 1860-х годах этой предположительно забытой формы, все еще процветавшей на севере России, привело к целому ряду публикаций. Среди многих других в 1873 году появились «Онежские былины, записанные А. Ф. Гильфердингом летом 1871 года». В 1894 году вышел академический сборник «Русских былин старой и новой записи». Систематический поиск былин продолжался до Первой мировой войны и постоянно сопровождался критическими откликами на эти новые открытия[47].

---

[47] Одной из самых ранних систематических научных интерпретаций фольклора было [Миллер 1897–1924]. Ср.: Стасов В. В. «Происхождение русских былин» [Стасов 1894–1906, 3: 948–1260], первоначально опубликовано в «Вестнике Европы» (1868 год. № 1–4, 6, 7).

Помимо сказок и былин, были антологизированы и многие другие формы фольклора: лирические песни, загадки, причитания и т. д.[48]

Фольклорные мотивы стали частью «высокой» культуры благодаря печатным изданиям, а также сценическим постановкам и выставкам. Именно в этом контексте в последней трети XIX века традиционные народные ремесла были включены в русскую публичную сферу как предметы коллекционирования и востребованные товары. В профессиональной музыке использование фольклорных элементов также способствовало появлению особой «русскости». Глинка первым обратился к народным темам в своих произведениях, в частности в патриотической опере «Жизнь за царя» (1836) и полностью основанном на народной музыке оркестровом произведении — «Камаринская» (1848). Во второй половине XIX века русская национальная традиция нашла более широкое выражение в произведениях «Могучей кучки», как прозвал Стасов Балакиревский кружок композиторов[49].

Как бы ни превозносилась недавно сформулированная национальная традиция, она не осталась неоспоренной. В частности, современные ученые подчеркивают, что вся идея «Новой русской музыкальной школы», в сущности, была придумана современными критиками, особенно неутомимым Стасовым. Рядом со

---

48 В качестве одного примера из многих см. [Шеин 1898–1900]. Больше о русском фольклоре см., например, в [Соколов 2007; The Study of Russian Folklore 1975; Oinas 1984].

49 Яркими примерами этой новой национальной тенденции являются «Вторая увертюра на русские темы» (1864) М. А. Балакирева; «Борис Годунов» (1868–1869), «Картинки с выставки» (1874) и «Хованщина» (1872–1880) М. П. Мусоргского; «Снегурочка» (1882), «Царская невеста» (1898) и «Садко» (1898) Н. А. Римского-Корсакова; и «Князь Игорь» (1890) А. П. Бородина. Больше примеров и более подробную информацию см., например, в [Russian Masters 1980a] и [Russian Masters 1980b]. В 1884 году «Вторая увертюра на русские темы» Балакирева была переименована в «Русь», ключевое понятие для славянофильской мысли. Вместе с названием изменился и посыл этого музыкального сочинения, окончательная версия которого представляла, по словам самого композитора, изображение того, «как Петр Великий убил нашу исконную русскую жизнь» [Maes 2002: 7].

Стасовым, главным архитектором музыкального национализма, стояли его многочисленные оппоненты. Русская музыкальная традиция создавалась в диалоге между национальным лагерем, представленным Балакиревским кружком и Стасовым, и космополитической группой, включавшей в себя Русское музыкальное общество и А. Г. Рубинштейна. Что именно должно составлять пресловутую русскость в музыке, так же часто становилось предметом ожесточенных споров, как и вопрос о том, какой музыкальный лагерь передавал ее более правдиво[50]. Как выразился один из современных критиков, «Журналы различной окраски служили проводниками разных взглядов в обществе и увеличивали количество приверженцев музыкальных "идей" за пределами концертной и театральной сцен»[51]. Механизм порождения смысла был, в сущности, тот же, что и в произведениях литературы и визуальных искусств, и зависел не столько от авторов и художников, сколько от их критиков. Недавние исследования Р. Тарускина, К. Эмерсон, Ф. Маеса и М. Фроловой-Уокер помогают выявить множественность музыкальных тенденций и изобретенных традиций, которые сосуществовали в русской публичной сфере до революции[52].

---

50 Образец современного критического дискурса о русской музыке см. в [Campbell 2003]. Еще больше рецензий появлялось в ежедневных газетах.

51 См.: Серова В. С. Русская музыка // Северный вестник. 1885. № 4. Ч II. С. 1.

52 Библиография по истории русской музыки обширная. См., например, [Эмерсон 1999; Taruskin 1997; Frolova-Walker 2007; Taruskin 2009]. В нескольких своих исследованиях Тарускин полезно освещает связь между музыкой и критикой. См. также его [Taruskin 1981]. Подробнее о музыкальном национализме см. в [Maes 2002: 2–3]. Маес демонстрирует, что музыкальный национализм был основан на определенном идеологическом контексте. Отсюда приверженность к мифотворчеству, как видно на примере спонтанно импровизированного народного танца Наташи Ростовой в «Войне и мире» и якобы неподдельной русскости композиторов «Могучей кучки». Вступительная глава, называющаяся «Natasha's Dance, or Musical Nationalism», открывается той же знаменитой сценой из «Войны и мира» Толстого, которая послужила названием для недавнего исследования Файджеса. Оба критика показывают затем, что Толстой в этой сцене «придумал нечто в высшей степени невероятное», поскольку идея, что «народная музыка возникает прямо из природы и что русскую музыку "можно всосать в себя из русского воздуха", является мифом XIX века».

В театре подъем национальной традиции часто связывают с реалистической драмой Островского — явлением, аналогичным передвижникам, с похожим перемещением фокуса на обыденное и неприглядное. И. А. Гончаров, к примеру, напрямую приписывал драматургу создание «своего русского, национального театра»[53]. Публичный театр был также проектом культурного строительства, поскольку он служил для обучения неофитов. По выражению самого Островского, приобщение нового, «свежего зрителя», которого он уподоблял дичку, к культуре начинается именно в театре, во время мощных по силе эмоционального воздействия, доступных спектаклей[54]. Между новой национальной драмой Островского и традиционным народным театром, таким как кукольный театр Петрушки, а также их более поздними адаптациями в искусстве Русских сезонов, национальная тема развернулась во второй половине XIX века во множестве форм и жанров[55]. В главе 7 это увлечение народными мотивами на сцене подробнее обсуждается на примере прекрасной, но эксцентричной постановки пьесы Островского «Снегурочка» (1873).

Одним словом, общество желало видеть доказательство самобытности национальной традиции в различных художественных формах и с готовностью приветствовало ее, принимая или отвергая сделанные критиками назначения и с жаром следя за их спорами. Будь то живопись, музыка, литература или театр, обо всех видах искусства критики судили по наличию или отсутствию у них национальных особенностей, которые регулярно перечислялись на страницах прессы. Без сомнения, национальность была не единственным критерием, по которому измерялись

---

[53] Гончаров И. А. Собрание сочинений в 8 томах. Т. 8. М., 1955. С. 491–492. Цит. по: [Журавлева 1984: 6].

[54] Островский А. Н. Полное собрание сочинений. Т. 10. М.: Искусство, 1978. С. 137–138. Цит. по: [Журавлева 1984: 9–10].

[55] Несколько недавних исследований, посвященных театру, в частности, подчеркивают важность народных форм культуры в дореволюционной России [Kelly 1990; Swift 2002; Thurston 1998].

культурные достижения; критические взгляды, основанные на многих других социальных вопросах, попеременно то гармонировали с тенденциями дискуссий о культурной идентичности, то ставили их под сомнение.

Репрезентации национальной культуры, собранные к концу столетия в книгах и периодических изданиях, предлагали некоторые ответы, пусть предварительные и неполные, на основной вопрос русской идентичности. Получившаяся в результате коллекция — современная национальная культура — являлась обобщением вновь открытых и изобретенных традиций, приспособленных как будто бы для меняющегося показа, подверженного многим изменениям в кураторских вкусах и идеологических приоритетах. Хотя оставшаяся часть этой книги посвящена *процессу* написания культуры, здесь я хотела бы выделить некоторые из результатов.

Каноническая версия русской национальной культуры сформировалась к концу дореволюционного периода [Brooks 1981: 316][56]. В сложившийся к тому времени пантеон основателей входили национальный поэт Пушкин, композитор Глинка, художник Брюллов, драматург Островский как основатель русского театра и музыкант В. В. Андреев, которого называли «отцом балалайки» — не за изобретение инструмента, а за то, что он сделал балалаечные концерты популярным видом развлечения в 1880-е годы. Временами в ходе публичных дискуссий предлагались альтернативные авторитеты, включая, среди прочих, художников П. А. Федотова, Васнецова и членов товарищества передвижников, автора памятника «Тысячелетие России» скульптора М. О. Микешина и архитектора В. О. Шервуда, спроектировавшего Исторический музей[57].

---

[56] Все эти проявления русского культурного национализма были достаточно убедительными, чтобы пережить политический национализм старого режима и сохраниться в советскую эпоху.

[57] Шервуд, которого очень хвалили за русскость его проекта, стремился совершить в архитектуре то, что композитор Глинка сделал в русской музыке, как он признавался в частной переписке с историком Забелиным [Лисовский 2000: 140–142].

Прежде чем критики в начале XX века провозгласили кризис национальной культуры, вышло несколько публикаций, обобщающих многие аспекты русской традиции. «Россия в конце XIX века», подготовленная В. И. Ковалевским и впервые опубликованная на французском языке в связи с Всемирной выставкой 1900 года в Париже, представляет собой заслуживающий внимания пример «автоэтнографии»; вскоре она была переиздана в русском переводе[58]. В обзоре изобразительного искусства, написанном Бенуа и опубликованном в составе этой книги, предпочтение прямо отдается национальности как определяющему импульсу большей части культурного производства XIX века[59]. Возможно, самой известной попыткой озвучить и обозреть целую традицию, включая ее разнообразные материальные и духовные проявления, является трехтомник основателя Конституционно-демократической партии историка П. Н. Милюкова — «Очерки по истории русской культуры», в котором содержалось все: от географии и климата до религии и образования. Но до того как фрагменты национальной культуры начали собираться в антологиях и постоянных музеях и рубрицироваться в указателях, на протяжении почти всего XIX века национальная традиция была рассеяна по различным

---

[58] Ср. [Buzard 2001].

[59] Бенуа А. Н. «Искусство», в [Ковалевский 1900: 889]. Оригинальное издание на французском см. в: La Russie à la fin du 19e siècle / ed. V. I. Kovalevskii. Paris: P. Dupont, 1900. Ср.: Штруп Н. М. «Музыка», в [Ковалевский 1900: 882]. Национальный стиль в музыке, по мнению Штрупа, впервые проявился в творчестве Глинки, основателя русской школы, а за ним последовала группа композиторов «могучей кучки», «почитателей Глинки и борцов за национальный характер нашей музыки». Другое издание, представляющее XIX век как век национальной культуры в России, появилось в 1901 году. Популярный сборник, рассчитанный на широкий круг читателей [XIX век 1901], был опубликован в качестве приложения к «тонкому» журналу «Нива» и включал четыре программных статьи Стасова, посвященных архитектуре, скульптуре, живописи и музыке. Стасов использовал эту публикацию в иллюстрированном еженедельнике как возможность популяризировать изящные искусства в целом и подчеркнуть национальное отличие русского искусства в частности.

периодическим изданиям[60]. В следующих разделах рассматривается ежедневная пресса, и основное внимание уделяется популярной среди читателей рубрике — фельетону, популяризировавшему русскую национальную культуру еще прежде, чем она была сформулирована как таковая.

Газетный бум 1860-х годов

Эпоха газет заслуживает особого внимания не только потому, что появление массовой прессы изменило облик русской публики, но и потому, что популярные печатные издания в первую очередь помогли создать эту публику. Эта читательская аудитория уже не была исключительно «светским обществом», которое определяло вкус и мнение во времена Пушкина и Гоголя и блестящее исследование которого провел У. М. Тодд III [Тодд 1996]. Не была она и исключительно интеллигенцией, которую взращивал Белинский начиная с 1840-х годов. Широкая публика, появившаяся на сцене в 1860-е годы, жадно читала газеты и с готовностью откликалась на интересующие ее темы. Ежедневная газета и в особенности легкая для восприятия колонка — фельетон — значительно ускорили развитие публичной культуры в царской России.

---

60 Постоянно меняющиеся рубрики в современных указателях являются наглядным доказательством неустойчивого состояния культуры. Например, в указателе В. О. Михневича [Михневич 1878] отсутствует категория «культура» как таковая, а скромное число культурных предложений перемежается с некрологами и разными материалами под более широкой рубрикой «Общественная жизнь и литература». Напротив, в указателе к журналу «Исторический вестник», вышедшему 30 лет спустя, наряду с традиционным лидером в категории культуры, русской литературой, перечислены сотни статей о музеях, архивах, библиотеках и памятниках [Михневич 1878; Городецкий 1908]. Ср. [Межов 1882–1890]. В библиографии В. И. Межова литература, театр и искусство принадлежат к отдельным разделам. Если и была одна общая рубрика, под которой можно было найти различные формы культурного выражения, собранные вместе, то это была «Общественная жизнь и литература».

В эпоху Великих реформ количество русскоязычных газет увеличилось почти в пять раз[61]. Еще быстрее росло число ежедневных изданий общего характера. Если до 1855 года в Российской империи выходило всего три ежедневных газеты, то к 1870 году количество издаваемых в стране газет достигло 38, более половины из которых были сосредоточены в столичных городах — Санкт-Петербурге и Москве [Березина 1965: 30–31]. В дореформенную эпоху доминировали так называемые «толстые журналы» — ежемесячные издания объемом в несколько сотен страниц с разделами, посвященными прозе, поэзии, рецензиям, социальной критике, политическим новостям, а также событиям культурной жизни и повседневным мелочам. В «славный период русской общественности», как назвал наступившую новую эпоху историк русской журналистики и цензуры М. К. Лемке, популярные ежедневные газеты вытеснили почтенные толстые журналы [Лемке 1904: 18][62]. Министр внутренних дел П. А. Валуев официально объявил о наступлении газетной эры еще в 1863 году, признав, что газета доминирует в периодической печати этого года [Березина 1965: 31–32][63]. Следовательно, если в начале

61 В 1870 году было 79 русскоязычных названий [Brooks 1985: 112]. Данные, предлагаемые различными исследователями, удивительно разнообразны. Одной из причин путаницы, возможно, является двусмысленность понятия «газета» в его раннем употреблении; другая, как предполагает Тодд, проистекает из того, что не все исследователи считают газеты, которые имели очень короткий срок существования. Ср., например, [Березина 1965: 31; Есин 1971: 28; Лисовский 1903: 22; Ambler 1972: 34].

62 «Общественность» определяется как социально активные люди с гражданской позицией в обществе. В середине столетия «общественность», по видимости, была все еще довольно новым явлением: это слово не зафиксировано ни в «Словаре языка Пушкина», ни в «Толковом словаре живого великорусского языка» Даля. По мнению Келли и Волкова, хотя это слово было введено в обращение в конце XVIII века, оно «исчезло» из языка до 1840-х и 1850-х годов, когда оно было возрождено радикалами (Белинским, Герценом) для обозначения социальной солидарности. См. [Kelly, Volkov 1998]. Больше о толстых журналах см. в [Martinsen 1997].

63 Ср. стремительный рост ежедневной прессы в Великобритании после отмены налога на газеты в 1855 году. К примеру, в 1858 году тираж трех массовых газет, «Family Herald», «London Journal» и «Cassell's Family Paper», составил

столетия толстый журнал был важнейшим средством выражения общественного мнения, в основном распространявшимся среди интеллектуальной элиты, с ростом ежедневной прессы в 1860-е годы публичный дискурс в более эгалитарной форме переместился в газету, которая стала служить барометром гражданского сознания[64]. По словам другого современника, газета стала кафедрой, с которой издатель, как проповедник, мог ежедневно руководить публикой[65]. Это явно приветствовалось, поскольку число читателей газет росло пропорционально количеству публикаций, имеющихся на рынке. Что же сделало новости таким желанным товаром?

После поражения в Крымской войне в 1855 году русское общество «точно проснулось от летаргического сна», вспоминает Шелгунов. В 1856–1858 годах бурное развитие прессы было особенно заметным: количество периодических изданий всех видов достигло небывалой цифры — 250 [Шелгунов 1967: 92][66]. «В том, что после Севастополя все очнулись, все стали думать

---

895 000 экземпляров. Тиражи русских газет того же периода были намного скромнее, а максимальная отметка в 10 000 экземпляров была достигнута «Голосом» в 1860-х годах. В конце 1850-х годов, когда некоторые из британских периодических изданий продавались тысячами, А. Дюма, например, считал, что русская журналистика все еще находилась в своем зачаточном состоянии [Altick 1998: 348–364, особенно 357]. Ср. «Circulation of St. Petersburg Newspapers», таблица 6, в [McReynolds 1991]; Дюма А. (отец), «Впечатления от поездки в Россию», в [Григорович 1928: 472].

64 В 1895 году Н. А. Рубакин утверждал, что читатели были зеркальным отображением русской социальной жизни. Рубакин выдвинул на первый план роль читателя в литературном процессе задолго до появления формальной критики читательского отклика [Рубакин 1895: особ. 1].

65 С. Типы современных газет I. «Новое время» // Слово. 1879. № 8. С. 230.

66 Свобода — во всех смыслах этого слова — воплощала дух 1860-х годов, считал Шелгунов. Он также отмечал уникальную «гуманность» эпохи, которая, среди других примечательных явлений, увидела пятикратное увеличение числа студентов в Санкт-Петербургском университете (см. особенно 131–135). Подробнее о его оценке газет, в частности, см. в [Шелгунов 1895а: 534–538]. Боборыкин также описывал середину 1850-х годов как оттепель накануне возрождения публичной жизни и культуры в России [Боборыкин 1965, 1: 133].

и всеми овладело критическое настроение, и заключается разгадка мистического секрета шестидесятых годов. *Все* — вот секрет того времени и секрет успеха всех реформ»[67]. Для страны с преимущественно неграмотным населением «все» — это, конечно, риторическое преувеличение, которое тем не менее выражает стремительный подъем гражданского духа, сопровождавшего реформы[68]. Газета и роман «дали технические средства для “репрезентирования” того *вида* воображаемого сообщества, которым является нация», и способствовали духу национального обновления [Андерсон 2001: 73]. Один журналист описывал недавно пробудившееся русское общество следующим образом: «само общество, так сказать, наэлектризовано, рвется к деятельности, ищет и хочет добрых результатов»[69]. Значительная часть читателей газет в 1860-е годы проживала в городах, особенно в Санкт-Петербурге и Москве, где, по оценкам Хоскинга, доля грамотного населения достигала 55–60 % и 40 % соответственно[70]. На фоне урбанизации, новых технологий, улучшения коммуникационных сетей и увеличения темпа жизни новости, ежемесячно публикуемые в толстых журналах, уже не могли удовлетворить запросы публики. Новый читатель, будучи менее придирчивым к стилю и содержанию, требовал оперативной и доступной информации.

---

[67] Цит. по: [Лемке 1904: 17–18].

[68] Как отмечает Тодд, до переписи 1897 года исчерпывающая статистика относительно грамотности не собиралась; на основе имеющихся свидетельств в первой половине XIX века неграмотными были около 95 % русских. См. [Тодд 1996: 27, 120].

[69] Листок // Сын Отечества. 1 января 1862 года. № 1. Боборыкин вспоминает, что период между 1860 и 1863 годами был особенно ярким и живым [Боборыкин 1965, 1: 400].

[70] Об уровне грамотности в Санкт-Петербурге и Москве в 1860-х годах см. в [Хоскинг 2000: 345]. Брукс оценивает грамотность в сельской местности в 1860-е годы на уровне 6 %. Согласно первой переписи населения Российской империи, произведенной в 1897 году, грамотным было около 21 % населения [Brooks 1985: 4]. Разница между столичными городами и провинцией была колоссальной. Успенский, например, описывал время, которое он провел в деревне, как жизнь «без газет». См. [Успенский 1908, 4: 46–47].

Газета отвечала этому требованию: кроме того, она отражала на своих страницах интересы нового читателя. Начиная с первого русского периодического издания, «Ведомостей», которое Петр I стал издавать в 1702 году, развитие ежедневной прессы было тесно связано с зарождением гражданского самосознания. Русская публика в значительной степени была еще одним продуктом петровских реформ[71]. Хотя первые 25 лет «Ведомости», со скромным тиражом от 30 до 4000 экземпляров, были единственным периодическим изданием в России, они не раскупались. Вплоть до начала XIX века в Российской империи издавались только две протогазеты: «Санкт-Петербургские ведомости» и «Московские ведомости». Даже русского слова «газета» еще не существовало: впервые оно появилось в 1809 году на титульном листе «Северной почты», или «Новой Санкт-Петербургской газеты» [Лисовский 1903: 3–13, 21; Дементьев и др. 1959: 14, 131]. В основе газетного бума 1860-х годов лежал принципиально новый тип журналистики, ставший возможным благодаря новаторским репортажам и серьезным социально-экономическим изменениям [McReynolds 1991: 9]. С усовершенствованием технологии печати и ослаблением цензурных правил стало возможным выпускать новости без особых задержек. Как заявил один фельетонист, «газета ближе к жизни, чем журнал»[72]. Профессиональные корреспонденты регулярно и систематически передавали в свои газеты сообщения из разных уголков России и Европы. Первый специальный корреспондент был направлен в Лондон в 1851 году для освещения Великой выставки. Открытие Русского телеграфного агентства в 1866 году еще больше ускорило передачу информации [Есин 1971: 21–35; McReynolds 1991: 47–48].

---

[71] Русское слово ‘публика’ (означающее ‘общественность’ или ‘образованное общество’) и его производные впервые появились в русском языке в первой четверти XVIII века [Смит 2006: 56–57].

[72] Другой утверждал в 1862 году, когда еженедельная газета «Сын отечества» превратилась в ежедневное издание, что только ежедневная газета может принести пользу современной России: Рьянов К. Фельетон. Идеал петербургской газеты // Русский инвалид. 1 сентября 1861 года. № 190; Листок // Сын отечества. 1 января 1862 года. № 1.

«Временные правила о цензуре и печати» 1865 года отменили предварительную цензуру для периодических изданий, публикуемых в Санкт-Петербурге и Москве[73]. Для ежедневных газет это изменение имело большое значение. Э. Эмблер объясняет:

> Современность, важнейшая характеристика ежедневной газеты, была недостижима при Николае I, когда вся печатная продукция должна была проходить цензуру задолго до выхода в свет, а некоторые официальные периодические издания пользовались монополией на иностранные и военные новости... В результате принятия «Временных правил» 1865 года серьезные ежедневные газеты в двух столицах должны были предоставлять цензору экземпляры номера не ранее того часа, когда издание поступало на почту для отправки подписчикам [Ambler 1972: 27].

Это же постановление разрешало продавать отдельные номера на улице, что обеспечивало наиболее прямой путь газеты к ее читателям [Есин 1971: 34][74]. Продажа газеты на улице и публикация частных объявлений укрепили ее положение как относительно независимого органа печати. В результате, утверждает Макрейнольдс, издателям газет удалось создать «голос, независимый от голоса правительства» [McReynolds 1991: 24].

В 1863 году этот «голос» нашел свое воплощение в первой независимой частной ежедневной газете в России с соответствующим названием — в «Голосе» Краевского (1863–1884). До этого только полуофициальная «Северная пчела» Булгарина (1825–1864) представляла серую категорию между официальной и частной прессой, так называемый «официоз» — печатный орган «формально независимый, но втайне поддерживаемый правительством, необходимый для того, чтобы неофициально представлять

---

[73] Плоткин Л. А. «Общественное и литературное движение 1860-х годов. Цензурная политика правительства», в [Очерки по истории 1965: 13–14].

[74] Годовая подписка была до этого основным традиционным способом распространения периодической печати.

официальную точку зрения» [Ambler 1972: 22][75]. «Северная пчела» претендовала на то, чтобы говорить от имени широкой читающей публики, и действительно, ее читали повсеместно[76]. Это была единственная газета, имевшая привилегию печатать политические новости, так что даже те, которые не одобряли ее «физиономии», продолжали ее читать [Лисовский 1903: 16]. Но прежде всего «Северная пчела» предлагала легкое, занимательное чтение. Она вовлекала читателя в диалог, о чем свидетельствует периодически появлявшаяся рубрика «Корреспонденция» — прообраз колонки «Письма в редакцию». В этом отношении «Северную пчелу» можно рассматривать как зачинательницу общественной дискуссии, пусть ограниченной и надуманной. Но очевидные недостатки «Северной пчелы» не остались незамеченными современниками. В 1831 году в журнале Н. Полевого «Московский телеграф», выходившем раз в два месяца, появилось следующее утверждение: «“Северная пчела” бесспорно занимает первое место между всеми русскими газетами... “Северная пчела” как газета новостей... заслуживает полную признательность публики; но как орган мнений — она робка, невнимательна к своим читателям, и часто вовсе нема!» [Есин 1971: 19–22].

В эпоху Великих реформ коммерческие публикации становились все более и более популярными и прибыльными. «Голос» положил начало этому новому направлению в журналистике в 1863 году. Десять лет спустя Русско-турецкая война 1877–1878 годов ввела русскую журналистику в «золотой век газетной печати»[77]. Газеты

---

75 Об особенном способе рекламы у Булгарина, таком как размещение рекомендаций для определенных товаров в фельетонах «Северной пчелы», см. в [Западов 1973: 159]. У Гоголя в его вымышленной повести «Портрет» владелец газеты (предположительно Булгарин) размещает подобное рекламное объявление для художника Чарткова.

76 Данные о тираже см. в [McReynolds 1991: 20].

77 Эмблер определяет период с 1870 по 1914 год в Европе как «золотой век газетной печати» [Ambler 1972: 27]. Макрейнольдс резюмирует влияние войны на русскую журналистику: «Русско-турецкая война имела сомнительное преимущество в том, что дала русской журналистике возможность догнать западную журналистику» [McReynolds 1991: 87].

общего характера, такие как «Голос» и «Новое время», с их освещением политики, экономики, литературы и т. д., к концу столетия, по сути, сосредоточили в себе функции других средств массовой информации, замещая для многих русских читателей и толстый журнал, и роман [Лисовский 1903: 28][78]. Четкая взаимосвязь между серьезными политическими потрясениями и подъемом общественного сознания становится очевидной из данных о тиражах массовых газет. Например, с началом Крымской войны количество подписчиков «Северной пчелы» возросло до 10 000, в то время как во время польского восстания в 1863 году тираж националистических «Московских ведомостей» Каткова взлетел до 12 000 [Есин 1971: 26–32].

О том, что ежедневная пресса стала играть жизненно важную роль в обществе, свидетельствует ряд посвященных этой теме современных статей. В 1861 году «Русский инвалид» опубликовал фельетон под названием «Идеал петербургской газеты», в котором автор размышляет о преимуществах газет перед журналами. Однако эта «идеальная» газета была всего лишь плодом воображения фельетониста: в то время можно было только предполагать, как могла бы выглядеть массовая газета[79]. Но уже четыре года спустя городская газета «Петербургский листок» выпустила обширный репортаж о девяти ежедневных периодических изданиях, выходивших в столице: семи русскоязычных изданиях, одной газете на французском языке, «Journal de St.-Petersbourg», и одной на немецком, «Petersburger Zeitung»[80]. Что касается русскоязыч-

---

[78] Во время войны с Турцией в 1877 году ежедневная практика написания и чтения новостей стала ни больше ни меньше как «революцией в чтении газет», как это определяют фон Гельдерн и Макрейнольдс [von Geldern, McReynolds 1998: 117]. По мере приближения века к концу рабочие также все чаще становились постоянными читателями массовых газет. См., например, [Kanatchikov 1994: 536].

[79] Рьянов К. Фельетон. Идеал петербургской газеты // Русский инвалид. 1 сентября 1861 года. № 190.

[80] Д. Н. Петербургские ежедневные газеты // Петербургский листок. 1865. № 27. Более ироничный взгляд на ежедневную прессу см., например, в Внутреннее обозрение // Современник. 1863. № 98. С. 359–378.

ных ежедневных газет, каждая имела индивидуальный характер и конкретную аудиторию, но при этом разделяла общие характеристики массовой прессы, такие как акцент на фактах и частных деталях, ориентацию на широкую публику и приоритет тем, связанных с национальным вопросом [McReynolds 1991: 7]. Для этого появились новые жанры и рубрики. Руководящая статья, возникшая в 1860-е годы, была одной из уникальных особенностей ежедневной прессы. Другой ее чертой был газетный фельетон, который вскоре стал главной площадкой для диалога между газетой и читателем. Заграничные депеши помогали разнообразить содержание и в итоге способствовали уникальному телеграфному стилю газеты, в то время как коммерческие объявления, помимо обеспечения финансовой независимости, привнесли в текст типографическое разнообразие [Березина 1965: 54–59].

В декабре 1900 года, как бы подводя итог этой тенденции, журналист и издатель Ф. И. Булгаков писал:

> Теперь всего больше читаются газеты. Чтение их стало необходимостью, и нельзя отрицать того, что они быстро и зачастую добросовестно распространяют сведения, хотя и весьма отрывочные. Это чтение ежедневно сообщает что-нибудь интересное и направляет на другое чтение. Едва поднявшись с утреннего ложа, мы не можем обойтись без того, чтобы нас во мгновение ока не прокатили по Европе, Азии, Африке и Америке. Помимо того, нам желательно, чтобы распространялись и отстаивались именно наши мнения (т. е. обыкновенно предубеждения, навеянные нам посторонними). Читателям газет единственно можно было бы пожелать читать любимую их газету с некоторой критикою и чтобы они этим чтением не удовлетворялись уже до такой степени, чтобы быть неспособными наслаждаться другим чтением[81].

Растущее число газет обслуживало все более разнообразную читательскую публику. С распространением ежедневной прессы русский читатель смог также познакомиться с множеством дис-

81 Булгаков Ф. И. Литературные заметки. О чтении // Новое время. 1900. № 8909.

курсов о национальности. Уортман пишет: «В атмосфере относительной свободы после отмены крепостного права появились выражения конкурирующих мнений о том, что представляет из себя нация». Либеральная газета «Голос», например, представляла Россию как современное национальное государство; славянофильский «День» искал истоки нации в крестьянах; «Русский мир» предлагал панславистский образ России как лидера славянства [Уортман 2004: 191]. Различные местные политические группировки претендовали на то, чтобы говорить от лица целой нации [Weeks 1996: 21]. Разные органы периодической печати, многие из которых имели явную связь с тем или иным конкретным лагерем, высказывали все эти параллельные версии национальной идентичности. Изменчивость и неустойчивость дискурса были, возможно, единственными постоянными величинами в этом калейдоскопе меняющихся позиций и точек зрения.

Любимой петербургской газетой в 1860-е годы была, несомненно, газета «Голос». Журналист «Петербургского листка» определил выигрышное положение ежедневной газеты в 1865 году следующим образом: «“Голос” более других удовлетворяет разнообразным вкусам читающих газеты и ищущих в них новостей по всем отраслям политической и общественной жизни как нашего отечества, так и иностранных государств и народов»[82]. Другой современник провозгласил «Голос» «руководящим органом русского “общественного мнения”»[83]. Ученые также характеризовали его в превосходной степени как «наиболее законченный тип буржуазно-либерального газетного органа» [Березина 1965: 47]. Газета позиционировала себя как орган, который «был создан реформой и всегда служил реформе», по выражению многолетнего автора «Голоса» Михневича. Во времена великих социальных потрясений «Голос» отвечал потребностям образованных русских

---

[82] Д. Н. Петербургские ежедневные газеты // Петербургский листок. 1865. 23 февраля. № 27.

[83] С. Типы современных газет. II. «Голос» // Слово. 1889. № 9. С. 169. О двойственности «общественного мнения» в русском контексте см., например, в [Левитт 1994: 20].

ставить вопросы и искать ответы [Михневич 1878: i–ii]. Все возрастающее число подписчиков газеты говорит за себя: если в 1865 году тираж «Голоса» составлял примерно 5000 экземпляров, то в 1870 году это число выросло до 11 000, а к 1877 году оно достигло 23 000 [Есин 1971: 39]. Ключ к такому феноменальному успеху был двояким: пресловутая «коммерческая душа» ее издателя Краевского, сделавшего из литературы индустрию, и появление нового типа читателя[84].

Новая читательская аудитория массовой газеты состояла преимущественно из представителей так называемого среднего сословия. Хотя оно не являлось строго определенным классом в европейском смысле, но становилось все более заметным в русском обществе, особенно когда ежедневная пресса предоставила ему площадку[85]. «Средний читатель», за которого боролись газеты, был относительно новым социальным явлением в России 1860-х годов. Первой эту читательскую аудиторию начала взращивать «Северная пчела», удовлетворявшая интересы низших слоев чиновничества, слуг и купцов[86]. Лояльность «Голоса» к читателям из этого среднего сословия была очевидной для современников. По мнению одного из журналистов, газета была «точным снимком с нынешнего среднего, преимущественно

---

[84] «Коммерческая душа» — выражение Тургенева, цит. по: [McReynolds 1991: 33]. Достоевский Ф. М. «Каламбуры в жизни и в литературе», [Достоевский 1972–1990, 20: 137]; впервые опубликовано в журнале Достоевского «Эпоха» в 1864 году. См. также пародию Достоевского на Краевского в эпилоге к «Униженным и оскорбленным».

[85] Подробнее о «невидимом» среднем сословии в России см. в [Rieber 1994; McReynolds 1991: 6–7]. См. также [Пыляев 1990: 228]; Успенский Г. И. «Буржуи» [Успенский 1908, 5: 569–589].

[86] В 1826 году Булгарин объяснял, что «среднее состояние» было самым многочисленным среди русских читателей; оно охватывало так называемую собственно публику (то есть публику, читавшую по большей части на русском языке). Н. Д. К истории русской литературы. Ф. В. Булгарин и Н. И. Греч (как издатели журналов) // Русская старина, сентябрь 1900 года. № 9. С. 581. В «Невском проспекте» Гоголь дает иронический комментарий на тему коммерциализации «Северной пчелы» и ее среднего читателя. См. также [Moeller-Sally 1998].

чиновничьего, русского общества»[87]. Точно так же и газета «Сын отечества», выходившая тиражом 20 000 экземпляров, представляла своих читателей как принадлежащих к тому же социальному типу[88]. Любопытно, что газеты предполагали, что их читатели были лишь частично образованы; помимо других преимуществ, ежедневная пресса давала возможность улучшить свое образование[89]. В 1863 году на страницах еще одной ежедневной газеты, «Северной почты», появилось следующее подробное описание широкой публики:

> Число читателей увеличилось... до такой степени, что не только в библиотеках, но буквально на каждом шагу вы встречаетесь с какой-нибудь газетой. Всякий лавочник и приказчик, пользуясь минутой досуга хватается за газету. В мясных лавках и даже на улицах постоянно встречаются их листы, где-нибудь на скамейке присядет с газетным листом какой-нибудь грамотей, и вокруг собирается группа слушателей. Иной с трудом разбирает текст по складам, а все-таки читает, и притом вслух. Политические известия от этого популяризируются чрезвычайно быстро и понятия читателей успешно обобщаются[90].

Новый читатель требовал нового писателя. Если журналистика традиционно была прерогативой интеллигенции, то массовая пресса была «укомплектована людьми, не обремененными интеллектуальной традицией» [von Geldern, McReynolds 1998: xviii]. Массовые ежедневные газеты, как, например, «Голос», занимали среднее положение между толстым журналом и так называемыми «народными газетами», намеренно упрощенными для грамотных крестьян и ремесленников. Эти непритязательные издания,

---

87 С. Типы современных газет. II. «Голос» // Слово. 1889. № 9. С. 182.

88 Листок // Сын отечества. 1862. № 1. По мнению В. Г. Березиной, в 1862 году «Сын Отечества» имел тираж 20 000 экземпляров, из которых 13 000 продавались в провинции. См. [Березина 1965: 48].

89 Рьянов К. Фельетон. Идеал петербургской газеты // Русский инвалид. 1861. 1 сентября. № 190.

90 Цит. по: [Есин 1971: 29].

в отличие от ежедневных газет общего характера, обычно обращались к читателю свысока, что не способствовало их популярности в социальных кругах за пределами предполагаемой аудитории[91].

Для поддержания открытого диалога между газетой и читателем издатель «Голоса» Краевский предлагал подписчикам из провинции присылать для публикации актуальные сведения, связанные с их родными городами и деревнями. Более того, он представил газету как заботливого спутника: чтобы угодить читателю из всех слоев общества, газета даже разрешала подписчикам платить в рассрочку. Краевский подчеркивал важность «деятельной инициативы самого общества» для достижения гражданского духа. Стимулирование этой гражданской активности было самопровозглашенной ролью «Голоса», который «расширил основу того, что составляло “публику”, приглашая все больше и больше разных русских объединяться в орган мнения»[92]. Современники признавали его своего рода конструктом (что всегда неизбежно). Журналист С., например, критично расценивал «Голос» как носителя «готовых “мнений”, пригодных для среднего класса людей»: «Читатели “Голоса” могут чувствовать себя свободными от необходимости размышлять самостоятельно; за них мыслит и рассуждает газета»[93]. Являясь одним из распространителей общественного мнения, «Голос» действитель-

---

[91] Подробнее о газетах для народа см. в [Березина 1965: 40]. Подробнее о стилизации см. в [Есин 1989: 117]. О литературе для народа в целом см. в [Brooks 1985].

[92] Краевский А. А. Новая газета на 1863 год. «Голос», газета ежедневная, политическая и литературная, издаваемая А. А. Краевским // Санкт-Петербургские ведомости. 1862. № 177; [McReynolds 1991: 30–31]. Британская периодическая печать начала XIX века предлагает интересное сравнение относительно того, как работают техники создания аудитории. Дж. П. Клэнчер пишет: «Периодические тексты и их многочисленные авторы дают нам увидеть новый способ, как “создание аудиторий” означало развитие интерпретационных рамок у читателей и формирование их идеологического сознания» [Klancher 1987: 4]. Я благодарна Энн Лаунсбери, которая привлекла мое внимание к этому источнику.

[93] С. Типы современных газет. II. «Голос» // Слово. 1879. № 9. С. 169–171.

но отражал средний образ широкой читающей публики в России середины XIX века[94].

В своей самопровозглашенной задаче формирования и выражения общественного мнения «Голос» позиционировал себя между обществом и государством в пространстве, известном как гражданское общество, или, используя термин Хабермаса, «публичной сфере»[95]. Дух Великих реформ требовал, чтобы «“общество” было приведено в контакт со своим “правительством”, если нация хочет следовать курсу Запада после крымского поражения» [Lincoln 1990: 40]. «Голос» отвечал провозглашением «новой эпохи — эпохи *согласного* действия сверху и снизу»[96]. Если в России традиционно диалог между официальной и частной сферами был мало возможен, то либеральная политика сдержанности Краевского способствовала установлению своего рода шаткого равновесия между ними [McReynolds 1991: 38–39]. В эпоху гражданского пробуждения «Голос», претендующий на то, чтобы говорить от лица среднего сословия, отражал ритм стремительно расширяющейся публичной сферы. Все больше русских хотели принять участие в споре о делах своей нации, и все больше газет предлагали площадки для таких открытых дискуссий. Издатель «Санкт-Петербургских ведомостей» В. Ф. Корш уловил это общее настроение в рекламе своего изда-

---

94 С. Типы современных газет. III. «Московские ведомости» // Слово. 1879. № 10. С. 200. Согласно этой серии очерков в «Слове», в 1870-е годы было лишь три газеты, выражавших общественное мнение: «Новое время», «Голос» и «Московские ведомости».

95 По определению Хабермаса, публичная сфера — это «сфера, которая выступает посредником между обществом и государством, в которой общество организует себя как носитель общественного мнения». Модель Хабермаса построена непосредственно на доминирующей буржуазной публичной сфере, возникшей в начале капитализма. [Habermas 1974: 50]. Ср. утверждение Дж. Эли, что «Россия XIX века представляет собой прекрасный контрпример роста публичной сферы» [Eley 1994: 323].

96 Краевский А. А. Новая газета на 1863 год. «Голос», газета ежедневная, политическая и литературная, издаваемая А. А. Краевским // Санкт-Петербургские ведомости. 1862. 15 августа. № 177.

ния: «Русская газета должна, прежде всего, заниматься русскими делами и интересами»[97].

В начале 1840-х годов Белинский писал: «Русская литература положила у нас основание публичности и общественного мнения» [Белинский 1953–1959, 5: 653]. В то время как литература определенно продолжала делать это и в следующем поколении, ежедневная газета все больше брала на себя ведущую роль в выполнении этого «гражданского долга». Когда в 1862 году Краевский впервые рекламировал «Голос», он недвусмысленно выразился о важной роли журналистики в обществе: «Журналистика служит у нас едва ли не единственным *гласным* органом общественного мнения страны и средством заявлять об общественных нуждах»[98]. Похожим образом «Сын отечества» продвигал свой новый облик ежедневной газеты, обещая читателям, что она будет «помогать выработке общественного мнения»[99]. Некоторые ученые считают, что эта тенденция была общей для всех «либерально-буржуазных» газет, которые были в авангарде в 1860-е годы [Есин 1971: 31]. Но что означало общественное мнение? И кто была эта публика? Эти вопросы не были новыми; еще Гоголь задавался вопросом, кто такая русская публика. Это занимало и Белинского, предложившего условный ответ — интеллигенция, публика, которая является «единичной живой личностью, исторически развившейся, с известным направлением, вкусом, взглядом на вещи» [Тодд 1996: 119–123].

В 1859 году журналист и идеолог славянофильства К. С. Аксаков определял культурную «публику» как полную противоположность простому народу: «Публика говорит по-французски, народ — по-русски. Публика ходит в немецком платье, народ — в русском, у публики — парижские моды, у народа — свои русские

---

97 Корш В. Ф. С.-Петербургские ведомости с 1863 года // Санкт-Петербургские ведомости. 1862. 14 сентября. № 200.

98 Краевский А. А. Новая газета на 1863 год. «Голос», газета ежедневная, политическая и литературная, издаваемая А. А. Краевским // Санкт-Петербургские ведомости. 1862. 15 августа. № 177.

99 Листок // Сын отечества. 1862. 1 января. № 1.

обычаи»[100]. Аксаков прямо критиковал западнические тенденции, отделявшие образованную публику от простого народа. Даль также определял публику как включающую в себя «общество, кроме черни, простого народа» [Даль 1903–1909, 3: 1403]. Грамотность является маркером в этой оппозиции: читающее среднее сословие *является* частью общества, в то время как безграмотный народ не является. Главной предпосылкой для допуска в публичную сферу было образование, а не сословие. Другими словами, простые люди (за исключением, может быть, по оценкам, шести процентов грамотных крестьян) были риторически исключены из культурной публики, которая играла центральную роль в процессе построения нации[101].

То, что публичное мнение всегда отчасти является вымыслом, распространяемым «проводником публичного мнения», также известным как издатель, было, среди прочих, убедительно продемонстрировано Хабермасом [Хабермас 2016: 255, 326]. Но еще задолго до этого журналисты XIX века полностью осознавали его смоделированный характер. В 1826 году Булгарин впервые ввел понятие «общего мнения» — голоса большинства, который ведет толпу и управляет поведением публики — в тайном докладе государству[102]. К 1860-м годам, однако, когда на страницы ежедневной прессы вылилось множество голосов русского общества, соревнующихся за аудиторию, общественное мнение перестало быть государственной тайной. Как заявлял Данилевский, «газеты, следовательно, имеющие действительно общественное значение, суть как бы акушеры общественного мнения, помогающие ему явиться на свет Божий» [Данилевский 1995: 239–240]. Журналист С. предложил другой образ общественного мнения, которым,

---

[100] Аксаков К. С. «Публика — народ», цит. по: [Западов 1973: 321–322]. Впервые опубликовано в газете «Молва» (1857 год, № 36). Газета «Голос» также затрагивала тему различия между публикой и народом; см.: Вседневная жизнь // Голос. 1864. 2 августа. № 211.

[101] О центральной роли культурной публики в процессе построения нации см. в [Eley, Suny 1996: 23].

[102] Н. Д. К истории русской литературы. Ф. В. Булгарин и Н. И. Греч (Как издатели журналов) // Русская старина. 1900. Сентябрь. № 9. С. 579–581.

например, промышляла газета «Голос»: «Общественное мнение должно по необходимости облекаться в чиновничий мундир, чтобы безбоязненно обсуждать многочисленные вопросы, подлежащие обсуждению и решению в соответственных канцеляриях и комиссиях»[103]. Другими словами, общественное мнение «Голоса» отражало мнение его собственной читающей публики, по большей части мелкого чиновничества и купечества. Его конкуренты также культивировали свою собственную аудиторию: предположительно, «общественных мнений» было столько же, сколько и читающих обществ[104]. Объединяло это множество публик именно то, что они *читали*. Один фельетонист, кстати, вскользь приравнял «публику» к «читателям»[105].

В условиях газетного бума появилась возможность регулярно подавать искусство как новости. Между первой и последней четвертями XIX века публичность художественной жизни выросла в пропорции к выставкам, публикациям и читателям. Приветствуя эту перемену, историк искусства П. П. Гнедич, подписывавший свои фельетоны об искусстве для ежедневной газеты «Новое время» псевдонимом Старый Джон, писал в 1900 году: «Письма, полученные мною, дороги мне не столько как выражение симпатии моим взглядам, но как показатель того, насколько у нас не только среди художников, но и в публике выросла отзывчивость в вопросах искусства»[106]. Массовые газеты, такие как «Голос» и «Новое время», помогали создать эту недавно ставшую образованной публику, давая ей голос и мнение.

---

[103] С. Типы современных газет. II. «Голос» // Слово. 1889. № 9. С. 168. Интересно, что этот комментатор для олицетворения общественного мнения выбрал государственного служащего. В начале века издатель массового журнала «Библиотека для чтения» О. И. Сенковский сравнивал вкус русского общества с «прихотью беременной женщины». Цит. в [Тодд 1996: 118].

[104] Подробнее об образовании различных читательских аудиторий см. в [McReynolds 1991: 26; Березина 1965: 38–39].

[105] Листок // Сын отечества. 1862. № 1.

[106] Старый Джон. Об искусстве // Новое время. 1900. № 8649. Ср. [Warner 1993: 238]. См. также [Crow 1985].

Фельетон, или Легкая форма русской культуры

«Фельетон есть хорошая вещь, — писал литератор и критик А. В. Дружинин в ежемесячном выпуске журнала «Современник» в статье «Письма иногороднего подписчика». — Если б наш век не выдумал ничего кроме фельетона, он все-таки не мог бы считаться бесполезным веком». Особенным фельетон делала, по мнению Дружинина, сама простота формы и большое разнообразие содержания. Фельетон был непринужденной текстовой формой, не требующей «ни сюжета, ни глубоких чувств, ни выстраданной оригинальности», что представляло своеобразную аллюзию Дружинина на художественную литературу. Вместо единого повествования фельетон предлагал случайную коллекцию фрагментов на самые разные темы: от театра до художественных выставок и народных зрелищ [Дружинин 1865: 223–225].

К. А. Полевой, один из старших современников Дружинина, писавший для газеты «Санкт-Петербургские ведомости», определял фельетон как «сборник городских новостей, приправленных милыми шуточками»[107]. Эта рубрика предлагала срез городской культуры, включавший в себя «все: театральные разборы, повести, анекдоты, болтовню гостиных — настоящую всякую всячину, стол со всякого рода блестящими вещицами»[108]. Хотя массовый фельетон обыгрывал знакомые пары противоположностей, такие как Москва — Санкт-Петербург, он не разделял читателей; в этой всеохватывающей форме учитывалось разно-

---

[107] К. П. Заметки // Санкт-Петербургские ведомости. 1848 год. № 230. Цит. по: [Журбина 1979: 91–92]. Все фельетонисты, упоминаемые в этой главе, были мужчинами, таким образом, мы последовательно используем местоимение «он». Конечно, в русских оригиналах авторы также называли фельетониста «он». Среди немногих женщин, писавших для газет в то время, была Евгения Тур, автор парижских рецензий в «Голосе».

[108] Отечественные записки. 1843. № 26. С. 41. Цит. в [Журбина 1969: 252]. Ср. своеобразный литературный проект, которым увлечена Лиза в «Бесах» Достоевского: в одном томе она намеревается собрать именно тот вид мимолетных «фактов», которые принадлежали газетным фельетонам (пожары, курьезы и т. д.). См.: Достоевский Ф. М. «Бесы» [Достоевский 1972–1990, 10: 103–104].

образие вкусов и материалов и в итоге создавался общий культурный опыт, доступный для всей грамотной публики.

Фельетон XIX века был городским явлением, связанным с распространением массовой прессы и расширением публичной сферы в современной столице. Традиционно считается, что фельетон «появился на свет» в одно прекрасное утро в Париже 28 января 1800 года, когда издатель газеты «Journal des Débats» вставил дополнительный лист (франц. 'feuilleton') в направлявшуюся в печать газету[109]. Все еще являясь новшеством в России в 1820 году, когда иностранный термин 'feuilleton' (в его оригинальном французском написании) был впервые представлен читателям, орфографически русифицированное слово получило новое «гражданство» на страницах «Северной пчелы» в середине 1820-х годов. Эту раннюю версию русского фельетона было принято сравнивать с журналистской рубрикой «Смесь», содержавшей похожие сенсационные, часто переводные материалы (анекдоты, сплетни, отчеты о судебных заседаниях и т. д.) и также лишенной связности и повествовательного единства [Оксман 1930: 5–6]. Типичными в этом отношении были фельетоны «Северной пчелы», бо́льшая часть которых была написана самим Булгариным: в каждом последующем абзаце выдвигалась свежая тема или вводилась новая тенденция без особого обстоятельного анализа [Журбина 1969: 219–220]. В отборе и представлении материала газета Булгарина опиралась на традицию мимолетности в журналистике, как она практиковалась преимущественно во Франции. Один из критиков описывал французскую прессу 1830-х — 1840-х годов следующим образом: «Жадные до прибыли издатели больших газет не желали требовать, чтобы их фельетонисты писали критику, основанную на убеждении и правде. Их убеждения также часто менялись»[110]. В связи с ком-

---

[109] Томашевский Б. «У истоков фельетона», в [Тынянов, Казанский 1927: 59].

[110] Hunt H. J. «Le Socialisme et le romantisme en France: Étude de la presse socialiste de 1830 à 1848», цит. по: [Benjamin 1999: 777]. Русская провинциальная пресса подняла беспринципный характер фельетона на новый уровень банальности. См., например, [Шелгунов 1895a: 536–538].

мерциализацией печатной культуры и сама художественная литература грозила обратиться к фельетонному формату, как предполагает Беньямин [Беньямин 2000: 167][111].

Несмотря на очевидное сходство, фельетон развивался в России совершенно иначе, чем его французский предшественник. Корш описывал по случаю, чем русский фельетон должен был отличаться от других европейских вариантов: если французский фельетон был легким, а немецкий, в отличие от него, — «полновесным», и в то время как в Англии вообще не существовало никаких фельетонов, русская версия этой популярной рубрики сочетала в себе как актуальные ежедневные репортажи, так и более изысканные произведения художественной литературы[112]. Русский фельетон, особенно в своей газетной разновидности, будет сохранять этот смешанный характер на протяжении всего XIX столетия, в отличие, например, от своего французского аналога, позднее ставшего формой сериализованной беллетристики[113].

Регулярная рубрика, располагавшаяся внизу страницы ниже «отрезной» линии, отделяющей основную часть газетного текста от вспомогательной информации, фельетон представлял переменчивый материал: статьи литературного, полемического или научного характера, а также рассказы, очерки, путевые впечатления, корреспонденции с мест, романы, стихи и т. д., — все эти различные текстовые формы могли быть опубликованы как

---

[111] В оригинале у Беньямина сказано: «Literature is subjected to montage in the *feuilleton*». В русском переводе [Беньямин 2000: 167] — «Поэзия в иллюстрированном издании подчиняется закону монтажа». — *Прим. ред.*

[112] С.-Петербургские ведомости с 1863 года // Санкт-Петербургские ведомости, 14 сентября 1862 года. № 200.

[113] Как отмечал Шкловский, понятие «фельетон» включает в себя как «маленький фельетон», размером со статью, так и большой фельетон-роман [Шкловский 1928: 63]. Подробнее о различных национальных разновидностях фельетона см. в [Ryan-Hayes 1993: 1–3]. О сериализованном романе-фельетоне, практиковавшемся как во Франции, так и в России в XIX веке (Эжен Сю, Достоевский), см., например, в [Фридлендер 1964: 126 и далее]. Подробнее о фельетоне XIX века, в частности, см. в [Frazier 2010: 925–943; Klioutchkine 2002].

фельетоны (с явным обозначением или без такового)[114]. Особенной популярностью пользовались воскресные обзоры культурной жизни Санкт-Петербурга — знакомое попурри городских происшествий и анекдотов [Frank 1976: 226]. Но география фельетонов не ограничивалась российской столицей, о которой действительно было написано немало. Фельетон открывал доступ простому читателю ко всем граням городской публичной культуры — как в России, так и за рубежом. Фельетоны в «Голосе» включали в себя следующие регулярные разделы: «Вседневная жизнь», «Московская жизнь», «Парижское обозрение», «Заграничная хроника», «Отовсюду», «Художественная хроника», «Театральные заметки» и «Музыкальные беседы». Другие категории охватывали библиографию и журналистику, искусство и науку, художественную литературу, этнографию и путешествия, биографии, светские новости, празднования юбилеев, некрологи, полемику, сплетни и другие разнообразные сюжеты [Михневич 1878]. Помимо этих повторяющихся тем, большое количество фельетонов было опубликовано в связи с конкретными событиями в культурной сфере под отдельным заголовком. В 1867 году, например, «Голос» запустил «мини-сериал», озаглавленный «Этнографическая выставка в Москве». Он знакомил читателей по всей стране с экспозицией и публичными дискуссиями вокруг нее.

Как текстовая форма, фельетон охватывает «высокую культуру» толстых журналов и «обывательскую» культуру массовой ежедневной прессы. Однако на страницах толстых журналов малый жанр фельетона получил «более высокий» литературный статус. Д. Фэнгер определяет эту общую тенденцию следующим образом: начиная с середины 30-х годов

> традиционно легкий фельетон как форма мимолетной журналистики стал претендовать, по крайней мере в руках некоторых писателей, на более достойную литературную форму. К середине сороковых годов его использовали неко

---

[114] Груздев И. А. «Техника газетного фельетона» [Тынянов, Казанский 1927: 13].

> торые из талантливых молодых писателей, среди них В. А. Соллогуб, А. А. Григорьев, Д. В. Григорович, А. Н. Плещеев, И. И. Панаев, И. С. Тургенев и И. А. Гончаров [Fanger 1965: 136].

Многие известные русские писатели в то или иное время обращались к фельетону. Эти тексты были впоследствии включены в антологии и довольно подробно изучены[115]. Здесь, однако, меня больше интересует другой вариант этого жанра — фельетон в массовой газете, или «низшая» форма, которая часто считается недостойной критического внимания.

В то время как в толстом журнале в фельетоне все больше преобладали литературные и полемические темы, фельетоны, публикуемые в «Северной пчеле» и «Голосе», как правило, обходили политику и полемику, сохраняя преимущественно информативный, произвольный характер. Конечно, не все газетные фельетоны относились к тому, что советский ученый Е. И. Журбина называла «мещанским, обывательским жанром»; Н. А. Некрасов и Ф. М. Достоевский, например, публиковали фельетоны в «Литературной газете» и «Санкт-Петербургских ведомостях» соответственно [Журбина 1979: 104–108, 96][116]. Но как правило, газетный фельетон представлял собой нетребовательное чтение, ориентированное на массового читателя[117]. Часто меняющиеся новости о современных событиях, обыкновенно публикуемые по воскресеньям, способствовали привлечению читателей к газетной рубрике и делали ее своевременным (хотя и не всегда надежным) источником информации. Фельетон был бесконечно

---

[115] Существует ряд важных исследований русских формалистов и советских критиков, посвященных этой теме. См., например, [Тынянов, Казанский 1927; Шкловский 1928; Оксман 1930; Западов 1958] и две монографии Журбиной: [Журбина 1969] и [Журбина 1979].

[116] См. также: Станько А. И. «Сатирическая библиографическая заметка и фельетон в литературных газетах 1830–1840-х годов», в [Емельянов 1969: 25–41].

[117] Тынянов Ю. Н., Казанский Б. В. «От редакции», в [Тынянов, Казанский 1927, 7]; Шкловский Вл. Б. «Фельетон и эссе», в [Тынянов, Казанский 1927: 78].

воспроизводимой текстовой формой, способной удержать внимание читателя от одного номера к другому[118].

Вехой в истории русского фельетона считается 1847 год, когда газета «Санкт-Петербургские ведомости» ввела в качестве регулярного элемента фельетонную рубрику «Петербургская летопись». Один из современников охарактеризовал этот еженедельный обзор как «легкую статью об общественной жизни и ее вседневных интересах». Среди прочих в новую рубрику был приглашен и Достоевский [Журбина 1979: 91, 100; Березина 1965: 56][119]. Десять лет спустя писатель заметит в «Петербургских сновидениях в стихах и прозе»: «фельетон в наш век — это... это почти главное дело» [Достоевский 1972–1990, 19: 68].

Когда к началу 1860-х годов фельетон стал непременным атрибутом периодической печати, изменился и его автор, фельетонист. Из случайного коллажа городских новостей и личных наблюдений фельетон превратился в площадку для журналистской полемики. Фельетонист эволюционировал из забавного «болтуна» в социального критика и чуть ли не главного героя своих собственных творений[120]. Как заметил в своих мемуарах известный деятель этой рубрики, Боборыкин, профессия фельетониста стала пользоваться особенным почетом[121]. Это была и огромная ответственность, как отмечал в конце столетия другой автор: «Страшно быть публицистом! Дело в том, что ваш голос, — обык-

---

[118] Томашевский Б. В. «У истоков фельетона», в [Тынянов, Казанский 1927: 70].

[119] «Петербургская летопись» Достоевского была напечатана в «Санкт-Петербургских ведомостях» в 1847 году в четырех частях. Подробнее о фельетонах Достоевского см. в [Fanger 1965: 134–151; Frank 1976: 217–238; Morson 1981: 17–22].

[120] Белинский описывал фельетониста как стилизованный типаж: «это болтун, по-видимому добродушный и искренний, но в самом деле часто злой и злоречивый, который все знает, все видит, обо многом не говорит, но высказывает решительно все, колет эпиграммою и намеком, увлекает и живым словом ума и погремушкою шутки...». [Белинский 1953–1959, 10: 89]. О роли фельетониста как социального критика см. в [McReynolds 1991: 66–67].

[121] В 1868 году Боборыкин раз в две недели писал фельетоны «С Итальянского бульвара» для «Санкт-Петербургских ведомостей» Корша. [Боборыкин 1965, 1: 398, 445].

новенный человеческий голос, имеющий свои достоинства и свои недостатки, — пройдя сквозь печатный станок, вдруг усиливается в десятки, в сотни, в тысячи крат»[122].

Будучи исторически простым дополнением, фельетон перерос в отдельную, хотя и проблематичную, текстовую форму. Подытоживая его развитие в первой половине XIX века, Г. С. Морсон пишет:

> Первоначально фельетон был журналистской смесью, в которой излагались разрозненные новости из культурной жизни города, но постепенно он стал связываться воедино свободными и причудливыми переходами повествователя, блуждающего от темы к теме — а иногда, в соответствии с традиционной ролью фланера, и с места на место. Тематика этого жанра была характерно широкой — на самом деле, настолько широкой, что проблематичная целостность фельетона стала темой как для фельетонистов, так и для их критиков (иногда нападавших на фельетоны в фельетонах) [Morson 1981: 16][123].

В «фельетонах о фельетонах», своеобразной автореферентной категории журналистского текста, раскрывались и часто пародировались и знакомый характер фельетониста, и все «тайны» его ремесла. В то же время фельетонист XIX века — мало чем отличающийся от нынешнего обозревателя — считался ключом к успеху газеты: ее тираж и стоимость подписки во многом зависели от фельетона и его автора. «Благодаря фельетонистам издатели подчеркивали образ газеты как спутника», — пишет Макрейнольдс [McReynolds 1991: 66]. Дружинин отобразил социально значимую роль фельетона в своем весьма ироничном «Драматическом фельетоне о фельетоне и фельетонистах» (1855). В ходе этой инсценированной беседы издателя одной санкт-петербургской газеты с фельетонистом Ч-р-к-ж-и-вым (псевдоним Дружинина) становится ясно, что судьба издателя — и его пуб-

---

122 Сторонний. Заметки о художестве // Новое время. 31 октября 1900 года. № 8865.

123 См. также [Fanger 1965: 135–136; Frank 1976: 219].

ликации — полностью зависит от талантов фельетониста. Издатель был готов заплатить любую цену, чтобы нанять сообразительного Ч-р-к-ж-и-ва в качестве постоянного автора и тем самым превзойти конкурентов [Дружинин 1958: 122–128][124].

Десятилетием ранее Белинский также отмечал, что фельетонист был «одним из самых характеристических петербургских явлений» [Белинский 1953–1959, 9: 220–221][125]. После публикации очерка И. И. Панаева «Петербургский фельетонист», включенного в «Физиологию Петербурга» (1845) Некрасова, читатель мог узнавать этих журналистов как определенный «тип»[126]. В обычной журналистской манере Панаев набросал коллективный портрет петербургского фельетониста как продажного персонажа среднего таланта, в котором современники могли легко распознать, среди прочих, таких литературных дельцов, как Булгарин и В. С. Межевич [Панаев 1984: 300–301]. Панаев разоблачил коммерцию и конкуренцию как истинные источники вдохновения, стоящие за «литературными» произведениями такого рода авторов. Коммерциализация массовой прессы подчеркивалась и в более позднем произведении Панаева «Петербургский литературный промышленник» (1857), название которого отсылает к другому небезызвестному литературному предпринимателю, издателю ежедневной газеты «Голос» Краевскому [Панаев 1958:

---

[124] Впервые опубликовано в «Санкт-Петербургских ведомостях» в 1855 году в фельетонной рубрике «Заметки петербургского туриста». Даже художественный журнал «Северное сияние» (1862–1865) считал, что присутствие фельетона необходимо: Художественный фельетон // Северное сияние, 1862. № 1. С. 253–256.

[125] Цит. по: [Панаев 1984: 301].

[126] Под заголовком «Русский фельетонист (Зоологический очерк)» очерк Панаева был впервые опубликован в 1841 году в «Отечественных записках». Планировалось, что он будет переиздан в составе альманаха А. П. Башуцкого «Наши, списанные с натуры русскими»; однако новое издание произведения, под нынешним заглавием, появилось только в «Физиологии Петербурга» Некрасова в 1845 году. См. [Панаев 1984: 251–269]. Физиологический очерк и фельетон — родственные формы; как замечает Франк, «трудно однозначно отличить фельетон от физиологического очерка» [Frank 1976: 219]. Фельетонисты знали о (настоящих и воображаемых) ожиданиях читателей. См., например: Сын отечества. 20 ноября 1860 года. № 47.

130–139][127]. Панаев собирательно представил всех этих русских журналистов как современные версии Тряпичкина, пресловутого персонажа гоголевского «Ревизора».

Календарь диктовал, какие материалы должны были быть опубликованы в том или ином выпуске газеты[128]. Фельетоны предоставляли самую свежую информацию о культурных новинках столицы; они также предлагали опосредованный допуск к разным зрелищам в городских центрах от Москвы до Парижа. Благодаря фельетону русский читатель мог путешествовать не вставая с кресла даже на всемирные выставки в Лондоне, как это было в 1851 и 1862 годах. Журналист собирал и отбирал факты: «Публицист есть прежде всего летописец, отмечающий беспристрастно те факты, которые в данную минуту проходят мимо него»[129]. Но фельетон представлял собой нечто большее, чем просто фактический репортаж. «На фоне обычного, регулярного газетного материала, фельетон ощущается, как материал сверхобычный, сверхрегулярный, как “приложение” к основной части газеты»[130]. Между тем его репутация в значительной степени зависела от более крупного контекста газеты, в которой он был напечатан: «судьба» фельетона отражала судьбу газеты[131].

Фельетон — это газетная рубрика и малая литературная форма[132]. В своей новаторской работе о фельетонах формалисты

---

[127] Впервые опубликовано в декабрьском выпуске «Современника» (1857) в фельетонной рубрике «Петербургская жизнь. Заметки Нового поэта».

[128] Комарович В. Л. «Петербургские фельетоны Достоевского», в [Оксман 1930: 93]. Журбина утверждает, что определяющей чертой фельетона является «конкретность». См. [Журбина 1969: 222].

[129] Сторонний. Заметки о художестве // Новое время. 31 октября 1900 года. № 8865.

[130] Груздев И. А. «Техника газетного фельетона», в [Тынянов, Казанский 1927: 13]. «Подвал» как раздел газеты впервые появился в «Северной пчеле» Булгарина в 1830-е годы. См. [Есин 1971: 20].

[131] См. [Тынянов, Казанский 1927: 13, 29, 7].

[132] Журбина, признанный авторитет в этом вопросе, настаивает на разделении двух значений понятия «фельетон» — газетной рубрики и литературного жанра. Согласно ее интерпретации, говорить о ранних фельетонах в «Северной пчеле» как о фельетонах неправомерно; газетный фельетон следует,

подчеркивают именно гибридный характер жанра и его двойную принадлежность как к журналистике, так и к литературе [Тынянов, Казанский 1927: 7][133]. В. Б. Шкловский, например, определяет современный фельетон как «нечто среднее между статьей практического характера, излагающей факты, и тем, что принято называть художественным произведением». Более того, фельетон — «это особый метод (способ) обрабатывать факты» [Шкловский 1930: 27–28][134]. Не так давно Морсон квалифицировал этот «пограничный жанр» как форму, созданную по случаю, открытую изменениям и склонную к игривости и пародии [Morson 1981: 15–16, 21].

В фельетоне литература обращается к внелитературным категориям, фактам повседневной жизни, истории, гражданской культуре и т. д. [Тынянов, Казанский 1927: 6–7]. Расположенный между фактом и вымыслом, фельетон соединяет категории материального и литературного: он переводит ежедневные культурные события в тексты. Написанные с чувством юмора и с определенной долей авторитетности, такие «легкие» тексты служат рекламе и популяризации событий в публичной сфере. В середине XIX века фельетон был единственной формой письма, которая могла непосредственно передавать современную гражданскую культуру грамотному населению в целом, выходя за преде-

---

скорее, рассматривать лишь как перерождение рубрики «Смесь». Таким образом, она отвергает как легенду предположение Ю. Г. Оксмана, что русский фельетон родился на страницах булгаринской «Северной пчелы». Вместо этого она прослеживает истоки жанра в произведениях А. А. Марлинского, К. Ф. Рылеева и А. С. Пушкина. Оксман и Есин, со своей стороны, подчеркивают тот факт, что в XIX веке фельетон был тесно связан с его специфическим расположением в нижней части страницы газеты. См. [Журбина 1969: 212, 214–215; Журбина 1979: 104; Оксман 1930: 5; Есин 1971: 38]. В начале XX века фельетон эволюционирует в фельетон-рассказ: см. [Оршер 1930: 96–100].

[133] Подробнее о критических интерпретациях фельетона см. в: Симкина С. К. «Жанры русской периодики и мастерство критиков, публицистов и очеркистов XIX века в советской критической литературе (Материалы к библиографии)», в [Емельянов 1969: 139–142].

[134] Журбина аналогичным образом подчеркивает пограничный характер фельетона [Журбина 1969: 6, 249–250].

лы культурных центров Санкт-Петербурга и Москвы, где происходило больше всего публичных зрелищ. Информативный, злободневный и понятный для широких кругов читающей публики, фельетон в дореволюционной России представлял собой своего рода популярный ежедневный путеводитель по культуре и площадку, где высказывалось общественное мнение.

Автор такой популярной статьи, фельетонист, позиционировал себя как дружественно настроенный спутник читателя. Так, фельетонист В. П., который в 1851 году освещал Великую выставку в Лондоне для «Санкт-Петербургских ведомостей», в качестве предисловия к своему репортажу объявил, что намерен разговаривать с читателем без каких-либо притязаний, как беседуют друзья после ужина «entre la poire et le fromage (‘между грушей и сыром’)»[135]. Именно сугубо персонализированный голос рассказчика отличал фельетон от остальных видов публицистического материала и захватывал массового читателя. Номинально представляя собой форму репортажа, основанного на фактах, фельетон не претендовал на объективность в изложении своего материала. Напротив, язык фельетона был, как правило, «украшен» каламбурами, остротами и всевозможными псевдолитературными метафорами. Дружинин, один из признанных знатоков этого вида текстов, советовал: «Счастье поставщику фельетонов, если в его душе есть маленький запас поэзии и светлых воспоминаний, бросающих яркий свет на все предметы, о которых он говорить хочет» [Дружинин 1865: 224–225]. Хотя большинство фельетонов, особенно в газетах, публиковались анонимно, личность автора с его или ее индивидуальным литературным опытом и идеологическими представлениями была до такой степени вплетена в полотно повествования, что в результате эта изначально журналистская текстовая форма стала граничить с художественной литературой.

Притягательный язык фельетона использовался и в других целях. Так журналист Михневич составил целый словарь современной публичной культуры, написанный в стиле фельетона — «Наши

---

[135] В. П. Фельетон. Заметки // Санкт-Петербургские ведомости. 1851. № 22.

знаковые. Фельетонный словарь современников». В нем были собраны 1000 статей, посвященных хорошо известным общественным деятелям, среди которых было немало фельетонистов. Представляя это оригинальное произведение, Михневич подчеркивал, что его задачей было собрать воедино на всеобщее обозрение всех замечательных современников и представить их читателю в подобающем легком, юмористическом тоне. Таким образом, рядом с историком Бестужевым-Рюминым и государственным деятелем Валуевым мы находим дантиста Вагенгейма, сына некогда знаменитого Вагенгейма, чье имя по воображению Достоевского украшало русский Хрустальный дворец в «Записках из подполья». Серия миниатюрных фельетонов в словаре Михневича юмористически отображала старания, ежедневно вкладывавшиеся в создание этой популярной газетной рубрики [Михневич 1884].

Общественное мнение об изобразительных искусствах также формировалось на основе фельетона, служившего своего рода выставочным пространством внутри газеты. От ежегодной выставки в Академии художеств до показа дрессированных блох в Пассаже, торговой галерее Санкт-Петербурга со стеклянной крышей, газетный фельетон регулярно освещал всевозможные публичные выставки. Сенсационные новинки пользовались особым успехом. Среди наиболее широко рекламируемых мероприятий были следующие достопримечательности городской культуры Санкт-Петербурга: публичные выставки великанов, карликов и египетских мумий в Пассаже, музыкальные концерты в Павловске, канкан на балах по всему городу и зрелищные представления мировых знаменитостей — канатоходца-виртуоза Ж. Ф. Блондена, «резинового человека» О. Прескотта и бородатой женщины Юлии Пастраны, — все они давали представления в российской столице в 1860-е годы[136]. В «Преступлении

[136] В. П. Далматов передает очень личное, трогательное свидетельство о судьбе бородатой женщины в своем психологическом очерке «Юлия Пастрана. Психологический очерк» [Далматов 1908: 22–64]. Здесь перечислены аттракционы, наиболее часто упоминавшиеся в газетах того периода. Более подробный рассказ о популярной культуре в Санкт-Петербурге см. в [Алянский 1996]. Подробнее о газетных фельетонах см. в [Dianina 2003b: 186–208].

и наказании» есть великолепная пародия на газетный фельетон, где Достоевский упоминает еще одну группу «знаменитостей» развлекательной сцены Петербурга — И. И. Излера, Бартола и Массимо:

> Старые газеты и чай явились. Раскольников уселся и стал отыскивать: «Излер – Излер – Ацтеки – Ацтеки – Излер – Бартола – Массимо – Ацтеки – Излер... фу, черт! А, вот отметки: провалилась с лестницы – мещанин сгорел с вина – пожар на Песках – пожар на Петербургской – еще пожар на Петербургской – еще пожар на Петербургской – Излер – Излер – Излер – Излер – Массимо... А вот...» [Достоевский 1972–1990, 6: 124][137].

Частота, с которой повторяется имя Излера, современного короля индустрии развлечений, помогает нам представить тот избыточный и обыденный материал, который, как правило, составлял колонку сенсаций. Пародия Достоевского имитирует не только типичную тематику фельетона, но и сам способ его репрезентации.

Фельетоны извлекали пользу из «выставочной мании», возникшей после Великой выставки 1851 года. Журналисты со всей Европы, в том числе первые русские иностранные корреспонденты, отправились на поиски как реалистичных, так и фантастических показов. Следующий отрывок из британской прессы демонстрирует эту склонность к сенсационному и экстраординарному, которую разделяли европейские и русские журналисты:

> У нас есть выставки почти всех возможных и невозможных вещей под солнцем — выставки свиней, картин, выступающих блох, попугаев, <...> паровых двигателей и младенцев.

---

[137] Излер считался основателем народных увеселений в Петербурге. См., к примеру: Голос. 24 июня 1864 года. № 172. Летом 1864 года Излер привлек двух знаменитостей, «резинового человека» и «человека-муху», которые с большим успехом выступали в Минеральных водах, собрав около 4000 зрителей. См.: Голос. 10 июня 1864 года. № 158. О народных развлечениях в целом см. в [von Geldern, McReynolds 1998].

> У нас есть национальные и международные собрания, местные, вокальные и сельские шоу. Список кажется почти завершенным; тем не менее, поскольку нет ничего более плодотворного, чем воображение выставляющегося человечества, свежие дополнения продолжают появляться каждый день[138].

Сопоставление свиней и картин в этом сообщении свидетельствует о неразборчивом энтузиазме журналистов по поводу любого вида публичных показов.

В России санкт-петербургский Пассаж был магнитом как раз для таких представлений. Одна из выставок, получившая широкое освещение в газетах, была запечатлена в сатирическом произведении Достоевского о массовой печати того времени, «Крокодил. Необыкновенное событие или пассаж в Пассаже» (1865)[139]. Среди многих других демонстраций в Пассаже, которые занимали постоянных фельетонистов, была пара великанов и труппа дрессированных блох из Германии. Фельетон, посвященный последним, подробно останавливается на этом миниатюрном цирке, состоящем из восьми умелых блох, управляющих маленькой тележкой и катающихся на карусели. Читатель также узнает о трагической истории выступающих блох: во время морского путешествия из Германии большинство труппы, кроме восьми, погибли. Владелец оплакивает потерю и сокрушается о нецелесообразности привлечения местных исполнителей, так как русские блохи оказались «как-то непонятливы»[140]. Граница между фактом и вымыслом в этом типичном воскресном фельетоне размыта. И все же есть что-то заманчивое в таких сочинениях, что-то, что привлекает внимание читателя, несмотря на очевидную пошлость сюжета и бедность литературных средств. В чем же заключается удовольствие, получаемое от этих текстов? Во-первых, рассматриваемые популярные выступления представ-

---

138 «Illustrated Weekly News», 12 октября 1862 года, цит. по: [Hoffenberg 2001: xiii].

139 Подробнее см. в [Dianina 2003a].

140 Голос. 20 октября 1863 года. № 277.

лены как сенсационные новинки, представляющие интерес для массового потребителя, ищущего развлечений в городе. Фельетонист подогревает любопытство читателя, передавая разрозненную информацию посредством слитного повествования. Что еще более важно, он дает наглядное представление о современных выставках: в разговорной, легкодоступной манере фельетонист пишет в итоге рассказ, полный подробных описаний, хорошо определенных характеров и обширных диалогов. Часто бывает непонятно, что автор действительно видел, а что придумал ради того, чтобы удержать внимание читателя. Более того, фельетонист строит свое повествование в терминах, знакомых читателям газеты, и тем самым приглашает их отождествить себя с посетителями Пассажа. Возможно, самой привлекательной чертой воскресного фельетона было то, что читатели практически читали о себе в газетной рубрике.

Действительно, эти истории о краткосрочных представлениях в санкт-петербургском Пассаже были увлекательными и популярными. Однако позже та же самая рубрика принималась за обзоры различных выставочных площадок, как бы уравнивая выступления дрессированных блох и живопись, одинаково достойные внимания публики. В фельетоне встречались паноптикум и художественная выставка, низкое и высокое, и из этого пересечения развивалась русская публичная культура. Некоторые фельетонисты стремились также дать базовое эстетическое образование массовому читателю. Фамильярный тон их статей был особенно эффективен для аудитории, не подготовленной к восприятию искусства. Вопрос о том, до какой степени фельетонисты действительно образовывали своих читателей, остается спорным, поскольку многое из написанного ими вызывало резкую критику со стороны профессиональных критиков. Но это не уменьшало привлекательности популярных рубрик. Что действительно удалось сделать газетному фельетону в России XIX века, так это привлечь внимание, вдохновить на споры и выразить общественное мнение. Неизменное преимущество этих злободневных текстов заключалось в том, что они формировали современное сообщество читающих газеты и посещающих музеи граждан.

И это было еще одной причиной того, почему публичный дискурс об искусстве пользовался популярностью в дореволюционной России, даже когда просветительские намерения музеев оказывались под вопросом из-за низкого уровня образования большей части читателей и посетителей.

Русское искусство как предмет полемики

Современники высоко оценили роль печатного комментария в распространении литературы и искусства. Например, в 1870 году Шелгунов утверждал, что русская литература во многом обязана своим успехом критикам:

> Все наши художники разбредаются в разные направления, потому что путь им могут указать только критики-публицисты. Кто вел наших романистов — Тургенева, Достоевского, Гончарова, Писемского и писателей нового времени? Их вели — Белинский, Добролюбов, Писарев. Беллетристы только собирают дрова да подкладывают в машину жизни, а машинистом является критик-публицист[141].

Изобразительное искусство также зависело от того, что считалось художественной критикой в России эпохи реформ. Чаще всего эти сочинения выходили в виде фельетонов, авторами которых были и хорошо известные писатели, критики, обозреватели и любители; некоторые произведения были подписаны, в то время как другие публиковались анонимно.

Чтобы изучить этот развивающийся публичный дискурс в действии, давайте внимательно рассмотрим одно событие из области искусства. Ежегодная выставка в Академии художеств в 1863 году произвела фурор. В частности, всеобщее внимание привлекли две картины. Одной из них была «Тайная вечеря» Н. Н. Ге; другой — «Неравный брак» В. В. Пукирева. В этих про-

---

[141] Шелгунов Н. В. Двоедушие эстетического консерватизма // Дело. 1870. № 10. С. 54–55. Цит. по: [Moser 1989: 29].

изведениях искусства было что-то такое, что всколыхнуло образованное общество: буквально каждое периодическое издание имело мнение о «Тайной вечере» или о «Неравном браке». Судя по публичным дискуссиям, разгоревшимся вокруг этих произведений, искусство стало вопросом национального интереса и активизировало гражданский дух общества.

Среди наиболее известных суждений об этой выставке — высказывания знаменитых писателей Достоевского и Салтыкова-Щедрина, но они лишь одни из многих других. Например, художественный критик и хранитель музея А. И. Сомов в статье для «Санкт-Петербургских ведомостей» одобрил изображающую библейскую сцену «Тайную вечерю» как уникальное произведение русской школы, свободное от какого-либо постороннего влияния (рис. 5)[142]. Фельетонист «Северной почты» оценил Ге как «мыслящего» художника; авторы Н. А. и А. А., оба из «Санкт-Петербургских ведомостей», и журналист П. П., пишущий для «Современного листка», отмечали небывалый реализм и отсутствие театральности в этом произведении. П. П. писал категорично:

> Главное, что поражает в новом произведении, это — жизнь, жизнь, бьющая живым ключом и в лицах, и в самой обстановке, и в малейших деталях. Перед нами люди, в самом полном и самом высшем смысле этого слова.

В созданном Ге образе Христа эти журналисты воспевали «Богочеловека»[143]. Достоевский, напротив, считал чрезмерным реализм этой религиозной картины. Когда в 1873 году работа

---

[142] Сомов А. И. Выставка императорской академии художеств // Санкт-Петербургские ведомости. 1863. № 213.

[143] Из петербургской жизни // Северная почта. 1863 года. № 211; Н. А. Замечательная картина // Санкт-Петербургские ведомости. 1863. № 188; А. А. Картина Ге // Санкт-Петербургские ведомости. 1863. № 205; П. П. Фельетон. Письма петербургского пустынника // Современный листок. 1863. № 40. С. 453. Рецензии на эту картину были многочисленные; см., к примеру, Тайная вечеря, картина г-на Ге // Голос. 1863. № 244; Вседневная жизнь // Голос. 1863. № 249. Под псевдонимом Н. А. публиковался писатель и литературный критик Н. Д. Ахшарумов [Масанов 1956–1960, 2: 209].

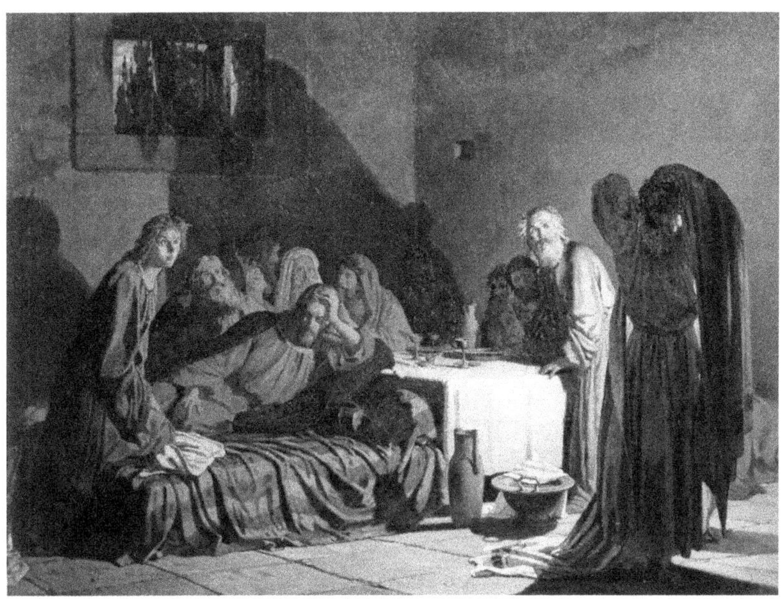

Рис. 5. Н. Н. Ге, «Тайная вечеря» (1863)

была выставлена накануне своего отбытия на Всемирную выставку в Вене, писатель отверг ее как жанровую, выполненную в стиле, совершенно не подходящем для религиозной тематики. В своем стремлении к реализму художник свел ее к «обыкновенной ссоре весьма обыкновенных людей». Достоевский находил неприемлемой версию Христа, предложенную Ге; поместив его в бытовой контекст, художник написал ложь[144]. Стасов также считал, что Христос у Ге был ложью: «элегический меланхолик», как он выразился [Стасов 1894–1906, 1: 562]. Другой журналист

144 Достоевский Ф. М. «По поводу выставки» [Достоевский 1972–1990, 21: 76–77]. Джексон считает, что писатель отвергал интерпретацию, предложенную Ге, главным образом «потому, что представление художника о Христе не соответствовало представлению самого писателя об идеале Христа» [Джексон 2020: 227; см. также 134–135]. Достоевский иронично ссылается на картину Ге также в своих «Записках из подполья» [Достоевский 1972–1990, 5: 109].

заметил, что художник ошибся, допустив вольности с библейским текстом и слишком свободно читая «между строк»[145]. Цензор А. В. Никитенко негативно высказался о картине в своих воспоминаниях: являясь превосходным выражением «грубого материализма», картина производила неприятное впечатление, в основном потому, что художник представил Христа «в виде здорового парня, кручинящегося о какой-то неудаче» [Никитенко 1893, 2: 405, 408].

В то время как одни авторы критиковали светский характер картины, другие, как Салтыков-Щедрин, приветствовали его:

> Картина Ге представляет у нас явление совершенно новое именно по совершенному отсутствию всяких рутинных приемов и приторно-казенных эффектов и по совершенно ясному отношению художника к изображаемому им событию. И такова сила художественной правды, что это отсутствие эффектов не только не умаляет значения самого события, но, напротив того, усугубляет его и представляет событие во всей его торжественной поучительности, во всей поразительной красоте.

Салтыков-Щедрин не был искусствоведом и открыто допускал, что его суждение может быть любительским: «Я не знаток в живописи; напротив того, признаю себя в этом отношении совершенно принадлежащим к толпе»[146]. Автор стилизовал свою рецензию как выражение мнения толпы, что было общей практикой среди критиков того времени.

В случае с «Неравным браком» Пукирева среди рецензентов было еще меньше согласия по поводу истинного значения картины. Это была первая крупномасштабная жанровая картина, представляющая *знакомый* и трогательный сюжет: молодая невеста со слезами на глазах стоит рядом с дряхлым генералом

---

[145] Н. Г. Заметка по поводу художественной выставки // Современная летопись. 1863. № 38. С. 14–15.

[146] Салтыков-Щедрин М. Е. Наша общественная жизнь // Современник. 1863. № 99. С. 139, 144. Другие мнения о картине Ге: см. комментарий в [Достоевский 1972–1990, 21: 429–430].

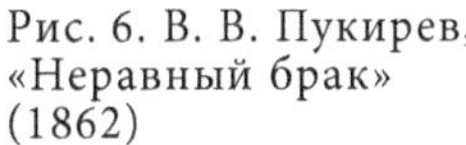
Рис. 6. В. В. Пукирев, «Неравный брак» (1862)

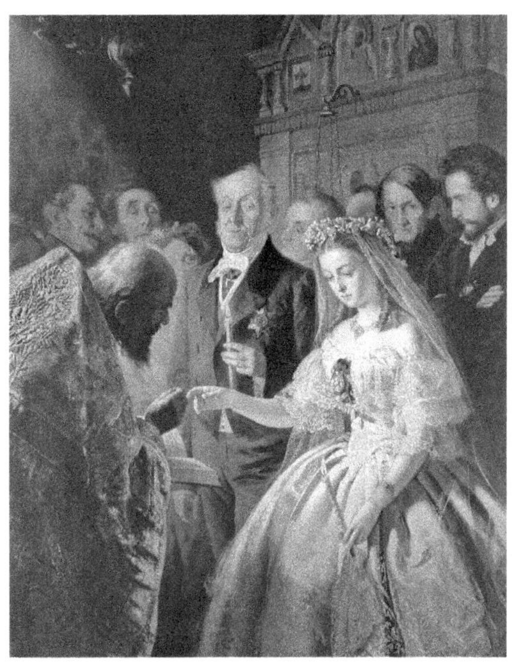

(рис. 6). Едва ли рассматриваемый вопрос был исключительно русским явлением — однако современники истолковали ее именно как изображение российских социальных бед. Стасов определял работу как «одну из самых капитальных, но вместе и самых трагичных картин русской школы». Сюжет был незамысловат, но, как утверждал Стасов, художники никогда прежде не брались за него, так как явно «заняты были греческими героями и христианскими мучениками». Вердикт Стасова был бесспорно положительным: «Все русское общество горячо схватилось за эту картину и сразу глубоко полюбило ее»[147]. Однако там, где Стасов увидел национальную трагедию, другие критики отмечали отсутствие драматизма. Сомов, например, считал, что картина была «анекдотична»; журналист И., пишущий для «Русского инвалида»,

---

[147] Стасов В. В. «Двадцать пять лет русского искусства», в [Стасов 1894–1906, 1: 570–571].

нашел, что ей не хватает глубины, в то время как Н. Дмитриев охарактеризовал ее как довольно неприятную[148]. Некоторые критики вообще пытались помочь художнику исправить недостатки его картины. М. Федоров, например, считал, что картина в действительности вызывает зависть, а не сострадание, потому что многие молодые обездоленные женщины добровольно выбирали такой неравный, но материально выгодный брак. Чтобы улучшить работу Пукирева, он предлагал художнику «для полного эффекта» изобразить молодого мужчину вместо старого генерала[149]. Такая интерпретация может показаться нелепой, но вряд ли она была уникальной. В одной сводке рецензий, посвященных выставке 1863 года, мнения даже классифицировались в соответствии с темпераментом их авторов: чувствительные фельетонисты, «живущие сердцем», склонны сочувствовать участи несчастной невесты, вступающей на трудный и печальный жизненный путь, в то время как скептически настроенные воображают ее скорое примирение с будущим, полным балов, приемов и возможных любовников[150]. Несоответствие между профессиональной (или даже просто здравой) точкой зрения некоторых из критиков и раскованной болтовней большинства фельетонистов, время от времени пробовавших себя в художественном дискурсе, очевидна. Но это не меняло того факта, что на протяжении всего выставочного периода и после картина «Неравный брак» была очень заметна в обществе. Репин вспоминал, что она «испортила кровь» не одному старому генералу, а Костомаров, увидев эту картину, по-видимому, даже изменил свое намерение жениться на молодой девушке [Репин 1944: 179][151].

---

148 Сомов А. И. Выставка императорской академии художеств // Санкт-Петербургские ведомости. 1863. № 213; И. Выставка в академии художеств // Русский инвалид. 1863. № 215; Дмитриев Н. Годичная выставка в С.-Петербургской академии художеств // Современная летопись. 1863. № 36. С. 14.

149 Федоров М. Из петербургской жизни. Выставка в академии художеств // Народное богатство. 1863. № 231.

150 О картинной выставке в академии художеств // Весть. 1863. № 8.

151 Цит. по: [Каспаринская-Овсянникова 1971: 370].

Все эти тексты о спорных «Тайной вечере» и «Неравном браке» делали каждое из этих произведений шедевром: вслед за громкой встречей на родине планировалось, что в 1867 году обе картины поедут на Всемирную выставку в Париж. Показательно, что эти работы были рекомендованы именно общественным мнением, а не Академией художеств, как это было в случае с предыдущими всемирными выставками[152].

После первого неудачного международного показа в 1862 году искусство стало играть важную роль в том, как Россия выстраивала свой публичный образ как на всемирных, так и на местных выставках. Даже если мы поставим под сомнение «русскость», присущую картинам Ге и Пукирева (которая в любом случае была дискурсивным конструктом), национальный дух в искусстве в целом оставался сильным в эпоху реформ. Основополагающий вопрос национальной идентичности, который был постоянным элементом культурной критики в фельетонах, всегда делал эти рассуждения о беспристрастном искусстве актуальными. Искусство считалось национальным еще и потому, что им интересовалось все большее число образованных русских. С точки зрения современной массовой прессы, зарождающийся художественный дискурс 1860-х годов был целиком посвящен национальности; она присутствовала, даже когда отсутствовала[153].

В отличие от Всемирной выставки 1862 года, когда некоторые обозреватели с трудом узнавали русское искусство, показ в Па-

---

[152] Так, отделение русского искусства в 1862 году было организовано профессором Академии Ф. И. Иорданом. Формально Академия продолжала поддерживать и более поздние всемирные выставки, но теперь отбор произведений отражал общественный вкус. Важно отметить, что Академия объявляла о «приеме художественных произведений» в газетах; например, в «Санкт-Петербургских ведомостях» (29 октября 1865 года, № 284). См. [Кондаков 1914: 46; Молева, Белютин 1967: 41]. За отделение изящных искусств на Всемирной выставке 1867 года в Париже отвечал Григорович. Подробнее об улучшении саморепрезентации России в 1867 году см. в воспоминаниях Боборыкина, который освещал это событие [Боборыкин 1965, 1: 440–443].

[153] Ср. утверждение Э. К. Валкенир, что русское искусство 1860-х и 1870-х годов *не* определялось национализмом и «отчетливым, особенно русским стилем», который стал отождествляться с движением передвижников несколькими десятилетиями позже [Valkenier 1989: 52].

риже в 1867 был успешен именно благодаря Ге и Пукиреву, а также В. Г. Перову и полдюжине других художников, которые представляли новое национальное направление русской живописи. В одной из рецензий специально подчеркивалось, что картины, отправившиеся на всемирную выставку в Париже, смогут поддержать «национальную честь» России[154]. Стасов радовался: наконец русское отделение выставки приобрело отчетливый национальный характер: «на нынешний раз мы не ударим лицом в грязь»[155]. Триумф русского искусства, подкрепленный ликующими рецензиями Стасова, продолжился на Всероссийской мануфактурной выставке в Санкт-Петербурге в 1870 году и на всемирных выставках в Лондоне (1872) и Вене (1873)[156]. Появление русского искусства в Лондоне в 1872 году было, по словам Стасова, поразительным: «После долгих антрактов, ленивых потягиваний и проволочек русское искусство вдруг присутствует на всемирной выставке, но как присутствует!»[157] Однако эта победа русского искусства была в значительной степени риторической. Само искусство все еще было «нежным цветком», как воображал один из критиков, но, по крайней мере, оно находилось в заботливых руках[158]. Однако это развивающееся растение на-

---

154 М. Петербургская хроника // Русский инвалид. 1866. № 331.

155 В. С. Выставка в академии художеств // Санкт-Петербургские ведомости. 1867. № 10; № 12.

156 В. С. Художественные заметки о выставке // Санкт-Петербургские ведомости. 1870. № 138; № 143; В. С. Художественные заметки о Венской выставке. (Окончание) // Санкт-Петербургские ведомости. 1873. № 314.

157 В. С. Русская живопись и скульптура на лондонской выставке // Санкт-Петербургские ведомости. 1872. № 201. Стасов утверждал, что британская пресса также оценила русское искусство: «Athenaeum», «The Times», «The Standard» и «The Daily-Telegraph» — все они хвалили русскую художественную школу, по крайней мере, согласно подборке иностранных рецензий, которые Стасов собрал для своей статьи в «Санкт-Петербургских ведомостях».

158 Ковалевский П. Годичная выставка в академии художеств // Вестник Европы. 1870. № 11. С. 360. Ср. описание Стасовым жизненного цикла русского искусства: «молодое русское искусство, этот свежий, чудесный подросточек, начинает становиться самобытным, оригинальным, оно крепнет и поднимается во всей прелести юной здоровой силы, оно приносит нам, наконец,

ционального искусства не существовало в вакууме и не взращивалось в теплице западной культуры, способной производить только экзотические имитации. Напротив, искусство и жизнь переплелись так тесно, как никогда прежде. Изменилось то, что теперь русские *нуждались* в искусстве — если не ради эстетического удовольствия, получаемого от него, то ради его репрезентативной способности. Собственно говоря, Стасов заявил в начале 1869 года, что русское общество

> стало вдруг нуждаться в картинах нынешних живописцев столько же, сколько нуждается в романах, повестях, драмах и комедиях нынешних писателей. В созданиях и тех и других оно встречает одинаковую правду и верность истинной жизни: а нынешним людям только из-за этого и дорого искусство[159].

Писать об искусстве было важно именно потому, что речь шла не только о беспристрастной эстетике. Искусство — как и литература до него — позволяло относительно свободно говорить в императорской России. Этот стремительный рост дискурса также означал, что базовой грамматикой оценки искусства овладело все общество. В предшествующие десятилетия журналисты неизменно изображали публику как лишенную образования и вкуса — эта публика бродит по выставочным залам и «с каким-то трогательным выражением недоумения ищет глазами кого-нибудь, кто бы объяснил ей, в чем дело». Зрители, которых совсем недавно называли слепыми и невежественными, казалось, выросли в своей способности судить если не о самом искусстве, то по крайней мере о том, что о нем написано[160].

цветы и плоды, каких прежние времена не знали, начинает могучею рукой вырабатывать новые формы, новые мотивы, которыми никому не одолжено». (В. С. Мамки и няньки не впопад // Санкт-Петербургские ведомости. 12 января 1866 года. № 12).

159 Стасов В. В. Наши художественные дела. Статья четвертая и последняя // Санкт-Петербургские ведомости. 1869. № 43.

160 Арнольди Н. Несколько слов о русском искусстве и его критиках // Московский вестник. 1860. № 45.

Подъем популярной художественной критики в 1860-е годы подпитывался публикациями специального и общего характера предыдущих десятилетий[161]. Еще в 1814 году поэт К. Н. Батюшков в своей виртуальной прогулке в Академию («Прогулка в Академию художеств») признавал важность написанного слова для поддержки изобразительного искусства [Батюшков 1885: особенно 108][162]. В последующие десятилетия в журналах «Московский телеграф», «Телескоп» и «Библиотека для чтения» регулярно печатались статьи, сосредоточенные вокруг искусства. Хотя первое периодическое издание, посвященное исключительно искусству, «Журнал изящных искусств», просуществовало лишь несколько лет, общее число публикаций, в котором находил выход развивающийся художественный дискурс, неуклонно возрастало [Starr 1983: 95–96][163]. Примерно в середине века появились «Русский художественный листок» (1851–1862) и «Светопись», в которых были представлены гравюры недавних работ русских художников.

Среди ранних попыток популяризировать живопись заслуживает упоминания иллюстрированный альманах «Картины русской живописи», изданный в 1846 году художественным критиком и писателем Н. В. Кукольником. В этом издании были представлены гравюры русских картин, которые перемежались с поэтическими и прозаическими подборками, а также попытки художественной критики, а именно две статьи самого Кукольника. Как объясняет Кукольник в первой статье, идея его альманаха выросла из стремления «спасти» от забвения произведения русской живописи, «разбросанные по всей империи». «Спасать» означало воспроизводить в гравюрах, обсуждать в печати и делать

---

161 Более раннюю историю художественной критики в России см. в [Makhrov 2003].

162 Подробнее об этом первом обзоре художественной выставки в России см. в [Кауфман 1985: 18–36].

163 Специализированные периодические издания этого более раннего периода также включали «Художественную газету» Кукольника (1836–1841); подробнее о «Художественной газете» см. в [Кауфман 1985: 37–51]. Ср. обращение А. Н. Мокрицкого к критикам в 1830-е годы делать больше в отношении поощрения молодых талантливых художников [Мокрицкий 1975: 58].

доступными для читающей публики. Однако простого воспроизведения было недостаточно: как разъясняет Кукольник, «издание одних только картин, без текста, соответствующего сколько-нибудь содержанию, не представило бы, может быть, особенной занимательности для публики» [Кукольник 1846: 80–82]. Очевидно, чтобы судить об искусстве, русской читающей аудитории, все еще являвшейся неофитом в области художественной оценки, требовалось определенное литературное руководство, которое и предоставлял издатель «Картин русской живописи». В то время, когда художественная критика была еще редкостью, а художники только начинали утверждаться в профессиональном качестве, казалось, что мнение каждого критика имело значение. Не многие из критиков были в состоянии писать об искусстве, так что даже спустя десятилетие после публикации Кукольника журналист Н. Х. саркастично заметил: «Суждения об искусствах являются у нас редко, а потому важен и фельетон “Сына Отечества”»[164].

Однако в последующие десятилетия наряду с праздным подшучиванием фельетонистов начали звучать голоса серьезных критиков. По мере усиления профессионального дискурса об искусстве во второй половине XIX века критика в виде болтовни, как бы это ни способствовало распространению искусства в предыдущие десятилетия, все менее удовлетворяла. Профессиональные критики теперь пытались дистанцироваться от своих конкурентов, фельетонистов, чьи приземленные суждения все больше засоряли публичную сферу. Когда в 1863 году была опубликована фрагментарная история художеств в России Н. А. Рамазанова, ей дали высокую оценку как серьезной и систематичной работе по контрасту с вольными фельетонами, сочиненными людьми, обычно писавшими о городских сплетнях и только раз в году, во время выставок в Академии, чудесным образом превращавшимися в знатоков изящных искусств [Рама-

---

[164] Н. Х. Выставка в академии художеств // Иллюстрация. 1858. № 16; Н. Х. Еще несколько слов о выставке академии художеств // Иллюстрация. 1858. № 24; см. также: Выставка в академии художеств // Иллюстрация. 11 июня 1859 года. № 73.

занов 1863][165]. Статьи фельетонистов хорошо воспринимались на фоне скудости другой литературы на эту тему. Первая более или менее полная история русского искусства, подчеркивающая его самобытность и жизнеспособность, вышла только в 1879 году: это был перевод французского трактата «L'art russe» Ю. Э. Виолле-ле-Дюка [Виолле-ле-Дюк 1879]. Первое написанное изначально на русском языке исследование, автором которого был Бенуа, будет опубликовано лишь на рубеже веков [Бенуа 1901].

В середине 1860-х годов кампания против посредственной критики достигла своего апогея, когда, склоняясь под шквалом снисходительных нападок, самоуверенные фельетонисты начали смущаться, заранее извиняясь за поверхностный уровень дискурса, который они, «простые смертные», предлагали своим читателям[166]. Один из фельетонистов, в частности, открыто признавал непрофессионализм своих собратьев, заявляя, что в вопросах вкуса им должны помогать сами художники: «Зачем они предоставляют нам, полузнакомым, а иногда, и даже чаще, совсем незнакомым с искусствами, писать об искусствах? Зачем они сами не пишут, не учат нас смотреть на искусства и судить о них?»[167] Художники, в свою очередь, утверждали, что многое из написанного в массовой прессе не только не приносит пользы, но, на самом деле, вредит искусству. Например, Г. Г. Мясоедов размышлял об ущербе, который причинял популярный дискурс в столичных городах, сравнивая его неблагоприятное воздействие с наивными впечатлениями провинциальной публики[168].

---

[165] Этот сборник состоит из биографических очерков Рамазанова о художниках и его воспоминаний. Одно из многочисленных описаний фельетонистов как дилетантов см. в статье, подписанной «Любитель живописи»: По поводу статей о художественной выставке помещенных в газете «Современное слово» // Санкт-Петербургские ведомости. 27 октября 1862 года. № 234.

[166] Петербургская летопись // Санкт-Петербургские ведомости. 1861. № 204.

[167] М-к-н. Мысли и заметки по случаю обозрения выставки академии художеств // Семейный круг. 1860. № 46. С. 158.

[168] Мясоедов Г. Г. Вступительная статья к альбому «Двадцатипятилетия Товарищества передвижных художественных выставок», в [Андреева, Гольдштейн 1987: 536].

Связующим звеном между профессиональным и популярным аспектами художественной критики был Стасов, ключевая фигура во многих публичных дискуссиях об искусстве и идентичности. Стасов был не только самопровозглашенным арбитром вкуса, он охранял его с неослабевающим энтузиазмом. Хотя его собственные решительные суждения нередко оказывались ошибочными, он был абсолютно нетерпим к многочисленным дилетантам, чья бессодержательная писанина одновременно приводила критика в ярость и побуждала его писать еще больше. Комментируя выставку 1867 года в Академии художеств в преимущественно хвалебных выражениях, Стасов укорял «Голос» за ненужные и неграмотные суждения и выражал надежду, что талант и здравый смысл смогут противостоять филиппикам непосвященных[169]. В другой раз он предпринял яростную атаку на так называемых художественных критиков на страницах «Санкт-Петербургских ведомостей»:

> Новым духом порядка веет в нашем отечественном искусстве, и надо быть русским художественным критиком, т. е. фельетонистом (у нас других художественных критиков ведь нет), чтобы не видеть и не чувствовать этого нового духа, и только всякий год, при наступлении времени академической выставки, лениво и скучно жаловаться на малочисленность произведений и упадок искусства.

Движимые чем угодно, *кроме* любви к искусству, фельетонисты оказывали сомнительную услугу для русской публики, утверждал Стасов[170]. Критик вновь и вновь указывал на парадокс, лежащий в основе современной художественной критики: несмотря на большой объем текстов, посвященных искусству, газеты лишь

---

[169] В. С. По поводу выставки в академии художеств // Санкт-Петербургские ведомости. 1867. № 322.

[170] Стасов В. В. Наши художественные дела // Санкт-Петербургские ведомости. 1869. № 36. В защиту зарождающейся профессии художественной критики Стасов даже придумал уничижительный термин для обозначения таких любительских критических текстов — «фельетонная критика».

незначительно способствовали повышению вкуса публики; качество фельетонов об искусстве было таково, что они могли поддержать только самые поверхностные из интересов.

В то же время Стасов выступал за художественную критику, рассчитанную на отклик у широкой читательской аудитории; его фирменный пламенный стиль, с сильной эмоциональной привлекательностью и опорой на знакомые литературные традиции, неизменно вызывал общественный резонанс. Стасов гордился тем, что предлагал неспециализированную критику, и отстаивал ее преимущество перед основательными, но медленными ответами от профессионалов, связанных с Академией:

> Можно быть тысячу раз специалистом и все-таки не иметь дара критики. Можно, наоборот, быть одаренным даром критики и нисколько не быть специалистом критикуемого, разбираемого дела. Довольно быть специалистом критики — вот все, что нужно. <...> Представьте себе, что было бы, если б все принуждены были ограничиваться одними разборами специалистов известного дела, если б никто другой пикнуть не смел, если б всякое несогласие, всякая свободная мысль неспециального ума должна была бы быть задавлена?[171]

За несколько десятилетий, в течение которых голос Стасова звучал в публичном пространстве, роль искусства, художников и критиков в обществе кардинально изменилась. Искусство перестало обслуживать исключительно высокие потребности немногих избранных; его сюжеты теперь черпались скорее из реальной, чем воображаемой жизни, а вопросы вкуса больше не диктовались только элитарной Академией. Популярная художественная критика получила распространение в то время, когда эстетическое суждение стало достоянием образованной публики, позволяя любому «мыслящему человеку, который судит о содержании, то есть о явлениях жизни», занять позицию знатока, как безапелляционно отмечал радикальный критик Д. И. Писарев

---

[171] Стасов В. В. «Г-ну адвокату академии художеств» [Стасов 1952, 1: 49–50].

[Писарев 1897: 515–516]. Этот контекст помогает объяснить приоритет содержания над формой в сочинениях Стасова и других, а также поток дилетантских мнений об искусстве, пронизывавший прессу в 1860-е годы: любой «думающий» человек мог претендовать (что и делали многие журналисты) на звание художественного критика.

Несмотря на значительность его участия, «эстетический национализм», который Стасов провозглашал как основополагающий принцип современного русского искусства, не являлся личным творением критика. Это было дискурсивное поле, основанное на множестве часто противоречащих точек зрения, включая точки зрения его противников, которых объединяло только одно — то, как они печатались и распространялись. Авторитетный критик был не одинок и в своем стремлении улучшить качество дискурса об искусстве. В числе прочих Н. Набоков писал в защиту тщательности и этики в освещении искусства — качеств, которых явно недоставало многим фельетонистам[172]. Вместе со своими противниками — сперва неквалифицированными фельетонистами, затем будущим поколением «декадентов», с Дягилевым во главе — Стасов до конца века сохранял русское искусство в центре широкомасштабной полемики. Тема подобных текстов — изящные искусства — была едва ли не случайной: важным было создать общий язык открытой дискуссии в стране, до недавнего времени строго разделенной на основании грамотности и социального положения. Поучительным в этом отношении является очерк Г. И. Успенского, в котором рассматриваемая картина (предположительно «Курсистка» Н. А. Ярошенко) приводит собеседников к спору об актуальных вопросах современности, таких как разделение труда и семейная жизнь. Сама картина исчезает из очерка уже после первых нескольких страниц, как будто она была лишь предлогом для обсуждения насущных социальных проблем[173].

---

172 Набоков Н. По поводу беглого обзора академической выставки г. фельетониста «Северной пчелы» // Современная летопись. 1862. № 40. С. 14.

173 Успенский Г. И. «По поводу одной картинки» [Успенский 1908, 5: 229–236].

Однако на пути к профессиональному дискурсу было больше трудностей, чем может показаться на первый взгляд. В 1885 году Стасов все еще сожалел, что художественная критика в России «успевала многих, очень многих задерживать, отуманивать, сбивать с пути»[174]. Художник А. А. Киселев, активный участник передвижных выставок, а впоследствии профессор в Академии художеств, писал даже в 1893 году:

> Художественные рецензии большею частью пишутся у нас или неудачниками-художниками, или бездарными литературными несчастливцами.
> Как на отрадное исключение, можно указать только на редкие статьи об искусстве Гаршина, Короленко и Крамского, пожалуй Григоровича, Матушинского и др., которые никогда не были, за исключением последнего, профессиональными рецензентами, а писали свои статьи случайно, между делом[175].

Но такие авторитетные работы оставались редкими в области, где господствовали газетные обозреватели, которых можно было бы назвать критиками разве что «по какому-то странному недоразумению» [Короленко 1955; Гаршин 1910: 428–440]. Киселев продолжает:

> Наши художники, конечно, знают цену этим судьям и спокойно идут своею дорогой, не обращая внимания на этот лай. Но бедная публика, или лучше сказать, та наибольшая ее часть, которая не может обойтись без менторов, без проверки своих суждений и вкусов с авторитетными указаниями печати, окончательно сбивается с толку и теряет голову. Кого слушать?

---

[174] Стасов В. В. Тормозы русского искусства // Вестник Европы. 1885. № 3. С. 212.

[175] Киселев А. А. Этюды по вопросам искусства (Письма к читателю) // Артист. 1893. № 29. С. 45. Григорович, на самом деле, посещал Академию художеств; этот опыт он описывает в своем произведении «Неудавшаяся жизнь» (1850) [Григорович 1928: 69 и далее].

Судя по замечаниям Стасова и Киселева, может показаться, что за рассматриваемые здесь 50 лет в русской художественной критике не произошло никакого прогресса. Но затем тот же Стасов в 1882–1883 годах опубликовал свою основополагающую статью «Двадцать пять лет русского искусства», одну из первых систематических попыток описать развитие всех изобразительных искусств в России — живописи, скульптуры и архитектуры, — которая появлялась частями в «Вестнике Европы». То, что один и тот же критик мог одновременно утверждать и подрывать попытки художественной критики, напоминает нам о том, что ее контуры менялись с каждым новым высказыванием. Однако этот антагонизм и многочисленные ошибки, умышленные или нет, действительно способствовали оживлению публичного дискурса и популяризации искусства в дореволюционном русском обществе.

В итоге полемика по поводу художественной критики привела к нескольким долгосрочным результатам. Одним из положительных последствий стало формирование общего, пусть пока еще уязвимого и наивного, языка эстетики, накопленного в ходе разных выставочных сезонов. Этот зарождающийся общий язык был достаточно знакомым, например, для Салтыкова-Щедрина, чтобы сделать пародию на него. Описывая нашумевшую «Тайную вечерю» Ге, сатирик восклицает, в подражание сочинениям в массовой прессе: «я сказал бы: посмотрите, как добросовестно задуман такой-то нос! как искусно кинута такая-то складка! как хитро рассчитано освещение!»[176] Другой результат имел отношение к тому, что критики расценивали как развитие вкуса. В 1872 году художественный критик А. М. Матушинский, автор статей в «Голосе» и «Русском вестнике», во всех деталях рассмотрел это долгожданное явление:

> Отрадный факт, что вкус к произведениям искусства с каждым днем все более и более развивается в нашей публике, не подлежит, кажется, сомнению. Художественные выставки в последнее время вообще стали посещать охотнее, на

---

[176] Салтыков-Щедрин М. Е. Наша общественная жизнь // Современник. 1863 год. № 99. С. 140.

> картины являлись покупатели. Хорошие вещи не застаиваются на выставках, но разбираются, можно сказать, нарасхват. <...> Журналистика тоже стала теперь несравненно больше, чем прежде, интересоваться искусством: несколько лет тому назад, только немногие толстые журналы уделяли на страницах своих место обозрению художественных выставок. Теперь почти нет той маленькой газетки, которая не печатала бы подобных отчетов. Правда, зачастую суждения нашей печати об искусстве отличаются еще удивительною наивностью, а подчас и полнейшим незнанием дела, от этого разноголосица выходит страшная, но дело не в том. Все же, значит, статьи об искусстве читаются, на них, очевидно, есть требование, они, стало быть, интересуют публику. Наконец наша провинция, еще недавно совершенно равнодушная ко всему, что делалось в области искусства, тоже начинает обнаруживать теперь проявление вкуса к изящному. <...> Все это вместе красноречиво говорит о новой возникающей в обществе потребности, — потребности к удовлетворению эстетического чувства, всегда бывающей верным признаком поднятия в стране общего уровня народного образования[177].

Матушинский точен в своем анализе публичного дискурса, окружающего искусство, когда он подчеркивает его полезность даже с учетом общего невежества авторов. Привычным риторическим ходом критик заключает, что благодаря этой разнородной литературе на относящиеся к искусству темы — в выигрыше оказалась русская публика.

Распространение специализированных журналов в 1870–1890-е годы, таких как «Пчела» (1875–1878), «Художественный журнал» (1881–1887), «Вестник изящных искусств» (1883–1890), «Артист» (1889–1895) и «Мир искусства» (1899–1904), помогало поднять художественный дискурс на более профессиональный уровень[178].

---

[177] Матушинский А. М. Последние художественные выставки в Петербурге // Русский вестник. 1872. Т. 99. № 6. С. 769–770.

[178] Это не значит отрицать существование профессиональной художественной критики до последней четверти XIX века; такие более ранние издания, как «Журнал изящных искусств» и «Художественная газета», однако, были не-

Наряду с массовыми ежедневными газетами и иллюстрированным еженедельным журналом «Нива», в художественных журналах появлялись более серьезные критические материалы. Именно такие тексты Хабермас называл «средствами институционализации культурно-художественной критики». Они давали возможность образованному обществу участвовать в дискуссии — а именно благодаря дискуссии публика присваивает искусство [Хабермас 2016: 94–95]. Но опять же, с профессионализацией художественной критики полемика вокруг искусства не утихла; традиция споров продолжилась в ярких диалогах между специалистами на страницах элегантных художественных журналов и их бесцеремонными оппонентами — плохо обученными фельетонистами.

Появившиеся в последней четверти столетия исторические исследования и обзоры, оспорившие и вскоре заменившие отрывочные материалы в массовой прессе, также помогли закрепить дискурс и канонизировать русскую традицию. Среди серьезных работ, вышедших на рубеже веков, были «История искусств» П. П. Гнедича (1897), «История живописи в XIX веке. Русская живопись» (1901–1902) А. Н. Бенуа, «История русского искусства с древнейших времен» (1903) А. П. Новицкого и «Очерки по истории русского искусства» (1910) А. И. Успенского. Шесть томов монументальной «Истории русского искусства» (1909–1913) И. Э. Грабаря, в которую вошли работы ведущих историков искусства, можно считать венцом усилий по документированию и систематизации национальной традиции в изобразительном искусстве. За 100 лет художественной критики, начиная с первой публикации такого рода в 1793 году — «Размышления о свободных художествах» вице-президента Академии П. П. Чекалевского, возникла обширная библиография[179].

долговечны, не вели широких дискуссий и не были рассчитаны на широкую публику. Подробнее о художественной критике начала XIX века см. в [Gray 2000b], особенно в главе 2, «The Intelligentsia and the Press», и в базе данных онлайн «Russian Visual Arts: Art Criticism in Context, 1814–1909» (Sheffield: HRIOnline, 2005; http://hri.shef.ac.uk/rva/).

[179] В качестве примера такой библиографии см., например, библиографический раздел «Литература» в [Бенуа 1901: 275–285].

Русская художественная критика достигла зрелости на рубеже веков, когда значительные начинания, подобные трудам Стасова, уже не были единичными случаями. Профессионалы С. К. Маковский, Н. Н. Врангель, А. Н. Бенуа, И. Э. Грабарь и многие другие присоединились, а затем и вытеснили первопроходца художественной критики в списке тех, кто писал историю русского искусства в книгах и статьях. Сборник статей Маковского, остроумно озаглавленный «Страницы художественной критики», представляет собой эпохальное издание, в котором русская традиция одновременно и обобщается, и критикуется. Критик с самого начала указывал, что его книга предназначена для «непосвященных». Обосновывая свое решение переиздать ранее опубликованные статьи, он подчеркивал, что в настоящее время «большая публика» нуждается в доступной информации о русском искусстве больше, чем когда-либо, отсюда его подчеркнутое внимание к взаимосвязи художников, выставок и публики. Культурная среда, в которой русская аудитория научилась признавать и ценить своих собственных художников, имеет особое значение. Его заключительные наблюдения тем не менее звучат пренебрежительно: «В России есть таланты и желание работать, но для культурного созидания нужна культурная общественная атмосфера, которой нет» [Маковский 1909–1913, 2: 5, 23]. Вместо этого, утверждает он, взаимодействие между обществом и искусством ограничивается лишь парой дней после открытия выставки, когда несколько картин с «интересным сюжетом» удостаиваются поспешного освещения и плохой репродукции в прессе. Русская широкая публика еще не «прозрела»: чтобы оценить искусство, необходимо развить «культуру глаза», то есть способность смотреть и воспринимать искусство; до этого такая равнодушная публика не сможет проникнуть в «таинство созерцания красоты».

Как и многие до и после него, Маковский подробно остановился на «национальном вопросе» и его значении для развития независимой русской традиции в искусстве. Он ссылается на «удивительную незрелость нашего национально-культурного самосознания». Так, критик допускает, что с точки зрения «глубины национального ясновидения» среди русских художников нет еще ни Пушкина, ни Глинки, ни Римского-Корсакова. Рассматривая истоки русской культурной традиции, Маковский прибегает к аналогии с растением с воздушными корнями, которое черпает свою силу из множества различных источников. Что касается решения проблемы русской культуры, Маковский заключает его в гротескный образ национальной идеи с крыльями: если Петр Великий был жестоким хирургом, который отнял ноги у больной нации, то эта нация без ног может отрастить крылья и научиться летать. Крылья России, по мнению Маковского, — это гибридная культурная идея, которая соединяет Россию и Запад и которая одновременно благоговеет перед родными истоками и стремится к общему европейскому будущему. Если бы русская культура не была расколота между западническими и русофильскими тенденциями, этот «окрыленный национализм» высоко бы воспарил [там же, 2: 8, 26–29].

Наподобие двойственной позиции Стасова по отношению к критическому комментарию, парадокс издания Маковского состоит в следующем: с одной стороны, его сборник статей поддерживает институционализацию русской художественной критики, а с другой — его двусмысленные выводы подрывают саму возможность чего-либо, напоминающего канон; здесь есть и избыток культуры, и кризис культуры. Сам Маковский допускал, что ему пришлось пересмотреть свои статьи для публикации, потому что «за последние десять лет взгляд на живопись изменился в корне»; его собственные попытки описать состояние русского искусства, как и усилия его предшественников, представляют собой лишь часть неровного процесса написания культуры.

Часть II

ДИСКУРСИВНЫЕ ПРАКТИКИ

Глава 4

Искусство и власть, институты и дебаты

Во второй половине XIX века изобразительное искусство стали все чаще привлекать на службу проекту национального строительства с помощью прессы. Мы уже отмечали, что многие институты культуры в царской России были созданы по западноевропейским образцам. Их, как правило, поддерживало государство; в дореволюционном обществе искусство нечасто было независимым. Невзирая на неограниченную власть царя, взрыв публичного дискурса после освободительных реформ предоставил государственным учреждениям и художникам, а также зрителям и читателям, новые возможности для переговоров. В это время музеи и памятники становятся поводом для публичных дискуссий по вопросам культуры и репрезентации. Образованные русские все чаще обсуждали, а затем и оспаривали заимствования у Запада, ставя под сомнение статус-кво почтенных институтов и искусства, созданного в их стенах.

В этой главе я анализирую три примера зарождающегося диалога между искусством и властью и прослеживаю, как позиционировались в прессе памятник, музей и художественная школа. История монумента «Тысячелетие России», Эрмитажа и Академии художеств хорошо известна: нет недостатка в путеводителях или выставочных каталогах, им посвященных. Однако когда мы пытаемся реконструировать их значение в обществе того периода не как институтов, а как дискурсивных конструктов, возникает совершенно иная картина. Все три можно считать хрестоматийными примерами подчинения искусства государству. В случае с памятником «Тысячелетие России» император курировал как проект в целом, так и выбор отдельных фигур для его композиции. Императорский Эрмитаж, основанный Екатериной Великой, с самого начала пользовался покровительством Романовых. Председательствовать в Академии художеств также были назначены члены императорской семьи. Резонанс, вызванный этими культурными памятниками и институтами, колебался в диапазоне от восхваления до вялого, едва заметного интереса. Вопрос о заимствованных основах для национальной культурной традиции был одной из самых жарких тем, которые современники обсуждали в печати.

Празднование тысячелетия оказалось в центре национального внимания в 1862 году, в том же году, когда Россия «потерпела поражение» на Всемирной выставке в Лондоне, и спустя год после того, как было отменено крепостное право. В древнем центре культуры, Новгороде, был воздвигнут грандиозный памятник тысячелетию русской истории. Эта скульптура стала привычной темой дискуссий, так как публика задавала вопросы и подвергала сомнению ответы, лишь некоторые из которых касались самого памятника. Открытыми для дискуссии были не только вопросы о том, кто и почему был выбран в качестве символа России, но и как это должно было быть сделано: заимствованная концепция памятника и его пригодность для русской почвы спровоцировали всплеск публикаций. Это раннее выражение публичного дискурса об искусстве было тем более заметно, что оно имело место, когда реформы только начинали воплощаться в жизнь.

Всемирно известный Эрмитаж, напротив, не вызывал особого интереса у публики и, несмотря на свое выдающееся положение, вплоть до конца столетия был практически невидимым для зрителей. Ниже анализируется особый статус этого музея в дореволюционном обществе: пресса очень мало писала о блестящем собрании европейского искусства, которое стало доступно для всех желающих в 1865 году. Расположение музея рядом с Зимним дворцом, его «зарубежное» искусство и подъем национальной реалистической эстетики были среди факторов, исключивших этот институт из многих современных дискуссий.

Академия художеств была оплотом художественного образования в дореволюционной России, и ее значение трудно переоценить. В отличие от Эрмитажа, она присутствовала в русской публичной сфере, хотя всегда как спорный центр культуры. Начиная с середины XIX века процесс формирования репутации Академии вышел за ее пределы. Многочисленные сообщения об Академии, появлявшиеся в прессе, проливают новый свет на взаимодействие официальных институтов и публичного дискурса в Российской империи.

Памятник «Тысячелетие России» 1862 года

Памятник «Тысячелетие России», описываемый современниками как «главный» и «всеохватывающий» монумент в России, представляет собой одну из первых попыток поместить всю русскую культуру в единое пространство (рис. 7)[1] [Сокол 1999: 19–23]. Его открытие также стало одним из наиболее категорично оспариваемых публичных событий эпохи, поскольку пантеон национальных героев, представленных в композиции, оказался в высшей степени дискуссионным вопросом. Как и музеи, памятники являются важными «публичными местами памяти», через которые транслируется история и формируется национальная мифология[2]. Судя по прессе, русская публика с большим интересом следила за процессом проектирования и строительства па-

---

1 То, что «Тысячелетие России» является как событием, так и памятником, еще больше подчеркивает центральную роль скульптуры в празднованиях. Его символическая ценность стала особенно очевидной во время Второй мировой войны: во время оккупации немецкие войска разобрали памятник, чтобы вывезти его в Германию; уже в 1944 году Советский Союз восстановил его. Подробнее об истории памятника см. в [Майорова 2000: 153–158].

2 См., например, [Huyssen 1995: 249–250; Yampolsky 1995: 104]. Ср. Р. О. Якобсон об особой темпоральности статуй [Якобсон 1987: 167].

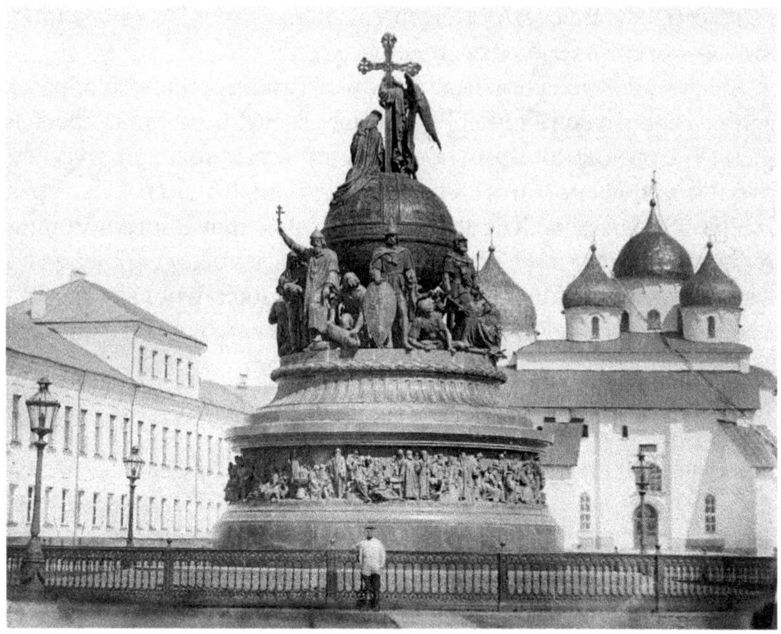

Рис. 7. Памятник «Тысячелетие России» в Новгороде, скульптор М. О. Микешин (1862)

мятника. Между новаторской концепцией памятника и его противоречивым воплощением было что обсудить.

Празднование тысячелетия России в 1862 году имело широкий резонанс в обществе. «Свершилось... памятник открыт и Россия отпраздновала свое тысячелетие со всем торжеством и величием, свойственными такому великому дню», — писал корреспондент «Сына отечества», отражая коллективный дух торжеств, состоявшихся 8 сентября 1862 года в городе Новгороде. «Сколько пережито! Сколько сделано! <...> И чуялось во всей истории величие этого народа и ярко выступали наружу его сила и мощь»[3].

3 Письмо нашего первого корреспондента // Сын отечества. 1862. 11 сентября. № 218.

Судя по большинству отзывов в газетах, Россия ликовала, празднуя свою тысячелетнюю историю: к центру празднеств в древнем Новгороде началось паломничество; многие также участвовали опосредованно, через массовую прессу[4]. Однако степень освещения этого важного события зависела от прессы и ее читателей, а также от отдельных участников того, что вскоре стало насыщенным публичным дискурсом.

Тысячелетие было важным историческим событием, но также и великолепным зрелищем. О. Е. Майорова указывает, что в основе «грандиозного спектакля» в поддержку модели самодержавия Александра II лежала определенная театральность [Майорова 2000: 153–158]. В самом деле, официальные и полуофициальные документы, касающиеся празднеств, представляли не столько действительность, сколько желаемый образ России при новой власти; это размывало контраст между имперским и оппозиционным представлением истории. Сама идея празднования тысячелетия зародилась наверху, и император лично руководил проектом памятника:

> Памятник тысячелетию России в Новгороде должен был прославить политическое и культурное развитие России под монаршей властью начиная с IX в. Однако Александр и правительственные чиновники хотели, чтобы он ознаменовал собой нечто большее, стал бы памятником не только монархии, но и русской нации. История памятника показывает, что они стремились репрезентировать трудноуловимое понятие *нации*, способное включить в себя социальные группы вне связи с государством, и объединить монархию с народом. Но поскольку в александровской концепции народности (nationality) центральную роль играло государство, то памятник прежде всего репрезентировал неоднозначность представления о нации в сценарии Александра II [Уортман 2004: 119].

---

4 О праздновании тысячелетия в Санкт-Петербурге см.: Сын отечества. 1862. 10 сентября. № 217; Петербургское обозрение // Северная пчела. 1862. 11 сентября. № 244; Иллюстрация. 1862. 13 сентября. № 236. О празднованиях в Кишиневе см.: Сын отечества. 1862. 25 сентября. № 230.

Наряду с этим нисходящим «сценарием власти», в русском обществе одновременно распространялось другие концепции.

Помимо этого физического мемориала в Новгороде, на страницах журналах и газет воздвигались памятники дискурсивные. Разговоры о скульптуре сосредоточивались на актуальных темах: истории, идентичности, репрезентации и русской публики. Одним из важных лейтмотивов была недавно объявленная, но еще не в полной мере осуществленная отмена крепостного права. Другим был — «нерукотворный» памятник царю-освободителю, который «народ уже давно воздвиг в своем сердце», как об этом по-пушкински писали газеты, абсолютно без всякой иронии. Еще один сюжет — диспут об истоках русского государства, превратившийся в крупную публичную дискуссию. Памятник также поднял важный вопрос репрезентации: кто и в какой форме должен представлять Россию? Собранные в едином монументе элементы культуры вызвали полемику: отношение между формой, заимствованной из западноевропейской традиции, и содержанием, взятым из русской истории, было таким же предметом спора, как и крайне избирательный процесс построения канона и поддерживавшая его политика включения и исключения. Подъем общественного духа был необычайным: Лемке сравнивал празднование с «парадным смотром сил русской общественности» [Лемке 1904: 19].

Сложная композиция памятника, спроектированного победителем национального конкурса, молодым художником Микешиным, содержит 129 исторических и символических фигур, расположенных в три яруса, что отражает социальную и политическую иерархию. Общую форму памятника традиционно сравнивают либо с колоколом (символом голоса народа), либо с «шапкой Мономаха» (символом русской монархии)[5]. Однако, строго говоря, именно отчетливая нисходящая структура памятника позволяет предположить его значение. Верхний ярус памятника занимает олицетворение русской православной веры. Стоящая на коленях, с благочестиво склоненной головой, женщина (алле-

---

5 Подробное описание памятника см. в [Смирнов 1993].

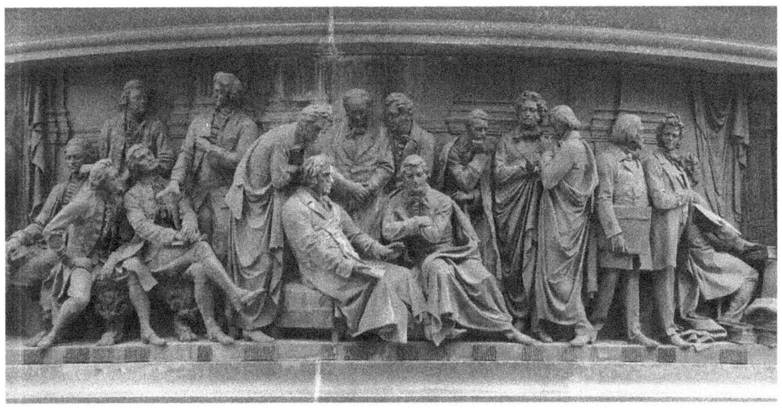

Рис. 8. Скульптурная группа, изображающая писателей, художников и музыкантов, памятник «Тысячелетие России», фрагмент (1862). Фотография: Дар Ветер

горическая фигура, представляющая Россию) получает изысканно украшенный крест от ангела. Эти две фигуры покоятся на державе, традиционном символе царской власти; вокруг этой сферы распределены статуи 17 выдающихся государственных деятелей, олицетворяющих шесть ключевых эпизодов русской истории. Центральная группа персонажей на среднем уровне включает легендарного основателя Руси Рюрика, принявшего христианство князя Владимира, освободившего страну от татаро-монгольского ига Дмитрия Донского, объединившего Московское государство Ивана III, родоначальника династии Романовых молодого царя Михаила и основавшего Российскую империю Петра Великого. В нижнем ряду памятника изображены четыре большие группы исторических персонажей: просветители, государственные деятели, военные герои, а также писатели и художники. Последняя группа состоит из 16 фигур: великого ученого и поэта М. В. Ломоносова, архитектора А. Ф. Кокоринова, драматурга Д. И. Фонвизина, актера А. М. Волкова, историка Н. М. Карамзина, писателей Г. Р. Державина, И. А. Крылова, В. А. Жуковского, Н. И. Гнедича, А. С. Грибоедова,

А. С. Пушкина, М. Ю. Лермонтова и Н. В. Гоголя, художника К. П. Брюллова, композиторов М. И. Глинки и Д. С. Бортнянского (рис. 8). Этот единственный посвященный искусству нижний сегмент представляет художественную культуру в ее узком смысле, тогда как памятник в целом символизирует культуру в ее самом широком значении.

Многоярусный памятник с его сложными смыслами и множеством фигур разного размера и значения смущал современников, которые не знали, как читать эту незнакомую аллегорию. «Северная почта», официальный орган печати, чьей единственной обязанностью, по язвительному выражению конкурента, было «доказывать то, что правительство считает нужным», предлагала «правильную» интерпретацию иерархической структуры памятника[6]. Полуофициальная «Северная пчела» перепечатала ее дословно, и варианты этого описания были воспроизведены и в других печатных источниках:

> Верхняя часть состоит из двух бронзовых фигур, означающих православную веру, как основной элемент в жизни русского народа. Здесь представлен ангел, поддерживающий одною рукою крест, перед ним стоит коленопреклоненная женщина, которая олицетворяет собою Россию. Подножием этих фигур служит шар, аллегорически означающий *державу*. На поясе державы помещена следующая надпись: «Совершившемуся тысячелетию Российского государства в благополучное царствование Императора Александра II, лета 1862»[7].

---

6 Россия // Санкт-Петербургские ведомости. 1862. 17 августа. № 178. Как отмечает Уортман, передовица, посвященная празднованию тысячелетия и напечатанная в газете «Северная почта», была написана министром внутренних дел Валуевым. Газета начала выпускаться Министерством внутренних дел с начала 1862 года с целью повлиять на общественное мнение в связи с Великими реформами. См. [Уортман 2004, 2: 117, 108].

7 Несколько слов о памятнике тысячелетию России // Северная пчела. 1862. 30 июля. № 204. Другие газетные сводки щедро добавляли подробности к этому базовому описанию памятника, не оспаривая официальную линию. См., например: Письмо нашего второго корреспондента // Сын отечества. 1862. 12 сентября. № 219.

Вслед за объяснением центральной аллегорической композиции газеты приступали к обзору шести исторических эпох, расположенных вокруг державы, заключая описаниями 106 «главных деятелей земли русской» у основания памятника. Повествовательная структура памятника приглашала зрителя прочитать в этом одном скульптурном изображении целую историю Российского государства. Один современный ученый даже назвал ее «энциклопедией современной истории», в подражание знаменитому определению, данному Белинским пушкинскому роману в стихах «Евгений Онегин» [Сокол 1999: 19][8].

Как образ и текст, памятник часто появлялся на страницах газет и журналов. Таким образом информация о нем достигала различных социальных групп, даже в самых отдаленных уголках страны. Это позволило памятнику стать общественным достоянием еще за несколько лет до официального празднования тысячелетия в Новгороде. В 1859 году был объявлен открытый конкурс на проект памятника. Позднее в том же году Стасов на страницах прессы обвинил победителя Микешина в том, что тот создал неправильный образ России [Стасов 1894–1906, 1: 43–50]. Микешин, в свою очередь, ответил на эти обвинения в «письме в редакцию», опубликованном в фельетонном разделе «Санкт-Петербургских ведомостей», утверждая, что общественное мнение было на его стороне[9]. Затем Стасов снова написал, категорически опровергая самобытность и национальность проекта[10]. Это столкновение является лишь одним из примеров публично-

---

8 В своей способности соединять огромный объем информации и памятник, и роман могли служить средством для воображения русской нации; оба приглашали к чтению и интерпретации.

9 Микешин М. О. I. Письма в редакцию «Санкт-петербургских ведомостей» // Санкт-Петербургские ведомости. 1860. 5 февраля. № 28. Вынужденный объясниться, Стасов продолжил этот принципиальный, хотя и непримиримый диалог, опубликовав ответ в «Русском вестнике».

10 Стасов В. В. «Еще два слова о проекте памятника тысячелетию России» [Стасов 1894–1906, 1: 51–56]. Обе статьи Стасова появились в «Русском вестнике» (1859. № 23, и 1860. № 25).

го дискурса, развернувшегося вокруг памятника тысячелетию России еще до появления самого монумента[11].

Выбор исторических персонажей для барельефа оказался особенно спорным вопросом. В узком кругу специалистов, собиравшихся в мастерской Микешина для составления основного списка русских национальных героев, развернулись жаркие споры. Среди выдающихся историков и литераторов, приглашенных художником для консультаций, были Н. И. Костомаров, И. С. Тургенев и Т. Г. Шевченко. Эскиз был закончен в августе 1860 года и вскоре после этого утвержден с некоторыми поправками [Маслова 1985: 21–23]. В прессе того времени можно найти свидетельства о подвижности развивающегося национального канона. Например, в одном из путеводителей к памятнику, опубликованном всего за три месяца до празднования тысячелетия (разрешение цензора датируется 27 апреля 1862 года), были помещены биографические очерки о поэте Т. Г. Шевченко и актере И. А. Дмитриевском. Однако, когда состоялось торжественное открытие памятника, ни Шевченко, ни Дмитриевский не были представлены[12]. Николай I, изначально исключенный из сонма национальных героев, в последний момент был добавлен в композицию, и газеты сообщили об этом дополнении лишь за месяц до открытия памятника. Демонстративно исключенные Иван IV (Иван Грозный) и Павел I так и не были «реабилитированы»[13].

Памятник стал публичным местом культуры, где встретились искусство и власть и где столкнулись имперский и национальный дискурсы. Олицетворение национального сознания, которое должен был представлять памятник, было достигнуто за счет устранения из него потенциально компрометирующих элементов. Хорошим тому примером является то, что из памятника был

---

11 А. Хюссен утверждает, что публичный дискурс, оживляющий памятник, как правило, наиболее интенсивен на этапах планирования [Huyssen 1995: 258].

12 См. [Отто, Куприянов 1862].

13 Майорова предлагает подробный анализ имперской концепции, созданной для «Тысячелетия», как «обновленной модели самодержавия». Ср. анализ дискурсивного включения и исключения в [Тодд 1996: 25–32].

исключен Шевченко. Украинский поэт, писатель и художник, Шевченко фигурировал в прессе и других формах публичного дискурса, пока его не отправили в ссылку за участие в подрывной, по мнению правительства, деятельности Кирилло-Мефодиевского братства. Когда Шевченко вернулся в Санкт-Петербург в 1858 году, русское общество тепло встретило его как мученика[14]. Шевченко активно участвовал в разработке композиции памятника в мастерской Микешина вплоть до своей смерти в 1861 году. Ниже в этой главе я также говорю о его пребывании в Академии художеств. Тем не менее его сочли слишком противоречивой фигурой, чтобы включить его образ в скульптурную группу. Через год после празднования тысячелетия эта риторика строительства национальной культуры трансформировалась в политику русификации при подавлении Польского восстания 1863 года и запрета публикаций на украинском языке[15].

Из мастерской Микешина дискуссия о том, какие события и люди должны представлять гордость русской нации, перекочевала в массовую прессу. В этих спорах участвовали и журналисты, и ученые. По мнению фельетониста «Сына отечества», например, в памятнике также должен был быть представлен такой примечательный эпизод русской истории, как война 1812 года, «самый энергический деятель» которой «был сам народ». Точно так же фельетонист заметил прискорбный пробел в изображении рус-

---

14 Произведения Шевченко регулярно публиковались в украиноязычном журнале «Основа» (1861–1862). Его «брат» и соратник Костомаров также был частым автором этого издания. На похоронах Шевченко в 1861 году присутствовали десятки художников, писателей, студентов, журналистов. Подробнее о последних годах Шевченко в Санкт-Петербурге см., например, в [Zaitsev 1988: 221–268]. См. также [Miiakovsky 1980; Thaden 1984: 140–141].

15 В 1863 году министр внутренних дел Валуев тайно запретил все публикации на украинском языке, кроме художественной литературы. Он заявил, что украинского языка никогда не существовало. Более явный запрет вышел в 1876 году — так называемый Эмский указ, который запрещал любое использование украинского языка. См. [Субтельный 1994]. Андерсон использовал блестящую метафору для описания подобного явления — «натягивание маленькой, тесной кожи нации на гигантское тело империи» [Андерсон 2001: 108].

ских писателей, где должны были бы располагаться фигуры В. Г. Белинского, Т. Н. Грановского и Г. Р. Державина[16]. Даже фигура Гоголя, которого решительно защищал Микешин, не была бесспорной. Еще один журналист сожалел об отсутствии художника А. А. Иванова среди и без того скромного числа писателей и живописцев и оспаривал включение архитектора Кокоринова[17]. Самый обширный список критических предложений принадлежал филологу Буслаеву, который рассматривал весь процесс отбора как предельно странный и произвольный. «И что за *подвиг* такой *основать* театр на Руси, в половине XVIII в., когда он давным-давно был уже основан, подновлен и видоизменен на западе?» С этим риторическим вопросом Буслаев набрасывается на фигуру основателя русского театра, называя его «некто Волков». По мнению Буслаева, «некий Кокоринов» также не должен был упоминаться, в отличие от старых мастеров иконописи Андрея Рублева и Симона Ушакова. И если должен быть представлен какой-то «стихотворный переводчик» Жуковский, то тогда нельзя забывать и о Державине[18]. Обращение по поводу добавления Державина было и в самом деле «одобрено», и «Северная почта» официально проинформировала общественность об этом исправлении в памятнике[19].

В одной популярной брошюре, изданной в 1862 году, аспекты русской культуры, репрезентируемые памятником, подверглись особенной критике. Автор обнаружил, что в пантеоне не хватает следующих национальных героев: изобретателя-самоучки И. П. Кулибина, поэта А. В. Кольцова, архитекторов Б. Ф. Растрел-

---

[16] Листок // Сын отечества. 1862. 4 июля. № 159.

[17] Письмо нашего второго корреспондента // Сын отечества. 1862. 12 сентября. № 219.

[18] Буслаев Ф. И. Памятник тысячелетию России // Наше время. 1862. 13 января. № 9.

[19] Несколько слов о памятнике тысячелетию России // Северная пчела. 1862. 30 июля. № 204. Добавление фигуры Державина было лишь одним из ряда исправлений оригинального проекта; в той же статье, к примеру, сообщалось, что на памятнике будет представлен и император Николай I. Подробнее об изменении канона см. в [Маслова 1985: 23–24].

ли, В. И. Баженова и А. Н. Воронихина и художника Д. Г. Левицкого, который стал известен европейцам во время последней Всемирной выставки в Лондоне [Памятник тысячелетия России 1862][20]. Автор также решительно возражал против «какой-то хламиды», в которую скульптор задрапировал Гоголя, имея в виду похожий на римскую тогу ниспадающий плащ. Эта безобидная деталь была условностью классического представления, но одежда, отсылающая к античной традиции, имела странный посыл в контексте национальной культуры. Конференц-секретарь Академии художеств Ф. Львов назвал всю композицию бессвязной «массой из бронзы»[21]. Стасов обвинил памятник во французском мелодраматизме и сравнил его с причудливой виньеткой или запутанной шарадой [Стасов 1894–1906, 1: 43–50]. Этот поток контрдискурса, представляемый Стасовым, Буслаевым и Львовым, дискредитировал памятник как слишком нарочитый и претенциозный. По их словам, мемориал тысячелетию русской истории был эстетической катастрофой.

В целом современники находили иконографию памятника запутанной. Представление нации в образе женщины было в новинку для России, и «аллегория женской формы» Микешина, привычная для Европы, озадачила одних русских критиков и оскорбила других[22]. Стасов, считавший памятник «печальным подражанием» европейскому искусству, назвал его непосредственным прототипом статую «Бавария» в Мюнхене. То, что

---

20 Обсуждение того, кто должен представлять русскую культуру, см. особенно с. 34–38.

21 Художник [Львов Ф. Ф.]. Воспоминания об Академии художеств, 1859–1864 // Русская старина. 1880. № 10. С. 399.

22 Ср. [Warner 1985]. М. Уорнер рассматривает традиционную женскую форму в национальных памятниках как «выражение желаемого и достоинств» и указывает на кардинальное различие между «символическим порядком» (женщины как аллегорические фигуры, обозначающие свободу, справедливость, независимость и т. д.) и «действительным порядком» (фундаментальное отсутствие у женщин в XIX веке свободы, чтобы практиковать добродетельные концепции, которые они представляют). См. [Warner 1985: xix–xx]. Подробнее о современных откликах на аллегорию России в памятнике Микешина см. в [Майорова 2000: 148].

Микешин одел женскую фигуру, представляющую Россию, в национальный костюм, также, казалось, скорее провоцировало, чем убеждало. Несоответствие формы и содержания как раз и было главным предметом критики Стасова. Иностранная форма, наложенная на национальное содержание, породила эклектичную аллегорию, непонятную для простых людей. Стасов сравнивал ее с «праздной игрушкой» в стиле рококо: «Что же хорошего, что умного во всех этих загадках, аллегориях и таинственных отвлеченностях? Если не рассказать их заблаговременно зрителю, он их никак сам собой не возьмет в толк. А если и отгадает, то что же в этом будет проку? "Праздная, праздная игрушка!" — будет он сначала говорить, обходя со всех сторон памятник. "Да еще и малохудожественная игрушка!" — скажет он потом, вглядевшись попристальнее» [Стасов 1952, 2: 483–484]. Буслаев также отмечал, что непонятный памятник с его витиеватой символикой и сложными аллегориями не будет выполнять предназначенную ему функцию «книги для безграмотных»[23].

Для произведения искусства, за созданием которого следил лично император, поразителен плюрализм публично доступных мнений. В созданном вокруг памятника публичном пространстве сосуществовали дискурс и контрдискурс. Пресса не принимала окончательных решений о том, кого надо включить или исключить, но благодаря ей наряду с официальной интерпретацией, опубликованной в «Северной почте», появлялись и подрывные высказывания. Отмечая разнообразную реакцию общественности на памятник, В. Ч. из «Сына отечества» даже попытался классифицировать все существующие мнения, разделив их на отдельные категории. В заключение В. Ч. восклицает:

> ...но, повторяю, нет никакой возможности выслушать, а тем более передать на бумагу, всю массу мнений, суждений, возражений, объяснений, какие мне только пришлось выслушать сегодня в толпе зрителей, то разбиравших памятник по суставчикам, то критиковавших его в целом... В одном

---

[23] Буслаев Ф. И. Памятник тысячелетию России // Наше время. 1862. 13 января. № 9.

> только сходились все эти разносторонние суждения и именно в том, что освобождение крестьян от рабства должно бы быть седьмою эпохою и занять место возле тех шести, которые окружают собою державу. <...> Повторяю еще раз: мнений и суждений не перечесть![24]

Этот всенародный разговор продолжался и на других площадках. Одна из публикаций, выпущенных в связи с «Тысячелетием», несмотря на свое дидактическое содержание, носила дружеское название «Беседа», как бы приглашая других прислушаться и поучаствовать в дискуссии. В самом памятнике некоторые персонажи, в частности писатели и художники, также были изображены как участники непринужденной беседы.

Майорова отмечает, что размещение писателей и художников на памятнике свидетельствовало о формировании нового языка для диалога между государством и обществом. Участие публики в спорах о композиции памятника было данью развивающейся публичной сфере, где можно было, пусть и временно, разместить открытый диалог[25]. Таким образом, русская публика участвовала в создании культуры, оправдывая, по крайней мере в некотором смысле, официальный статус памятника как народного[26]. Сама «народность» памятника, однако, неоднократно ставилась под сомнение его критиками.

Панаев, к примеру, перед празднованием тысячелетия в Новгороде отмечал: «В памятнике г. Микешина мы видим разных знаменитых лиц нашей истории, но не видим ни России, ни русского народа»[27]. По категорическому суждению Стасова, этот

---

[24] В. Ч. Письмо нашего второго корреспондента // Сын отечества. 1862. 12 сентября. № 219. Писатель и журналист В. П. Череванский, который писал для «Сына отечества» в 1870-х годах, использовал псевдоним В. Ч. [Масанов 1956–1960, 1: 207].

[25] См. также комментарий Майоровой о «примирительном пафосе» [Майорова 2000: 153–158].

[26] В 1857 году Комитет министров назвал памятник «“народным памятником” к ТЫСЯЧЕЛЕТИЮ Российского государства» [Уортман 2004, 2: 119].

[27] Заметки нового поэта // Современник. 1860. Февраль. № 79. С. 375.

«монумент народу» не отражал ни характера, ни истории России в своем причудливом европейском формате, и кроме того, в нем заметно не хватало скульптур, изображающих русский народ[28]. Народ, во имя которого он якобы был создан, был слабым местом памятника. Аналогичным образом И. С. Аксаков, критикуя «западную юбилейную сентиментальность», окружающую «Тысячелетие», подчеркивал, что простой народ был исключен[29]. Буслаев в гораздо большей степени развил эту критику на страницах умеренно-либеральной газеты «Наше время»:

> ...это монументальное произведение своим историческим и национальным содержанием далеко не выражает современного сознания русских людей о своей истории и народности. <...> Вопросы о народности дают главное направление современной жизни. Из-за них объявляются войны, ими руководствуется политика, во имя их эмансипируются миллионы крепостных тружеников <...> Чтоб быть верным выражением эпохи, памятник тысячелетию России должен был удовлетворить эти современные требования по вопросам о народности, и тем необходимее, что это — памятник исторический и народный[30].

Иными словами, памятник не смог выразить «национальное сознание» всей России — вместо этого он отмечал тысячелетие Российского государства. Двадцать лет спустя Стасов снова будет подчеркивать «полную ненародность» памятника [Стасов 1894–1906, 1: 484].

Принимая во внимание все эти противоречивые мнения, мог ли памятник выступать в качестве объединяющего общество элемента? В прессе появлялись как отрицательные, так и положительные высказывания, как фактические, так и ложные. Наряду

---

28 О. Еще два слова о проекте памятника тысячелетию России // Русский вестник. 1860. Февраль. № 25. С. 158–159.

29 О реакции Аксакова на «Тысячелетие» см. в [Уортман 2004, 2: 129–130].

30 Буслаев Ф. И. Памятник тысячелетию России // Наше время. 1862. 13 января. № 9. Статья Буслаева также появилась в [Буслаев 1886, II: 187–208]. Подробную интерпретацию этого аспекта критики Буслаева см. в [Уортман 2004, 2: 125].

с самой жесткой критикой памятника, другие авторы представляли памятник как средство объединения отдельных российских граждан в воображаемое сообщество нации. Один из журналистов писал, например, в день празднования: «вся нация русская сплотилась в одно целое, ничем теперь не разделенное, идущее к одной великой цели прогресса»[31]. Ар. Эвальд из «Санкт-Петербургских ведомостей» также подчеркивал «всенародный» дух праздника в сентябре 1862 года. Более того, для иллюстрации своей точки зрения он изобразил типичный разговор обычных пассажиров, едущих поездом в Новгород:

> — Куда вы едете?
> — В Новгород.
> — На открытие памятника?
> — Да.
> — Что̀, каков памятник?
> — Не знаю, не видал еще.
> — Когда будет открытие?
> — Восьмого сентября.
> И это, или в этом роде, говорят не в одном месте, а в двух, трех, четырех углах вагона. Зайдите в другой вагон, и там та же история. Имя Новгорода у всех на устах, им обмениваются на каждом шагу, при всяком случае, так что вы беспрестанно попадаете под перекрестный огонь из слов: «Новгород», «памятник», «тысячелетие», и тому подобных[32].

Образ таких спонтанных бесед особенно эффективен для создания впечатления, что накануне тысячелетия вся страна участвовала в общем разговоре, сотканном вокруг наследия России. Представляя собой паутину споров и суждений, этот публичный дискурс одновременно отражал и формировал торжествующий дух нации.

Памятник стал частью сценария построения нации и в другом отношении: журналисты изображали всех русских граждан, вне

---

[31] Сын отечества. 8 сентября 1862 года. № 216. Цит. по: [Майорова 2000: 163].

[32] Ар. Эвальд. Праздник тысячелетия России (От нашего корреспондента) // Санкт-Петербургские ведомости. 8 сентября 1862 года. № 196.

зависимости от сословия, как «участвующих наблюдателей» на посвященных тысячелетию торжествах. Развернутая инсценировка одной такой сцены, в которой подвыпивший солдат и величественный генерал ведут свободную беседу, находясь рядом с памятником «Тысячелетие России», была включена в новгородскую заметку для «Санкт-Петербургских ведомостей». В середине своего в целом довольно торжественного репортажа рассказчик вводит группу пьяных солдат, которые спорят о личности главных исторических персон, внимательно осматривая памятник. Чтобы развеять сомнения своего спутника, один бравый солдат, хватая за локоть генерала, напрямую обращается к нему с этим вопросом:

> — Извините, ваше благородие, то есть ваше превосходительство, сказал он, покачиваясь и снимая шапку: позвольте спросить: ведь это царь Михаил Федорович?
> Признаюсь, я думал, что генералу не понравится подобная вольность, что он сделает выговор, или что мой пьяненький историк останется, по крайней мере, без ответа. Но старик-генерал даже не высвободил своего локтя из руки солдата, кивнул ему головой и, посмотрев на указываемую группу, спокойно сказал:
> — Да, это Михаил Федорович[33].

Как бы упрощенно они ни выглядели, сообщения о таких спонтанных разговорах достигали нескольких целей. Стирая границы между сословиями, эти репрезентации помогали создать впечатление национального единства[34]. Они также делали памятник более читаемым для тех, кому было трудно расшифровать аллегории Микешина. Более того, наличие незатейливых текстов возмещало критическое отсутствие такой категории, как простой народ. Включая в свои репортажи солдат и крестьян, журналисты

---

[33] Праздник тысячелетия России // Санкт-Петербургские ведомости. 1862. 29 сентября. № 212.

[34] Майорова утверждает, что необходимость национальной консолидации была одной из всеобъемлющих идей празднования тысячелетия [Майорова 2000: 163].

«исправляли» памятник и изображали народ равноправным участником празднования тысячелетия. Вопреки критическим мнениям, озвученным Буслаевым и Стасовым, другие авторы представляли себе, что даже плохо образованные люди с легкостью устанавливали связь с памятником[35].

С национальной темой переплетался лейтмотив «19 февраля», как в прессе привычно называли недавнюю отмену крепостного права. Фельетонист из «Сына отечества», например, представлял «освобождение» как общий знаменатель во всех ключевых эпохах русской истории, таким образом переосмысляя историю России как непрерывную историю свободолюбивого государства[36]. Другой оптимистично настроенный фельетонист представлял, что 19 февраля является прямым предшественником возрождения славян: «Тысяча лет России, тысяча лет России! Ударил колокол! Это не погребальный звон умирающему государству; это набат возрождения славянских племен к новой жизни, канун которой отпразднован был 19-го февраля!»[37] Манифест об отмене крепостного права заложил прочную основу для нового тысячелетия, как представляла это пресса, предлагая выдающееся место правящему царю Александру II[38]. Нарративы, ориентированные как на будущее, так и на прошлое, рассматривали Александра как одного из главных героев празднества, организованного согласно принципу, который Уортман называет «сценарием любви»: «Церемония освящения памятника стала волнующим представлением царского сценария, подтверждающим привязанность, которую царь испытывал ко всем сослови-

---

[35] Как отметил один из журналистов, выражая желаемое за действительное, «Тысячелетие России» является памятником «народного значения», в том смысле, что оно продуктивно воздействует на воображение массы. Памятник тысячелетию России // Сын отечества. 1862. 18 октября. № 250. О широкой доступности памятника см. также в: Листок // Сын отечества. 1862. 4 июля. № 159.

[36] Листок // Сын отечества. 1862. 1 августа. № 183.

[37] См.: 862–1862 // Санкт-Петербургские ведомости. 1862. 3 января. № 1.

[38] Письмо нашего первого корреспондента // Сын отечества. 1862. 11 сентября. № 218.

ям империи» [Уортман 2004, 2: 130; 126–127][39]. В самом деле, один современный журналист опирался именно на это объединение людей, царя и «Тысячелетия», проецируя народную память о церемонии на отдаленное будущее:

> ...по берегам реки Волхова расположились толпы крестьян, чтобы взглянуть на Того, Кто создал 19-е февраля, потом, завтра, на памятник и разойтись по селам, оставляя всюду весточку о том, что видели и слышали. И долго, долго потом будут передаваться на посиделках и на вечеринках, из колена в колено, из рода в род воспоминания о всероссийском тысячелетнем празднестве[40].

Рассматривая прошлое с точки зрения будущей памяти народа о нем, В. Ч. в своем изображении национального праздника вышел далеко за рамки простого репортажа. Толпы простых людей составляли необходимый фон для каждой сцены великого театрального представления, происходившего в Новгороде, как, например, в нескольких лубках, выпущенных по этому случаю. Народу в этом спектакле, само значение которого зависело от его молчаливого присутствия, была предоставлена роль без слов [Майорова 2000: 142]. Но риторический конструкт «народ» в прессе сделал его воображаемый коллективный голос слышимым.

Не все участники общенародных споров приняли с готовностью этот «сценарий любви». Наряду с позитивными конструктами освобожденной и объединенной благодаря отмене крепостного права нации, появилась открытая пародия на прославляющий дискурс, примером которого является статья Г. З. Елисеева в «Свистке», «862–1862, или Тысячелетие России». Елисеев поставил под сомнение «неимоверные успехи» России «на пути прогресса и цивилизации», вновь обратившись к проклятым вопросам, которые, как предполагалось, должен был разрешить

---

39 Подробнее об интерпретации Уортманом празднований Тысячелетия как официального нарратива власти см. в [Уортман 2004, 2: 74–91].

40 В. Ч. Письмо нашего второго корреспондента // Сын отечества. 1862. 10 сентября. № 217.

памятник. «Вперед нам идти или назад?»; «Как идти вперед — с букварем или без букваря?»[41] Под натиском стольких вопросительных знаков предполагаемое непрерывное повествование снова раскололось на множество фрагментов.

Во время празднований Тысячелетия тема прошлого России занимала общество — от ученых, читавших публичные лекции, до фельетонистов, освещавших эти события. Русская «одержимость историей» отнюдь не была новой; что было оригинальным в 1860-е годы, так это возможность обсуждать и оспаривать национальное наследие на публике и в печати. По мнению историка П. В. Павлова, история имела значение еще и потому, что знание прошлого ведет к национальному самопониманию [Павлов 1863: 1][42]. В прессе тысячелетие истории трактовалось как важная веха для русского народа, «памятник своему прошедшему и залог будущему», по словам второго корреспондента «Сына отечества»[43]. Другой корреспондент того же периодического издания добавил позднее, что юбилеи были «удобными моментами» для переосмысления прошлого и оценки его без предубеждения. Реальный и метафорический памятники побуждали русскую публику осмыслять тысячелетний национальный опыт в историческом контексте.

В преддверии празднования тысячелетия активно обсуждались некоторые спорные вопросы русской историографии (высадились ли варяги в 852 или 862 году; явились ли они мирно или вторглись

---

41 [Г. З. Елисеев] «862–1862, или Тысячелетие России», в [Алексеев 1981: 232–254].

42 М. Холквист подчеркивает острый интерес русских к истории в период царствования Николая I, когда национальное прошлое стало центром полемики. Биллингтон говорит о сильном влиянии, которое имела философия истории Гегеля на русских романтиков в «замечательное десятилетие» 1838–1848 годов. Э. Б. Вахтель делает более широкое обобщение, говоря, что «в определенный момент своего творческого пути практически все самые знаменитые писатели России брали на себя обязанность написать историю страны». См. [Holquist 1977: особ. 6–10; Биллингтон 2011: 379–395; Wachtel 1994: 1–18].

43 В. Ч. Письмо нашего второго корреспондента // Сын отечества. 1862. 10 сентября. № 217. Ср.: Праздник тысячелетия России (От нашего корреспондента) // Санкт-Петербургские ведомости. 1862. № 212.

силой и т. д.). Одним из событий, привлекших большое внимание общественности, был открытый диспут об истоках Российского государства между московским историком М. П. Погодиным и «любимым профессором» Санкт-Петербургского университета Н. И. Костомаровым [Барсуков 1903: 278–279; Prymak 1996: 94–98][44]. Поводом для этого ученого «поединка», состоявшегося 19 марта 1860 года в переполненном актовом зале Санкт-Петербургского университета, был вопрос об этнической идентичности первых русских князей: были ли они норманнскими варягами (точка зрения Погодина) или древними литовцами (мнение Костомарова)?[45] Хотя научные детали спора оказались «сухими» (по крайней мере, по мнению Чернышевского), весь Санкт-Петербург был взбудоражен этим «учено-литературным фейерверком»[46]. Это событие, превратившее мудреную науку в публичное представление, отличала широкая публичность. «Поединок» щедро и восторженно освещался в прессе; цензор Никитенко, который назвал его «просто зрелищем», был в меньшинстве [Никитенко 1893, 2: 180][47].

---

[44] Незадолго до этого публичного спора Костомаров опубликовал программную статью «Две русские народности» в украинском журнале «Основа», в котором он отстаивал основополагающее равенство русских и украинцев — с этой позицией многим из его современников было трудно смириться [Костомаров 1991]. Я благодарна Г. Грабовичу, привлекшему мое внимание к этому источнику. Костомаров был выдающимся мыслителем украинского возрождения; характерной чертой его позиции была приоритизация народа над государством. См. также [Grabowicz 1993].

[45] Полный текст диспута см. в: Публичный диспут 19 марта 1860 года о начале Руси между гг. Погодиным и Костомаровым // Современник. 1860 год. № 80. С. 257–292.

[46] «Предмет спора был очень сухой... и публика сошлась, конечно, только по любви и уважению к Костомарову», — написал Чернышевский своим родным. Письмо от 22 марта 1860 года [Чернышевский 1939–1953, 14: 289]. Шпилевский П. Диспут академика Погодина и профессора [sic] Костомарова // Иллюстрация. 1860. 31 марта. № 113.

[47] Среди многих других Достоевский также собирался написать статью, освещающую это событие, но затем поручил ее другому постоянному автору «Эпохи», Д. В. Аверкиеву [Нечаева 1975: 109–112]. Подробнее о том, как был воспринят этот публичный диспут, см. также в [Достоевский 1972–1990, 18: 263].

Погодин открыл вечер категоричным заявлением, что русское общество наконец достаточно созрело для публичных дискуссий[48]. То, что история и идентичность стали предметом общественного разговора, было также признаком прогресса общества. Как заметил сенатор и писатель-сатирик К. Н. Лебедев, животрепещущие вопросы того времени наносили отпечаток даже на древнюю историю: «Время не то, что было в 30-х годах, и жизненные начала публицистики и национального вопроса втираются в воззрения даже на события IX века». Участники завершили диспут об истоках России примирительным высказыванием: «да здравствует наша Русь, откуда бы она ни пришла!» — которое было благосклонно встречено аудиторией и прессой[49]. Многие другие ученые диспуты и публичные лекции, последовавшие вскоре, также вращались вокруг тысячелетнего наследия и идентичности[50].

---

[48] Это был ответ Погодина на нашумевшую фразу Е. И. Ламанского «мы не дозрели до публичных прений», прозвучавшую в петербургском Пассаже. Еще одним голосом, который присоединился к диспуту, был голос Д. Щеглова. См. его статью: Г. Костомарову // Санкт-Петербургские ведомости, 6 сентября 1860 года. № 193. Через два года после того, как Погодин и Костомаров положили начало традиции публичных диспутов, двое других ученых, Головин и Духинский, вступили в публичную полемику об истоках России. См.: Головин Н. Откуда пришли руссы? // Санкт-Петербургские ведомости, 13 июня 1862 года. № 126; Ученый турнир в Париже // Северная пчела. 21 июля 1862 года. № 195. П. В. Хавский ответил на этот диалог в своей работе «Тысячелетие России»; см.: Северная пчела. 5 сентября 1862 года. № 239. Дальнейшим свидетельством широкой публичности этого события является появившаяся в «Искре» карикатура на диспут. См. ее репродукцию в [Лемке 1904: 116]. Подробный анализ диспута см. в [Дьяков 1986].

[49] [Лебедев К. Н.] Публичный диспут 19 марта 1860 года о начале Руси между гг. Погодиным и Костомаровым // Современник. 1860. № 80. С. 292. В 1862 году между этими двумя историками разгорелся еще один публичный диспут — по поводу битвы на Куликовском поле. См., например: Погодин М. П. Два слова о статье «Куликовская битва», помещенной в календаре // День. 1864. 25 января. № 4; также: Погодин М. П. Н. И. Костомарову // День. 1864. 15 февраля. № 7.

[50] Историк Павлов посвятил Тысячелетию России публичную лекцию, что являлось новым способом распространения информации, ставшим популярным в 1860-е годы [Пантелеев 1958: 227–228].

Репрезентации «Тысячелетия» распространялись в обществе в самых разных формах. Газета была лишь самым доступным способом. Издатели выпустили десятки книг, брошюр, буклетов, альбомов и путеводителей, предназначенных для образованных и полуобразованных читателей. В связи с празднованием тысячелетия появились две памятные публикации: «Историческая карта-таблица тысячелетия России» — иллюстрированный обзор русской истории и «Этнографическое описание народов России» — путеводитель по этническому составу Российской империи[51]. Значительной популярностью пользовался и другой справочник — «Биографические очерки лиц, изображенных на памятнике тысячелетия России, воздвигнутом в г. Новгороде 1862 г.», составленный Н. К. Отто и И. К. Куприяновым. В официальном календаре на 1862 год «Месяцеслов» была опубликована статья историка Павлова, озаглавленная «Тысячелетие России. Краткий очерк отечественной истории». К ней была приложена литография памятника «Тысячелетие России», позволившая многим наглядно представить себе памятник за несколько месяцев до его официального открытия[52]. Кроме того, в честь сентябрьских празднований была отчеканена памятная бронзовая медаль[53].

Памятник был также воспроизведен в современных лубках, литографиях и фотографиях, обзор некоторых из которых был сделан фельетонистом из «Северной пчелы» вскоре после празднования[54]. Фельетонист «Сына отечества», в свою очередь, даже

---

[51] Анонсы о двух этих изданиях были опубликованы, соответственно, в «Северной пчеле» 2 сентября 1862 года (№ 236) и «Северной пчеле» 29 сентября 1862 года (№ 262).

[52] По словам Буслаева: «Наконец, по изображению, приложенному к Месяцеслову на 1862 г., вся Русь, читающая и нечитающая, может теперь познакомиться в общих чертах с памятником, который воздвигается в память ее тысячелетнего существования» (Буслаев Ф. И. Памятник тысячелетию России // Наше время. 1862. 13 января. № 9).

[53] Соответствующее объявление см. в: Празднование тысячелетия России // Русский листок. 1862. 26 августа. № 32/33.

[54] Петербургское обозрение // Северная пчела. 1862. 1 октября. № 264. Подробнее о лубках, изданных в память о тысячелетии, см. в [Уортман 2004, 2: 130].

предложил распространить памятник «Тысячелетие» в «сотнях тысяч» миниатюрных моделей, чтобы люди «во всех углах и концах России» могли представить себе прошлое и будущее их Родины[55]. Именно эта бесконечная воспроизводимость памятника делала его подлинно национальным объектом; его многочисленные версии распространялись среди русского населения в различных визуальных и вербальных формах. Несмотря на отдаленное местоположение и туманную иконографию, памятник еще долго обсуждался в русском обществе. В этом смысле скульптура бросала вызов своим самым суровым критикам, предрекавшим ее забвение. Стасов сформулировал этот критический настрой следующим образом: «Памятник стоит вот уже двадцать лет на месте. Но на что он? Кому он нужен? Даже видит ли его кто-нибудь, в его углу в Новгороде?» [Стасов 1894–1906, 1: 483]. Тем не менее дискурс поддерживал памятник, хотя и в форме множества разноголосых интерпретаций.

Императорский Эрмитаж

В 1852 году Императорский Эрмитаж последним из крупных королевских галерей Европы открыл свои двери для публики. Свободный вход в музей был введен еще позже, в 1865 году. Хотя идея создания общедоступного учреждения искусства была и привлекательной, и актуальной, Эрмитаж неохотно присоединился к проекту построения нации. Судя по современной периодической печати, публика тогда практически не замечала музей. Такой контраст по сравнению с памятником «Тысячелетие России» говорит сам за себя. Эта невидимость кажется тем более поразительной, что сегодня Эрмитаж является, пожалуй, главным музеем России. Однако в эпоху культурного национализма Эрмитаж мало что мог предложить патриотам русской живописи как в плане произведений искусства, так и с точки зрения их обсуждения. Начиная с 1825 года в музее находилась небольшая

---

[55] Листок // Сын отечества. 1862. 1 августа. № 183.

коллекция русских картин, но она была неравномерной, случайной, и в ней преобладали неоклассические сюжеты, как в картинах «Последний день Помпеи» Брюллова и «Медный змий» Ф. А. Бруни. Григорович отмечал, что для тех, кто заинтересован в русском искусстве, любая церковь или частная коллекция может предложить больше и лучше, чем две комнаты Эрмитажа [Григорович 1865: 134–135]. В целом развитию русской коллекции Эрмитажа уделялось очень мало внимания вплоть до 1897 года, когда ее совсем убрали из экспозиции и она стала частью Русского музея. Славу музею приносила и продолжает приносить его превосходная коллекция западноевропейского искусства.

Первые 100 лет своего существования Эрмитаж, соседствующий с официальной резиденцией русских царей в Зимнем дворце, был довольно странным учреждением. Начало музея восходит к 1764 году, когда Екатерина Великая приобрела первую крупную коллекцию у берлинского купца И. Э. Гоцковского. В следующие два десятилетия русская императрица собрала впечатляющую коллекцию западноевропейского искусства, которая могла соперничать с более старыми и более прославленными музеями в Европе. Помимо западноевропейской живописи, «просветительский проект» Екатерины охватывал гравюры, естественнонаучные редкости и впечатляющую коллекцию из 10 000 резных камней. Музей возник как маленький павильон, называемый «приют отшельника», но вскоре он стал местом проведения так называемых эрмитажных собраний, состоящих из игр, театральных представлений и роскошных пиров. В этом сценарии картины, по сути, служили театральным фоном екатерининского Эрмитажа; ее художественная галерея, расположенная по соседству, стала еще одной сценой для демонстрации культурного капитала России. Эрмитаж, таким образом, служил витриной просвещения, в выгодном свете представлявшей Россию иностранным гостям.

В первой половине XIX века Эрмитаж начал постепенно превращаться из эксклюзивной частной коллекции в публичный музей. Поскольку это пространство было, по сути, продолжением Зимнего дворца, до 1850-х годов доступ к его богатствам имели немногие избранные, включая любителей искусства из дворянского сословия, иностранцев и студентов Академии художеств, и то только в то время, когда императорская семья была в отъезде. Когда двор находился в Зимнем дворце, доступ к коллекции могли получить только придворное общество и особые высокопоставленные лица из зарубежных государств [Cahn 1999: 38]. Один иностранный посетитель, немецкий путешественник И. Г. Коль, заметил по этому поводу:

> Посетителей [sic] в Эрмитаже не очень много, потому что гости, как и иностранцы, должны получать особые билеты, которые, правда, выдаются без труда; и все же этого небольшого препятствия достаточно, чтобы отпугнуть большое количество людей <...> В Петербурге много хорошо образованных семей, которые никогда еще не были в Эрмитаже [Kohl 1980, 1: 282][56].

В 1826 году, например, было напечатано всего 600 билетов. Поскольку Эрмитаж относился к ведомству Министерства императорского двора, современные путеводители по городу причисляли музей к царским дворцам, а не учреждениям культуры [Starr 1983: 96].

Военная галерея 1812 года, открывшаяся в декабре 1826-го, была одним из немногих очагов публичной культуры в официальной резиденции Романовых, привлекавших внимание современников. В ней было представлено 332 портрета военных командиров, которые отличились в войне с Наполеоном. Среди обративших особое внимание на это помещение был, например, и Пушкин: он описал галерею в стихотворении «Полководец» (1835). Другим важным публичным событием была выставка знаменитой картины Брюллова «Последний день Помпеи»

---

[56] Хотя лишь немногие русские имели доступ к сокровищам Эрмитажа, большинство иностранных посетителей Санкт-Петербурга из высшего общества имели возможность полюбоваться его коллекциями. Даже такой несентиментальный критик, как Дж. Б. Аткинсон, превозносил музей: «Путешествие в Санкт-Петербург стоит совершить ради одного только Императорского Эрмитажа». См. его [Atkinson 1873: 174 и далее].

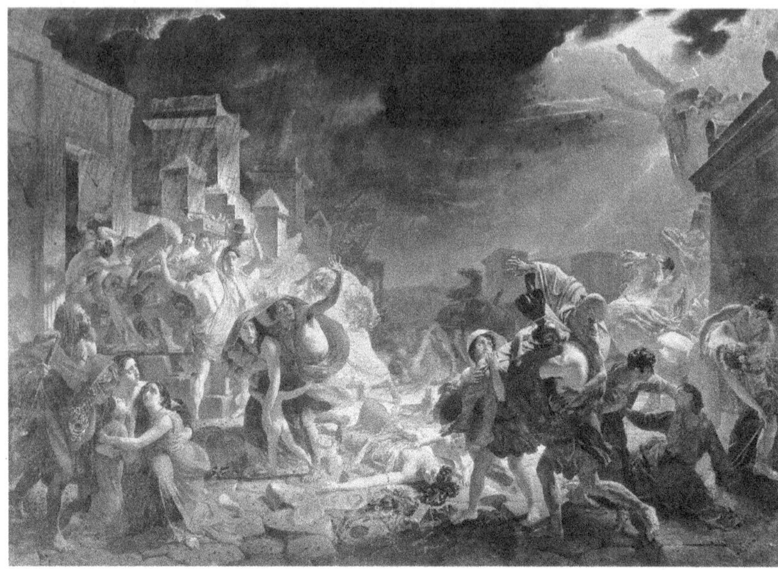

Рис. 9. К. П. Брюллов, «Последний день Помпеи» (1830–1833)

(1830–1833) (рис. 9). Картина прибыла в Эрмитаж на крыльях европейской славы в августе 1834 года в качестве подарка Николаю I, который милостиво принял ее и вызвал Брюллова из Италии занять должность профессора в Академии художеств. Многие писали по этому поводу, включая А. С. Пушкина, М. Ю. Лермонтова, Е. А. Баратынского, В. А. Жуковского и А. И. Герцена. Н. В. Гоголь записал свои впечатления о картине в статье, опубликованной в составе его «Арабесок» в 1835 году[57]. Все эти письменные свидетельства предлагали ценный комментарий к картине Брюллова, но это произведение искусства преимущественно оставалось малоизвестным публике. Один из анекдотов, появившихся в 1899 году в связи с юбилеем Брюллова, помогает подчеркнуть скудость и низкое качество средств рас-

[57] Подробнее см. в [Леонтьева 1976: 115–116].

пространения искусства в первой половине XIX века. До поступления картины «Последний день Помпеи» в Санкт-Петербург в обществе циркулировало несколько репродукций, которые были не копиями, а вариациями, основанными на словесных описаниях картины. Даже когда картина была показана в Санкт-Петербурге, она все еще оставалась «сказкой» в Москве, и, по-видимому, сам художник однажды посетил панораму, которая была создана на основе его картины, но имела очень мало общего с оригиналом[58].

Вслед за единичными случаями публичных показов в Зимнем дворце Николай I поручил немецкому специалисту по музейной архитектуре Лео фон Кленце построить для коллекции отдельное здание. 5 февраля 1852 года, после десяти лет строительства, Новый Эрмитаж, неоклассическое здание, украшенное портиком в греческом стиле и гранитными атлантами, принял своих первых посетителей — почетных гостей, приглашенных на изысканный праздник в екатерининских традициях, который устроил по этому случаю император.

Открытие публичной художественной галереи стало ключевым моментом в истории русской культуры. Тем не менее музей не стал современным учреждением в одночасье. Первое десятилетие своего существования Новый Эрмитаж был публичным только по названию: «Приходили к императору, а не в музей», — лаконично отметил Ж. Базен [Bazin 1967: 215]. Согласно набору «правил» для посетителей 1853 года, официальная одежда — черный фрак или вицмундир — являлась необходимым атрибутом для приходящей в музей публики (за исключением художников, которые приходили в музей работать), а билеты требовались от всех посетителей. В одном из первых путеводителей по публичному музею ситуация коротко описывалась следующим образом: «В последнем веке Эрмитаж был приютом для Императорской Фамилии и *вместе* Музеем. В наше время он сохранил тот же характер» [Жиль 1861: xxvii].

---

58 Половцов А. В. Брюлловская юбилейная выставка (Письмо из Петербурга) // Московские ведомости. 1899. № 348.

Как и во времена Екатерины Великой, правящая династия продолжала определять эстетику и в публичном музее. Коллекция Нового Эрмитажа была организована на основе беспорядочных вкусов Николая и абсолютной произвольности его суждений. Художник Ф. Бруни зафиксировал следующий диалог с государем, состоявшийся, когда они разбирали картины в хранилищах Эрмитажа:

> — Это фламандец!
> — Ваше Величество, а мне кажется...
> — Нет, уж ты, Бруни, не спорь. Фламандец! [Врангель 1915: 8, 5].

Николай также отличился тем, что продал на аукционе более тысячи картин из коллекции, посчитав их второразрядными. Несмотря на эти акты «эпидемического варварства», как охарактеризовал вкус государя известный историк искусства барон Врангель, открытие Эрмитажа как публичного музея в годы его царствования было немалым достижением.

В 1850-е годы в Эрмитаже все еще не было всех необходимых атрибутов современного музея: полной описи, каталогов, путеводителей, репродукций, художественной критики и неограниченного доступа. Только в начале 1860-х годов, когда для модернизации главного музея России был приглашен директор Берлинской картинной галереи Г. Ф. Вааген, коллекция Эрмитажа была систематизирована и был составлен ее полный каталог. Новый свод «правил», принятый в 1863 году, смягчил требования к гардеробу, обеспечив доступ в музей социальным группам, не имеющим необходимых фраков и вицмундиров [Овсянникова 1962: 12–16].

В начале 1864 года массовая газета «Голос» уловила дух этих институциональных изменений, вызванных культурным и социальным возрождением 1860-х годов, в следующем резюме:

> С недавнего времени в императорском Эрмитаже произошли значительные преобразования, необходимость которых давно уже чувствовалась. Так, например, желающие посе-

> щать галерею и музей не встречают уже теперь тех стеснений, которые, может быть многих останавливали от такого посещения: теперь уже не нужно, например, быть непременно во фраке, и т. п. Это — мелочи; но, главным образом, новые преобразования состоят в приведении в строгую систему многосложных отделений Эрмитажа и классификации в хронологическом порядке хранящихся в нем драгоценных произведений искусств[59].

В газете упоминалось и другое новшество: в музее была учреждена должность «директора», на которую в 1863 году назначили С. А. Гедеонова. Эта кажущаяся формальность означала больше, чем просто новый титул; как предположила Дж. Норман, таким образом наметился совершенно новый этап в истории музея: «Начиная с 1850-х годов члены императорской семьи все меньше и меньше влияли на процесс формирования музея. Этим стали заниматься профессиональные администраторы». Именно Гедеонов во времена царствования Александра II купил для Эрмитажа такие шедевры, как «Мадонна Литта» Леонардо да Винчи и «Мадонна Конестабиле» Рафаэля, а также бесценную коллекцию древностей из собрания Кампана [Норман 2006: 98, 103–105]. По инициативе директора в 1866 году система входных билетов была полностью отменена. Количество посетителей резко возросло, достигнув в 1880-е годы приблизительно 50 000 человек в год, и продолжало неуклонно расти в последующие десятилетия. В последние годы царствования Романовых Эрмитаж ежегодно привлекал почти 180 000 посетителей [Левинсон-Лессинг 1985: 203, 244][60].

С преобразованием Эрмитажа в публичный институт, что повлекло за собой создание профессиональной администрации, систематизацию коллекции и неограниченный доступ публики, правящие монархи начали дистанцироваться от музея. Тем не менее, несмотря на все популяризаторские реформы, охватившие

---

[59] Преобразования в императорском Эрмитаже // Голос. 1864. 6 марта. № 66.

[60] По данным С. А. Овсянниковой, Эрмитаж насчитывал 50 000 посетителей в 1892 году и 89 000 в 1895 году. См. [Овсянникова 1962: 23].

музей во второй половине XIX века, русское общество не решалось принять выдающуюся коллекцию западноевропейского искусства Эрмитажа как свою собственную. Невзирая на растущее число посетителей, в прессе на протяжении оптимистичных 1860-х годов и позже продолжали появляться прохладные отзывы об Эрмитаже как общественном учреждении, культурно удаленном от России. Один из журналистов сообщал, что в Эрмитаже было что-то лицемерное; другой утверждал, что в этот крупный музей вообще почти никто не ходит[61]. Хуже того, на рубеже веков этот храм искусств в России нередко описывали в замогильных выражениях. Стасов, к примеру, сравнивал его с «мрачным колодцем», а С. К. Маковский охарактеризовал его как «кладбище искусства»[62]. Бенуа, много копировавший в Эрмитаже в 1890-е годы, вспоминал в своих мемуарах, что «вообще, Эрмитаж в те годы пустовал» [Бенуа 1990, 1: 697]. Будучи, казалось бы, законным источником национальной гордости, Эрмитаж тем не менее на протяжении XIX века никогда не был популярным музеем. Один из современных ученых превосходно уловил суть этой загадки: «Создается впечатление, что русское общество XIX века проходило мимо эрмитажных сокровищ, почтительно сняв шляпу, как мимо чего-то бесспорного и заслуживающего уважения, но что-то мешало ему глубоко загореться» [Алпатов 1979: 187]. Парадоксальное положение Эрмитажа в российской публичной сфере можно объяснить несколькими причинами.

Во-первых, до середины XIX века Эрмитаж был исключительным владением Романовых и их случайных гостей. Впоследствии резервирование билетов и требуемая от всех посетителей официальная одежда ограничивали доступ широкой публики в Эрмитаж и препятствовали вхождению музея в развивающуюся публичную сферу. Даже после 1861 года, когда бóльшая часть

---

[61] К. В. Письма из Москвы. I // Русский художественный листок, 20 августа 1862 года. № 24; Д. Несколько слов о художественных музеях // Биржевые ведомости, 2 декабря 1864 года. № 321.

[62] Стасов В. В. «Двадцать пять лет русского искусства» [Стасов 1894–1906, 1: 507]; [Левинсон-Лессинг 1985: 227].

российского населения была освобождена, Эрмитаж не стал излюбленным местом посещения малообразованных масс. Кажется, что, несмотря на физическую близость, европейские произведения искусства оставались вне досягаемости для тех посетителей музея, которые не знали, *как* к ним подступиться.

Действительно, физический доступ лишь частично свидетельствует о более широком приобщении публики к искусству. П. Бурдье и А. Дарбель в своем интригующем исследовании показали, что художественный вкус, на первый взгляд совершенно «естественное» явление, на самом деле является «культивируемым удовольствием»; музеи отнюдь не предлагают демократичную художественную площадку для всех; их истинная функция — это, скорее, «усилить для некоторых чувство принадлежности, а для других — чувство исключения» [Bourdieu et al. 1990: 109, 112][63]. Русский Эрмитаж даже в либеральные 1860-е годы функционировал именно как такой институт исключения.

Если потенциальные посетители музея нуждались в базовом эстетическом образовании (что до сих пор воспринималось как само собой разумеющееся владельцами Эрмитажа и их гостями из высшего общества), то сам музей нуждался в публичности. Недостаточно было открыть двери, охранявшие национальные сокровища, и сделать произведения искусства общедоступными для публики; для успеха учреждения важна была поддержка русского общества. В конце 1850-х годов Александр II заказал серию акварелей, изображающих Зимний дворец и Эрмитаж и запечатлевших для потомков каждую деталь императорского музея; вскоре после этого была выпущена серия каталогов и путеводителей, которые должны были помочь все возрастающему числу посетителей, не обремененных эстетическим образованием, ориентироваться в обширных галереях музея. Публикации об Эрмитаже в путеводителях, путевых заметках, художественных журналах и массовой прессе помогали преодолеть разрыв между искусством и обществом. Эти тексты, наряду с административными изменениями 1860-х годов, постепенно начали улучшать

---

[63] См. также [Bourdieu 1993].

публичный образ музея. Очевидна связь между растущим количеством посетителей и увеличивающимся производством литературы о музее в 1860-е годы; в 1880-е и 1890-е годы наблюдался еще один такой рост, а в первые десятилетия XX века газеты также включились в эту распространительную сеть, чтобы удовлетворить растущий спрос на информацию о музее и его сокровищах.

В период с 1859 по 1865 год один за другим вышли четыре путеводителя, все они были рассчитаны на рядового посетителя [Сомов 1859; Жиль 1861; Каталог картин 1863; Григорович 1865][64]. Среди них была «Прогулка по Эрмитажу» Григоровича, который в своем описании музея опирался на центральные понятия 1860-х годов: национальная гордость и массовое образование. Произведение автора явно имело целью всколыхнуть патриотические чувства у рядовых читателей: «Мало того что Эрмитаж, со всеми заключающимися в нем сокровищами, невольно приподымает чувство национальной гордости в каждом, кто в нем побывает — он действует еще в пользу развития вкуса и, следовательно, незаметно просвещает посетителя». Григорович желал представить музей как популярное место:

> Значение Эрмитажа для России доказывается тем, что хотя до сих пор он был мало доступен, хотя в обществе нашем не заметно сильного влечения к художеству — Эрмитаж, тем не менее, пользуется в нашем отечестве большою популярностью. Произнесите слово «Эрмитаж!» в любом конце России — каждый уже слышал его. О нем расспрашивают даже те, которые никогда не бывали в Петербурге [Григорович 1865: 152, 4].

Путеводитель Григоровича — одна из первых сознательных попыток популяризации Императорского Эрмитажа. Важная работа по рекламе коллекций музея продолжилась в последующие десятилетия на страницах новых художественных журналов, та-

---

64 Самый примечательный путеводитель по Эрмитажу, [Бенуа 1911], вышел только в 1910 году.

ких как «Вестник изящных искусств» и «Мир искусства»; фоторепродукции шедевров музея также помогали афишировать Эрмитаж среди широкой аудитории [Левинсон-Лессинг 1985: 204–228]. Русские художники, для которых Эрмитаж с самого начала служил мастерской и школой, вскоре объединили свои усилия в его популяризации. В художественном сообществе 1880-х годов музей приобрел престиж, в частности, благодаря знаменитым художникам И. Е. Репину и В. И. Сурикову, которые сыграли ведущую роль в восстановлении положительной репутации Эрмитажа после многих лет пренебрежения [Микац 1996: 65].

Возможно, главная причина отсутствия популярности Эрмитажа у русской публики заключается в том, что его превращение в публичный музей совпало с подъемом русской национальной эстетики, о чем будет подробно говориться в следующей главе. В 1860-е годы внимание русского общества было обращено на новую русскую школу живописи. Публика требовала русских картин, которых в Императорском Эрмитаже, известном своей коллекцией европейских шедевров, было на удивление мало. Недостаток общего образования в области западноевропейского искусства в сочетании с возросшим интересом ко всему русскому привел к тому, что пресса просто обходила Эрмитаж, оставляя его на задворках проекта построения нации.

На рубеже столетий Эрмитаж продолжал поддерживать альтернативную модель культурной идентичности, впервые предложенную в просветительскую эпоху Екатерины Великой, которая укоренила национальную гордость в коллекции иностранного искусства мирового уровня. Некоторые критики утверждали, что музей так и остался «заморожен» в эпохе Екатерины Великой [Стасов 1894–1906, 1: 454]. Когда в конце XIX века Бенуа провозгласил, что Эрмитаж является «главным музеем Российского государства», эпоха острых споров о национальности в искусстве в основном подошла к концу [Бенуа 1911: 1]. Образ этого музея в русской публичной сфере зависел в значительной степени от того, с какой точки зрения писавшие о нем рассматривали искусство — национальной или космополитической. Во второй половине XIX века, когда в художественном дискурсе доминировали вопросы национальной идентичности, русская публика не проявляла активного интереса к этой всемирно известной коллекции. В некотором смысле спорить было не о чем, с чем и связана скудость популярных текстов на эту тему в прессе.

Нарративы Академии художеств

На фоне широкомасштабных реформ во всех сферах публичной жизни Императорская Академия художеств в 1864 году отметила свой столетний юбилей. Годовщина стала важным поводом задуматься об истории этого института и его роли в русском обществе. В ранней истории Академии выделяются две важные даты. В 1758 году, в царствование Елизаветы Петровны, государственным деятелем и меценатом И. И. Шуваловым была основана Императорская академия трех знатнейших художеств — живописи, скульптуры и архитектуры. В 1764 году Екатерина II даровала ей устав и привилегию [Исаков 1914: 1][65]. За десять лет архитекторы Ж.-Б. Валлен-Деламот и А. Ф. Кокоринов спроектировали новое здание, подобающее храму искусств[66].

Но надпись «Свободным искусствам», украшавшая величественное здание Академии, лишь отчасти отражала актуальное состояние художественных дел в России. Э. К. Валкенир пишет, что «Академия была, по большому счету, оплотом не свободного, а официального искусства». На самом деле, история института была напрямую связана с меняющимися вкусами и прихотями правящего монарха. Например, инициатива Екатерины имела критическое значение для развития художественной сцены в России: будучи заядлым коллекционером, она не только пополнила Эрмитаж одними из лучших образцов западноевропейской

---

[65] Среди прочего, устав оговаривал право выпускников Академии работать художниками независимо от военной или государственной службы [Valkenier 1989: 3]. Об истории Академии в целом см. в [Беккер и др. 1940; Лисовский 1997].

[66] Здание для Академии было в целом закончено к 1872 году; однако потребовалось еще полвека для завершения всех деталей декора [Кондаков 1914: 8–11].

живописи, но и позаботилась о том, чтобы в стенах Академии содействовать развитию русского искусства. Уже в первые месяцы своего царствования Екатерина Великая посещала классы в Академии и осведомлялась об успеваемости студентов. Николай I, самозваный знаток изящных искусств, не жалел средств ни на расширение Эрмитажа, ни на поездки художников в Италию. В то же время в 1829 году он поместил Санкт-Петербургскую академию под юрисдикцию Министерства императорского двора, а в 1843 году постановил, что председателями в ней могут быть назначены только члены императорской семьи [Кондаков 1914: 38–40, 42][67]. При карательном режиме Николая I, обобщает Валкенир, «Академия превратилась в инструмент, который воспитывал из художников слуг государства, подчинял искусство нуждам и вкусам двора и управлял художественной жизнью по всей стране» [Valkenier 1989: 3–7]. К середине столетия Академия стала заметно несвободным институтом[68]. В этих обстоятельствах каналы связи между искусством и обществом, которые, как предполагалось, поддерживала Академия, ограничивались проходящими раз в три года выставками и периодическими рецензиями[69]. Судя по периодической печати того времени, три ключевых атрибута, используемых современниками для описания роли Академии в обществе, на самом деле, были сплошь негативными: Академия была элитарна, формалистична и антинациональна.

В 1839 году в газете «Санкт-Петербургские ведомости» были опубликованы правила, которые должны были соблюдать посетители Академии на протяжении тех двух недель, пока она была

---

[67] См. также [Молева, Белютин 1967: 11].

[68] «Единственной школой, достигшей какой-либо сильной независимой индивидуальности, — пишет С. Ф. Старр, — было Московское училище живописи, ваяния и зодчества, основанное в 1843 году» [Starr 1983: 102].

[69] Стайтс много писал об истории Академии. См. его [Stites 2005], особенно часть IV «Pictures at an Exhibition», с. 283–379. См. также [Blakesley 2010]. Еще одним посредником между искусством и публикой было Санкт-Петербургское общество поощрения художников, основанное в конце 1820-х годов [Комелова 1958: 34].

открыта для публики во время очередной проходящей раз в три года выставки. Доступ публики к искусству усложнялся тем, что все посетители должны были одеваться «приличным образом», а их поведение строго регламентировалось (правила даже предписывали конкретный маршрут, по которому публика должна была следовать, проходя по галереям)[70]. Важное изменение произошло в 1850-е годы, когда к удовольствию публики Академия начала проводить ежегодные выставки, о которых один из современников написал следующим образом: «правда, они стали беднее, зато чаще»[71]. Но и тогда инерцию предыдущих десятилетий было трудно преодолеть, и огромное здание на Васильевском острове «с темными коридорами, холодными мастерскими и большими залами, которые все вместе составляют русскую академию художеств», в основном оставалось «преданным забвению»[72]. Для широкой публики русское искусство, никогда не покидавшее стен Академии, «величественного, но мрачного здания, похожего скорее на гроб искусства, чем на его рассадник», оставалось «чуждым». «Только раз в год безмятежный сон академии нарушался, а именно в пору годичной выставки, когда публика допускалась в две–три чистые залы печального здания...»[73] Художник

---

[70] Выставка была открыта лишь две недели, одна из которых была предназначена для владельцев абонементов, другая — для широкой публики: Правила, которые имеют быть наблюдаемы при открытии Императорской Академии Художеств для публики // Санкт-Петербургские ведомости. 22 сентября 1839 года. № 216. О проходящих раз в три года выставках см. также в: М-к-н. Мысли и заметки по случаю обозрения выставки академии художеств // Семейный круг. 1860. 17 ноября. № 46. С. 156–157. Георги отмечает, что в 1790-х годах каждый год, «на целую неделю», Академия выставляла самые свежие работы своих учеников и профессоров. См. [Георги 1996: 274, 396–397]. Ср. утверждение Т. Беннетта о саморегулирующейся публике в музее [Bennett 1995].

[71] М-к-н. Мысли и заметки по случаю обозрения выставки академии художеств // Семейный круг. 1860. 17 ноября. № 46. С. 158.

[72] Несколько слов об академической художественной выставке в 1862 году // Современное слово. 1862. 9 октября. № 104. Подробнее об аналогичных негативных («грязно», «тесно» и т. д.) описаниях Академии см. в [Беккер и др. 1940: 96–101].

[73] Сомов А. Художественные заметки // Иллюстрация. 1863. 3 января. № 251.

Л. М. Жемчужников, покинувший Академию в 1852 году, выбрал для описания ее состояния 1840-х и начала 1850-х годов тот же набор образов смерти и упадка: «От нее веяло затхлостью, условностью и безжизненностью» [Жемчужников 1971: 102, 128]. Как заметил один из критиков-любителей по поводу фундаментального разрыва между искусством и публикой, «наша Академия художеств остается сама по себе, а общество — само по себе»[74].

Отчужденность Академии от общества проявлялась не только в могильной атмосфере здания, но и в пропагандируемых ею старомодных формах искусства. Этот русский институт был типичным для своего времени: обучение, которое он предлагал художникам, было похоже на обучение в других европейских школах. Однако к середине века неоклассический формализм, который стал доминировать в художественном каноне в 1830-е годы, теперь начал душить творческую инициативу новых поколений художников. В то время, когда общество «требовало *национального* искусства», как писал Жемчужников в украинском ежемесячном журнале «Основа», старые формы, соответствующие темам из древней истории и классической мифологии, потеряли свою жизнеспособность[75]. Отмечая в другом месте архаичные требования Санкт-Петербургской академии, Жемчужников критиковал «убийственную тщательность» и вездесущность старомодных тем — «все те же Аяксы, Ахиллесы, Геркулесы, Андромеды», которые «были жеваны и пережеваны» каждой европейской академией [там же: 101]. Такое отрицание неоклассицизма разительно контрастировало с эстетическими ценно-

---

[74] Фельетон // Современное слово. 1863. 30 марта. № 70. Современники разделяли мнение, что в начале века «Академия художеств была закрытым институтом, оторванным от публики, не связанным с жизнью великой столицы. Художники были внутри; публика была снаружи» [Stites 2005: 317–318]. Об истории академических выставок в целом см. в [Каспаринская-Овсянникова 1971: 366–399].

[75] Жемчужников Л. М. Несколько замечаний по поводу последней выставки в С. Петербургской академии художеств // Основа. 1861. Февраль. № 2. С. 137, 154. Эта статья, написанная художником, была, очевидно, влиятельной в художественных кругах. Сотни оттисков были распространены ученикам Академии. См. [Жемчужников 1971: 353].

стями предыдущих десятилетий. Истории об Академии, появлявшиеся в современной прессе, помогают продемонстрировать, как развивались русское искусство и эстетика от эпохи Екатерины Великой до времен Стасова и как русская публика научилась ценить вновь обретенную национальную традицию как свою собственную. Будучи одним из немногих подобных институтов в России в то время, когда ни Третьяковская галерея, ни Русский музей еще не были открыты для публики, Академия стала полем битвы мнений о национальности в искусстве.

Хотя отдельные призывы время от времени звучали уже в 1820-е годы, лишь в эпоху Великих реформ они нашли отклик в обществе. В 1817 году русский литератор и коллекционер П. П. Свиньин писал, к примеру:

> Весьма желательно, чтоб Академия занимала русских художников предпочтительно изображением славы своего Отечества. Правило сие есть лучший способ оживить для потомков великие характеры и случаи отечественной истории. <...> Ничто не может столько приучить россиян к уважению собственного, как сильное действие искусства на сердце. Живописец и ваятель — не менее историка и поэта — могут быть органами патриотизма [Свиньин 1997: 87][76].

Идея искусства как «органа патриотизма» нашла временное воплощение в частном музее русской живописи Свиньина. Являясь первым такого рода институтом, к 1829 году он насчитывал 80 картин мастеров XVIII и XIX веков, в том числе К. П. Брюллова, Ф. А. Бруни, О. А. Кипренского и А. Г. Венецианова. К сожалению, эта попытка собрать русское искусство прервалась в 1834 году, когда Свиньин был вынужден продать свой музей на аукционе[77]. В отсутствие русской картинной галереи философ-

---

[76] Подробнее о вкладе Свиньина в живописный и литературный патриотизм см. в [Ely 2003].

[77] Churak G. S. «Private Art Collecting in 19th-Century Russia», в [Valkenier 1990: 63–64]. В 1824 году Санкт-Петербургское общество поощрения художников призвало к созданию художественной галереи, посвященной исключитель-

славянофил Хомяков в 1840-е годы предостерегал от «великого соблазна» брать готовые чужие формы и выражал надежду на русские изящные искусства. Хомяков подчеркивал органическую связь нации с ее художественным потенциалом и намечал художественное будущее России. Он утверждал, что русский народ все еще развивается, как и его искусство, которое в свое время расцветет само собой: «в нашей живописи мы видим только признак художественных способностей, залог прекрасного будущего, а русского художества видеть не можем»[78].

Однако в 1860-е годы Стасов провозгласил «новую эпоху» в истории изящных искусств в России[79]. Если до 1840-х годов Россия даже не считалась предметом, достойным изображения, два десятилетия спустя критики стали требовать от Академии, чтобы она начала создавать именно русские картины [Фриче 1923: 78]. Многие журналисты этого времени отмечали, что русская публика, которая до недавнего времени была равнодушна к искусству, теперь демонстрировала интерес к картинам, в которых «отразилась жизнь и ее правда», такому искусству, которое знакомо и поэтому понятно. Как выразился один из обозревателей, «современное общество к искусству относится уже с иными требованиями, и в произведениях своих художников предполагает встретить *русский* ум, *русский* талант, думает найти в их картинах реальность, а не призраки, правду, а не сухое фразер-

---

но русскому искусству: «Слава России требует учреждения русского музея или Галереи Русской школы художеств» [Комелова 1958: 35]. О предыстории Русского музея см. в [Thomas 1998]. Относительно более ранних попыток основания публичных художественных музеев в России, таких как Эстетический музей в Москве (предложенный в 1831 году), см. также [Овсянникова 1962: 7–11].

78 Хомяков А. С. «Письма в Петербург о выставке» (1843) и «Письмо в Петербург по поводу железной дороги» (1845), в [Хомяков 1900, 3: 96, 114].

79 Стасов В. В. Наши художественные дела. Статья вторая // Санкт-Петербургские ведомости, 5 февраля 1869 года. № 36. Позже А. И. Михайлов также интерпретировал 1860-е годы как эстетический поворотный момент, ознаменовавший начало буржуазного искусства в России. См. [Михайлов 1929: 113].

ство»[80]. Общественный интерес к искусству был настолько выражен, что обозреватели выставок Академии писали о толпах посетителей почти так же часто, как и о картинах. Один из писателей, например, открыл свою рецензию на выставку в Академии 1863 года следующим панегириком: «На выставке постоянно теснота, постоянно толпа зрителей. <…> В добрый час! Пусть наша публика более и более интересуется произведениями искусства. Тем лучше для нее, тем лучше и для искусства»[81].

В эпоху реформ Академия, как и остальная часть общества, стряхнула с себя тяжелый сон[82]. Если раньше это была привилегированная школа, предлагавшая формальное обучение, где даже академический музей и библиотека были доступны только для хранителя, теперь, как вспоминал Львов, «Академия сделалась достоянием художников и любителей искусства и перестала быть замкнутым, никому неведанным миром, покрытым плесенью и пылью десятков лет». Когда публика получила доступ к русскому искусству, изменилась и атмосфера ежегодных выставок: «чувствовалось в обществе желание поднять художественное учреждение»[83]. Но главное изменение было связано не с самой Академией: «антинациональный» институт поддерживал свой весьма избирательный статус в течение многих последующих лет. Он продолжал контролировать развитие русского искусства (или, скорее, тормозил его, как считали некоторые) и решал, что включать в ежегодные показы и что посылать за границу на международные выставки. Однако он уже не мог сдерживать полемику, которую порождали такие решения. Дискурс об искусстве отошел от Академии и стал достоянием публичных споров.

---

80 Несколько слов об академической художественной выставке в 1862 году // Современное слово. 1862. 9 октября. № 104.

81 И. Выставка в академии художеств // Русский инвалид. 1863. 1 октября. № 215.

82 Сомов А. Художественные заметки // Иллюстрация. 1863. 3 января. № 251.

83 Художник [Ф. Ф. Львов]. Воспоминания об Академии художеств, 1859–1864 // Русская старина. 1880. № 10. С. 392, 404, 408. С 1859 по 1865 год Львов был конференц-секретарем Академии. Художник Ге также вспоминал, что ни библиотека, ни музей не были легкодоступны для учеников Академии в 1840-х и 1850-х годах. См. [Гинзбург 1974: 6].

Литературные картины

Жанровая живопись, представляющая сцены из повседневной жизни, была одним из первых предметов полемики. Жанр очевидно удовлетворял эстетическим потребностям недавно пробудившейся, социально сознательной публики. Примечательно, к примеру, заявление Стасова, сделанное им в 1862 году: «Все будущее нашей художественной школы лежит в нынешних, так называемых *жанрах* и *жанристах*» [Стасов 1894–1906, 1: 74]. Пейзаж также привлекал внимание публики, поскольку он отображал то, что было исключительно русским, что отражало правду обыденной жизни[84]. К. Эли утверждает, что в последней трети столетия русский пейзаж с его полями и лесами, церквями и крестьянами стал всеобъемлющим жанром живописи, помогавшим передать общий для всех образ России. «К последним десятилетиям XIX века скромный родной пейзаж стал признаком национальной самобытности и предметом гордости во всей русской культуре» [Ely 2002: 223].

В конце 1840-х годов жанровая живопись начала привлекать все больше посетителей. Описывая впечатление от некоторых жанровых сцен, выставленных в Академии художеств в 1850 году, один из обозревателей высоко оценил «поэтические богатства, кроющиеся в самом незатейливом житье-бытье», заявив, что «художественно-прекрасное не нуждается ни в тогах, ни в громких именах, ни в яркой лазури небес»[85]. К 1860-м годам объем оптимистического комментария о русском жанре возрос значительно. По мнению одного из современных обозревателей,

---

[84] Критики отдавали предпочтение жанровой живописи и пейзажу в этот период, считая их правдивым отображением действительности. А. В. Прахов писал в 1878 году: «У всех на языке, и, к счастью, у большинства и на уме, одно только слово *правда*» (Прахов А. В. Художественный отдел: Выставка в Академии Художеств. II. (Продолжение) // Пчела. 1878. № 10. С. 154).

[85] М. И. Фельетон. Годичная выставка в Императорской академии художеств. III // Санкт-Петербургские ведомости. 1850. 26 октября. № 242.

> С каждым годом произведений жанра появляется на выставках более и более, и надобно сознаться, что это весьма приятно для нас, простых посетителей. <...> ...все-таки как-то ближе к большинству вседневная жизнь, вседневные интересы, все как-то больше сочувствуется людям своего поля, чем другому времени, другим деятелям[86].

Маститый жанровый художник Репин вспоминал о чистой радости признания, которую вызывали в русском обществе бытовые сцены:

> На академических выставках шестидесятых годов эти картинки были каким-то праздником. Русская публика радовалась на них, как дитя <...> От этих небольших картинок веяло свежестью, новизной и, главное, поразительной, реальной правдой и поэзией настоящей русской жизни [Репин 1944: 158–159].

Еще один обозреватель также отметил то, что ощущалось публикой как неотъемлемая близость жанровой живописи:

> Мы не греки и не римляне — мы, простые маленькие люди, больше любим жизнь действительную, настоящую, жизнь нам близкую; мы живее сочувствуем обычным людям, чем героям; сердце наше ближе лежит к драме из вседневного быта, чем к драме, взятой из истории, и жанр, пейзаж нам милее, чем картины «живописи исторической»[87].

Простота риторики в этом фрагменте намеренная: фамильярный тон и незамысловатая лексика помогали достучаться до непосвященных и распространить информацию об изящных искусствах через массовую прессу.

---

[86] Петербургская летопись // Санкт-Петербургские ведомости. 1861. 17 сентября. № 204.

[87] Петербургская летопись // Санкт-Петербургские ведомости. 1860. 18 сентября. № 202. См. также: К. В. Фельетон. Заметка неспециалиста по поводу выставки в академии художеств. Беглый взгляд на прошлое // Русский инвалид. 1860. 24 сентября. № 205.

Рядом с картинами «Смерть Камиллы, сестры Горация» Бруни и «Последний день Помпеи» Брюллова жанровые картины, на которых Федотов изображал прозаичных русских купцов, а Перов — пьяное православное духовенство, выглядели действительно очень знакомо. В то же время радикальный отход жанра от более традиционных неоклассических тем и методов шокировал общество. Новые сюжеты и новый художественный метод, заключавшийся в скрупулезном, кропотливом воспроизведении ежедневной действительности в ее самых мельчайших деталях, в основном означали, по выражению одного из критиков, что «то, что зритель видел вокруг себя в повседневной жизни, приобретало право на существование в искусстве» [Молева, Белютин 1967: 9][88]. А. И. Михайлов подробно описал эту революцию образов: «Невиданные доселе персонажи появляются в картинах. Дворянство, аристократия совершенно почти исчезают, как изображаемая категория. Настоящий герой этой живописи крестьянин, мелкий буржуа, городской разночинец, интеллигент и т. д.» [Михайлов 1929: 91]. Еще одним следствием этого увлечения жанром, как отмечал Дягилев впоследствии, было то, что, когда искусство использовалось как «зеркало совершающихся событий жизни», оно превращало живопись «в иллюстрацию, в журнальную хронику жизни». Именно этому утилитарному подходу к искусству, воспетому многими критиками в 1860-е годы, «Мир искусства» бросит вызов в конце столетия [Дягилев 1982, 1: 68].

Между тем жанровая живопись пользовалась небывалым успехом в первую очередь потому, что она была понятна большей части широкой публики, не знающей академического языка. Как убедительно доказывает Бурдье, картины, которые точно воспроизводят действительность, будут с большей вероятностью оценены широкой публикой:

---

[88] По сравнению со всеобщим одобрением этой новой направленности в искусстве, критические голоса были немногочисленны. Пример «разочарованной» рецензии на жанровую живопись см. в: Выставка в академии художеств // Иллюстрация. 1859. 11 июня. № 73.

> Одна из причин, по которой менее образованные зрители в нашем обществе так склонны требовать реалистичного изображения, заключается в том, что, будучи лишенными специфических категорий восприятия, они не могут применить к произведениям академичной культуры иного кода, кроме того, который позволяет им воспринимать их как значимые объекты повседневного окружения [Bourdieu 1993: 217].

Но даже реалистические изображения знакомых сцен необходимо было объяснять тем, кто не привык к «прочтению» произведений искусства. Я. Д. Минченков, художник-пейзажист и куратор выставок, вспоминает, что слышал от И. И. Шишкина, художника, известного своими правдивыми пейзажами соснового леса, следующий анекдот:

> Он закончил большой этюд соснового леса, протокольно передающий натуру. Казалось бы, все ясно в картине — и стволы деревьев, и хвоя, и ручей с отражением в нем. А вышло так: подходит женщина-крестьянка, долго смотрит, вздыхает. Шишкин спрашивает: «Что, нравится?» Женщина: «Куда лучше!» — «А что здесь изображено?» Женщина приглядывается и определяет: «Должно, гроб господень». Шишкин удивляется ответу, а та добавляет: «Не угадала? Ну так погоди, сына Васютку пришлю, он грамотный — живо разгадает» [Минченков 1980: 146][89].

Такой ответ визуально неграмотной крестьянки помогает объяснить, почему распространялась популярная литература на темы, посвященные искусству: вне зависимости от того, были ли они компетентны в вопросах искусства или нет, фельетонисты с готовностью откликались на потребность публики в комментарии и пытались перевести непривычный язык художественных образов в более знакомые слова прозы.

Этот развивающийся дискурс об искусствах в значительной степени опирался на литературу. Как показали критики, обыден-

---

[89] Я благодарна Льву Лосеву, который привлек мое внимание к этому источнику.

ные сюжеты вошли в область изобразительного искусства по стопам Белинского и натуральной школы. Литература и искусство XIX века были тесно переплетены, о чем красноречиво свидетельствуют как многочисленные литературные портреты воображаемых художников, так и художественные интерпретации реальных картин[90]. Искусство зависело от текстов, отсюда «литературность» творчества многих русских художников этого периода. Для художников-реалистов, в частности, «литературная живопись» стала узнаваемым товарным знаком [Баршт 1988: особенно 5, 8][91]. Точно так же современные литераторы нередко работали с визуальными образами — в обзорах художественных выставок, путеводителях и художественной литературе, — «переводя» их в литературные термины. В произведениях Батюшкова, Свиньина, Гоголя, Шевченко, Гончарова, Хвощинской, Достоевского и многих других изящное искусство обрело связь с публикой за пределами столичных городов, где проходила бóльшая часть выставок.

Художник-жанрист Федотов, известный в истории искусства как «русский Хогарт» и превозносимый Стасовым как «первый проблеск нового нашего направления в искусстве», был важной переходной фигурой не только в связи с тем, что его творчество пришлось «на переломный этап между романтизмом и реализмом», но и потому, что он использовал как визуальные, так и вербальные средства воздействия на русское общество [Стасов 1894–1906, 1: 496; Gray 2000b: 150–151][92]. Три наиболее известные работы Федотова, «Свежий кавалер» (1846), «Разборчивая неве-

---

90 Среди многих таких запоминаюшихся художников можно назвать Чарткова, персонажа повести Гоголя «Портрет» (1835), несчастного Пискарева из «Невского проспекта» (1834), дилетанта Райского, героя романа Гончарова «Обрыв» (1869), главного героя отчасти автобиографической повести Шевченко «Художник» (1856), героиню повести Н. Д. Хвощинской «Пансионерка» (1861), которая в итоге работает копировщицей в музее Эрмитажа, и художника из произведения Чехова «Дом с мезонином (рассказ художника)» (1896).

91 Ср. [Аронсон, Рейсер 2001: 28].

92 Подробный анализ картин Федотова в целом см. в [Gray 2000b: 133–151].

ста» (1847) и «Сватовство майора» (1848), произвели большое впечатление на выставке в Академии художеств в 1848 году. Для этих картин Федотов выбрал непритязательные, злободневные сюжеты, почерпнув их из повседневной жизни среднего сословия, которую он изобразил в мельчайших подробностях. Художник гордился тем, что использует повседневный материал в своем творчестве: «Главная моя работа на улицах и в чужих домах. Я учусь жизнью»[93]. Федотов не только изобразил жизнь такой, какая она есть, но еще и представил свою работу громким жестом, «истинно по-мещански» [Фриче 1923: 101]. На выставке в Академии Федотов сопровождал свою картину «Сватовство майора» шуточной поэмой, в которой подробно излагалась история военной службы персонажа, его «неблагоприятные обстоятельства» и его хитрые планы по их улучшению с помощью стратегического брака (рис. 10)[94].

Стихотворное описание, озаглавленное «Предисловие к картине», ведется от лица майора, решившего сделать предложение дочери зажиточного бородатого купца Кулькова. Хотя дочь не красива и не умна, «на невест карикатура», майор рассуждает, что к возрасту 40 лет все женщины выглядят похоже. В конце концов, намекает он легкомысленно на Пушкина, компромиссные решения не чужды и поэтам: «Там забыл про вдохновенье, // Примирясь с толпой, поэт...». Затем он отправляет своего слугу Сидора к свахе и поручает ему сочинить историю об ожидаемом наследстве, скором повышении и еженочном призыве к невесте, которое он пятикратно повторяет: «О Кулькова! О мой ангел! друг!» Поэма заканчивается тем, что денщик уходит с поручением организовать его брак. Судя по картине, сделка окажется успешной: об этом говорит самоуверенный вид майора, закручивающего усы, умиротворенное выражение на лице купца, притворная стыдливость невесты, преувеличенное беспокойство

---

93 Цит. по: [Gray 2000b: 137].

94 Текст описания, «Поправка обстоятельств, или женитьба майора (Предисловие к картине)», приводится в [Лещинский 1946: 146–157]. Подробнее о том, как Федотов его читал, см. в [Жемчужников 1971: 109–110].

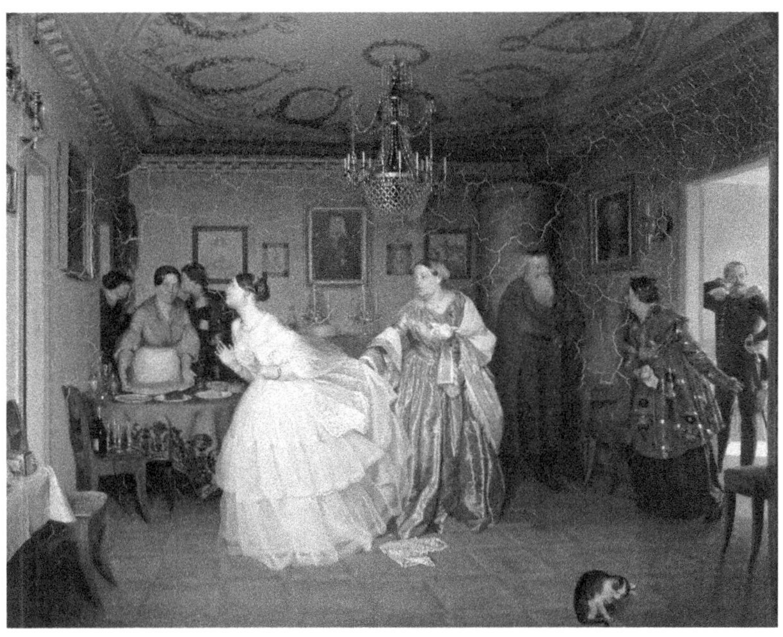

Рис. 10. П. А. Федотов, «Сватовство майора» (1848)

матери, хитрые глаза служанки, заметные на заднем плане пересуды слуг, накрытый стол с бокалами шампанского и даже невозмутимо равнодушная кошка на переднем плане. Если картина может показаться добродушной пародией, то сопровождающая ее поэма, которую Федотов читал вслух на выставке, представляла собой острую сатиру. Помимо того, что устное выступление Федотова имело показной характер, оно, по-видимому, было настолько оскорбительным, особенно для офицеров, которых художник безжалостно пародировал, что цензура немедленно запретила публикацию поэмы, хотя она продолжала распространяться в рукописном виде [Gray 2000b: 143–144][95].

[95] Р. П. Грей предполагает, что майор приносит «многообещающие финансовые перспективы» в обедневшее хозяйство купца; кажется, что поэма Федотова подразумевает противоположный сценарий.

«Сватовство майора» произвело настолько сильное впечатление, что принесло художнику, не имевшему формальной подготовки, звание академика и мгновенное общественное признание в 1848 году. Поэт А. Н. Майков писал: «Причина почти всеобщего восторга, производимого картинами г. Федотова, главнейшим образом заключается в том, что содержание для них он выбрал из русского быта и из сферы, нам более или менее знакомой»[96]. Жанровые картины Федотова также были легки и анекдотичны, сродни газетным фельетонам; в отличие от тяжеловесных исторических полотен, они привлекали публику из среднего сословия, которая узнавала себя в этом злободневном искусстве. Стасов, собственно, охарактеризовал федотовский метод живописи как «фельетонное иллюстрирование ежедневной жизни» [Стасов 1894–1906, 1: 498].

Как показывает «Сватовство майора» Федотова, слово было необходимым и эффективным способом распространения изобразительного искусства в середине столетия. Близость жанра к повествованию делала картины читаемыми. Подобно произведениям художественной литературы, картины с зашифрованными в них историями из повседневной жизни были открыты для интерпретации и давали возможность критикам и зрителям создавать собственное прочтение. Периодическая печать также заботилась о том, чтобы привлекать и публиковать литературные тексты для сопровождения картин. Так, писателю Г. И. Успенскому было предложено сочинить историю, будто бы лежащую *в основе* картины «Прерванное обручение» (1860) Волкова (рис. 11). Ежемесячный художественный альбом «Северное сияние», посвященный исключительно русскому искусству, заказал это произведение, чтобы разместить его рядом с репродукцией картины. В своей истории страсти и предательства, названной «Скандал. Обыкновенная история» (1865), Успенский драматизировал картину во множестве живых подробностей, знакомых массовому читателю.

---

[96] Майков А. Н. «Выставка в Императорской Академии Художеств», в [Лещинский 1946: 227]. Впервые опубликовано в «Современнике» в декабре 1849 года.

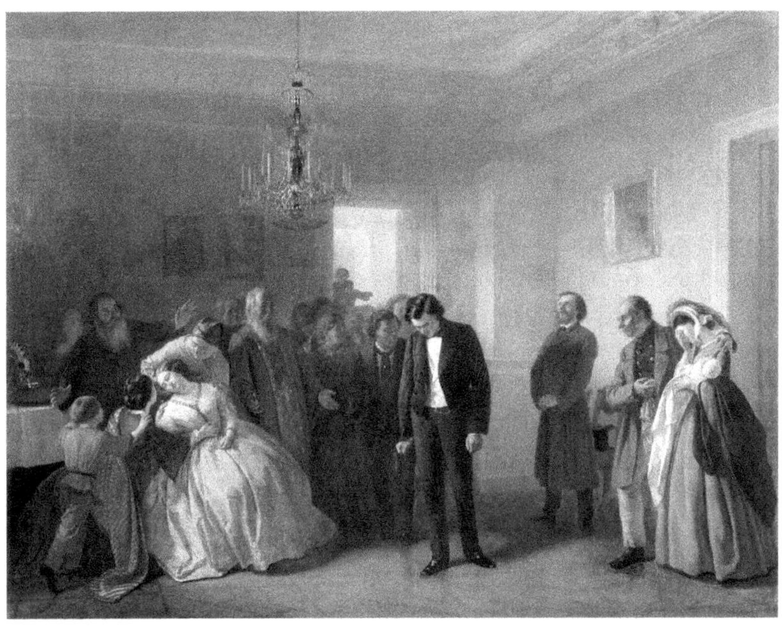

Рис. 11. А. М. Волков, «Прерванное обручение» (1860)

Среди персонажей Успенского — молодая женщина Авдотья Чайкина, чиновник Гаврилов, который обещал жениться на ней, но вместо этого исчез, оставив ее с ребенком, и купец по имени Кузьма Кочетов, который помогает Авдотье найти Гаврилова и разорвать его близящуюся помолвку с другой женщиной, которая нравится самому купцу. В трогательной сцене на картине изображено прерванное обручение: невеста падает в обморок, ее отец негодует, купец ликует, а Гаврилов, охваченный стыдом, стоит замерев посередине комнаты. Однако на этом повествование Успенского не заканчивается. Предвосхищая любопытство читателя относительно будущей судьбы персонажей, рассказчик предлагает положительное разрешение скандалу, изображенному на холсте: Гаврилов раскаивается и женится на бедной Авдотье, а купец обручается с бывшей невестой чиновника [Успенский

1908, 1: 438–455]. Рассказ помог представить картину широкой публике, снабдив ее историей и даже счастливой концовкой.

Литературные картины вводили в искусство новые сюжеты, прежде нечасто доступные для русской аудитории. Во второй половине XIX века происходила постепенная демократизация искусства и дискурса. Уже в 1840-е годы искусство начало реагировать на демографические и институциональные изменения в русском обществе, и в результате Великих реформ эта тенденция выкристаллизовалась в творчестве русских художников-реалистов — передвижников (это художественное движение более подробно рассматривается в следующей главе). В отличие от предыдущей когорты мастеров, учившихся в Академии, многие представители нового поколения вышли из низших слоев среднего класса, а Репин и вовсе был сыном крестьянина[97]. Женщины также стали играть все более важную роль как в создании произведений искусства, так и в их текстуальном осмыслении. С начала 1860-х годов в рецензиях на выставки в Академии фигурирует все больше и больше талантливых художниц, среди которых можно назвать Берн, Е. К. Врангель и Е. П. Михальцеву[98]. В 1871 году Академия наконец формально признала заслуги женщин, приветствуя их творческую деятельность и обещая в официальном заявлении всяческую поддержку[99]. Но в целом к началу 1870-х годов, когда передвижники начали выставляться, роль Академии в формировании русских художников пошла на спад. Если в начале столетия она была авторитетным институтом, поощрявшим изящные искусства, то теперь ее значение померкло по сравнению с успехом, которым пользовались передвижные выставки. Начиная с 1876 года, после 25 лет ежегодных

---

[97] Подробнее о социальном происхождении художников см. в [Valkenier 1989: 10–17].

[98] См., например: Петербургская летопись // Санкт-Петербургские ведомости. 1861. 17 сентября. № 204; В. С. Выставка в академии художеств // Санкт-Петербургские ведомости. 1870. 22 октября. № 291.

[99] В. С. Художественные новости // Санкт-Петербургские ведомости. 1871. 14 октября. № 283.

показов, выставки в Академии снова стали проводиться раз в три года [Каспаринская-Овсянникова 1971: 369, прим.]. В газетных и журнальных публикациях Академия также нередко фигурировала как излишний и даже антинациональный институт.

Однако этот образ Академии был скорее отражением приоритетов и убеждений авторов, чем точным представлением состояния института или искусства, созданного в его стенах. Действительно, новое поколение художников бросило вызов почтенной институции, но в значительной степени именно письменный комментарий был ответственен за представление ее как устаревшей и антинациональной. Е. С. Штейнер показал в своей статье, что Академия, на самом деле, не препятствовала национальной тематике и что даже бунтарски настроенные художники-реалисты продолжали выставлять свои работы в ее стенах. И не *всегда* она была консервативной и карательной, как хотели бы нас уверить многие современные критики [Steiner 2011]. Более того, художники, которых критики восхваляли за русскость их сцен, опирались на ресурсы Академии, получая признание и звания профессоров и академиков, как мы это видели на примере Федотова. Критики, подобные Стасову, сделали больше для создания негативной репутации этого института в обществе, чем демократически настроенные художники или якобы неблагосклонные профессора и директора Академии.

Глава 5
Мир русского искусства в новостях
Живопись и полемика

Рост популярных реалистических тенденций в России эпохи реформ привел к новаторской практике коллекционирования и экспонирования. Два музея, о которых пойдет речь ниже, демонстрируют этот серьезный сдвиг во вкусах. И Третьяковская галерея, и Русский музей являются выдающимися собраниями русского искусства, но в XIX веке они присутствовали в публичной сфере скорее как антиномии. Хотя оба музея номинально отвечали на запрос общества на национальное искусство, только один из них — Третьяковская галерея — вызывал широкое обсуждение и дискуссии в прессе, которые поддерживали интерес публики в течение десятилетий. Положение музеев в обществе зависело преимущественно от степени преобладания культурного национализма в дискурсе того времени.

С зарождением русской школы живописи критики переключили все внимание на картины современных русских художников. К 1870-м годам центр русского художественного мира сместился к передвижным выставкам и Третьяковской галерее, приобретавшей бо́льшую часть реалистических полотен. Третьяковская галерея часто фигурировала в прессе, привлекая комментарий не только экспертов, но и десятков фельетонистов-любителей, чьи сочинения способствовали популяризации русского искусства. Может показаться странным, что государственный Русский музей, открывшийся в Санкт-Петербурге в 1898 году, бледнеет по сравнению с равноценным музеем в Москве. Национальная галерея в Санкт-Петербурге обладала впечатляющей коллекцией самобытных произведений русского искусства — тем не менее отклик, который она вызывала, представлял по большей части безразличие или же формальную похвалу. Это пренебрежение оказало значительное влияние на репутацию Русского музея.

«Реализм и народность»: зарождение русской реалистической эстетики

> Это искусство является, так сказать, открытием для современного критика; в самой России, в действительности, его едва понимают.
>
> *М. Дарсель*[1]

Новая эпоха реализма в изобразительном искусстве началась после Крымской войны, которая, по образному выражению Стасова, «отвалила плиту от гробницы, где лежала заживо похороненная Россия» и высвободила творческий потенциал страны. Война еще больше обнажила плачевное состояние русского искусства. Живопись, созданная знатью, оказалась бессильной перед действительностью, поскольку в ней были только «ангелы и святые в итальянском академическом стиле». Тем не менее уже в конце 1850-х годов в работах молодых русских художников ощутимо проявилось новое содержание и новое, критическое настроение: они представляли не классическую мифологию или библейскую аллегорию, как учили их в Академии художеств, а саму прозу повседневной русской жизни. В руках новой «породы» художников русское искусство претерпело кардинальную метаморфозу. Стасов относит эту революцию во вкусе к 1855 году, году восшествия на престол Александра II: именно в течение тех 25 лет, которые совпали с его относительно либеральным правлением, русское искусство достигло своей

---

[1] Цит. по: [Gautier 1905, 2: 249].

зрелости [Стасов 1894–1906, 1: 502–521, 478, 628]. Движение, воплощающее в себе новую эстетику реализма в течение этого замечательного периода, — передвижники, официально известные как Товарищество передвижных художественных выставок, присутствие которых стало заметно после их первой хорошо принятой выставки в 1871 году.

Понятие русской школы живописи давно привлекало внимание критиков. Вспомним, что поэт Батюшков еще в начале века хвалил искусство за то, что оно вызывает патриотические чувства [Батюшков 1885: особенно 108]. Несколько десятилетий спустя Хомяков также объявил, что «всякое художество должно быть и не может не быть народным», что для него в первую очередь означало, что искусство должно поддерживать связь с простыми людьми [Хомяков 1900, 1: 75, 99]. В другом месте Хомяков провел сравнение между европейскими школами искусства и тем, что он ощущал как несуществующую русскую традицию: «Фламандец, вступая в свою национальную галерею, узнает в ней себя. Он чувствует, что... его душою, его внутреннею жизнию живут и дышат волшебные произведения Рубенса или Рембрандта». Немец чувствует то же самое, глядя на своего Гольбейна или Дюрера, что и итальянец, созерцающий своих Микеланджело и Рафаэля. «Что же общего между русской душою и российскою живописью? <...> В ней узнает ли себя русская душа?»[2] Ближе к концу века коллекционер П. В. Деларов удачно сформулировал эту проблему: «Живопись в России начинается не на почве свободного национального труда, а на почве академической, силою Высочайших повелений»[3].

И все же еще в 1849 году (в год смерти Белинского) Академия подвергла сомнению возрастающий спрос общества на национальное содержание: «национальное не есть цель искусства,

---

2 Вывод Хомякова заключается в том, что национальная культура (духовная личность народа) может открыться только через свои собственные формы: Хомяков А. С. Письмо в Петербург по поводу железной дороги [Хомяков 1900, 3: 113]; первоначально опубликовано в «Москвитянине» в 1845 году.

3 Деларов П. В. Карл Брюллов и его значение в истории живописи // Искусство и художественная промышленность, 1899–1900. № 2. С. 133.

а изящное: к сему последнему должно стремиться, а национальное явится само собою»[4]. Боборыкин также вспоминал, что в 1850-е годы Академия все еще «царила» [Боборыкин 1965, 1: 309]. Однако к 1860-м годам национальная идея получила настолько широкое распространение, что некоторые из медалистов Академии даже отказывались от своей с трудом завоеванной привилегии ехать учиться за границу, предпочитая вместо этого оставаться работать на родине. «Художники не хотели ничего кроме России, — пишет А. И. Михайлов об этой новой тенденции, — а если их посылали за границу, то они бежали оттуда, как это сделал первым Перов» [Михайлов 1929: 91]. Мясоедов, один из лидеров передвижников, фактически заявил, что у русских нет необходимости ехать за границу, потому что итальянское искусство, со всеми его «рафаэлями», было «мертво», и лучшие образцы иностранного искусства можно в любом случае найти гораздо ближе в Императорском Эрмитаже [Молева, Белютин 1967: 24]. Стасов также настаивал на том, чтобы русские художники прекратили «позорную» практику учебы в Европе и обратили вместо этого более пристальное внимание на отечественные сюжеты [Стасов 1894–1906, 1: 540][5]. Если в предыдущие десятилетия вопрос о назначении русского искусства все еще оставался открытым, то к началу 1880-х годов мысль о том, что прежде всего оно «глубоко национальное», как выразился И. Н. Крамской, стала общепринятой как у русских, так и у иностранцев [Valkenier 1990: 186]. Так французский писатель Т. Готье, выбрал именно национальные понятия для выражения своих впечатлений от русской живописи: «вся их работа пропитана решительной национальностью <...> В каталоге недавней большой выставки... где было больше тысячи картин, едва ли сотня была посвящена чему-то иному, кроме пейзажей, нравов и истории России». По мнению Готье, эта «решительная национальность» русской живописи была не чем иным, как революцией в русской эстетике, которая «закрыла открытое Петром Великим окно на Запад»

4 Цит. в [Гинзбург 1974: 4].

5 Ср.: [Кукольник 1846: 12–14].

и привела искусство «назад к его национальным истокам» [Gautier 1905, 2: 272, 265–267].

Русские темы и стили были лишь одним из проявлений народности в искусстве; другое состояло в доступности искусства для членов общества в целом. Этой важной метаморфозе русской живописи из академической дисциплины в форму массового искусства сопутствовало несколько обстоятельств, включая расширение дискурса об искусстве в прессе и распространение произведений искусства по стране Товариществом передвижных художественных выставок.

Стасов был первым, кто сформулировал некоторые из постулатов эстетического национализма эпохи реформ, в котором он видел продолжение похожей тенденции в литературе. Согласно его исследованию, новая реалистическая живопись начала догонять «художественную национальность» Грибоедова, Пушкина и Гоголя. В архитектуре также новая эстетика реализма была отмечена более «искренним» национальным содержанием по сравнению с официально предписанной псевдорусской традицией, примером которой является храмовая архитектура придворного архитектора К. А. Тона, украшавшая царствование Николая I. Особенно страстно Стасов желал отделить формальную национальность, господствовавшую на художественной сцене в 1830-е и 1840-е годы, национальность «совершенно официальную, искусственную, насильственную и поверхностную», от «искренней национальности и реализма, начавшегося у нас не по моде, а по действительной потребности художника и общества» в конце 1850-х годов и начале 1860-х годов[6].

В десятилетие, ознаменовавшееся беспрецедентными политическими изменениями, не менее замечательной была роль, которую в русском обществе играла эстетика. Ч. А. Мозер фактически утверждает, что «эстетические вопросы были в авангарде русской интеллектуальной жизни в течение примерно пятнадцати лет

---

6 Стасов В. В. «Двадцать пять лет русского искусства» [Стасов 1894–1906, 1: 524–526, 634, 624]. Бенуа иронично описывал «новый русский стиль» Тона как древнюю традицию, изобретенную «в один присест». См.: Бенуа А. Н. «Искусство», в [Ковалевский 1900: 898].

после завершения Крымской войны и восшествия на престол Александра II» [Moser 1989: xiii][7]. Как показано в главе 3, в отсутствие профессиональных критиков и академических исследований истории искусства почти каждый журналист и фельетонист писал на эту тему, и колонка об искусстве стала постоянным элементом периодической прессы. До появления путеводителей и специализированных периодических изданий публичный дискурс, объемный, но неровный, поддерживал интерес общества к изобразительным искусствам. Некоторые авторы, однако, сознательно пытались выработать эстетику, соответствующую современной российской действительности. Среди наиболее известных публикаций, помимо обширных комментариев Стасова, следует упомянуть небезызвестную диссертацию Н. Г. Чернышевского «Эстетические отношения искусства к действительности» (1855), радикальный антиэстетизм Д. И. Писарева, полемику Н. А. Добролюбова и Ф. М. Достоевского и консервативную эстетику А. А. Григорьева.

Однако эстетика 1860-х годов была парадоксальным явлением: самыми распространенными определениями, связанными с ней, были «безобразие» и «грязь». Адорно убедительно писал о легитимности и даже главенстве безобразного в современном искусстве, что дает возможность проявиться неприглядным социальным явлениям, ранее считавшимся табуированными [Адорно 2001: 70–91][8]. В русском контексте художники и радикальные критики также отмечали, что приток повседневного материала в искусство раздвинул границы прекрасного до новых пределов. «Если Брюллов, Иванов и Кипренский ознаменовали кульминацию западной идеалистической традиции в России, то Федотов, Тропинин, Венецианов и их собратья представляли собой начало новой эстетики, часто вульгарной, нетрадиционной и даже бунтарской» [Bowlt 1983: 129]. Эта новая тенденция в искусстве содержала в себе также что-то решительно «антипоэтичное»

---

7 Подробнее об эстетических диспутах 1860-х годов см. в [Егоров 1991: особенно 34–56].

8 См. также [Hohendahl 2005].

[Фриче 1923: 130][9]. Действительно, критики часто находили, что красота отсутствует, но готовы были принять имплицитную подрывную программу как неотъемлемую часть этого нового искусства. В течение долгого времени открытые политические требования к искусству и художникам высказывались только из-за границы: в качестве примера можно привести «Вольную русскую типографию» А. И. Герцена и Н. П. Огарева. Однако сами художники не были заинтересованы в политической деятельности: скорее, их работы становились ареной, на которой испытывались идеологически заряженные мнения критиков[10].

Прославляемое одними и критикуемое многими другими, это изменение во вкусе стало достоянием открытого диспута в начале 1860-х годов[11]. Художник и скульптор Рамазанов, писавший под псевдонимом «Художник», был искренне возмущен вульгарным популизмом новейшего искусства:

> Гораздо страшнее за искусство, когда нравственная тина и подонки будничной жизни, во всей их отвратительности, лелеются новейшим поколением художников и служат предметом их любви и восторгов, — и так как подобные содержания картин для большинства публики несравненно знакомее, доступнее и занимательнее Илиады, Одиссеи и истории, то и понятно, что такой *живой действительности* тысячи рукоплещут; а молодые художники, ободряемые этим легким успехом, отыскивают в запуски сюжеты один другого пикантнее, один другого грязнее[12].

По своей сути это был конфликт между высоким стилем и массовым вкусом. Элегантный вкус, кажется, нуждался в защите от искусства повседневности. В более ранней статье тот же автор торжественно защищал изящные искусства от того, что он

---

9 Ср. комментарии Базарова о живописи в романе «Отцы и дети» Тургенева.

10 Подробнее о политической критике искусства см. в [Valkenier 1989: 19–23].

11 Обсуждение различных взаимодействий между художниками и их критиками в эпоху реализма см. в [Adlam 2005]. См. также [Adlam et al. 2005].

12 Художник. На ответ г-на О. Художнику // Современная летопись. 1862. Декабрь. № 49. С. 28.

называл «пошлостью» толкучих рынков, сцен на улице, в задних комнатах трактиров[13]. Его критика звучала не на пустом месте — в действительности, в обоих случаях он отвечал анонимному оппоненту, который также писал для «Современной летописи», но выступал решительно в поддержку новой русской жанровой живописи.

Вскоре к дискуссии с обеих сторон присоединились и другие голоса. В большинстве случаев это были голоса любителей: профессиональная художественная критика, хотя уже существовала, все еще была в конце 1860-х годов в процессе становления, отчасти подстегиваемая интуитивными сочинениями фельетонистов[14]. Например, в своей рецензии на ежегодную выставку в Академии в 1863 году Н. Дмитриев сетовал на болезненные чувства, которые внушил ему показ:

> Что-то не эстетическое выносится из храма искусств. Неприятно представляются в воображении множество трупов и страдальцев, бешено глядят на вас выкатившиеся глаза сумасшедшего и т. д. А между тем искусство, кажется, должно бы успокаивать дух, устраивать и очищать его, если и есть в нем что-либо тревожное, а не возмущать![15]

Если для Дмитриева такое возмущение духа было неприятным, Стасову и ему подобным, наоборот, волновать — на самом деле, скандализировать — общество как раз и представлялось главной *функцией* нового искусства. Если единственной целью старой академической традиции было прославление, поиск и воспроизведение идеала красоты, новое реалистическое искусство вызывало скандал именно потому, что оно отказывалось от этого, выбрасывая за борт вычурные стили и сюжеты Академии.

---

[13] Художник. По поводу заметок о выставке академии художеств // Современная летопись. 1862. Ноябрь. № 44. С. 27.

[14] Кауфман, наоборот, выделяет именно профессиональную художественную критику, истоки которой он возводит к рецензии Батюшкова на выставку в Академии изящных искусств в 1814 году [Кауфман 1985].

[15] Дмитриев Н. Годичная выставка в С.-Петербургской академии художеств // Современная летопись. 1863. Октябрь. № 36. С. 15.

Эстетические споры середины XIX века были тщательно проанализированы выдающимися учеными, особенно в отношении литературных произведений той эпохи[16]. Самым влиятельным трудом, перевернувшим эстетику, как ее называли в это время, с ног на голову, была диссертация Чернышевского «Эстетические отношения искусства к действительности» (1855). В своем знаменитом определении прекрасного — «прекрасное есть жизнь» — Чернышевский фактически помещает эстетику *вне* сферы искусства в саму действительность, действительность, не ограниченную приличиями и состоящую из всех «интересных для человека явлений действительной жизни». Многие современники приветствовали основной принцип реалистической эстетики Чернышевского; Стасов, к примеру, отозвался на него следующим образом: «высший законодатель для искусства — не школа и музей, а сама жизнь» [Стасов 1894–1906, 1: 536][17]. Более того, Чернышевский утверждал, что живая действительность выше искусства: «надобно признаться, что наше искусство до сих пор не могло создать ничего подобного даже апельсину или яблоку, не говоря уже о роскошных плодах тропических земель». При всей своей радикальности эстетика Чернышевского не призывала «унизить» искусство, а, скорее, напомнить аудитории о его настоящей функции. Согласно этому принципу, основанному на наставлении и суждении, цель искусства состоит в том, чтобы воспроизвести действительность во всех ее многогранных проявлениях, вынести о ней суждение и объяснить ее значение и мораль [Чернышевский 1986: 164, 110][18]. Применение утилитарной эстетики к изобразительному искусству в 1860-е годы было, в некотором смысле, продолжением более ранней полемики между сторонниками Пушкина и Гоголя в литературе,

---

16 См., например, [Moser 1989; Егоров 1991; Егоров 2009].

17 Боборыкин придумал интересный термин для описания идеологии Стасова, развивавшейся под сильным влиянием Чернышевского: «нигилизм на национальной подкладке» [Боборыкин 1965, 1: 310].

18 Подробнее об эстетике Чернышевского см., например, в [Woehrlin 1971: 144–186].

вспыхнувшей в 1856–1857 годах между Дружининым, последователем теории «чистого искусства», и Чернышевским, пылко защищавшим Белинского и Гоголя. Белинский писал в 1847 году, что всякое произведение литературы, даже если оно полностью лишено художественных качеств, полезно, пока верно его содержание [Белинский 1953–1959, 12: 444–445; Eikhenbaum 1968: 224 и далее][19]. Известно также заявление А. В. Никитенко, подчеркивающего гражданский долг эстетики: «Искусство должно служить человечеству, а не человечество искусству» [Никитенко 1955: 235].

Тем не менее утилитарный реализм Чернышевского был скромен по сравнению с яростным антиэстетизмом Писарева, который не только приветствовал диссертацию Чернышевского, но и дошел до фактического призыва о полном уничтожении бесполезной эстетики. Писарев занял крайнюю радикальную позицию: в своей рецензии на трактат Чернышевского, колко озаглавленной «Разрушение эстетики», он практически свел сам предмет эстетики к вопросу «физиологии и гигиены»[20].

На другом конце спектра находились «эстетические критики», как Мозер называет Ф. М. Достоевского, А. А. Григорьева, Н. Я. Соловьева и других. Для Достоевского искусство и красота были абсолютными категориями, не зависящими от их потребительской ценности или идеологической направленности.

> Искусство есть такая же потребность для человека, как есть и пить. Потребность красоты и творчества, воплощающего ее, — неразлучна с человеком, и без нее человек, может быть, не захотел бы жить на свете. Человек жаждет ее, находит и принимает красоту *без всяких условий*, а так, потому только, что она красота, и с благоговением преклоняется перед нею, не спрашивая, к чему она полезна и что можно на нее купить? [Достоевский 1972–1990, 18: 94].

---

19 Я благодарна Д. Фэнгеру за то, что он обратил мое внимание на эти источники.

20 См. статью Писарева «Разрушение эстетики» [Писарев 1897, 497–516, особенно 502].

Даже после того, как Достоевский признал, что искусство должно откликаться на действительность (и тем самым выполнять социально полезную функцию), художественность и эстетическая ценность оставались для него первичными [Джексон 2020: 157–159]. Более того, он считал, что нравственная основа искусства никогда не должна ставиться под угрозу[21].

Достоевский открыто критиковал утилитарность в искусстве. Среди картин, выставленных в Академии в 1861 году, писатель выделил одну — «Привал арестантов» (1861) Якоби. По его мнению, эта работа состояла из серии снимков одинаково безобразных предметов, которые не могли удовлетворить, потому что при всем реализме художника он пренебрег изображением настоящих людей. В результате картина получилась сплошь мелодрамной, рассчитанной на «эффект» (по понятным причинам Достоевский был чувствителен к этой теме, учитывая его личный опыт каторги). Тем не менее картина Якоби произвела сильное впечатление на посетителей выставки: сам Достоевский отмечал, что она приковывала внимание людей из всех слоев общества, и Академия наградила Якоби престижной золотой медалью[22]. Здесь, как и в случае с критикой романа «Что делать?», эстетическое суждение Достоевского выступало против вкуса публики. Тем не менее эстетика безобразного прижилась. Только на рубеже столетий она столкнется с серьезным вызовом в лице Дягилева, который, как известно, осудит Чернышевского как варвара [Фриче 1923: 165].

Пока большинство участников художественной полемики 1860-х годов были заняты литературой, Стасов одним из первых применил принципы новой эстетики к изобразительному искус-

---

21 Достоевский писал в «Дневнике писателя»: «Я ужасно люблю реализм в искусстве, но у иных современных реалистов наших нет *нравственного центра* в их картинах...» Достоевский Ф. М. «Дневник писателя за 1877 г.» [Достоевский 1972–1990, 25: 90].

22 Достоевский Ф. М. «Выставка в Академии художеств за 1860–1861 год» [Достоевский 1972–1990, 19: 151–168]. Подробнее об эстетике Достоевского см. в [Фридлендер 1972: особенно 145–164]. О картине Якоби, в частности, см. в [Джексон 2020: 85–88].

ству. 1863 год был ознаменован публичным «появлением» (больше похожим на взрыв) этой новой тенденции в русском искусстве, когда накануне столетнего юбилея Академии 14 претендентов на золотую медаль во главе с Крамским отказались принимать участие в конкурсе, где нужно было написать работу на сюжет из скандинавской мифологии, «Пир богов в Валгалле». Вместо этого они покинули Академию и создали свою собственную мастерскую, рабочую коммуну под названием Санкт-Петербургская артель художников. Рост критического дискурса в прессе, который последовал за первоначальным молчанием, окружавшим восстание против Академии 1863 года, был примечателен. Позже Стасов будет вспоминать, что поначалу было почти невозможно опубликовать что-либо об исходе художников. Его собственная статья, появившаяся в конце концов в «Библиотеке для чтения» после ряда отказов, была единственной [Стасов 1894–1906, 1: 479]. Прошло чуть более десяти лет, и полемика по поводу нового реалистического искусства зазвучала по всей стране.

Если до этого переломного момента в истории русского искусства все художники были как «одна большая трафаретная фабрика, с итальянками у фонтана и лжеисторическими сюжетами», то поколение после 1863 года обратилось к сюжетам столь же разнообразным (и часто столь же непривлекательным), как сама русская жизнь [там же: 479][23]. Валкенир резюмирует:

> В эстстичсском диспуте о художественных достоинствах реалистически написанных сцен из домашней и публичной жизни консервативное мнение сокрушалось об исчезновении вечно прекрасных форм и предметов в пользу «фотографической» передачи улиц или трактиров со всеми их «банальными» и «уродливыми» подробностями. Либералы восхищались этими картинами реального русского мира, которыми давно занимались русские писатели [Valkenier 1989: 19].

---

[23] Подробнее об эволюции эстетики Стасова см. в [Образцов 1975].

Даже если теоретическая сторона полемики, как предположил Мозер, в основном завершилась к 1868 году, проявления безобразного в литературе и искусстве продолжали распространяться в последующие десятилетия [Moser 1989: 69]. Кульминацией стали произведения художников Артели и позднее передвижников, которые вырвались из удушающих традиций Академии, как это воспринималось современными критиками, и вместо этого пошли по пути русской реалистической литературы[24].

Критическое восприятие этой тенденции является ключом к последующему анализу, ведь сами художники-иконоборцы, как утверждает Штейнер, «никогда не действовали бескомпромиссно во имя своих эстетических идеалов против истеблишмента». Власти также не были «однозначно угнетающими и безапелляционными ни в отношении тематики, ни в отношении выставочной политики» [Steiner 2011: 253][25]. Русские художники не были уникальны в своем стремлении отделиться от официальных институтов: Федерация художников Парижской коммуны (Fédération des Artistes), например, была учреждена в том же году, что и Артель, и похожим образом отстаивала независимость. Скорее, в случае профессиональных художников русской реалистической школы рынок был не меньшей мотивацией, чем эстетика, и они не рассматривали себя как принципиальных революционеров, каковыми их считал Стасов и многие другие.

Хотя Артель, возникшая в 1863 году в Санкт-Петербурге, и московская группа передвижников были независимы друг от

---

[24] Стасов охарактеризовал передвижников следующим образом: «Новое поколение художников воспитывалось... на Гоголе, Островском и Некрасове, Белинском, Добролюбове и Писареве; место литературных и социальных тем заняли романы "Кто виноват?" и "Что делать?" и множество сочинений крупных европейских мыслителей, явившихся тогда в русском переводе. Следовательно, еще с ученической скамьи им было душно и больно в прежних школьных рамках Академии с ее искусственными запретами и указами на творчество, с ее классической дрессировкой, опирающейся на античные статуи, картины старинных мастеров и задаваемые затхлые сюжеты» [Стасов 1894–1906, 1: 748].

[25] См. также [Steiner 2009].

друга, современные критики, как правило, рассматривали их как составляющие движения русского национального реализма[26]. Художник, объединивший две группы и сыгравший важную роль в их судьбах, Крамской, открыто говорил о положении русской школы живописи, и его высказывания стали достоянием публичного дискурса благодаря популистским текстам, окружавшим выставочную деятельность художников. В 1864 году Крамской заявил:

> Русскому [художнику] пора, наконец, становиться на собственные ноги в искусстве, пора бросить эти иностранные пеленки; слава богу, у нас уже борода отросла, а мы все еще на итальянских помочах ходим. Пора подумать о создании своей русской школы, национального искусства!.. <...> ...наше искусство пребывает в рабстве у Академии; а она есть сама раба западного искусства. Наша задача настоящего времени — задача русских художников — освободиться от этого рабства[27].

Главным образом, именно благодаря категоричным утверждениям Крамского, а также беспрецедентному характеру восстания в Академии художеств и ретроспективным размышлениям Стасова 1863 год вошел в историю как переломный момент в русской эстетике. Однако художники работали над национальными темами и до, и после.

С профессионализацией искусства рыночная экономика заменила государственную монополию в качестве арбитра вкуса. Профессиональные живописцы перестали быть слугами государства и начали взаимодействовать прямо с потребителями, а художественные выставки превратились в коммерческие площадки [Михайлов 1929: 93; Рогинская 1989: 21][28]. Пресса решительно представляла публику как решающий фактор в вопросах

---

[26] Подробный анализ этих художественных групп см. в [Steiner 2011] и [Steiner 2009].

[27] Цит. по: [Репин 1944: 170].

[28] Подробнее об организации общества передвижников см. в [Valkenier 1989: 39].

стиля и предпочтений: «Искусство стало товаром, производимым на рынок», как метко заметил один из критиков [Михайлов 1929: 93][29]. По словам другого обозревателя, «Содержание картины меньше зависит от художника, чем от публики. Художник делает то, что публика хочет, что ей нравится»[30]. Изображение этого сценария мы видим в злободневном произведении Пукирева «В мастерской художника» (1865), где показано, как два купца, представители этой новой публики, обсуждают стоимость картины, которую они думают купить. Хотя с 1859 года Академия также стала брать входную плату (что вызвало бурю протестов в прессе якобы от имени потерявших интерес зрителей), для передвижников продажа билетов была надежным источником дохода, составляя в 1880-е годы до 25 000 рублей. Продажа картин, на пике успеха Товарищества достигавшая 95 000 рублей, была еще одним таким источником. Художники полагались на продажи, что говорило как об их успехе у аудитории, так и об их независимом денежном обеспечении [Ely 2002: 196][31]. Финансовые соображения Товарищества передвижных художественных выставок были отражены в его Уставе, согласно которому передвижные выставки должны были способствовать продаже произведений искусства, а также доставлять их в провинцию и воспитывать вкусы общества в целом.

Среди новых тем в искусстве, которые считались исключительно русскими, были нищета крестьян, продажность духовенства,

---

[29] Финансовые соображения Товарищества передвижных художественных выставок, включая выставки и продажи, были отражены в его Уставе [Valkenier 1989: 39].

[30] К. В. Фельетон. Заметка неспециалиста по поводу выставки в академии художеств. Беглый взгляд на прошлое // Русский инвалид. 1860. 24 сентября. № 205. Еще один фельетонист соглашался, что эпоха традиционного меценатства прошла и что «лучший и самый щедрый меценат — публика» (Из петербургской жизни // Северная почта. 1863. 26 сентября. № 211).

[31] См. также: Художник [Ф. Ф. Львов]. Воспоминания об Академии художеств, 1859–1864 // Русская старина. 1880. Октябрь. № 10. С. 405; В. С. Еще о нынешней выставке // Санкт-Петербургские ведомости. 1865. 4 ноября. № 290; В. С. Выставка в академии художеств // Санкт-Петербургские ведомости. 1870. 22 октября. № 291.

обездоленные заключенные, разрушительная война, рабский труд народных масс, смерть и скорбь. Этот сдвиг в эстетике в сторону грубого социального реализма был не чем иным, как «квантовым скачком от федотовской сатирической трактовки различных классов и их слабостей к разоблачению институтов, угнетавших народ»[32]. «Сельский крестный ход на Пасхе» (1861) Перова, например, затронул то, что не подлежало критике: в образе пьяного священника художник посмел осудить организованную религию и создал пародию на весь пасхальный обряд. Столь же обличающей была картина «Проводы покойника» (1865) Перова, которую Стасов считал одной из лучших картин художника. Критик подробно писал об этом произведении искусства, сравнивая его с поэзией Некрасова и отмечая исключительную способность художника передать тяготы ежедневных крестьянских будней в трогательной картине похорон. Но «грозная, суровая трагедия» картины состояла не столько в самих похоронах, сколько в том, что изображенное на ней «всякий день происходило на тысяче концов России». Эта картина, подобно другому шедевру Перова, «Тройке» (1866), изображающему трех голодных подмастерьев, с трудом тянущих чан с водой в морозную погоду, позволила искусству взять на себя «все величие своей настоящей роли: оно рисовало жизнь, оно “объясняло” ее, оно “произносило свой приговор” над ее явлениями» [Стасов 1894–1906, 1: 543]. Иными словами, у Перова был тот тип «безобразной», но «полезной» эстетики, которую проповедовали Чернышевский и Писарев: его искусство разоблачало и обвиняло. «Тройка» и «Проводы покойника» успешно выставлялись на Всемирной выставке в Париже в 1867 году[33]. Многие из современников Перова также привносили жизнь во всех ее уродливых проявлениях в свое искусство. Среди таких шокирующих произведений были «Привал арестантов» В. И. Якоби, «В осажденном Севастополе» К. Н. Филиппова (1862), «Кредитор описывает имущество вдовы»

---

[32] Valkenier E. K. «The Intelligentsia and Art», в [Stavrou 1983: 161].

[33] Обстоятельный анализ творческой карьеры Перова см. в [Gray 2000b: 155–177].

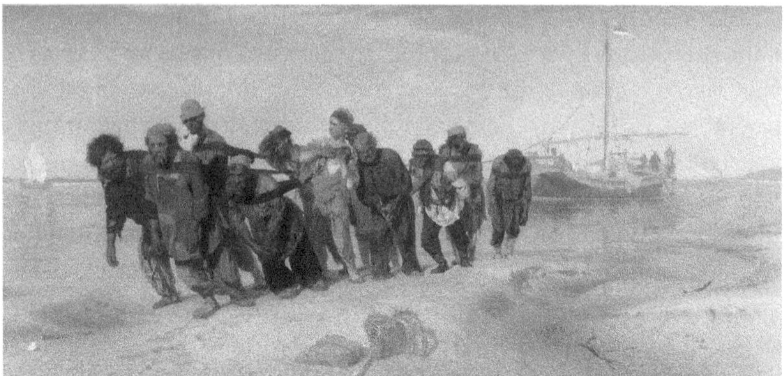

Рис. 12. И. Е. Репин, «Бурлаки на Волге» (1870–1873)

Ф. С. Журавлева (1862), «Поминки на кладбище» А. И. Корзухина (1865) и «Земство обедает» (1872) Г. Г. Мясоедова[34].

Репин, присоединившийся к передвижникам в 1878 году, создал то, что Стасов считал «первой картиной всей русской школы» — картину «Бурлаки на Волге» (1870–1873) (рис. 12). В групповом портрете Репина, изображающем артель бурлаков, несчастных, наполовину потерявших человеческий облик и занятых нечеловеческим трудом людей, русский критический реализм достиг своего апогея. Картина впервые была показана на выставке в Академии 1873 года и сразу же стала знаменитой. Как утверждал Стасов, символическая ценность «Бурлаков» Репина была так же важна для поколения 1870-х годов, как «Последний день Помпеи» Брюллова для предыдущего [Стасов 1894–1906, 1: 547].

Достоевский увидел картину Репина в составе русской коллекции, предназначенной для Всемирной выставки в Вене. Под заголовком «По поводу выставки» писатель опубликовал в «Дневнике писателя» рецензию на этот художественный показ.

---

[34] Можно также добавить «Шутники. Гостиный двор в Москве» И. М. Прянишникова (1865), «Обжорный ряд в Петербурге» (1858) А. М. Волкова, «Ожидание» (1875) В. Е. Маковского и множество других подобных актуальных изображений современной русской действительности.

Неизменно осознавая международный контекст, в котором Россия будет оцениваться на выставке, и роль русского искусства в достойном представлении его страны за рубежом, Достоевский стремится подчеркнуть особую национальность русского искусства. Писатель считает, что именно жанровая живопись является наиболее подходящей формой искусства для выражения русской национальности, даже если она может оказаться наименее понятной для иностранцев. Достоевский подчеркивает принципиальную непереводимость подлинно национальных шедевров (таких как произведения Пушкина, Гоголя и «даже» Тургенева) на западноевропейские языки: «все характерное, все наше национальное по преимуществу (а стало быть, все истинно художественное), по моему мнению, для Европы неузнаваемо». В преддверии знаменитого лейтмотива пушкинской речи, Достоевский вопрошает в 1873 году: «Но жанр, наш жанр — в нем-то что поймут?» [Достоевский 1972–1990, 21: 69–70]. Жанр — это, продолжает Достоевский, «искусство изображения современной, текущей действительности, которую *перечувствовал* художник сам лично и видел собственными глазами» [там же: 76]. Между прочим, Стасов, который являлся оппонентом Достоевского по многим другим вопросам, тоже не считал, что Репина можно было бы «перевести»: «Репин нарисовал своею кистью что-то такое ужасное, что-то такое потрясающее», что иностранцы не смогли бы полностью оценить «громовой удар», который эта картина произвела в русском обществе [Стасов 1894–1906, 1: 548].

Новое поколение художников-реалистов нашло свое отражение и в вымышленных повествованиях. Рассказ Гаршина «Художники» (1879) является программным в своем изображении некоторых ключевых вопросов эстетики безобразного. Повествование состоит из двух конкурирующих сюжетных линий: одна из них — о художнике-пейзажисте с говорящим именем Дедов, поддерживающем традиционное академическое обучение, а другая — о жанристе Рябинине, чей выбор сюжета определяет его как реалиста. Вместо спонсируемой Академией поездки за границу Рябинин решает поставить свой талант на службу обществу, раскрывая и обнажая его уродливые истины. Рябинин воплотил в себе новое представление о художнике как о герое, ролью которого, по словам одного из критиков, является «служить жизни и становиться одним из числа двигателей в развитии общественного сознания»[35].

Гаршин показывает две традиции, сосуществующие в диалоге и конфликте. В конце рассказа каждый художник создает шедевр, и каждый получает высокую оценку критиков и публики. Дедов заканчивает свою спокойную картину «Майское утро», завоевывает золотую медаль Академии и с восклицанием «Vivat Academia!» уезжает за границу для продолжения обучения. Рябинин же выбирает для изображения «странный и дикий сюжет»: рабочего-глухаря, одетого в «лохмотья», со всклокоченными волосами, с багрово-красным и грязным лицом, скорчившегося в три погибели в темном углу котла и «задыхающегося от усталости». Написав это сильное, «ужасное» произведение, признанное шедевром даже его соперником, Рябинин создал не просто картину — он изобразил «созревшую болезнь» России [Гаршин 1976: 106–109].

Вымышленная картина Гаршина должна была напомнить современникам о реальном шедевре, «Кочегаре» Ярошенко (1878), изобразившей социальные беды России, который, собственно, и вдохновил Гаршина [Баршт 1988: 11]. Эстетическое отвращение, которое испытал академически настроенный Дедов при виде рябининского рабочего-глухаря, было чувством, знакомым зрителям, видевшим «Кочегара» Ярошенко и многие другие подобные тревожащие произведения искусства.

> Что за поэзия в грязи! <...> вся эта мужичья полоса в искусстве — чистое уродство. Кому нужны эти пресловутые репинские «Бурлаки»? Написаны они прекрасно, нет спора; но ведь и только. Где здесь красота, гармония, изящное? А не для воспроизведения ли изящного в природе и существует искусство? [Гаршин 1976: 106].

---

[35] О. По поводу выставки в академии художеств // Русский художественный листок. 1860. 1 сентября. № 25. С. 93.

Новое поколение русских художников, как мы видели, выбрало неприглядную правду и сделало ее публичным заявлением.

Но как могли все эти *безобразные* образы России — созданные Ярошенко, Перовым, Репиным — способствовать формированию *положительной* русской идентичности? Во-первых, повседневная действительность, которую изображали художники-жанристы, была именно русской действительностью, зрители узнавали ее, она устанавливала мгновенную связь между различными представителями аудитории и художниками. Во-вторых, социальные группы, участвующие в этом строительстве общества через искусство, были разнообразны: еще до того, как произведения передвижников отправлялись в путешествие по стране, в периодической печати распространялись и обсуждались их работы. Притом что ограничения относительно того, что можно было сказать об *искусстве*, были довольно мягкими (что представляло разительный контраст с другими, более уязвимыми вопросами), большое количество критиков-любителей свободно выражало свое мнение в прессе. Хотя в их анализе часто не хватало искушенности — а иногда даже элементарного здравого смысла, — они давали голос быстро растущей, хотя все еще аморфной массе русских граждан из среднего сословия. Мы видели ранее, что более глубокий смысл шутливого «Сватовства майора» Федотова можно было найти в сопровождающем его художественном тексте; таким же образом критика и литературное творчество в целом часто больше способствовали развитию национального сознания в искусстве, чем само искусство.

В этом отношении не имеет значения, испытывали ли такие «подлинно» русские художники, как Федотов и Репин, влияние западноевропейского искусства (Грей и Валкенир приводят веские доводы в пользу этого утверждения [Gray 2000b: 138–141; Valkenier 1989: 59–61]). Судя по реакции русского общества на эти произведения, их превозносили как исключительно, безусловно русские. Притом что профессиональная художественная критика появилась совсем недавно, художественные «критики», скорее всего, не знали всех нюансов влияния и адаптации. Вполне возможно, что они ошибались относительно врожденной «русскости» художников, но их мнение широко распространялось в публичной сфере и таким образом играло важную роль в определении национальной культуры. Ярко выраженный русский национальный дух, который будто бы присутствовал в картинах русской реалистической школы, был результатом их творчества; это было дискурсивное образование, расположенное *вне* холста, в газетах и журналах, где имел место публичный художественный дискурс, возглавляемый в первую очередь Стасовым и поддерживаемый (или опровергаемый) многими любителями и профессиональными критиками.

Искусство в движении: передвижные выставки и Третьяковская галерея

Товарищество передвижных художественных выставок было скорее публичным заявлением, чем художественным движением или тенденцией. С открытием первой выставки передвижников в Санкт-Петербурге (1871), которую затем также смогли увидеть зрители в Москве, Киеве и Харькове, русское национальное искусство наконец получило распространение, как непосредственно в материальной форме, так и в дискурсивном варианте. Первая передвижная выставка имела моментальный и несомненный успех, несмотря на относительно небольшую коллекцию представленных картин (в отличие от обычного количества 350–400 работ на выставках Академии)[36]. Среди них были такие шедевры, как «Охотники на привале» и «Рыбаки» В. Г. Перова; «Петр I допрашивает царевича Алексея в Петергофе» и «Портрет И. С. Тургенева» Н. Н. Ге; «Грачи прилетели» и «Лесная дорога в Сокольниках» А. К. Саврасова, а также произведения И. Н. Крамского, И. М. Прянишникова, Г. Г. Мясоедова, А. П. Боголюбова и И. И. Шишкина. В течение месяца работы выставки в Санкт-Петербурге ее увидело колоссальное количество посе-

---

[36] Ученые расходятся во мнениях относительно точного числа выставленных картин; Валкенир называет число 46 [Каспаринская-Овсянникова 1971: 82].

тителей — 11 515 человек; 10 440 в Москве [Каспаринская-Овсянникова 1971: 377]. С этими первыми успешными выставками передвижники, по сути, стали тем, что Валкенир называет «альтернативным художественным центром» по отношению к Академии художеств [Valkenier 1989: 40].

Любопытно, что передвижные выставки, которые помогли определить русское национальное искусство, не были русскими по своему происхождению. Инициатор движения Мясоедов во время своего пребывания за границей в 1860-е годы изучил практику гастролирующих выставок в Германии и Бельгии; он и Ге интересовались также попыткой британцев организовать выездные художественные показы [Рогинская 1989: 18]. На домашнем фронте предтечей была выставка в Нижнем Новгороде, организованная Крамским в 1865 году [Фриче 1923: 112][37]. Тем не менее первая передвижная выставка, широко освещенная в прессе и собравшая тысячи посетителей, была небывалым событием: «Это был *первый* выход в свет первого в России вольного творческого содружества» [Рогинская 1989: 24]. Современники особенно высоко оценили публичный характер этого начинания. Стасов, к примеру, реагировал с радостным недоверием: кто бы мог подумать, что русские художники «вдруг бросят свои художественные норы и захотят окунуться в океан действительной жизни»?[38]

Среди специфических особенностей русского реалистического искусства особенно важными для настоящего исследования являются две: его распространение и его потребление. До 1871 года даже крупные провинциальные города знакомились с русской живописью лишь из вторых рук по отзывам в прессе и случайным гравюрам, качество которых в эпоху, предшествующую фотомеханическому воспроизведению, оставляло желать лучшего [Рогинская 1989: 26]. С появлением передвижных выставок в провинции аудитория потенциальных ценителей эстетики и объем

---

[37] См. также [Valkenier 1989: 36].

[38] В. С. Передвижная выставка. Статья первая // Санкт-Петербургские ведомости. 1871. 3 декабря 1871. № 333.

дискурса заметно выросли. В конце столетия ежегодные передвижные выставки привозили искусство в Москву, Киев, Харьков, Одессу, Тулу, Тамбов, Ярославль, Курск, Елизаветград, Полтаву, Казань, Саратов, Вильну и Варшаву [Valkenier 1989: 47]. «Русские в провинции были среди самых восторженных сторонников передвижных выставок», — пишет Валкенир. Однако она спешит определить, что выставки Товарищества

> не были предназначены для русских крестьян и рабочего класса и никогда не доходили до них. В отличие от народников 1870-х годов, передвижники не ездили в деревню, где в бедности и убожестве жило 80 процентов населения; они никогда не «пачкали свои руки» реальным контактом с сельскими массами. Но они привели искусство в провинцию — точнее, в образованную провинциальную элиту [там же: 45].

Циркулирующее в обществе искусство достигло ранее отстраненной середины: передвижные выставки были нацелены на ту же широкую публику, которая следила за эволюцией русского искусства в прессе.

Изменилась и система покровительства искусству, когда частные лица начали заменять Академию как арбитры вкуса. В это время художник Мясоедов писал:

> Мецената заменил любитель, не платонический любитель, готовый всегда ссудить художника просвещенным советом, но любитель — покупатель, любитель — коллектор, симпатизирующий всему отечественному и совершенно свободный от культа формы или стиля, главным образом, ценивший в искусстве его живое начало[39].

Социальная группа, влиявшая на художественный климат в 1870-е годы, состояла преимущественно из купечества и промышленников. Богатые московские купцы были основными покровителями русского стиля в архитектуре, а также главными

[39] Цит. по: [Михайлов 1929: 105].

сторонниками русской школы живописи. Грей много пишет об этом новом типе меценатов в Москве:

> Зарождающееся меценатство двигающихся вверх по социальной лестнице купцов и промышленников привело к появлению многочисленных новых коллекций. Что наиболее важно, отсутствие унаследованных предположений о вкусе сделало новых покровителей более восприимчивыми к новым художественным процессам и отклонениям от традиционной, классической эстетики. В соответствии с возрастающим патриотизмом и растущим самосознанием, характерным для того времени, и стремясь отличить свое собственное, развивающееся меценатство от аристократического, новые коллекционеры-мещане начали отказываться от рынка зарубежного искусства в пользу искусства своей страны. Идеи национальности также породили предложения о национальных коллекциях [Gray 2000b: 36–37].

В отличие от Императорского Эрмитажа и Академии художеств, частные галереи москвичей В. А. Кокорева, Ф. И. Прянишникова, К. Т. Солдатенкова, Г. И. Хлудова и других специализировались на творчестве ныне живущих русских художников. В то время как Эрмитаж ревностно охранял свои национальные сокровища драконовскими, как это ощущали многие современники, законами, многие картинные галереи в Москве предлагали свободный доступ всем желающим. Кокоревская галерея, например, была открыта «без всяких формальностей для всей образованной и жаждующей образования публики»[40]. Собирательская деятельность московских меценатов в 1860-х и 1870-х годах была столь горячей, что в 1881 году Стасов писал с досадой: «Все главное, что создано новою русскою школою, находится в Москве». В Санкт-Петербурге, напротив, не было ни одной русской галереи, ни частной, ни государственной [Стасов 1894–1906,

---

[40] Кокоревская картинная галерея // Картинные галереи Европы. 1863. № 2. С. 45–46. Другой журналист также считал, что Кокоревской галерее удалось стать доступной для публики, что, по его мнению, является первичной функцией музея (К. В. Письма из Москвы. (Окончание) // Русский художественный листок. 1862. 10 октября. № 29. С. 115–117).

1: 483][41]. Московское купечество многое сделало для развития национальной тенденции в изобразительном искусстве. Как отмечает Стайтс, купцы, которые в своих вкусах часто склонялись к визуальному и театральному (лубок, иконы, народные ярмарки), служили «жизненно важными посредниками в “национализации” искусства России» [Stites 2005: 388].

Самая знаменитая московская коллекция принадлежала промышленнику и покровителю искусства П. М. Третьякову. Третьяков начал собирать современное русское искусство в 1850-е годы, и к середине 1870-х годов у него была обширная частная галерея, которую он открыл для публики. Он особенно активно участвовал в передвижных выставках: его масштабные приобретения обеспечивали постоянную поддержку художникам, которые считали его исключительным благотворителем и другом[42]. Легендарный покровитель русской реалистической живописи часто делал свои приобретения еще до открытия выставок для публики[43]. Реакция публики на начинания Третьякова, однако, варьировалась в зависимости от города. Так, Стасов отмечал, что в Москве, новом центре произведений национального искусства, русские относились к патриотическому проекту Третьякова с неподдельным энтузиазмом, тогда как в Санкт-Петербурге, столице империи, общество смотрело на него с плохо скрываемой завистью:

---

41 Одна из причин этого культурного тяготения к Москве была демографической: «В Москве к 1830 году купцы несколько превосходили числом дворянство, но в Санкт-Петербурге было 42 900 дворян и только 6800 купцов, многие из которых имели скромный достаток. Остальную часть населения составляла большая группа мелких буржуа, еще большая группа недавно урбанизированных крестьян и около 13 000 иностранцев (2,9 % населения)» [Starr 1983: 98].

42 Валкенир подробно писала о Третьякове. См. [Valkenier 1989: особенно 64–65]. О приобретениях Третьякова на первой передвижной выставке см. в [Рогинская 1989: 27]. Подробнее о меценатстве Третьякова и о развитии художественного рынка в Москве в целом см. в [Norman 1991] и [Bowlt 1991].

43 Подробнее об отдельных произведениях, выставляемых на передвижных выставках, а также о формах приобретения Третьякова см. в [Каспаринская-Овсянникова 1971: 366–399].

> Г. Третьяков — это один из самых злых врагов Петербурга, потому что он в первую же минуту покупает и увозит к себе в Москву, в превосходную свою галерею русского художества, все, что только появится у нас примечательного; но в то же время он один из тех людей, имя которых никогда не позабудется в истории нашего искусства, потому что он ценит и любит его, как навряд ли многие, и в короткие годы составил, на громадные свои средства, такую галерею новой русской живописи и скульптуры, какой нигде и ни у кого больше нет, даже в Академии и в Эрмитаже... <...> Итак, чего не делают большие общественные учреждения, то поднял на плечи частный человек — и выполняет со страстью, с жаром, с увлечением, и — что всего удивительнее — с толком[44].

Третьяков также участвовал во всемирных выставках в Лондоне, Париже и Вене, предоставив работы, благодаря которым русское искусство начало получать международное признание. Он был коллекционером-патриотом: идея, вокруг которой он построил свою коллекцию, заключалась в учреждении музея русского искусства на благо русской публики. Изначально он открыл его для узкого круга друзей в 1874 году; затем, в 1881 году, музей стал доступен для всех, и в этот год его посетило 8000 человек. К началу 1890-х годов Третьяковская галерея имела такое признание, что современники даже придумали поговорку: побывать в Москве и не посетить галерею — это то же самое, что пропустить папу в Риме. Вход в музей был бесплатным, а число посетителей к началу 1890-х годов достигало 50 000 в год [Овсянникова 1962: 33–35, 39]. Незадолго до смерти Третьяков завещал музей городу Москве, и в 1893 году Московская городская галерея Павла и Сергея Третьяковых открыла свои двери публике. Неорусский фасад здания, спроектированный Васнецовым в 1900 году, завершал образ галереи как символа русской культурной идентичности[45].

---

[44] В. С. Передвижная выставка. Статья первая // Санкт-Петербургские ведомости. 1871. 3 декабря. № 333.

[45] Эскиз васнецовского фасада неоднократно появлялся в прессе; проект был реализован в 1902–1904 годах [Лисовский 2000: 262–263]. Подробнее об искусстве и идентичности см. в [Ely 2002].

Третьяковская галерея увековечила триумф русской культуры. В живописи этот русский поворот, помимо национального реализма передвижников, нашел выражение во множестве форм и жанров: в ироничных жанровых картинах П. А. Федотова, сказочных стилизациях В. М. Васнецова, колоссальных русских купцах Б. М. Кустодиева, ярко раскрашенной старой Московии Н. П. Рябушинского, лирических православных образах М. В. Нестерова. Все это были яркие примеры национального своеобразия в искусстве, один из ответов на рутинное обвинение в «бесконечном подражании», с которым иностранные и местные обозреватели регулярно нападали на русских художников.

В эпоху культурного национализма поддержка посетителей музеев и читателей газет была не менее важна, чем личное покровительство таких людей, как Третьяков. По сути Третьяков находился в положении важного посредника, как определяет это Норман. Коллекционеру удалось донести живопись, традиционно считавшуюся высокой формой искусства, до русской публики, которая с заметным энтузиазмом встретила новую эстетику «реализма и народности». Более того, на страницах массовой прессы Третьяков сам превратился в национального героя за оказание этой ценной услуги обществу. Его имя и его музей стали неотделимы от художников, практикующих реалистическую эстетику.

Хорошо известен портрет коллекционера работы Репина, а также дюжина портретов выдающихся современников, заказанных Третьяковым художникам (рис. 13). Важным общественным заявлением стала именно портретная галерея создателей русской культуры — знаменитых писателей, композиторов, архитекторов, которую Третьяков начал собирать в 1860-е годы. Статус художников явно изменился во второй половине XIX века: как и сам Третьяков, они стали героями современной общественной жизни.

Русский пантеон Третьякова начался с приобретения в 1860-е годы нескольких портретов, созданных Брюлловым, включая портреты архитекторов И. А. Монигетти и А. М. Горностаева, и поэта В. А. Жуковского. В течение многих лет меценат вел пе-

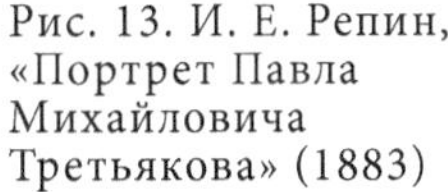
Рис. 13. И. Е. Репин, «Портрет Павла Михайловича Третьякова» (1883)

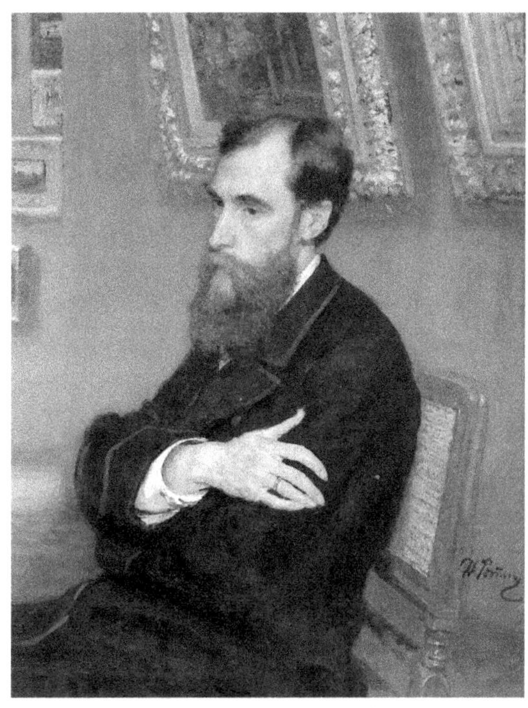

реговоры о приобретении брюлловского портрета Кукольника у его вдовы и наконец получил его в 1877 году. В июне 1862 года Третьяков заказал у художника Н. В. Неврева первую работу специально для своей коллекции — портрет актера М. С. Щепкина. К концу 1860-х годов такие заказы стали регулярными. Так, Перов создал для русского пантеона Третьякова портреты Достоевского, Майкова, Тургенева, Даля, Погодина и Островского — бо́льшая часть из них была приобретена в 1872 году. Крамской написал портреты Некрасова, Салтыкова-Щедрина, Толстого, С. Т. Аксакова и Гончарова.

Еще одна культурная тенденция укрепила статус художника как публичного героя, когда в последней трети XIX века было выпущено несколько томов, посвященных отдельным художникам. Несколько памятных изданий опубликовал историк искусства Н. П. Собко. Среди первых было «А. А. Иванов: его жизнь и переписка, 1806–1858». Когда Третьяков прочитал эту книгу вскоре после того, как она вышла в 1880 году, он посчитал, что она должна служить «Новым Заветом» для художников и примером для широкой публики [Мамонтова и др. 2006: 345–350, 359]. «Иллюстрированный каталог картин, рисунков и гравюр покойного И. Н. Крамского, 1837–1887» вышел в 1887 году, сразу после смерти художника. Вслед за ним, в 1892 году, было выпущено издание, посвященное Перову [Собко 1892]. Между 1893 и 1899 годами вышло три тома фундаментального «Словаря русских художников с древнейших времен до наших дней», в котором Собко хотел собрать всех героев русского изобразительного искусства, но который остался незаконченным [Собко 1893–1899]. Частная переписка этих художников также становилась доступной для публики, часто до истечения разумного количества времени. Так однажды Третьяков, который дал Стасову 177 писем Крамского для статьи в «Вестнике Европы», обрушился на непреклонного критика за поспешную публикацию этой личной переписки [Мамонтова и др. 2006: 252][46].

Третьяков больше всего известен как коллекционер и основатель своего музея, но он также участвовал в создании искусства и его критической оценке. Репин, например, по предложению Третьякова перерисовал лицо центральной мужской фигуры в картине «Не ждали» (1884–1888) и использовал в качестве модели писателя Гаршина, в это время пользовавшегося сенсационным успехом у читающей публики. Коллекционер был также озабочен правильной интерпретацией картин современниками. Так, о картине Васнецова «После побоища Игоря Святославича с половцами» (1880) он писал с опаской, что «менее образованные не понимают, образованные говорят, что не вышло» [Мамонтова и др. 2006: 284, 304].

Третьяков внимательно следил за освещением современной художественной сцены в прессе и не стеснялся исправлять ошиб-

---

[46] Стасов опубликовал свою статью «Крамской по его письмам и статьям» в «Вестнике Европы» (ноябрь-декабрь 1887 года).

ки авторов[47]. Например, в ответ на публикацию издателя «Художественного журнала» Н. А. Александрова, использовавшего псевдоним Сторонний зритель, Третьяков составил сердитое письмо, где советовал автору проверять факты перед их обнародованием. В частности, Александров сообщал, что Перов продал свои работы почти за бесценок: в своем ответе Третьяков, который, собственно, и купил картины художника, предоставил точные цифры и обстоятельства, при которых была совершена сделка[48]. В другой раз произошла публичная конфронтация между Третьяковым и его самым большим сторонником, идеологом национального реализма Стасовым.

Стасов, на протяжении десятилетий неустанно поддерживавший всю коллекцию, а также отдельных художников, которые вносили в нее свою лепту, является не меньшим героем в истории Третьяковской галереи, чем ее знаменитый основатель. Стасов заслуживает особого внимания в настоящем исследовании не потому, что он проявил себя как сторонник хорошего вкуса или оракул правды (тема открытая для научной дискуссии), но потому, что он был крупнейшим деятелем музейного века в России[49]. В 1893 году Стасов взялся за изложение истории

---

47 Объем современных текстов, посвященных его собирательской деятельности и передвижным выставкам, где он совершил большинство своих приобретений, настолько велик, что может занять целый том библиографии: Бурова Г. К., Гапонова О. И., Румянцева В. Ф. «Обзоры выставок в периодической печати» [Бурова и др. 1959, 2]. Библиография по Третьяковской галерее в целом обширна. Среди более ранних каталогов и путеводителей мы находим и издания общей направленности, такие как [Миронов 1902], и более специализированные, как, например, рассчитанная на юных посетителей музея книга «Два посещения с детьми Третьяковской галереи» [Орлова 1898]. Среди советских публикаций [Боткина 1995] выдержала пять изданий. Недавно вышедшая работа [Мамонтова и др. 2006] содержит подробную историю и хронологию коллекции, а также превосходные иллюстрации.

48 Сторонний зритель. Картины В. Г. Перова. Художественные новости // Художественный журнал. 1882. № 3. С. 145–150. Письмо Третьякова см. в [Мамонтова и др. 2006: 211].

49 О карьере Стасова как художественного критика см. в [Makhrov 2009].

Третьяковской галереи на страницах «Русской старины». Странным образом критик начинает с провокационного утверждения, что галерея мало что значила для русской публики и что музей привлек не более «двух-трех посетителей». Обоснованием для странного утверждения Стасова были его жалобы на кажущуюся «небрежность и апатию», которую публика выражала в отношении этой крупной площадки для русского искусства. Таким образом, Стасов пламенно высказывается в защиту начинания Третьякова, утверждая, что название «Московская городская галерея Павла и Сергея Третьяковых», под которым музей был известен, когда он открылся для широкой публики в 1893 году, должно быть заменено на «Третьяковская национальная галерея» в свете ее важности для русского народа. Затем критик сравнивает фонды русской живописи в нескольких музеях с третьяковскими фондами: наряду с — «стыдно признаться!» — 75 картинами Эрмитажа, Третьяковская галерея, созданная одним человеком и насчитывающая 1276 работ, действительно была поводом для всенародной гордости. Стасов посвящает большую часть этой пространной публикации смакованию каждой детали из истории художественной галереи и биографии ее основателя[50].

Однако на этот раз усердие Стасова в продвижении Третьяковской галереи дало осечку, поскольку публикация спровоцировала ожесточенный публичный диалог с самим основателем музея. Статья критика, выборочно перепечатанная в газете «Московские ведомости», побудила Третьякова ответить своему стороннику на страницах того же издания. Третьякова возмутило заявление Стасова, что галерея оставила город и публику равнодушными. Напротив, коллекционер представил данные о количестве посетителей за десять лет, сравнив 1881 год, когда в галерею пришло 8368 человек, и 1890 год, когда количество посетителей составило 50 070. В личном письме Стасову он добавил: «Никогда не было равнодушия со стороны публики, была

---

50 Стасов В. В. «Павел Михайлович Третьяков и его картинная галерея» [Стасов 1954: 376–416, особенно 375–88].

скорее надоедливость, неделикатность, неряшливость, порча картин, наконец, кражи, но равнодушия никогда не было»[51].

Специальный альбом, изданный в ознаменование 25-летней годовщины передвижных выставок в 1897 году, содержал подробные сведения относительно числа посетителей в различных городах, а также другие полезные статистические данные о разных аспектах творческих начинаний передвижников[52]. Помимо количества посетителей, регулярно переиздаваемые каталоги и обзоры галереи являются свидетельством устойчивого спроса на русское искусство среди публики[53]. Современники рассматривали галерею как «микрокосм новой русской живописи» и уникальный центр для изучения национальной школы искусства[54]. Вкус Третьякова в приобретениях стал золотым стандартом, по которому критики и публика оценивали русское искусство.

Все эти тексты, положительные и отрицательные, точные и приблизительные, поддерживали интерес публики к теме, которая оставалась актуальной до конца столетия. Еще один большой цикл публикаций последовал после смерти Третьякова в декабре 1898 года, что дало возможность современникам вновь вернуться к основным вехам в жизни галереи и ее основателя и ознакомиться с историей русского искусства, которую она представляла. В некрологе в «Мире искусства», например, гово-

---

[51] Статья Стасова «П. М. Третьяков и его картинная галерея» была опубликована в «Русской старине» (декабрь 1893 года. № 80). Ответ Третьякова появился в «Московских ведомостях» (1893 год, № 342). Письмо П. М. Третьякова В. В. Стасову от 11 декабря 1893 года [Стасов 1954: 432–434].

[52] Мясоедов Г. Г. «Вступительная статья к альбому “Двадцатипятилетия Товарищества передвижных художественных выставок”», в [Андреева, Гольдштейн 1987: 533–538].

[53] Бурова Г. К., Гапонова О. И., Румянцева В. Ф. «Перечень произведений и библиография» [Бурова и др. 1959, 1]. Оригинальный каталог, составленный самим Третьяковым, воспроизводится в полном объеме в [Мамонтова и др. 2006].

[54] Михеев В. Русский пейзаж в городской галерее П. и С. Третьяковых // Артист. 1894. Март. № 35. С. 142.

рилось: «Ни одна нация света не имеет музея своего искусства столь полного, столь систематизированного, столь любовно составленного». Личная заслуга Третьякова, согласно «Миру искусства», состояла в том, что за 50 лет своей собирательской деятельности он один, своими руками, построил целый музей русского национального искусства[55].

Искусство для публики? Русский музей Александра III

Национальный музей должен быть делом всей нации[56].
Д. Михайлов

«У нас все еще до сих пор нет национального музея, а давно пора бы ему быть», — писал Стасов в 1882 году. Он взялся за это дело не просто потому, что Санкт-Петербург оставался единственной крупной европейской столицей, в которой не было национальной художественной галереи, но, что более важно, еще и потому, что недавно появившаяся русская художественная школа, которую критик никогда не уставал поддерживать, заслуживала «почетной квартиры». В своем обзоре, посвященном развитию русского искусства, Стасов высказал мнение, разделяемое многими: русская школа искусства заслуживала как признания от широкой публики, так и поддержки со стороны государства. Несколько случайных русских картин в Эрмитаже уже не могли адекватно представлять достижения русской художественной школы. Коллекционерская деятельность в России не должна была и дальше зависеть от художественного вкуса и финансовой поддержки горстки благородных «добровольцев», как Третьяков, Солдатенков и Прянишников; само государство должно было взять на себя инициативу и создать центр для всех произведений

55 И. О. Павел Михайлович Третьяков // Мир искусства. 1899. Т. 1. № 6. С. 45–46. См. также: Полевой П. Памяти П. М. Третьякова // Исторический вестник. 1899. № 3. С. 945–950.

56 Михайлов Д. Русская этнография в музее императора Александра III // Московские ведомости. 1900. 7 марта. № 66.

национального искусства [Стасов 1894–1906, 1: 494][57]. Таким образом, Стасов в своей основополагающей статье «Двадцать пять лет русского искусства» убеждал русское общество в необходимости национальной художественной галереи.

Эта идея восходит к началу XIX века, и на протяжении всего столетия она воплощалась в разных материальных и дискурсивных видах. Среди первых коллекций национального искусства были недолговечный Русский музей Свиньина, восхваляемый Стасовым за его патриотизм, и отделение русской живописи, созданное в Императорском Эрмитаже в 1820-е годы[58]. Идея была частично осуществлена в Румянцевском музее и Московском публичном музее, но позже, ближе к концу века, директор Эрмитажа А. А. Васильчиков опять издал призыв к «совершенно отдельному музею, исключительно посвященному русскому искусству» [Овсянникова 1962: 49–50][59]. Бóльшую часть этого времени художественная галерея Третьякова оставалась основной *частной* коллекцией русского искусства. Только в 1893 году, когда «доброволец» Третьяков подарил свой музей городу Москве, появилась первая публичная галерея, посвященная исключительно русскому искусству. Два года спустя в Санкт-Петербурге был основан первый в истории *государственный* музей национальных изящных искусств России — Русский музей Александра III, известный сегодня просто как Русский музей; в 1898 году он открыл свои двери публике[60].

---

[57] Подробнее об истории Русского музея см. в [Карасик, Петрова 1995]. См. также [Cahn 1999].

[58] Стасов В. В. А. М. Горностаев // Вестник изящных искусств. 1888. № 6. С. 445–450.

[59] Об истоках коллекции Русского музея и ее различных предшественниках см. в: Голдовский Г. Н. «Основные этапы формирования коллекции живописи», в [Карасик, Петрова 1995: 137]; Гусев В. А. «Вступление», в [Карасик, Петрова 1995: 6]; Баснер Е. В. «Начало», в [Карасик, Петрова 1995: 23].

[60] Бенуа называл его именно «музеем национального искусства» [Бенуа 1990, 2: 51]. Среди других эпитетов, использовавшихся для описания музея, были *публичный*, *общедоступный*, *всенародный*, *национальный*; некоторые авторы использовали слова «национальный» и «русский» взаимозаменяемо, когда речь шла о Русском музее.

Как было показано выше, о жизни музея в обществе можно судить по тому, что о нем написано в современной прессе. Ниже я рассматриваю множество письменных источников, в которых освещается отношение к Русскому музею в обществе на рубеже XIX–XX веков (путеводители, каталоги, художественные журналы, статьи в газетах, воспоминания и официальные указы). Объем этих документов не слишком большой; самая популярная форма текстов об искусстве и культуре в царской России — газетный фельетон — преимущественно отсутствует. Другой комментарий в массовой прессе (репортаж, случайная рецензия, краткие заметки) также представлен скупо — существует лишь пара-тройка статей, описывающих церемонию открытия, на которой присутствовали царская семья, члены императорского двора и почетные гости[61]. Со всем должным акцентом на присутствие царя эти свидетельства подчеркивали театральность события, где искусство по сути предлагало фон для церемонии. Бенуа фактически сравнил церемонию торжественного открытия музея с театральным представлением [Бенуа 1990, 2: 200–201]. Среди имеющихся источников преобладают путеводители по новому музею. Художественные журналы стали еще одной важной площадкой, где можно было рассказать публике о музее. Однако чаще всего статьи в журналах «Мир искусства» или «Искусство и художественная промышленность» использовали музей опосредованно как возможность для продвижения собственных взглядов на искусство.

Согласно этим источникам, главное достижение Русского музея состояло в институционализации русского искусства. Как неоднократно отмечали Стасов и другие, русское искусство было еще очень молодым (в начале 1880-х годов Стасов оценивал его «возраст» в 25 лет) и малоизвестным как в России, так и за границей. Появление Русского музея возвещало то, что русская школа

---

[61] См., например: Прокофьев В. Русский музей Императора Александра III // Новое время. 1898. 7 марта. № 7911. См. также: Открытие Русского музея Императора Александра III // Санкт-Петербургские ведомости. 1898. 8 марта. № 65; Смесь. Русский музей Императора Александра III // Исторический вестник. 1898. Май. № 72. С. 678–683.

достигла стадии зрелости, что она заслуживала собственной резиденции и истории. Показательна метафора «дом» или «крыша», обычно используемая для описания места музея в истории русской живописи. В одном из путеводителей его роль в обществе определялась в следующих возвышенных выражениях: «русская живопись не имела родного приюта, "дома", где всякий интересующийся ею и ее судьбами мог бы ознакомиться с нею всесторонне». Радуясь появлению музея, современники пользовались случаем поздравить русское искусство с обретением давно желанного «родного приюта»; до этого разрозненные русские картины были практически недоступны зрителям в Санкт-Петербурге, так что «никто их не знал» [Половцов 1900: 14, 16]. Еще один обозреватель подчеркивал, что с открытием Русского музея «большая публика» Санкт-Петербурга могла теперь посетить свое «родное» искусство в его новом доме [Брешко-Брешковский 1903].

Авторы современных путеводителей по музею также подчеркивали исторический масштаб русской национальной галереи, где целая традиция русской живописи должна была найти полное и систематическое представление. Те, кому требовалась помощь разобраться в «массе картин», составлявших музей, могли воспользоваться двумя каталогами, которые можно было приобрести при входе в музей. Путеводители по музею, как, например, путеводитель историка и писателя А. В. Половцова, тоже стремились донести информацию в «общедоступной форме», чтобы помочь посетителям музея оценить искусство [Половцов 1900: 16–17]. Барон Врангель также составил двухтомный каталог коллекции с описаниями всех предметов, которые можно было найти в музее, якобы в ответ на спрос посетителей на такое издание [Врангель 1904: lx][62].

В первом десятилетии XX века появились такие путеводители, как «Объяснение к картинам составленное для народа» О. Н. Кулибиной, написанное специально для простых людей [Кулибина

[62] Овсянникова утверждает, что Русский музей был очень популярен в народе; некоторые посетители обращались в администрацию музея с просьбой, чтобы были опубликованы доступные путеводители по коллекции, которые могли бы помочь простым людям оценить русское искусство [Овсянникова 1962: 55].

1905][63]. Целевой аудиторией этих книг была «масса публики»; в них описывались и объяснялись отдельные картины, художники и понятия, а также явление русской школы живописи в целом [Половцов 1900: 2][64]. Вход в музей был бесплатным, и в первый год его существования его посетило около 100 000 человек. Репродукции картин из музея в художественных журналах и массовых изданиях также способствовали ознакомлению широкой аудитории с коллекцией музея[65].

Идея канонизации русского искусства была подкреплена множеством путеводителей, которые укрепили репутацию Русского музея, но не смогли разнообразить по большей части монологический дискурс, связанный с этим институтом. Несмотря на свободный доступ в Русский музей и широкую привлекательность находящихся в нем произведений, представляющих национальную художественную школу, русская публика не оценила по достоинству появление этого долгожданного института. Музей как будто оставался окутанным тишиной, которую лишь время от времени прерывала резкая критика, исходившая от знатоков искусства нового поколения, таких как заклятый враг Стасова, молодой «декадент» Дягилев.

Дягилев со свойственной ему способностью к абсолютным утверждениям заявлял, что недавно открытый музей не играет

---

63 См. также [Нерадовский 1965: 9]. Нерадовский описывает трогательную сцену: восхищающийся в Михайловском дворце крестьянин, посетивший музей за несколько лет до этого, приводит теперь в музей своего внука, чтобы тот увидел «Последний день Помпеи» [Нерадовский 1965: 107].

64 По мнению Овсянниковой, в 1900 году музей посетило более 130 000 человек; к 1917 году музей принимал 200 000 посетителей в год. См. [Овсянникова 1962: 54–56]. См. также [Лебедев 1946: 67]. Ср. данные по Третьяковской галерее: в 1903 году количество посетителей достигло «рекордного» числа 130 548 человек [Брук 1981: 193].

65 О бесплатном входе см., например, в [Суворин 1904; Baedeker 1914]. В 1890-е годы штат музея был минимальный: в музее работали лишь два куратора, а также фотограф, продавец книг, швейцар и привратник: Гусев В. А. «Вступление», в [Карасик, Петрова 1995: 8]. О недорогих автотипиях большого масштаба «для распространения среди бедных классов населения» см. в: Мир искусства. 1899. Т. 1. № 7–8. С. 84.

совершенно никакой роли в русской культуре [Дягилев 1901: 163]. В значительной степени он был прав: если все, что было связано с другой крупной коллекцией национального искусства России — московской Третьяковской галереей, — находило достаточное отражение в современной прессе, то о новом музее в столице было написано так мало, что казалось, будто русское общество едва ли заметило это важное событие. Если не считать нескольких сообщений об официальной церемонии, ознаменовавшей открытие музея, эта долгожданная веха в русской культурной жизни не породила большого интереса в обществе. Молчание прессы заставляло недоумевать, поскольку в течение десятилетий общество требовало именно такого национального музея и правительство наконец ответило на эти требования. Почему это долгожданное учреждение не смогло выполнить возложенную на него роль маркера культурной идентичности?

Причинами такой сдержанной встречи между музеем и русским обществом в 1898 году являются время, местоположение, изменение эстетического вкуса и официальный статус музея как «памятника» царю. Но главной причиной, как я полагаю, было то, что с первых дней существования музей был практически исключен из массового дискурса.

Время и место сыграли большую роль в определении судьбы Русского музея. Положение музея в столице России, хотя и стратегически оправданное, лишь еще больше подчеркивало неуместность этого запоздалого национального проекта: во второй половине столетия центр русского национального искусства и связанного с ним публичного дискурса переместился в Москву, в то время как Санкт-Петербург на рубеже веков стал свидетелем возрождения космополитических тенденций в русской культуре. В результате русский национальный музей, находясь в столице империи, выпадал из контекста. В самом деле, связь национальной культуры с Москвой была настолько сильной, что в одном из путеводителей прямо предполагалось, что, основав Русский музей, Александр III как бы возвращал Санкт-Петербургу статус культурного центра страны [Старк 1913: 6–7].

Новый музей был объявлен в 1895 году «неизгладимой» вехой в истории русской культуры. Настроение, выраженное в материале об основании музея в «Новом времени», свидетельствует о надеждах, которые народ возлагал на новый институт:

> Пожелаем же, чтобы русское общество и русский народ обретали всегда ожидаемую пользу от основания «Русского музея», чтобы польза эта выражалась в успехах роста русской культуры вообще и развития русского искусства в частности[66].

Но обещание, которое музей давал обществу, было скомпрометировано самой средой, в которой он возник. Новый институт появился в неправильном месте и в неправильное время, на фоне, который заметно отличался от национально ориентированной культурной ситуации 1860–1880-х годов. Пока русское общество ожидало появления этой национальной художественной галереи, поменялся сам вкус: передвижники, которые в значительной степени способствовали славе Третьяковской галереи и работы которых по сути сформировали канон того, что стало известно как русское «национальное искусство», выходили из моды, а лидеры некогда мятежного движения становились частью истеблишмента в Академии художеств. К тому времени, когда Русский музей открыл свои двери публике, главный сторонник передвижников, ныне уже находящийся в преклонном возрасте Стасов, уступил бóльшую часть своих полномочий молодым критикам и сам стал объектом насмешек в прессе. Год открытия музея совпал с появлением журнала «Мир искусства», находившегося в откровенной оппозиции к доктрине «реализма и народности» Стасова. В этом же году умер Третьяков, что еще больше затмило грандиозный дебют Русского музея.

Вместе с эстетикой менялся публичный дискурс: новое поколение художников целенаправленно отделяло искусство от жи-

---

66 Русский музей императора Александра III // Новое время. 1895 23 апреля. № 6877. В этой статье мы находим один из наиболее ранних примеров использования термина «русская культура».

вотрепещущих вопросов текущего дня и в некотором смысле отрывало искусство от публики. Сюжетные полотна, независимо от того, насколько русскими они были по теме, уже не могли удовлетворить тех, кто превозносил эстетику как самостоятельную ценность. Проще говоря, музей, задуманный как исключительный памятник русскому искусству на рубеже столетий, стал не нужен после того, как русская художественная школа была утверждена в Третьяковской галерее, а также во многих печатных изданиях.

При неизбежных сравнениях с Третьяковской галереей, что воспринималось многими как главный импульс для создания Русского музея в Санкт-Петербурге, последний проигрывал. Несмотря на то что Третьяковская галерея очевидно страдала, по выражению Половцова, от «хронологической» односторонности, расположенные в ней популярные картины передвижников, вдохновлявшие русское общество в 1860–1880-е годы и ассоциировавшиеся у современников с самими истоками русской школы, сделали московскую художественную галерею привлекательной для широкой публики из самых разных слоев общества [Половцов 1900: 14–15]. Хотя масштабы Русского музея были гораздо более грандиозными, и поклонники, и недоброжелатели музея отмечали его значительные пробелы[67]. Согласно общепринятому мнению, Третьяковская галерея в целом имела «значительные» преимущества перед Русским музеем [Брешко-Брешковский 1903: iii][68]. Современный специалист сформулировал разницу между двумя картинными галереями следующим образом: одна была национальной по духу, другая — по названию; одна выражала популярную тенденцию Великих реформ, в то время как

[67] Врангель особенно скрупулезно отмечал отсутствие в коллекции некоторых важных фигур, а также присутствие некоторых второразрядных художников [Врангель 1904: lviii–lix].

[68] Любопытно, что, по воспоминаниям Нерадовского, расположение картин в Третьяковской галерее далеко не всегда было удачным: ряды картин покрывали стены целиком от пола до потолка, и пространство было настолько тесным, что многочисленные посетители едва могли передвигаться [Нерадовский 1965: 23].

другая воплощала доктрину официальной национальности[69]. Мясоедов также подчеркивал более низкий статус Русского музея. Приписывая Третьякову опосредованное основание русской художественной школы, художник пишет: «Я еще не знаю, созрела ли бы идея русского музея в Питере, если его уже не имели в галерее Третьякова»[70].

Как и Эрмитаж до него, Русский музей во многих отношениях в первую очередь был связан с императорским двором. Несмотря на то что новая галерея искусства называлась *национальной*, она была основана именно как «памятник» монарху Александру III. Это был государственный музей, учрежденный указом царя, управляемый Министерством императорского двора и находящийся под руководством президента Академии художеств. Сама по себе эта концепция музея была небезосновательна: царь действительно позиционировал себя как знаток и ярый сторонник «возрождения национального искусства»[71]. Миф об истоках музея подчеркивал личное участие императора в его основании. Как отмечал один из современных источников:

> Молва толкует о том, что одна из картин, украшающих ныне стены музея, а именно св. Николай — Репина, вызвала в покойном Государе мысль, тогда же им высказанную: основать всенародный русский музей, в котором сосредоточивались бы все лучшие произведения русского искусства [Случевский 1898: 5].

Учредительный документ, определивший принципы и регламент деятельности музея, «Положение о Русском музее Импера-

---

[69] В частности, Е. В. Баснер утверждает, что русская *общественность* не приветствовала Русский музей именно потому, что он был связан с официальной формулой национальности — «православие, самодержавие и народность» (Баснер Е. В. «Начало», в [Карасик, Петрова 1995: 24]).

[70] Цит. по: Шувалова И. Н. «Предыстория», в [Карасик, Петрова 1995: 22]. Передача Третьяковым его коллекции Москве послужила главным катализатором для создания Русского музея в Санкт-Петербурге (Баснер Е. В. «Начало», в [Карасик, Петрова 1995: 23]).

[71] Арсеньев И. Русский музей Императора Александра III-го // Искусство и художественная промышленность. 1900–1901. № 2. С. 51.

тора Александра III», открывается заявлением, версии которого можно найти почти в каждом современном письменном источнике: «Музей основан в память Незабвенного Покровителя Русского искусства, Императора Александра III, имея целью соединить все относящееся к Его Личности и истории Его Царствования, и представить ясное понятие о художественном и культурном состоянии России»[72]. Приоритет, предоставленный личности Александра III над состоянием русской культуры в этом официальном документе, трансформировался в полуофициальный, сконцентрированный вокруг царя дискурс, который быстро разросся вокруг основанного в его память учреждения искусства. Так, К. А. Военский открывает свою брошюру о Русском музее серией возвышенных заявлений о священном месте царя в русской истории. Автор продолжает описанием русскости царя, его воли, непоколебимости и благородного характера — всего, что позволило ему «показать Европе и всему свету нравственную мощь и несокрушимость России». Затем он переходит к описанию коллекционерской деятельности Александра и его благородного стремления создать музей, который не только сохранял бы родное искусство, но и отражал бы всю русскую жизнь в ее разнообразии и распространял бы национальную идею. По мнению Военского, а также многих его современников, благородный замысел создания национального музея не мог быть осуществлен только на основе средств и инициатив со стороны частных лиц: для прочного успеха было важно участие правительства [Военский 1897: 3–5, 18].

Это возвышенное настроение нашло отклик в других источниках. Так путеводитель Половцова даже приписывал Александру III дополнительную заслугу в создании Русского Исторического музея, в то время как последний на самом деле был задуман и основан добровольным объединением частных лиц [Половцов 1900: 1, 16][73]. Среди многих других, статья, опубликованная

---

[72] Этот документ воспроизводится в альбоме, посвященном столетию музея: [Поликарпова 1998].

[73] См. также [Кулибина 1905; Старк 1913; Врангель 1904].

в широко читаемом «тонком» журнале «Нива» и посвященная церемонии открытия и присутствовавшим на ней высокопоставленным лицам, в заключение триумфально объявляла, что музей навсегда останется «живым памятником» императору Александру III[74].

Формально музей был разделен на три отдела: Памятный, посвященный Александру III, Художественный и Этнографический. Однако, несмотря на горячую поддержку Половцова и других, создание Памятного отдела не было осуществлено вплоть до 1917 года, появление Этнографического отдела также застопорилось [Половцов 1900: 119, 124]. Из трех официальных подразделений для публики была открыта только художественная галерея. Можно представить, что в отсутствие специализированного отдела художественная галерея стала символизировать царя, усиливая ассоциацию «художественный музей *как* памятник царю», которую поощрял учредительный документ.

Русский музей был уникальным местом в обществе, где встречались искусство и власть: царское покровительство и общественный интерес, по крайней мере номинально, объединились в музее, чтобы способствовать укреплению национальной культурной идентичности и поддерживать патриотический дух. Музей и дискурс вокруг него неплохо преуспели в создании памятника царю, но им ощутимо не удалась попытка представить всю историю русского искусства — этот недостаток не ускользнул от внимания даже тех современников, которые в остальном искренне поддерживали это важное культурное начинание.

Среди сторонников музея был Стасов, радостно приветствовавший создание государственного музея национального искусства:

---

[74] Русский музей Императора Александра III // Нива. 1898 год. № 12. С. 239–240. Другие распространенные эпитеты, использовавшиеся для описания музея, включали «вещественный» памятник мирному царствованию Александра III и «поучительный памятник национального искусства» (Арсеньев И. Русский музей Императора Александра III-го // Искусство и художественная промышленность. 1900–1901. № 2. С. 51).

> Мы теперь присутствуем при осуществлении давнишних надежд и общей потребности. Создается, наконец, первый наш Национально-художественный музей. А это такой музей, которого существование прочно и надежно на веки веков, потому что он государственный, а не частный <...> передвижники могут теперь только радоваться, и ликовать, и бить в ладоши, присутствуя при основании Национального русского музея.

Художники, однако, не всегда разделяли оптимизм Стасова. Мясоедов, например, сравнивая новый музей с любимой Третьяковской галереей, заявил: «Казенному музею не радуюсь»[75]. Русская публика, которая не так давно превозносила галерею Третьякова, также сохраняла почтительную дистанцию по отношению к новому государственному музею. Как и Императорский Эрмитаж, Русский музей оставался преимущественно невидимым из-за своего почти полного отсутствия в массовой прессе[76].

---

[75] Цит. по: Шувалова И. Н. «Предыстория», в [Карасик, Петрова 1995: 21–22].

[76] Любопытно, что Михайловский дворец был заметным центром художественной жизни в России *до* того, как внутри него расположился музей. Великая княгиня Елена Павловна, покровительница русской музыки и искусства, открыла здесь свой знаменитый салон вскоре после смерти мужа, который устраивал «блестящие праздники» во дворце; впоследствии ее дочь, Екатерина Михайловна, продолжила эту традицию. Подобно эрмитажным ассамблеям Екатерины Великой, эти полуофициальные собрания в императорских покоях вскоре приобрели мифический характер. Как и екатерининский Эрмитаж, этот салон был своеобразным островком публичной культуры «по приглашению» в императорских владениях, где государственное покровительство способствовало развитию русского искусства и общества. Это также предопределило двусмысленность места, которое в последующие десятилетия Русский музей Александра III занял в обществе. Великая княгиня Елена Павловна была, по словам историка искусства Врангеля, «душой того движения, которое в 1850–60 гг. охватило Петербург». В ее салоне не только собирались известные художники и музыканты, среди которых нужно упомянуть Рубинштейна, но, согласно другому ретроспективному свидетельству, «не было в России ни одного выдающегося деятеля в области политики, общественной жизни, науки, литературы или искусства, который не имел бы свободного доступа в салон великой княгини Елены Павловны» [Врангель 1904: lii–lvi; Старк 1913: 6; Лебедев 1946: 6–7].

Формально основание Русского музея явилось неопровержимым доказательством того, что русская школа живописи, существование которой постоянно оспаривалось на протяжении XIX века, не была просто плодом воображения Стасова. Военский обрисовывает достижения русского «национального искусства», которые стал представлять музей, следующим образом:

> Сделавшись истинно национальным, русское искусство в нынешнем веке достигло и общечеловеческого значения; русская литература давно уже обращает на себя внимание всего образованного мира, а в последние годы является даже предметом подражания для иностранцев. Если наша живопись, наша скульптура не получили до сих пор в Европе права гражданства, то одна из причин этого несомненно лежала в отсутствии национального музея, который мог бы представить русское искусство в его целости и единстве. Надо думать, что ныне, с устройством музея Императора Александра III, учреждение это будет иметь для России такое же высококультурное значение, какое для Франции и Англии имеют Национальный музей в Париже и Британский — в Лондоне.

Патриотическое послание, которое Военский в конечном счете вкладывает в миссию музея, как бы предполагает, что общество будет гордиться музеем: в его стенах, постулирует автор, «русское юношество» получит подлинно патриотическое воспитание, «согретое любовью к России и незабвенному Царю-Миротворцу» [Военский 1897: 19–20][77].

Однако наряду с торжественным патриотизмом на страницах некоторых изданий зазвучала суровая критика того, чего *не хватало* Русскому музею. Резко контрастируя с благородной миссией музея, который должен был представлять целую историю русской школы искусства, его коллекция оказалась неполной и эклектичной. Критики отмечали, что она как будто бы была приостановлена на этапе становления: яркие перспективы, которые воображали некоторые авторы в качестве сокровищницы

---

[77] См. также [Старк 1913: 4].

русского национального искусства, оставались преимущественно неосуществленными. Плодовитый журналист, художественный критик и писатель Н. Н. Брешко-Брешковский, например, увидел в истоках музея нечто спонтанное и почти вынужденное: «Но Русский музей возник вдруг, а не создавался десятками лет, подобно Третьяковской галерее, и поэтому подбор картин, находящихся в музее, носит несколько случайный характер. Иначе и быть не могло» [Брешко-Брешковский 1903: ii]. В самом деле, в состав музея вошли произведения искусства, прибывшие из множества учреждений и частных коллекций: 80 картин было перевезено из Эрмитажа, 21 поступила из Зимнего дворца, остальные — из нескольких летних дворцов и из Академии художеств. К первоначальной экспозиции также были добавлены частные собрания, в том числе коллекции А. Б. Лобанова-Ростовского и М. К. Тенишевой[78]. Все эти отдельные коллекции совсем не складывались в цельное повествование, посвященное истории русской живописи; так, коллекция Лобанова-Ростовского в течение многих лет хранилась в рамках экспозиции музея как отдельная единица[79]. Дальнейшие пополнения коллекции, приобретаемые в основном спорадически на местных выставках, также часто оставляли желать лучшего [Овсянникова 1962: 51–53]. Несмотря на то что Русский музей обладал множеством исполинских картин, таких как «Покорение Сибири Ермаком» (1895) В. И. Сурикова и «Фрина на празднике Посейдона в Элевсине» (1889) Г. И. Семирадского, а также серией чрезвычайно популярных работ, таких как «Садко» Репина (1876), экспозиция производила общее впечатление скорее недостатка, чем великолепия из-за большого количества второсортных картин, висевших вперемежку с шедеврами. Бенуа утверждал, что случайный, беспорядочный

[78] Подробнее о формировании первоначальной экспозиции см. в: Голдовский Г. Н. «Основные этапы формирования коллекции живописи», в [Карасик, Петрова 1995: 137–153].

[79] Подробнее об этой коллекции, содержавшей 96 предметов (примерно одну пятую от общего числа картин на момент открытия музея), см. в: Косолапов Б. А. «“Галерея” князя А. Б. Лобанова-Ростовского», в [Карасик, Петрова 1995: 154–158].

показ картин скорее умалял их внутреннюю ценность, чем прославлял очевидные достижения русской школы искусства.

В своем подавляющем большинстве современники разделяли мнение критика, что эта коллекция, как правило, производила «впечатление чего-то пестрого и не очень утешительного» [Бенуа 1990, 2: 199]. Историк искусства и живописец П. И. Нерадовский, первый сознательный хранитель музея, аналогичным образом отмечал, что все в музее было сделано кое-как, «с непростительной небрежностью, лишь бы скорей пустить посетителей» [Нерадовский 1965: 166]. В хронологическом отношении, хотя ранняя история русской живописи и особенно ее академической традиции была представлена довольно хорошо, Русский музей обладал лишь парой-тройкой популярных реалистических картин 1860-х и 1870-х годов и почти ничего не имел в отношении новейшего русского искусства, которое могло бы заинтересовать молодых знатоков вроде Бенуа и Дягилева [Бенуа 1906: 3][80].

В совокупности эта бессистемная и неполная коллекция давала далеко не блестящее представление о русской художественной школе — скорее, наоборот, как настаивали некоторые из самых смелых критиков, новый музей оказал плохую услугу русской национальной культуре. Систематическая работа по собиранию и показу национальных сокровищ началась только с назначения Нерадовского хранителем в 1909 году. Ранее это музейное «захолустье», в котором работало всего два сотрудника, едва ли оправдывало свое существование[81].

Дягилевский «Мир искусства» был особенно беспощаден в нападках на коллекцию музея. Исполненная иронией и сарказмом рецензия на путеводитель Половцова, написанная историком искусства и художником А. А. Ростиславовым, имела целью разрушить монументальное повествование Половцова. Рости-

---

[80] Цит. по: Баснер Е. В. «Начало», в [Карасик, Петрова 1995: 32].

[81] Савинов А. «Введение» к [Нерадовский 1965: 6–7]. Нерадовский красочно описывает хаос, царивший в музее в первое десятилетие его существования. См. особенно главы «Порядки музея» и «Первые хранители», [Нерадовский 1965: 113–122].

славов категорически отказывался рекомендовать путеводитель в качестве экскурсовода посещающей музей публике: «Какой уж это спутник, слеповатый, глуховатый и при этом фальшиво, с патриотическими завываниями славословящий» всевозможные художественные мелочи. Называя мелочами программные полотна Ф. А. Бруни, В. В. Верещагина, Г. И. Семирадского, К. Е. Маковского, А. Н. Новоскольцева, А. Д. Литовченко и многих других, Ростиславов ставил под сомнение историческую широту и глубину коллекции, которую прославляли Половцов и другие[82]. Эта рецензия — лишь одно из высказываний в контрдискурсе о Русском музее, развернувшемся на страницах «Мира искусства» и противоречащем официальному, торжественному потоку в путеводителях и официальных объявлениях. Дягилев, по сути, намекал на то, что неспособность музея адекватно представить русское искусство была связана именно с его статусом официального, государственного учреждения.

Еще одна заметка редакции «Мира искусства» спровоцировала враждебную полемику между журналом и почитаемым художником-передвижником Репиным, ныне профессором в Академии, ранее согласившимся на сотрудничество[83]. Дискуссию, которая в итоге привела к решительному уходу Репина из журнала, воспламенила небольшая статья, опубликованная среди других объявлений и отзывов в конце одного из выпусков «Мира искусства».

> В каждом вновь открывшемся музее не может не быть слабых вещей, но надо следить за тем, чтобы туда не попадало вещей постыдных и компрометирующих национальное творчество. Подобные произведения, лишенные даже исторического значения, должны быть энергично и быстро удаляемы. Ввиду этих соображений из нашего Национального Музея должны быть немедленно убраны следующие полотна...

---

[82] Ростиславов А. А. Половцов А. В. Прогулка по Русскому музею Императора Александра III в С.-Петербурге // Мир искусства. 1901. Т. 5. № 5. С. 179–180.

[83] Бенуа вспоминает, что Репин пользовался неоспоримым авторитетом в их компании [Бенуа 1990, 2: 49–50].

Далее следовал список из 15 картин как знаменитых, так и неизвестных художников, среди которых были И. К. Айвазовский, П. Ф. Плешанов, Ф. А. Бронников, К. Д. Флавицкий, К. Е. Маковский, В. В. Верещагин и К. А. Трутовский; список должен был быть продолжен в следующих выпусках — «продолжение будет». В еще одной заметке в том же выпуске «художественным хламом» были названы работы Т. А. Неффа, И. С. Галкина, А. А. Риццони и, опять же, Айвазовского, копируемые в Музее императора Александра III чаще всего.

> К чему же существует Музей, если в нем наибольшим успехом пользуются самые дурные и пошлые вещи, находящиеся там, может быть, даже случайно. Отсюда ясно видно, как осторожно надо обращаться с выбором картин. Дурные произведения не только не остаются незамеченными, но наоборот, как чума распространяются по России, заражая невежественную публику[84].

Репин публично ответил на эту провокацию на страницах «Нивы», критикуя недавно основанный художественный журнал и пропагандируемую им новую эстетику; его ответ был перепечатан дословно в «Мире искусства». Эта перекличка происходила на страницах двух очень разных изданий: «Нивы», самого популярного в дореволюционной России еженедельного журнала для семейного чтения, и элитарного «Мира искусства». Их предполагаемые читательские аудитории не могли быть более разными. Однако диалог оказался возможен, поскольку каждый цитировал, перепечатывал или косвенно ссылался на другого. Это позволяло читателям каждой публикации следить за всем обменом мнениями, хотя зачастую в предвзятой и усеченной форме. Защищая своих соратников в «Ниве», маститый художник нападал на авторов и сотрудников «Мира искусства» как на декадентов-любителей. Он был возмущен тем, что редакция осмелилась диктовать музею, какие картины нужно убрать из экспозиции, как будто музей был у нее в подчинении. Репин

---

[84] Заметки // Мир искусства. 1899. Т. 1. № 7–8. С. 83–84.

также возражал против высокомерной позиции «Мира искусства» по вопросам вкуса и зрительных предпочтений публики. Однако главное обвинение художника против оппонентов заключалось в полном отсутствии у них патриотического чувства: «Ни крошки патриотизма», — восклицал оскорбленный ведущий художник русской школы живописи. В заключение он обратился к молодому поколению художников и критиков, связанных с «Миром искусства», с таким суровым обвинением: «В ваших мудрствованиях об искусстве вы игнорируете русское, вы не признаете существования русской школы. Вы не знаете ее, как чужаки России»[85]. В своем ответе Дягилев привел длинный список имен русских художников, чьи произведения публиковались в «Мире искусства». Он также позаботился о том, чтобы отделить имя Репина от «старого хлама», от которого Русскому музею следовало освободиться [Дягилев 1899a: 8].

Два года спустя Дягилев возобновил свои яростные нападки на Русский музей. В большой статье «О русских музеях» он указал на стихийные истоки национальной галереи в Санкт-Петербурге, представляя ее как один из «самых печальных примеров» нереализованного потенциала в русской культуре. Если Третьяковская галерея, ограниченная вкусом и средствами частного коллекционера, смогла собрать грандиозную коллекцию картин, узко ориентированную на 1860-е — 1880-е годы, государственный музей должен быть в состоянии представить всю историю русского живописи, от Петра Великого до настоящего времени. «Музей непременно должен быть также и нашей историей в ее художественных изображениях». Тем не менее национальная галерея, к несчастью, потерпела неудачу в этом начинании, превратившись в «скучнейший казенный музей». Не меньшее возмущение критика вызвала практика комплектования музея, особенно его нежелание купить картину Малявина «Смех», изображающую русских крестьянок в красном. Эта работа недавно получила золотую медаль на всемирной выставке в Пари-

[85] Репин И. Е. По адресу «Мира искусства» // Мир искусства. 1899. Т. 1. № 10. С. 1–4.

же, и о ней «целый год говорила вся Европа». Кроме того, музей не перенес из петергофского дворца и цикл знаменитых «Смолянок» Левицкого, как планировалось. «Надо просить, тысячу раз просить, чтобы перлы русского искусства стали доступными русской публике и чтобы они все целиком вошли в русское художественное хранилище» [Дягилев 1901: 173, 166, 168]. Что именно составляло эти «перлы», было, конечно, собственным видением русской культуры «Мира искусства» (группа оказывала решительное предпочтение художникам XVIII века, а также своим современникам, таким как Ф. А. Малявин и В. А. Серов). Тем не менее неспособность государственного музея представить русское искусство в его историческом развитии было, с точки зрения Дягилева, непростительно: критик сожалел, что никто не питал интерес к русскому искусству, что никто не любил его. Задача национального музея, по мнению Дягилева, состояла в том, чтобы собрать «истинные произведения русского искусства» и, собрав, полюбить их. В этом дискурсе любви, исходящем от Дягилева, который сурово критиковал государственный музей за его «холодную черствую формальность», звучит нота искренней скорби.

Полемика, которая разыгралась в прессе между Дягилевым и Репиным, едва ли касалась исключительно Русского музея. По сути, Дягилев бросил вызов тому виду канонизации, которая имела место в этом государственном институте. Его диалог с Репиным послужил тому, чтобы перевести публичный дискурс от музея — как объекта национальной гордости — к вопросам формирования канона.

Воинственный сарказм Дягилева и праведное негодование Репина являются самыми яркими моментами в остальном довольно спокойной реакции общества. Если несколько публичных персон выступили против национального музея, то массовая пресса по большей части продолжала хранить молчание по этому вопросу, по сути, исключая музей из общественной дискуссии об искусстве и идентичности. По всей видимости, русские каким-то образом не желали испытывать национальную гордость за новую художественную галерею, учрежденную во имя них.

Нельзя сказать, что музей совсем не принимал посетителей — цифры, которые предоставляют ученые, на самом деле поразительно высоки и сравнимы с данными о Третьяковской галерее. Публика посещала Русский музей, но музею не удалось захватить национальное воображение, ведь он не мог «выехать» за пределы столицы и добраться до подавляющего большинства русского населения на страницах массовых периодических изданий так, как это делала Третьяковская галерея. Не вызывал он и широкомасштабных дискуссий наподобие тех, которые всколыхнули русское общество всего лишь несколько лет назад.

Официальные и полуофициальные панегирики, с одной стороны, и яростные нападки «декадентов», с другой, — так в письменных источниках того времени велись ограниченные споры вокруг Русского музея. Периодически появлявшиеся путеводители по русской национальной художественной галерее являются единственным свидетельством «коммуникации» между музеем и обществом в целом. Действительно, с профессионализацией художественной критики, бо́льшая часть написанного об искусстве переместилась из массовой прессы в путеводители и специализированные художественные журналы, где эстетика, еще совсем недавно являвшаяся предметом полемики в сочинениях Чернышевского и Писарева, обрела гостеприимный дом.

Глава 6
Построено из слов
История и стилизация

Национальный реализм передвижников, привнесших в живопись кардинально новую тематику и привлекших внимание публики к прежде табуированным аспектам русского опыта, был одним из проявлений непрекращающихся поисков уникальной идентичности в изобразительном искусстве. Распространение так называемого русского стиля в архитектуре и декоративно-прикладном искусстве было еще одним таким выражением русской одержимости культурным наследием. Московские выставки и музеи последней трети столетия привлекли значительное внимание общественности благодаря своему особому оформлению с элементами фольклора. Русский стиль, возникший в первой половине XIX века, стал публичным заявлением в Москве начала 1870-х годов, когда он восторжествовал в архитектуре Исторического музея. Этот музей был уникальным проектом, который так и не был завершен, но тем не менее на протяжении более чем десяти лет оставался магнитом для оживленных дискуссий.

В ходе полемики, окружавшей Исторический музей, русская история стала не менее спорной территорией, чем русская художественная школа. То, что история играет ключевую роль в формировании наций, стало аксиомой. Э. Смит выдвигает теорию:

> «Повторное открытие» или «изобретение» истории больше не является академическим занятием — это вопрос национальной чести и коллективных усилий. Прослеживая нашу

историю, «мы» открываем (или «открываем заново»), кто мы, откуда мы пришли, когда мы появились, кто были наши предки [Smith 1986: 148].

В России XIX века современники неоднократно отмечали связь между изучением прошлого и развитием национального сознания. Уже в 1867 году Соловьев наблюдал:

> Бывают моменты в жизни каждого народа, когда потребность в национальном самосознании становится одной из его главных духовных потребностей. Судя по всему, для нашего народа наконец-то настало время, время зрелости. Изучение национальной истории и археологии приобрело особое значение, получив особую поддержку[1].

Интерес публики к истории возрос во время празднования тысячелетия и продолжал нарастать во время многочисленных выставок эпохи реформ в Москве, завершившись в итоге национальным проектом, которым являлся Исторический музей. Именно тогда Бестужев-Рюмин заявил о прочной связи истории и идентичности: «Народ, желающий быть великим народом, должен знать свою историю»[2].

Московские музеи и выставки конца XIX века наглядно подтверждают эти поиски национальной истории. Они также внесли большой вклад в изменение статуса древней русской столицы. По мере того как газеты все чаще писали о московских музеях и их ярко выраженном национальном характере, культурный центр страны все нагляднее отдалялся от Санкт-Петербурга и перемещался в старую столицу России. Москва, с ее многочисленными архитектурными достопримечательностями в русском стиле, не только вмещала и продвигала отдельные

---

1 Цит. по: [Разгон 1960: 232–233].

2 [К. Н. Бестужев-Рюмин]. Санкт-Петербург. 30 января 1873 года // Голос. 31 января 1873 года. № 31. «Музей должен быть историческим», — писал Бестужев-Рюмин в следующем выпуске. См.: Санкт-Петербург. 9 февраля 1873 года // Голос. 10 февраля 1873 года. № 41.

институты культуры, но и сама по себе стала памятником этой культуры. Переосмысленный русский стиль стал визитной карточкой Москвы, России и русских павильонов на международных выставках за границей.

Культура в русском стиле

Понятие «русский стиль» вошло в обиход примерно в середине века, когда работы Сазикова получили известность в Лондоне. Оно относится к определенному самобытному языку в изобразительном искусстве, который опирался на традиции древней русской культуры и фольклора [Kirichenko 1991: 11][3]. Этот русский стиль преимущественно представлял собой обобщенные вкусы и мнения конца XIX века, но в течение нескольких десятилетий он служил уникальным языком для выражения национальной идеи в архитектуре, декоративно-прикладном искусстве и внутреннем убранстве. В архитектуре с этим стилем (и его версиями, известными как национальный, неорусский и неонациональный стили) обычно связаны определенные черты: причудливая отделка, красочная композиция, витиеватый контур, множество разных материалов и строительных элементов, старинные национальные формы, такие как ступенчатые фронтоны XVII века, называемые «кокошниками», граненая башня — «шатер» [Kirichenko 1991: 118]. Особенно бросалось в глаза в новом русском художественном оформлении изобилие декоративных элементов, взятых из допетровского храмового зодчества. *Образцом* для подражания историк И. Е. Забелин называл собор Василия Блаженного на Красной площади, считая его наиболее любопытным сооружением России, не менее замечательным, чем Кельнский собор в Германии [Забелин 1878: 185, 189][4]. Но мно-

---

3 Подробнее о русском национальном стиле и его нескольких разновидностях см. также в [Лисовский 2000; Salmond 1996; Hilton 1995; Jenks 2005].

4 Забелин также предположил, что подлинный русский стиль в архитектуре не исчез в XVIII веке, а отошел на периферию. См. также [Лисовский 2000: 128].

гочисленные повторения этой и других церквей были явно современными стилизациями. Нередко доведенные до крайности, декоративные элементы, заимствованные из народной вышивки и традиционной резьбы по дереву, порождали такие эпитеты, как «узорочность», а также менее лестные «пряничный» и «петушиный» [Забелин 1878: 295; Лисовский 2000: 154].

Впоследствии С. К. Маковский заявлял, что русский стиль является просто выдумкой:

> Этот пресловутый стиль — патриотический вымысел. Мы не создали самостоятельного зодчества. Все формы старинных русских зданий заимствованы у искусства Византии, Норвегии, Италии, Индии... <...> Отсюда — прихотливость очертаний, пестрота, нарядная узорность церквей, шатровых башенок и теремов XVII века: смесь стилей, византийского, романского, готики, ренессанса и, может быть, индийского... Вот и все[5].

Но прежде чем природа этого в значительной степени изобретенного явления стала очевидна для проницательного глаза профессионального критика в начале XX века, русский стиль пользовался значительной популярностью в различных формах и на разных площадках. Среди примеров можно назвать официальную храмовую архитектуру Тона 1830-х и 1840-х годов как раннее воплощение идеи, а также красочные русские павильоны на всемирных выставках 1870-х годов и «избушку на курьих ножках» Васнецова 1880-х годов.

Формально русский стиль ярко заявил о себе в архитектуре и интерьере в 1870-е годы. Своим претенциозным разнообразием новый стиль привлек к себе внимание на Всероссийской мануфактурной выставке в Санкт-Петербурге 1870 года и на Политехнической выставке 1872 года в Москве. На этих выставках впервые были предприняты крупномасштабные попытки придать светским зданиям допетровский вид. На Всероссийской выставке в Нижнем Новгороде 1896 года в национальные костюмы

---

[5] Маковский С. К. «Национальный вопрос» [Маковский 1909–1913, 2: 30–31].

были одеты не только павильоны, но и их служители [Кириченко, Щеболева 1997: 157]. С этим элементом переодевания выставка выглядела почти этнографической; было и что-то театральное в нарочитой русскости и сказочном убранстве применительно к гражданской архитектуре. С этими временными выставками новый стиль получил широкую известность и мгновенное признание.

На всемирных выставках русские павильоны также были хорошо приняты: вместо стекла и железа (материалы знаменитого Хрустального дворца) русские теперь использовали в архитектуре своих выставочных помещений традиционное дерево. Музейные помещения также украшались декоративными деталями, найденными в старинных церквях и традиционных избах. Главными приверженцами этого экстравагантного нового стиля были архитекторы А. М. Горностаев, В. А. Гартман, И. П. Ропет и И. А. Монигетти[6]. В 1873 году Монигетти представил русский стиль международной аудитории в виде «императорского» павильона на Всемирной выставке в Вене. Ропет создал для русского отделения на Всемирной выставке в Париже в 1878 году комплекс деревянных зданий, признанный критиками как «лучшее и самобытнейшее архитектурное создание целой всемирной выставки» (рис. 14)[7]. Русский стиль завоевал международное признание на Парижской всемирной выставке в 1900 году, где главный павильон был стилизован под древний Кремль, а в богато украшенной «русской деревне» размещалась выставка народных ремесел[8]. Может показаться, что русские решили представить свою идентичность именно в тех экзотических выраже-

---

[6] Подробнее о стиле Гартмана, в частности, и его «ярмарочной фантастике» см. в [Васина-Гроссман 1984].

[7] Стасов В. В. «Двадцать пять лет русского искусства» [Стасов 1894–1906, 1: 643]. Первой международной выставкой, на которой использовалась деревянная архитектура в традиционном русском стиле, была Всемирная выставка в Париже 1867 года. Подробнее о выставочных павильонах в русском стиле см. в [Никитин 1977: 68–77].

[8] Подробнее об архитектуре русского отделения в Париже см. в [Лисовский 2000: 234–236].

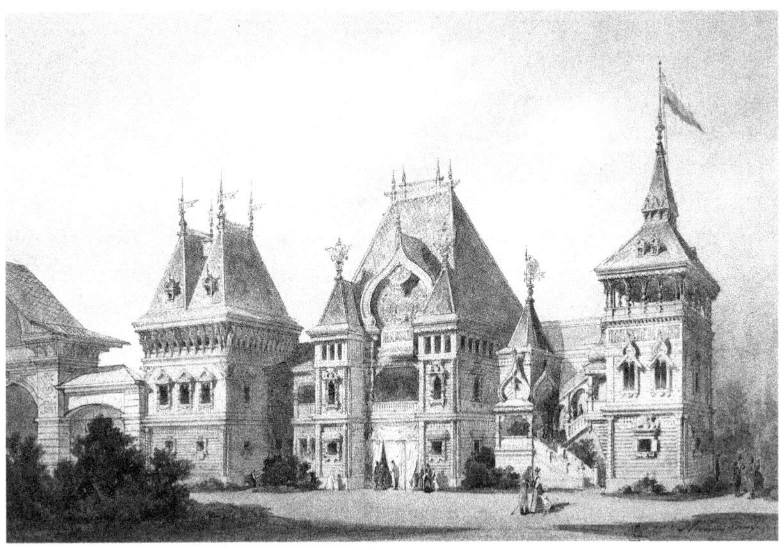

Рис. 14. Русский павильон на Всемирной выставке в Париже 1878 года, проект И. П. Ропета

ниях, которыми восхищались иностранные обозреватели; однако не менее высоко оценил эти витиеватые узоры и массовый зритель на родине.

В чем же заключалась привлекательность стилизации под старину в эпоху модерна? Открытие национального неоромантического стиля было частью современного поиска идентичности. В течение последних двух третей XIX века русское возрождение постоянно присутствовало в изобразительном искусстве в той или иной форме; к концу столетия оно стало доминировать во внешнем виде центральной части Москвы и определяло присутствие России на международных выставках. «Узорчатая» архитектура выставочных павильонов стала материальным выражением русской тоски по национальной форме в искусстве. Дома также музеи превратились в храмы светской идентичности. Русский стиль действительно применялся к зданиям музеев и церквей чаще всего.

Представленные народной традицией образы и национальные чувства получили широкое распространение благодаря выставкам, репродукциям и доходчивому комментарию в прессе. Хотя в национальном стиле присутствовал неоспоримый элемент театральности и наряду с ним существовало несколько других стилей (например, неоклассицизм Санкт-Петербурга), именно этот стилизованный неотрадиционализм наиболее охотно воспринимался обществом как *воплощение* подлинного русского духа. Стиль получил широкое распространение отчасти потому, что эстетика московского возрождения вышла за пределы сословий: купечество, дворянство, интеллигенция и, наконец, рабочий класс присваивали себе крестьянские традиции, изобретенные в декоративно-прикладном искусстве и архитектуре. Влияние национального стиля распространялось и за пределами эстетики. Однако это стилистическое отличие России было достигнуто ценой культурной русификации империи; болезненным напоминанием об этой практике служат десятки русских православных церквей в Варшаве, построенных в этот период[9].

Многочисленные тексты, посвященные национальному стилю, способствовали распространению новой тенденции за пределами древней русской столицы и ее окрестностей, где были сконцентрированы стилизованные здания. Как заметил архитектор Н. В. Султанов в 1881 году, «спрос на произведения в русском стиле все увеличивается»[10]. Наряду с признанием со стороны общественного мнения, национальный стиль был официально рекомендован для представления России на всемирных выставках; Академия художеств также допускала, что это была «самая значительная революция» в истории русской архитектуры [Лисовский 1976]. В 1883 году в императорском дворе на торжественном балу великого князя Владимира Александровича также приобщились к неорусскому стилю: известно, что и Алек-

---

[9] Подробнее о распространении архитектуры в русском стиле в Российской империи см. в [Wortman 2003]. О культурной русификации см. в [Thaden 1981; Weeks 1996; David-Fox et al. 2006].

[10] Цит. в [Лисовский 2000: 165].

сандр III, и Николай II продемонстрировали личные наряды, разработанные в соответствии с новым направлением[11]. В последней четверти XIX века русский стиль пропитывал каждый слой культуры. Его можно было встретить ежедневно не только в выставочных павильонах и музейных залах, но и в церквях, общественных зданиях, частных резиденциях, на картинах, в театральных декорациях, декоративно-прикладном искусстве, кустарных мастерских, оформлении книг, костюмированных балах, внутренней отделке, ювелирных изделиях, оформлении меню, повседневной утвари и т. д.[12] Судя по тому, как пресса представляла триумф вновь открытого стиля в изобразительном искусстве, могло бы показаться, что русские в конце концов нашли язык для формирования своей идентичности — как в церемониальных показах, так и в повседневной жизни. Возрождение допетровской традиции было редким примером взаимодействия государства и общества в продвижении русского стиля как уникального выражения культурной идентичности. Уортман показывает, как эта идея поддерживалась и культивировалась власть имущими. Более того, повсеместное присутствие национального стиля в обществе в целом наделяло его не только властью, но и популярностью. Сила и прочность данной версии идентичности покоились на временном союзе высшей власти и широкой публики.

---

[11] Храмовая архитектура 1880-х годов (одним из вычурных примеров которой является Спас на Крови) является типичным выражением позднего этапа официального русского стиля, о котором довольно подробно говорит Уортман [Уортман 2004, 2: 334–339].

[12] Сазиковская мастерская серебряных дел, которая произвела удостоенное награды украшение-канделябр для русского отделения на Великой выставке в 1851 году, теперь специализировалась на более практичных объектах, которые были популярны среди русских потребителей, таких как женские драгоценности и предметы посуды. В качестве подтверждения вездесущности этого стиля Е. И. Кириченко также упоминает рассказ Чехова «Попрыгунья», в котором героиня украшает свою столовую в русском стиле [Kirichenko 1991: 125, 145–153]. Среди тех, кто создавал функциональные предметы в русском стиле, были В. А. Гартман, М. А. Врубель (керамика), С. В. Малютин (мебель, утварь) и Е. Д. Поленова (вышивка, мебель).

Москва, центр национальной культуры

В 1860-х — 1870-х годах в Москве произошло знаменательное расширение культурного пространства, когда древняя русская столица стала центром переосмысленной традиции, а современные западные влияния остались в космополитическом имперском Санкт-Петербурге. Н. В. Поленова вспоминала о современном настроении: «Общее национальное направление того времени влекло вглубь России, подальше от официального искусственного Петербурга» [Поленова 1922: 26].

Современники соглашались, что национальное возрождение последней трети XIX века было главным образом московским явлением. Так С. И. Мамонтов заявлял: «Вне всякого художественного центра Москва все-таки может дать много самобытного, свежего, не загаженного материала для художника»[13]. Художники также испытывали гордость и бесконечное вдохновение в древней столице. Репин, например, радовался: «Москва до такой степени художественна, живописна, красива, что я теперь готов далеко, за тридевять земель ехать, чтобы увидеть подобный город <...> я почту себе за счастье жить в Москве!» [Репин, Стасов 1948: 138]. Васнецов вспоминал, что испытал похожее чувство при знакомстве с городом: «Когда я приехал в Москву, то почувствовал, что приехал домой и больше ехать уже некуда. Кремль, Василий Блаженный заставляли чуть не плакать, до такой степени все это веяло на душу родным, незабвенным» [Васнецов 1987: 151].

Несколько вех определяют прогресс национальной культуры по мере ее перемещения из Санкт-Петербурга в Москву: перенос Румянцевского музея в 1862 году; Этнографическая выставка 1867 года, ставшая родоначальницей еще одного московского публичного музея, Дашковского; Политехническая выставка 1872 года и два постоянных института, которые она породила — Политехнический и Исторический музеи. Новые московские учреждения культуры считались подлинно общественными, учитывая, что Румянцевский, Этнографический, Политехниче-

---

[13] Цит. по: [Пастон 2003: 38–39].

ский и Исторический музеи появились в результате инициативы со стороны частных лиц и добровольных объединений. Во второй половине XIX века частные лица и общества стали играть все более важную роль в продвижении музейного века в Москве. В отличие от Эрмитажа или Академии художеств в Санкт-Петербурге, московские выставки и музеи не слишком полагались на поддержку государства[14].

Румянцевский музей

В Москве музейный век начался с переезда Румянцевского музея, одного из старейших культурных учреждений Санкт-Петербурга. В мае 1862 года, в том же году, когда по всей стране праздновалось тысячелетие России, музей открыл свои двери публике в Москве. Едва обращавший на себя внимание прежде, 30-летний музей внезапно попал на первые страницы прессы, где его называли ни много ни мало национальным музеем России.

Знаменитое собрание книг Румянцевского музея послужило основанием для главного московского книгохранилища сегодняшнего дня — Российской государственной библиотеки (бывшей «Ленинки»). В остальном от первоначального Румянцевского музея мало что сохранилось, поскольку он канул в Лету после своего расформирования в 1924 году. Лишь недавно, в контексте постсоветских усилий национального возрождения, музей вновь обратил на себя внимание, после того как на одной из выставок была отмечена первостепенная роль, которую этот центр куль-

---

[14] А. П. Ходнев, например, выступал за создание публичных музеев при поддержке добровольных организаций, таких как Вольное экономическое общество [Ходнев 1862: 10–11]. Стасов также подчеркивал важность частной инициативы, независимой от правительства: Стасов В. В. «Наша этнографическая выставка и ее критики (1867)» [Стасов 1894–1906, 3: 936]; первоначально эта статья появилась в «Санкт-Петербургских ведомостях» (1867, № 179 и № 182) под псевдонимом «Иван Каверин». О выставках в первой половине XIX века см., например, в [Михайловская 1961; Равикович 1990: 21–23, 29].

туры играл в дореволюционной России[15]. Действительно, о Румянцевском музее когда-то говорила вся страна.

Истоки музея восходят к 1831 году, когда он был официально учрежден в Санкт-Петербурге после смерти его основателя, графа Н. П. Румянцева. Коллекция состояла из редких книг и рукописей, а также этнографических и археологических образцов. Раз в неделю музей принимал представителей публики «хорошего происхождения», хотя библиотека была открыта ежедневно[16]. Библиотека была главным притязанием музея на славу: испытывая острый интерес к истории России, граф Румянцев собрал более 28 500 книг и более 700 рукописей и редких изданий [Государственный Румянцовский музей 1923, 1: 23–24][17]. Однако в течение трех десятилетий пребывания музея и библиотеки в Санкт-Петербурге они томились в безвестности [Государственный Румянцовский музей 1923: 27]. В 1842 году прибывший в русскую столицу путешественник Коль записал следующее нелестное впечатление:

> Из частных библиотек, открытых публике, самой большой является та, что называется Румянцовским [sic] музеем, в великолепном здании на Английской набережной. Она содержит большое число книг во всех отделах литературы и человеческого знания, классического и современного, греческого, римского, немецкого и французского, по истории, естественной истории и беллетристики. Насколько мал

---

[15] Выставка «Румянцевский музей в культурной жизни России» проходила в Государственном музее А. С. Пушкина на Пречистенке в 2003 году.

[16] Подробнее о ранней истории музея см. в «Путеводителе», изданном Государственным Румянцевским музеем [Государственный Румянцовский музей 1923, 1: 9–17]; [Gray 2000b: 39–40].

[17] Позже Румянцевская библиотека сформирует ядро коллекции бывшей библиотеки имени В. И. Ленина, теперь Российской государственной библиотеки. Стасов высоко оценил коллекцию Румянцева именно за ее древние рукописи. Год смерти Румянцева, 1826-й, был также годом, когда Погодин начал собирать свое знаменитое «Древлехранилище». Стасов В. В. «Румянцовский музей. История его перевода из Петербурга в Москву в 1860–1861 годах» [Стасов 1894–1906, 3: 1689–1690]; см. также: Внутреннее обозрение // Современник, 1863 год. № 98. С. 383 и далее.

> интерес, производимый капиталом, который здесь затрачен, я увидел в своих неоднократных визитах, при которых я был обычно единственным. Служитель сказал мне, что часто бывало, что никого не было. Из книги посетителей оказалось, что за первую половину апреля там побывало лишь шесть гостей [Kohl 1980, 1: 297].

Столь же угрюмым было описание музея, сделанное Стасовым. Критик использовал метафору «забытого амбара», мрачного и холодного, для описания того впечатления, которое музей производил на своих редких посетителей.

Если во время срока своего пребывания в Санкт-Петербурге музей привычным образом представляли в выражениях упадка, то после перевода его в Пашков дом в Москву в 1862 году он неожиданно расцвел. Библиотека пользовалась большим успехом: количество книг, запрашиваемых меценатами, возросло в геометрической прогрессии от 2500 в 1862 и 1863 годах до 20 000 в 1871 году [Пятидесятилетие Румянцевского музея 1913: 95]. В те годы Румянцевский музей был открыт для публики четыре дня в неделю по три-четыре часа. Только в 1862 году через его галереи прошло 50 355 человек.

Почему этот заброшенный музей был встречен в Москве с таким воодушевлением? В прессе подчеркивалось несколько факторов. Румянцевский музей был переведен в Москву в год празднования тысячелетия в Новгороде, и организаторы переезда музея подчеркивали эту связь [там же: 18, 9]. В то время как в Санкт-Петербурге были такие всемирно признанные институты культуры, как Эрмитаж, Публичная библиотека и Академия художеств, в Москве до появления Румянцевского музея не было никаких образовательных учреждений, кроме Университета. Пресса, очень пристально следившая за перемещением музея, неоднократно обращала внимание на этот факт. Музей также был особенным благодаря своему статусу национального учреждения. Таким образом, попечитель московского учебного округа Н. В. Исаков, инициатор переезда, представил перемещенный музей как «национальное всеобъемлющее общерусское просветительное учреждение».

На самом деле, Румянцевский музей был больше, чем только один институт, что следует из его официального названия в то время — Московский публичный и Румянцевский музей [там же: 10][18]. Рядом с ним в доме Пашкова была расположена еще одна недавно созданная коллекция из фондов Московского университета: Московский публичный музей. Однако в просторечии объединенный институт был известен просто как Румянцевский. Художественная галерея музея состояла из нескольких коллекций. Изначальная картинная галерея, включавшая знаменитую работу Иванова «Явление Христа народу», насчитывала, согласно современному каталогу, 202 картины[19]. В 1867 году завещанная Ф. И. Прянишниковым коллекция русских картин привлекла еще большее внимание к Румянцевскому музею. Описанная одним из современников как «пантеон русской живописи», а другим как «единственная в своем роде», галерея Прянишникова прибавила к славе Румянцевского музея 132 превосходных примера национальной школы, включая две знаменитые картины Федотова, «Сватовство майора» и «Свежий кавалер»[20]. В последующие десятилетия его отдел изящных искусств продолжал расти и к 1913 году насчитывал впечатляющее количество в 1700 полотен.

Широкая публичность сопровождала Румянцевский музей с первых дней его открытия в Москве. Еще до этой даты газеты и журналы представляли новый публичный институт культуры как «самое знаменательное из текущих явлений московской жизни»[21]. В одной из газет решительно заявлялось: «В летописях

---

[18] Дом Пашкова, названный в честь его первого владельца, московского дворянина П. Е. Пашкова, был построен в Москве в 1787 году [Иллюстрированный путеводитель 1916: 9]. О сложной структуре музея см. также в: Дмитриев Н. Московский публичный музей // Наше время. 1862. 9 августа. № 171.

[19] Каталог Картинного отделения Московского Публичного Музея // Картинные галереи Европы. 1863 год. № 2. С. 139–144.

[20] А. А-в. Прянишниковская картинная галерея // Картинные галереи Европы. 1862 год. № 1. С. 183; см. также: Аничков И. Описание картинной галереи тайного советника Федора Ивановича Прянишникова. СПб., 1853.

[21] Письмо из Москвы // Русский инвалид. 1862. 22 мая. № 112.

общественной жизни нашей столицы день 6-го мая 1862 года навсегда отмечен светлым воспоминанием. С этого дня первая в Москве публичная библиотека и музей вполне заявили свое существование»[22]. В «Сыне отечества» была перепечатана большая статья из «Московских ведомостей», полная восторгов по поводу нового музея[23].

Помимо поздравления москвичей со столь важным приобретением, вдохновенные тексты в прессе знакомили публику с новыми коллекциями и разъясняли значение музея для общества. В первые дни после открытия журналисты отметили рекордное количество посетителей — более двух тысяч человек в день[24]. Обозреватели в обеих столицах также подчеркивали образовательный потенциал музея, признавая растущий интерес публики к русской истории. В это же время в Москве было зарегистрировано «Общество древнерусского искусства» [Пятидесятилетие Румянцевского музея 1913: 21–22]. Между тем научное сообщество Санкт-Петербурга оплакивало потерю Румянцевского музея. Стасов, публично протестовавший против его перемещения, считал это событие просто унизительным для столицы империи[25].

Этнографическая выставка 1867 года

Этнографическая выставка открылась в Москве 23 апреля 1867 года. Обозреватели отмечали, что она представляла собой необычайное зрелище: в выставочном пространстве московско-

---

[22] Открытие публичной библиотеки и музея в Москве // Наше время. 1862. 12 мая. № 100.

[23] Общественные дела. Москва. Публичный музей // Сын отечества. 1862. 19 мая. № 120. Эта статья впервые появилась в «Московских ведомостях» 12 мая 1862 года под подписью М. Лонгинова.

[24] См., например: Из Москвы, о жизни и литературе // Санкт-Петербургские ведомости. 1862. 1 июля. № 141. «Северная почта» сообщала о 16 000 посетителях в первые 20 дней работы музея, с 6 по 25 мая, притом что количество достигло 2300 человек в один только день 25 мая.

[25] Стасов В. В. «Румянцовский музей. История его перевода из Петербурга в Москву в 1860–1861 годах» [Стасов 1894–1906, 3: 1691–1692].

го Манежа можно было увидеть, словно в калейдоскопе, всех разнообразных жителей необъятной империи. Многочисленные манекены, одетые в яркие народные костюмы и окруженные характерными региональными артефактами, усиливали впечатление от выставки как от грандиозного праздника[26]. Этнографическая выставка имела очевидный успех: за два месяца ее работы Манеж посетило 83 000 человек, что принесло около 45 000 рублей выручки [Богданов 1914: 11; Найт 2001: 124]. Вскоре на основе выставки 1867 года в Москве образовалась постоянная коллекция — Дашковский этнографический музей[27].

Помимо всего прочего, выставка продемонстрировала, что этнография может успешно использоваться как «инструмент национальной самоидентификации» [Майорова 2001: 94]. Как заметил А. Н. Пыпин, изучение этнографии ведет к лучшему пониманию национальности [Пыпин 1890: 15][28]. Выставка ознаменовала переходный момент между двумя различными моделями национальной идентификации — имперским, официальным национализмом, связанным с Николаем I, и русским этническим национализмом, господствовавшим в царствование Александра III [Майорова 2001: 101–102]. Между империей и нацией назрела напряженность, но организаторы Этнографической выставки умело разрешили ее с помощью продуманного устройства, которое одновременно признавало широкое разнообразие народов империи и иерархическое превосходство русских, экс-

---

[26] Н. Найт и Майорова много писали об этой выставке и ее влиянии на русский вопрос; я опускаю многие из подробностей, выявленных в их обстоятельных исследованиях [Майорова 2001; Найт 2001]. А. М. Разгон также предлагает исчерпывающий обзор этнографических музеев в России [Разгон 1961: 230–268]. Подробнее об этнографии в России см. также в [Найт 2005].

[27] Полное название музея звучало как «Дашковский этнографический музей, устроенный при содействии Общества любителей естествознания при Московском университете» [Миллер 1887: ix]. Впоследствии директором Румянцевского музея был назначен В. А. Дашков [Иллюстрированный путеводитель 1916: 11].

[28] На выставке была представлена объединяющая, этническая модель самоидентификации на основе национальности, охватившая в это время всю Европу [Майорова 2001: 95, 108].

понаты которых были расположены на видном месте на приподнятой выставочной платформе [Найт 2001: 111–112, 123].

Славянский съезд, созванный в связи с Московской Этнографической выставкой, сам по себе был «довольно странным явлением», на котором присутствовал 81 делегат из Австро-Венгрии, Сербии, Черногории, Пруссии и Саксонии (заметным было отсутствие представителей из Польши) [Petrovich 1985: 201–209, 224, 239; Богданов 1914: 11][29]. Съезд, как полагают специалисты, сам по себе достиг довольно немногого, но обозначил скрытый дискурс об особой объединительной миссии России в решении славянского вопроса [Petrovich 1985: 240]. Соответственно, Погодин, И. С. Аксаков и другие настаивали на том, чтобы русский язык взял на себя роль славянского lingua franca. Аксаковская газета «Москва», к примеру, писала амбициозно: «Славяне избирают русский язык как средство сближения и отдаются его изучению; книгопродавцы в западно-славянских землях не наготовятся русских словарей и грамматик. <...> Какая честь нам Русским!»[30] Извечный польский вопрос, бельмо на глазу общественности после восстания в 1863–1864 годах, оставался далеко на периферии этого славянского праздника. Погодин заметил по этому поводу: «пожелаем, чтобы Поляки, вслед за евангельским блудным сыном, опомнились и возвратились в недра Славянского семейства!»[31] Прославянская пресса представляла это «семейство» как нечто совершенно естественное: на страницах ежедневной газеты «Москва» и консервативной еженедельной газеты «Русский» тщательно запланированное событие воспринималось

---

[29] Подробнее о Славянском съезде и связанных с ним вопросах см. в [Никитин 1960]. См. также [Буслаев 1897: 365–366; Никитенко 1893, 1: 150–151, 190].

[30] Москва, 18-го июля // Москва. 1867. 18 июля. № 86. Погодин также писал о том, что русский язык станет «общим литературным языком для всех Славян» (Погодин М. П. Речь, произнесенная перед обедом в воспоминание о Славянском съезде в Москве, 1867 года, Мая 16 дня // Русский. 1868. 27 мая. № 25. С. 393; см. также [Майорова 2001: 104–105]).

[31] Погодин М. П. Речь, произнесенная перед обедом в воспоминание о Славянском съезде в Москве, 1867 года, Мая 16 дня // Русский. 1868. 27 мая. № 25. С. 393; см. также [Майорова 2001: 109].

как «случайная» встреча народов, которая случилась сама собою[32]. Периодическая печать представляла все население России — независимо от социального положения — как участников празднеств, сопровождавших приехавших славян во время их поездки по стране в 1867 году. Судя по прессе, Этнографическая выставка и Славянский съезд были публичными событиями государственной важности. В преддверии выставки газеты опубликовали широкое обращение к читателям с просьбой о помощи и участии в монтаже экспозиции. Русское общество быстро откликнулось с неожиданной щедростью [Этнографическая выставка 1878: 3][33]. «Московские ведомости», например, регулярно обновляли список поступающих пожертвований.

Фактически за Этнографической выставкой стояла добровольная ассоциация, игравшая в эпоху реформ важнейшую роль в московской публичной жизни — Общество любителей естествознания, антропологии и этнографии (или ОЛЕАЭ). Это общество было основано в 1863 году при Московском университете и вскоре занялось активной публичной деятельностью[34]. Его признанным лидером был А. П. Богданов, молодой профессор зоологии в Московском университете, а президентом был назначен профессор геологии Г. Е. Щуровский. Примечательны время и место возникновения ОЛЕАЭ: оно выросло из «духа обновления, которым было охвачено все образованное общество в начале 60-х годов», как отмечает И. А. Каблуков в своей речи, произнесенной на 50-летии добровольной ассоциации [Богданов 1914: 5–6, 24]. ОЛЕАЭ было продуктом эпохи Великих реформ, когда правительство позволяло относительно независимым организациям проявлять инициативу в просвещении публики,

---

32 Москва, 1-го июля // Москва, 1 июля 1867 года. № 72; Погодин М. П. Речь, произнесенная перед обедом в воспоминание о Славянском съезде в Москве, 1867 года, Мая 16 дня // Русский. 1868 года. 27 мая. № 25. С. 387.

33 Подробнее см. также в [Petrovich 1985: 201].

34 Подробное исследование ОЛЕАЭ см. в [Bradley 2002]. Дж. Брэдли рассматривает в более широком плане значение добровольных ассоциаций для формирования гражданского общества в России XIX века.

и самопровозглашенная задача ОЛЕАЭ заключалась в популяризации науки и демократизации знаний в России[35]. Публичные лекции, выставки и музеи считались особенно эффективными для достижения этой цели. Помимо Этнографической выставки, ОЛЕАЭ поддерживало такие важные публичные мероприятия, как Московский славянский съезд 1867 года, Политехническую выставку 1872 года, Политехнический и Исторический музеи и Антропологическую выставку 1878 года [Равикович 1990: 162–163].

Посвященные Этнографической выставке статьи в прессе привлекли внимание к этому уникальному публичному событию, но общая его оценка носила неоднозначный характер[36]. Зарубежные источники были настроены преимущественно скептически и представляли выставку или как «политическую демонстрацию», или как своего рода «потемкинскую деревню» [Этнографическая выставка 1878: 32–33]. Хотя русские газеты протестовали против таких неуместных суждений, общее впечатление оставалось прохладным[37]. Для местных критиков предметом спора стала этнически русская экспозиция в центре

---

35 Подробнее о добровольных ассоциациях в России см. в [Брэдли 2012].

36 Подробный обзор этих мнений см. в [Petrovich 1985: 234 и далее; Этнографическая выставка 1878: 29–36]. О выставке писали как ежедневные газеты, так и прочие печатные издания. Помимо источников, цитируемых в этой главе, имелись следующие свидетельства, например: Н. Ч. Русская этнографическая выставка в Москве (письма в редакцию «СПб. Ведомостей») // Санкт-Петербургские ведомости. 1867. 24 мая. № 141; а также предыдущие и последующие выпуски; Общее обозрение // Санкт-Петербургские ведомости. 1867. 17 октября. № 287. Газеты также рекламировали книгу, посвященную выставке и Славянскому съезду, [Всероссийская этнографическая выставка 1867]; она была анонсирована, например, в журнале «Русский» (15 января 1868 года, № 5, С. 6). В 1862 году газеты известили о первом издании по русской этнографии, выпуск которого был приурочен к празднованию тысячелетия: [Pauly 1862], о нем сообщалось в: Этнографическое описание народов, обитающих в России // Санкт-Петербургские ведомости. 1862. 30 октября. № 236. Подробнее о Славянском съезде см. также в: Москва, 21-го марта // Москва. 1867. 21 марта. № 64; Москва, 10-го ноября // Москва. 1867 10 ноября. № 176 и т. д.

37 Общее обозрение // Санкт-Петербургские ведомости. 1867. 15 октября. № 285.

выставки. Большинство обозревателей сошлись во мнении, что в этой русской конструкции было что-то невыразительное. В «Московских ведомостях» — возьмем крайний случай — выставка описывалась как выражение «гнусного духа» «русского самооплевания» и горькая «сатира на наше отечество»[38].

Размышляющие о национальных вопросах современники пытались в собственных текстах обобщить отклик публики. Так, через месяц после завершения выставки и Славянского съезда Аксаков в ведущей статье высказал свое желание: «Мы бы очень желали, чтобы мнение о съезде было одно, и именно наше» [Стасов 1894–1906, 3: 939][39]. Стасов горячо защищал выставку от журналистов-скептиков. По мнению авторитетного художественного критика, Этнографическая выставка была важным национальным событием, которое должно было вызывать в прессе только восторженные и гордые комментарии. Анализируя причины скорее неоднозначной реакции журналистов, Стасов просто пришел к выводу, что пресса «ничего не поняла в ней». Там, где журналисты видели обыденную повседневность, Стасов видел подлинность, гораздо более ценную, чем декоративная, по его мнению, театральность, которая лежала в основе популярных западнославянских экспозиций, получивших единодушное одобрение критиков [Стасов 1894–1906, 3: 935–948].

Публичность помогла выставке реализовать ее основную цель: демонстрацию «всей необъятной России со всею ее пестротою и разнообразием населения» [Пятидесятилетие Румянцевского музея 1913: 179][40]. Президент ОЛЕАЭ Щуровский подчеркнул этот момент, говоря о том, что интерес к изучению России — это новое явление в обществе; если раньше русские были увлечены изучением Европы, то теперь впервые их внимание обратилось к России. По его мысли, Этнографическая выставка сумела воспитать в своих посетителях чувство самосознания и продемон-

---

38 См. также [Найт 2001: 123–124].

39 Москва, 3-го ноября // Москва. 1867. 3 ноября. № 170.

40 Максимов С. Этнографическая выставка в Москве. II // Голос. 1867. 4 мая. № 122.

стрировала, что визуальная культура является неоценимым помощником в формировании воображаемого сообщества.

> Действительно, выставки и музеи принадлежат к числу самых могучих средств для народного образования. Представляя сначала только одну привлекательную сторону предмета и удовлетворяя любознательность [публики] без всякого труда, выставки и музеи стоят на уровне каждого, всем по плечу: они столько же интересны для специалиста, как и для не ученого человека… [Этнографическая выставка 1878: 12–15][41].

Образно выражаясь, как в ретроспективе делал это один из обозревателей, этнографические коллекции предлагали своим посетителям «курс отечествоведения». Публичные лекции, прочитанные в 1866–1867 годах в связи с предстоящей выставкой выдающимися специалистами из Московского университета, помогали слушателям освоить этот новый предмет.

Московский музейно-выставочный бум

Дискурс, инициированный Румянцевским музеем и Этнографической выставкой, подчеркивал крупный культурный сдвиг из Петербурга в Москву. Примерно в середине XIX века современники начали представлять Москву как центр русской национальной культуры, в явном контрасте с имперским Петербургом, который все больше отождествлялся с бюрократическим и иностранным влиянием.

Пресса приветствовала выбор места проведения Этнографической выставки и проходящего параллельно Славянского съезда. Газета «Москва», например, присвоила городу звание

---

[41] Вне зависимости от многонационального характера выставки, организаторы и пресса риторически переводили внимание публики от славянского вопроса к русскому (в некоторых источниках даже утверждалось, что эти два вопроса в принципе взаимозаменяемы). Прежде всего, Этнографическая выставка в Москве дала русским возможность узнать о себе.

«поистине народной русской столицы»[42]. Не случайно газета, основанная в год проведения выставки, носила имя города — в течение двух лет ее короткой, но насыщенной событиями жизни она служила ежедневной рекламой Москвы[43]. Для Погодина Москва также была своего рода идеальным зеркалом, в котором отражались мир и согласие славянского братства[44].

В памятном буклете, выпущенном к 50-летию Московского публичного и Румянцевского музея, была подчеркнута эта вновь обретенная традиция размещения национальной культуры и самобытности именно в Москве:

> Но наши Музеи имеют особое значение, принадлежащее только им. Они сосредоточивают в своих стенах плоды творчества русского народа почти на всем протяжении его тысячелетней истории <...> расположенные в Москве, сердце России, с ее святынями, с ее кремлем, они являются русским национальным учреждением [Пятидесятилетие Румянцевского музея 1913: 23–24].

В целом, публикации в массовой прессе помогли закрепить русскую историю и искусство в древней русской столице[45]. Один не столь известный журналист, С. Максимов, заимствовал метафору выставки для описания культурного профиля города в газете «Голос»: «Сама Москва без преднамеренных, искусственных целей, представляет живую ежедневную этнографическую выставку с исключительным преобладанием в сторону великороссийского племени из всех срединных губерний»[46]. Легкость,

---

42 Цит. по: [Майорова 2001: 103].

43 Панславистское издание И. С. Аксакова получило несколько предупреждений от цензора и было в конце концов закрыто в 1868 году.

44 Погодин М. П. Речь, произнесенная перед обедом в воспоминание о Славянском съезде в Москве, 1867 года, Мая 16 дня // Русский. 1868. 27 мая. № 25. С. 388.

45 Хроника // Санкт-Петербургские ведомости. 1872. 16 мая. № 133.

46 Максимов С. Этнографическая выставка в Москве. I // Голос. 1867. 29 апреля. № 117. Майорова отмечает, что Москва служила «метонимией всей России — покровительницы и собирательницы славян» [Майорова 2001: 103].

с которой современники приравнивали город ко всей стране, подчеркивает символическую роль Москвы как национального центра, олицетворяющего теперь всю Россию.

Метафора Максимова характерна также и для другого изменения в московском городском пейзаже: Москва стала музейным городом, площадкой и для эпических проектов, таких как Исторический музей, и для частных картинных галерей, в том числе коллекции московского промышленника Кокорева, открытой в 1862 году, и картинной галереи Солдатенкова. В Кокоревской галерее имелся большой зал для публичных лекций и литературных чтений, оформление которого отсылало к традиционной избе в русском стиле. Современные обозреватели находили демонстративную русскость Кокоревской галереи особенно похвальной[47]. В том же знаменательном для Москвы 1862 году в новом периодическом издании, «Картинные галереи Европы», созданном специально для развития общественного вкуса, был представлен музей Солдатенкова. Особое внимание журнал уделял популяризации русского искусства: на его страницах в детальных подробностях были описаны даже малоизвестные частные галереи москвичей Мосолова, Трофимовича и Голохвастовых[48]. Еще одной коллекцией, привлекшей внимание публики в 1860-е годы, был Голицынский музей, открытый в 1865 году: в нем было 132 картины представителей различных художественных школ, собрание редкостей и библиотека[49]. Он был открыт для публики три дня в неделю, бесплатно. Самым выдающимся

---

[47] Кокоревская картинная галерея в Москве // Русский листок. 1862. 28 января. № 4. С. 32–33; К. В. Художественные заметки. II // Русский художественный листок. 1862. 10 февраля. № 5. С. 21–22. Галерея просуществовала менее десяти лет, но оказала значительное влияние на московское общество [Gray 2000b: 38].

[48] Московские картинные галереи (частных любителей) // Картинные галереи Европы. 1863. № 2. С. 221–228; Картинная галерея К. Т. Солдатенкова // Картинные галереи Европы. 1862. № 1. С. 210–214.

[49] Внутренние известия. Голицынский музеум в Москве // Русский инвалид. 1864. 20 декабря. № 283. См. также: Голицынская картинная галерея // Картинные галереи Европы. 1863. № 2. С. 117–120.

художественным музеем в Москве была, бесспорно, Третьяковская галерея, о которой говорилось в предыдущей главе.

Многие новые московские выставки и галереи в 1860-х и 1870-х годах открывались систематически, согласно научному подходу, впервые примененному в Румянцевской и Дашковской коллекциях [Пятидесятилетие Румянцевского музея 1913: 163][50]. Их появление не только внесло положительный вклад в развитие дискурса об идентичности, но и стимулировало развитие новой научной дисциплины в России — музееведения. По сравнению с предыдущими тенденциями — и в отличие от них — пресса теперь представляла петербургскую музейную сцену как намного менее яркую. Когда в 1862 году для посетителей открылась Кушелевская галерея, щедрый дар графа Н. А. Кушелева-Безбородко, завещавшего свою коллекцию Академии художеств, газеты лишь кратко приветствовали ее появление. Впрочем, бóльшую часть этой знаменитой коллекции составляли художественные произведения «старой» (то есть европейской) школы искусства, что едва ли являлось предметом массового интереса или полемики[51]. Примерно то же самое можно было сказать о частной галерее графа С. Г. Строганова, самой старой в Санкт-Петербурге[52]. Еще одна коллекция европейского искусства, принадлежащая

---

50 Подробнее о значении систематической организации искусства в русских музеях см. в [Gray 2000b: 38].

51 Сомов А. Картинная галерея графа Кушелева // Иллюстрация. 1862. 13 декабря. № 249; 1862. 20 декабря. № 250. См. также [Норман 2006: 119–120]; Список картин, принесенных в дар С.-Петербургской Академии Художеств покойным графом Н. А. Кушелевым-Безбородко // Картинные галереи Европы. 1863. № 2. С. 163–179. См. также [Гинзбург 1974: 9].

52 Начало этой коллекции было положено А. С. Строгановым в эпоху Екатерины Великой. Согласно каталогу 1793 года, в Строгановском музее хранилось 87 картин 55 мастеров, в том числе произведения Н. Пуссена, Я. ван Рейсдаля, Ж.-Б. Греза, А. ван Дейка. Уже тогда современники признавали коллекцию достойной внимания: к началу XIX века она была популярным местом посещения как местных, так и иностранных посетителей. См. [Артамонова 1995]; А. А-в. Галерея графа С. Г. Строганова (в С. Петербурге) // Картинные галереи Европы. 1863. № 2. С. 245–250.

герцогу Лейхтенбергскому, оставалась закрытой для публики[53]. Другими словами, хотя в Санкт-Петербурге не было недостатка в искусстве как таковом, его западноевропейские собрания в эпоху культурного национализма не вызывали столь бурных дискуссий, как московские хранилища русского искусства.

Современники считали Москву недостающим ядром русской культурной идентичности. Патриотический подъем после Польского восстания 1863 года стимулировал размышления, не стоит ли перенести столицу из Санкт-Петербурга в Москву. Достоевский, к примеру, как вспоминает Л. Ф. Пантелеев, был большим сторонником этой идеи [Пантелеев 1958: 226][54]. В сфере визуальной культуры этот откровенно национальный поворот нашел свое выражение в русских темах и стилях, которые стали преобладать на художественной сцене. Символизм Москвы как нового центра культуры был очевиден: расположенные поблизости от древнего Кремля музеи и выставки второй половины XIX века напоминали о допетровской России[55]. Распространение зданий в русском стиле также способствовало визуальной русификации Москвы. Такие выдающиеся культурные институты в сердце древнего города, как Политехнический и Исторический музеи, Городская дума и Верхние и Средние торговые ряды, породили новый фундаментальный нарратив — подлинной и цельной русской нации, сильной своими традициями и предположительно свободной от иностранного влияния[56]. В отличие от классических и неоклассических тенденций, укоренившихся в космополитическом Санкт-Петербурге, национальный стиль конца XIX века был тесно связан с московским культурным возрождением. Напротив, «западник Петербург», по словам Султанова,

---

[53] Лейхтенбергская галерея в С.-Петербурге // Картинные галереи Европы. 1862. № 1. С. 231 и далее.

[54] Газеты также поддерживали эту дискуссию о столицах. См., например, в: Нечто по поводу столиц // Голос. 1863. 26 апреля. № 100.

[55] О Московском кремле как центре просвещения и искусства см., например, [Московский публичный и Румянцевский музей 1897: 6–7].

[56] Подробнее о символическом значении Москвы как центра национальной культуры см. в [Gray 2000b: 38–39; Gray 1986: 10; Уортман 2004: 286–287].

мог похвастаться немногими зданиями в русском стиле, за примечательным исключением в виде Спаса на Крови, который вызывал у современников скорее разочарование, чем восхищение [Лисовский 2000: 165, 196–197; Kirichenko 1991: 113].

Музейный бум в Москве сформировал национальное самоощущение не с точки зрения индустриального прогресса, а с точки зрения традиционной народной культуры, якобы освобожденной от двухвекового западного влияния. Хотя во многих отношениях это была недавно изобретенная традиция, русский стиль получил мгновенное признание и долго пользовался успехом, отчасти благодаря его активному использованию в Москве и в русских павильонах на всемирных выставках. Это уже не была извращенная и неопределенная модерность отсталости, связанная с неоклассическим Санкт-Петербургом и его литературной традицией и ставшая для многих символом кризиса. Романтическая современность а-ля рюс в значительной степени опиралась на эстетику допетровской Московии. Ее неотрадиционалистские модели были крайне стилизованными и решительно несовременными, с примесью явного самоэкзотизма. Тем не менее как иностранные, так и местные обозреватели расточали похвалы национальному стилю, поскольку он давал то, в чем Россия в эпоху всемирных выставок нуждалась больше всего: отчетливую, светскую идентичность, которая ощущалась не как пустота, а как осязаемое присутствие. Полумифический, обращенный в прошлое романтический стиль восстанавливал родную традицию, утраченную в результате вестернизации, и помогал России преодолеть современный кризис идентичности.

Широкое освещение и легкий доступ к коллекциям в Москве все более привлекали заинтересованную публику. Обозреватели уделяли особое внимание зрителям в большинстве статей, посвященных городским экспозициям по истории и искусству. Начиная с Румянцевского музея, журналисты регулярно отмечали бесплатный вход в московские учреждения культуры и разноплановую аудиторию, которую они привлекали. Например, «Санкт-Петербургские ведомости» в 1862 году отмечали, что Румянцевский музей был открыт для лиц «всех сословий, без исключения»: «Всякий, в каком бы костюме он ни был, может свободно разгуливать по прекрасным залам огромного пашковского дома»[57]. Другой фельетонист также подчеркивал, что весь город — «все грамотные и неграмотные в Москве» — посетил Румянцевский музей. Особенно замечательное зрелище в залах новых учреждений представляли простые мужички[58]. Снова и снова акцентируя внимание на открытом доступе для всех, журналисты проводили резкое различие между публикой в Петербурге и Москве. Один из современников в деталях проанализировал эту разницу. Описывая посетителей Румянцевского музея, художественный критик К. А. Варнек, печатавшийся в «Русском художественном листке» под псевдонимом К. В., отмечал многообразие посетителей: купцы и их жены, солдаты, уличные торговцы «и даже крестьяне в своих разнообразных костюмах». Журналист особо отмечает, что вход в музей бесплатный и что москвичи — демонстрирующие верность «народному костюму» — держатся своего, национального. В петербургских музеях, напротив, автор находит только официоз. По мнению Варнека, было что-то лицемерное и фальшивое в Эрмитаже, где от посетителя ожидалось, что он будет щеголять в «западно-европейских приклеенных клейстером павлиньих перьях»[59]. Еще один журналист отмечал, что едва ли кто-либо когда-либо ходит в главные петербургские музеи: «Войдите в эрмитаж или академию. Кто там? два, три человека — не более, а посетителей зрелищ Излера и Блондена считали тысячами!»[60] Упоминание здесь популярных артистов позволяет предполо-

---

57 Из Москвы, о жизни и литературе // Санкт-Петербургские ведомости. 1862. 1 июля. № 141.

58 Московские письма. IX // Северная почта. 1862. 9 июня. № 124.

59 К. В. Письма из Москвы. I // Русский художественный листок. 1862. 20 августа. № 24. С. 91.

60 Д. Несколько слов о художественных музеях // Биржевые ведомости. 1864. 2 декабря. № 321.

жить, что так называемая «образованная публика» Санкт-Петербурга и ее будто бы изысканные вкусы, вполне возможно, были фикцией. Некоторые из обозревателей даже смело утверждали, что публичная жизнь в Москве была «лучше и счастливее», чем в бюрократическом, «культурном» Санкт-Петербурге[61]. Более демократичная культурная сцена Москвы предлагала пространство, необходимое для развития чувства национальной гордости среди русской публики, и добавляла положительную ноту в текущий дискурс о культурной идентичности.

Благодарная московская публика, посещающая музеи, была чем-то новым и заслуживала того, чтобы о ней писали. Но Москва как культурная столица была также характерным для того времени конструктом — относящимся к выставочному буму в городе; она была продуктом традиции, которая ежедневно переосмыслялась на страницах прессы как знаменитыми писателями и профессиональными художественными критиками, так и анонимными обозревателями. Исходя из имеющихся у нас цифр, в петербургских музеях, особенно в Академии художеств и в Русском музее, не было недостатка в посетителях. Однако судя по тому, как журналисты изображали эти институты, складывается впечатление, что вся общественная жизнь переместилась в Москву. Что действительно восхваляла пресса и что способствовало повышению ценности русских музеев, так это именно публичная жизнь, которую оживляли эти современные учреждения культуры. Триумф музейного века был в конечном итоге триумфом русской публики. На протяжении XIX века посетители выставок и музеев, как их представляла периодическая печать, превратились из пассивных, растерянных наблюдателей в агентов дискурса, объединенных риторикой культурного национализма. Если, как принято считать, музейный век подошел к концу на рубеже столетий, традиции и сомнения, созданные им, продолжают действовать в современной России и по сей день.

---

[61] Художественная деятельность в Москве // Санкт-Петербургские ведомости. 1862. 28 февраля. № 44.

«Торжество общественной деятельности»: рождение Исторического музея, 1872–1883

Русская национальная политехническая выставка промышленности и искусства открылась в Москве в мае 1872 года и с большим успехом проходила в течение лета. По этому случаю на территории Кремля было построено 88 различных павильонов, в которых разместились экспозиции, относившиеся к 26 различных отделам. За лето выставку посетили 750 000 человек — впечатляющая цифра для города, население которого в 1872 году оценивалось в 400 000 человек[62].

Как и Этнографическая выставка пятью годами ранее, Политехническая проводилась при поддержке добровольного общества ОЛЕАЭ. Именно ОЛЕАЭ решило провести национальную выставку и использовать ее в качестве основы для музея прикладных наук. Расположение экспозиции в центре Москвы предполагало государственную поддержку: «Выделяя пространство внутри и вокруг Кремля, обычно предназначенное для государственных или религиозных церемоний, — заключает Брэдли, — правительство придавало определенную легитимность проектам неправительственных организаций» [Bradley 2008: 965][63].

Эта временная выставка имела далеко идущие последствия не только потому, что она дала начало постоянному Историческому музею, который стал важным явлением в публичной жизни, но

---

[62] Выставка была названа «торжеством общественной деятельности» в статье: Открытие Политехнической выставки // Вестник Московской Политехнической выставки. 1872. 31 мая. № 31. Журавская И. Л. «К истории Политехнической выставки в Москве», в [Егоров 1995: 10–21]. О количестве посетителей в отдельные дни см., например, в: Обмокни. Выставочный фельетон. Пролог // Вестник Московской Политехнической выставки. 1872. 21 июля. № 82.

[63] См. также [Bradley 1991]. Современная пресса стремилась подчеркнуть, что выставка была «первым крупным предприятием», организованным за счет частной инициативы. См., например: Обмокни. Выставочный фельетон. Глава шестая и последняя // Вестник Московской Политехнической выставки. 1872. 4 сентября. № 127.

и потому, что она также привлекла внимание к инициативе общественных организаций в дореволюционной России, помогала сформировать вкусы и ценности российского среднего сословия и способствовала развитию чувства национального самосознания в широких массах. В сфере образования, которую организаторы считали ее главным направлением, выставка продемонстрировала полезность наглядного показа для всенародного обучения. Газета «Грамотей», предназначенная для широкого круга читателей, все еще нуждавшихся в образовании, приложила все усилия, чтобы разъяснить не только саму экспозицию, но и всю связанную с ней незнакомую терминологию (музей, выставка, политехнический и т. д.)[64]. Организаторы также использовали публичные лекции, которые доказали свою эффективность во время Этнографической выставки пять лет назад. В газетах широко рекламировались 12 лекций о Петре Великом и его значении для русского народа, которые были прочитаны знаменитым историком С. М. Соловьевым в апреле и мае 1872 года. Эти бесплатные уроки истории привлекли, по свидетельству одной из газет, «многочисленнейшую публику из различных классов московского общества»[65].

Политехническая выставка была не первой в своем роде, но по стилю и духу она сильно отличалась от своих двух непосредственных предшественниц, проходивших в Санкт-Петербурге в 1861 и 1870 годах[66]. Мануфактурная выставка 1861 года в Санкт-Петербурге, как и Великая выставка в Лондоне за десять лет до

---

[64] Н. М. По поводу выставки, устроенной в Москве в память двухсотлетнего юбилея Петра Великого // Грамотей. 1872 год. № 9. С. 47–67. Среди многих других также было включено понятие «Ресторан».

[65] Москва, 1-го мая // Вестник Московской Политехнической выставки. 1872. 1 мая. № 1.

[66] Первая мануфактурная выставка состоялась в России в 1829 году; с этого времени по 1861 год было организовано 11 таких выставок [Кириченко 1984: 91]. Конкуренция между двумя городами и их выставками была настолько очевидной, что ее заметили даже иностранные обозреватели: Англичане о выставке. Корреспонденция в «Daily Telegraph» // Вестник Московской Политехнической выставки. 1872. 12 июля. № 73.

этого, породила множество спекуляций. Несмотря на перемену сцены, описания в прессе были до странности знакомыми: опять российские производители выставили в основном предметы роскоши, в том числе знаменитое серебряное украшение-канделябр Сазикова с изображением Дмитрия Донского, и очень мало предметов повседневного обихода[67]. Только в одном отношении Санкт-Петербургская выставка 1861 года была успешной: она побудила общество говорить о русской промышленности. Варнек, по сути, призывал своих читателей к участию в публичном дискурсе. «В добрый час! Толкуйте, спорьте, пишите, печатайте», — убеждал он: такая дискуссия может только помочь раскрыть причины состояния русской промышленности, оставлявшей желать лучшего[68]. Выставка, проходившая в Санкт-Петербурге в 1870 году, напротив, продемонстрировала позитивные сдвиги, хотя ей тоже не удалось стать «зрелищем», которое привлекло бы в столицу «десятки тысяч»[69]. Один из фельетонистов, размышляя о невыполненной миссии выставки, составил портрет «вялой» и незаинтересованной публики в Санкт-Петербурге, пришедшей посмотреть экспозицию из шаблонного, пошлого патриотизма[70]. Как и в прошлый раз, выставка сработала как кривое зеркало, в котором общество увидело свой собственный неприятный образ.

Политехническая выставка в Москве должна была скорректировать представление русских о себе. Для этого, в частности,

---

[67] Внутренние известия. Несколько слов о выставке 1861 года // Русский инвалид. 1861. 3 сентября. № 192.

[68] К. В. Вопросы, возбужденные последней выставкой мануфактурных произведений // Русский художественный листок. 1861. 20 сентября. № 27.

[69] Скальковский К. Всероссийская Мануфактурная выставка в промышленном отношении // Санкт-Петербургские ведомости. 1870. 9 июля. № 186; 28 мая 1870 года, № 145. См. также другие части этой же статьи: Санкт-Петербургские ведомости. 3 июня 1870 года. № 150; 9 июня 1870 года. № 156; 13 июня 1870 года. № 160. По этому случаю также был опубликован обширный каталог [Указатель Всероссийской мануфактурной выставки 1870]. Никитенко считал, что «общий вид» выставки «величествен и изящен» [Никитенко 1893, 1: 237].

[70] Н. Н. Недельные очерки и картинки // Санкт-Петербургские ведомости. 1870. 24 мая. № 141.

организаторы включили в состав выставки экспонаты по русской истории, тем самым придав всему проекту особый национальный колорит. Это историческое измерение предоставило благоприятную возможность показать не только русскую промышленность и технологию (то и другое все еще было сомнительным предметом национальной гордости), но и русскую воинскую славу. В трех отделах — посвященных истории, флоту и обороне Севастополя — хранились свидетельства из далекого национального прошлого. Севастопольский отдел, созданный генералом А. А. Зеленым, археологом графом А. С. Уваровым и полковником Н. И. Чепелевским, представляет особый интерес для настоящего исследования, поскольку именно у организаторов этой экспозиции в 1871 году возникла идея создания постоянного Исторического музея[71].

Севастопольская экспозиция переосмыслила память о недавнем поражении в Крымской войне с точки зрения русского героизма[72]. Здесь можно было найти портреты и личные вещи русских военачальников, модели кораблей и оружие, картины, карты, планы сражений и даже целый мобильный госпиталь. Этот мемориальный патриотический показ был дополнен коллекцией археологических находок из Херсонеса, древнего поселения, расположенного в окрестностях Севастополя, которые свидетельствовали о тысячелетней истории России в этом регионе[73]. Отождествление Севастополя с древним Херсонесом укрепляло

---

[71] Подробнее об основании музея см. в [Разгон 1960: 235–239].

[72] Лебединская О. М. «Исторический музей в культурной жизни России (1872–1917 гг.). Источники и историография проблемы», в [Егоров 1995: 26].

[73] В одном из путеводителей подробно рассказывалось о чудесной последовательности между экспозициями из различных эпох в Севастопольском павильоне: «Разнообразные коллекции этого отдела в общей связи очень выразительно повествовали о доблестных подвигах, ознаменовавших современную нам историю той же самой Руси, которая за девять столетий перед тем у того же Севастополя, в древнем Херсонесе, прославила себя не только военным делом, но что всего важнее, — принятием от Греков Христовой веры». [Императорский Российский исторический музей 1893: iii]. В летописях Древней Руси город назывался Корсунь.

древнюю традицию русской военной славы, а также помогало отвлечь внимание зрителя от менее славных результатов военной кампании 1853–1856 годов.

Размещение Севастопольского отдела рядом с исторической экспозицией, наполненной вещами Петра Великого, создавало еще один обнадеживающий контекст. Прославление Петра Великого и его многочисленных завоеваний послужило прочной основой для переосмысления памяти о Севастополе. Фигура самого Петра — представляющего собой образец русского «исторического героя» — выдвинулась на первый план во время Политехнической выставки 1872 года, приуроченной к 200-летнему юбилею со дня рождения первого императора[74]. Воспоминание о великом Петре вызвало подъем национальной гордости: военный министр Д. А. Милютин, например, отмечал, что торжества временно пробудили патриотические чувства в обществе. Пресса способствовала широкому распространению подобных настроений как в Москве, так и по всей империи. Газеты с интересом следили за тем, как перевозили из Санкт-Петербурга в Москву старый ботик Петра, ласково называемый «дедушкой русского флота», и радовались его установке в Морском павильоне выставки. Исторический отдел экспозиции — по сути памятник Петру — прославлялся как «храмина», по выражению одного из корреспондентов[75]. Портреты Петра, его кровать, медали и первый номер «Русских ведомостей» — все эти и многие другие предметы были представлены в экспозиции[76]. Ни одна большая или маленькая подробность не ускользнула от внимания журналистов: в прессе был сделан обзор всех существующих памятников императору, опубликована статья о популярных развлечениях его времени, обсуждался его вклад в русскую общественную

---

[74] Петербург, 29-го мая // Санкт-Петербургские ведомости. 1872. 30 мая. № 147.

[75] Стромилов Н. С. Петровский музей. Исторический отдел Политехнической Выставки // Вестник Московской Политехнической выставки. 1872. 1 сентября. № 124.

[76] Каченовский В. Исторический отдел // Вестник Московской Политехнической выставки. 1872. № 107.

жизнь, изучалась история наиболее вдохновенного творения Петра — Санкт-Петербурга и т. д.[77] На время празднования весной 1872 года, казалось, отчасти примирились даже вечные соперники — Санкт-Петербург и Москва. Это чествование Петра в Москве придавало древней русской столице дополнительный престиж. Как заметил один из корреспондентов, «Петр I призвал Россию к самодеятельности и вот Москва встречает двухсотлетний юбилей его рождения таким торжеством общественной деятельности, которое он, конечно, приветствовал бы своим добрым словом»[78].

В этом исторически богатом контексте Московская Политехническая выставка явилась «живым памятником» Петру Великому, своеобразной данью уважения, которая, по словам одного из журналистов, родилась из патриотических чувств. Развивая эту удачную метафору, тот же автор заметил, что выставка носит отчетливо «русский народный характер». «Следя за историей этой замечательной выставки, нельзя не воскликнуть словами Пушкина: “здесь Русский дух, здесь Русью пахнет!”»[79] Экспозиция Политехнической выставки обладала ярко выраженным русским характером, что противоречило имперским амбициям Петра. Это был масштабный проект конструирования культуры, подобный Этнографической выставке и памятнику «Тысячелетие России». Однако каждое из этих публичных событий имело собственную модель. Памятник «Тысячелетие России» был осно-

---

[77] Стромилов Н. С. Памятники Петру Великому в России // Вестник Московской Политехнической выставки. 1872. 15 августа. № 107; Любецкий С. Открытие памятника Петру I Екатериною II // Вестник Московской Политехнической выставки. 6 мая 1872 года. № 6; Лупаков Л. Общественные увеселения при Петре I // Вестник Московской Политехнической выставки. 1872. 13 июля. № 74; Из жизни и деяний Петра Великого // Петербургская газета. 1872. 16 мая. № 73; Петербург при Петре Великом // Петербургский листок. 1872. 16 мая. № 95; 17 мая 1872 года. № 96. О 200-летии Петра говорится также в [Уортман 2004, 2: 173–176].

[78] Открытие Политехнической выставки // Вестник Московской Политехнической выставки. 1872. 31 мая. № 31.

[79] Юбилей Петра I (итоги) // Петербургский листок. 1872. 17 июня. № 117.

ван на официальной, нисходящей модели национализма, что отразилось в самой его форме. Этнографическая выставка опиралась на этнический национализм в своей репрезентации народов Российской империи, где русским было отведено более высокое положение и статус. Политехническая выставка делала акцент на национальной истории, привлекая внимание к пантеону русских исторических героев, собранных из различных времен и эпох. Обращение к далекому, почти мифическому прошлому Херсонеса и сравнительно недавней эпохе Петра Великого, казалось, придавало всей русской истории ореол величия. Послание, как мы можем видеть, часто обнаруживается не в выставленных объектах, а в контексте (материальном, вербальном, историческом), который и определяет смысл. Под эгидой Петра Великого Крым также был включен в пантеон русской военной славы. Колоссальная фигура Петра не только обеспечивала императорское покровительство выставке, но и помогала переосмысливать официальную историю и сформировать дух русского патриотизма, который могли разделить и Санкт-Петербург, и Москва.

Русский национальный характер нельзя было не заметить и в неповторимой архитектуре выставки. Впервые в качестве организующего принципа выставки был использован русский стиль (точнее говоря, первый раз этот новый архитектурный стиль был применен на Мануфактурной выставке в Санкт-Петербурге двумя годами ранее, но в то время пресса практически обошла его молчанием). Главный архитектор выставки Д. Н. Чичагов выдержал этот самобытный стиль повсюду — в специально сконструированных павильонах, а также в театре и ресторанах. Выполненные в основном из дерева и украшенные традиционным резным орнаментом, многие выставочные здания в совокупности производили впечатление пряничной деревни, взятой из какой-то знакомой сказки[80]. Московская политехническая выставка также предполагала аналогию с русским городом в миниатюре[81]. Боль-

---

[80] Кириченко считает 1872 год началом новой традиции в архитектуре выставок. См. [Кириченко 1984: 119].

[81] Ср. [Benjamin 1999].

ше всего внимания привлек Исторический павильон с вещами Петра Великого. Современники отмечали, что этот архитектурный проект Гартмана был «преоригинальный»: полукруглое временное сооружение с подобием русской церкви в центре было выполнено в стиле, который в последующие десятилетия охватит весь центр Москвы [Егоров 1995: 11; Лисовский 2000: 135; Шагинян 1965: 82][82].

На фоне русской деревянной архитектуры одно здание выделялось в корне отличающимся дизайном и в то же время было удивительно знакомым. Спроектированный архитектором Монигетти морской павильон был сделан целиком из стекла и железа — его сходство с британским Хрустальным дворцом было поразительным. Даже английские обозреватели признавали, что русские наконец продемонстрировали достойную копию этого всемирного чуда[83]. Морской павильон был одной из самых популярных достопримечательностей — толпы посетителей желали увидеть петровский «ботик» и полноразмерный торговый корабль. Само здание, однако, привлекло значительно меньше внимания. Русские газеты едва ли восхищались этим символом современности, несмотря на славу Хрустального дворца. Почему? Если коротко, то потому, что теперь публика искала не копию европейского чуда, а собственный российский оригинал — как сооружения в традиционном духе, созданные для Политехнической выставки пионером архитектуры в национальном стиле Гартманом.

Архитектура в русском стиле была одной из отличительных черт Политехнической экспозиции[84]. О выставке писали многие газеты, но одна из них заслуживает особого упоминания. Специально для освещения выставки редактором и издателем

---

[82] Каченовский В. «Исторический отдел» // Вестник Московской Политехнической выставки. 15 августа 1872 года. № 107.

[83] Англичане о выставке. Корреспонденция в «Daily Telegraph» // Вестник Московской Политехнической выставки. 1872. 12 июля. № 73.

[84] Как утверждает Уортман, во время правления Александра III русскость стала вопросом официального вкуса.

С. П. Яковлевым была учреждена ежедневная газета «Вестник Московской Политехнической выставки». Своей структурой газета отображала микрокосм экспозиции. Начиная с 1 мая 1872 года в «Вестнике» ежедневно публиковались сводки о ходе выставки и подробные отчеты о ее различных отделах. Газета предлагала обзор промышленных выставок за рубежом и переводы отчетов о московской выставке из иностранной прессы, а также печатала многочисленные объявления и эпизодические художественные произведения. Однако, излагая «программу» газеты, издатель подчеркнул, что ежедневная газета должна быть не только «верным и полным отражением всего, что на Выставке произойдет», становясь таким образом подлинно всеобъемлющим путеводителем для посетителей, но также содержать правительственные распоряжения, иностранные телеграммы, судебные протоколы, биржевые новости, корреспонденцию из внутренних губерний, описания достопримечательностей и фельетон московской общественной жизни[85]. Письма к издателю указывают, что публика приветствовала такое издание — трибуну для обмена мнениями о выставке, которая действительно превращалась в событие общероссийского значения.

Газета Яковлева в 1872 году обозначила важную трансформацию в периодической печати: если в предшествующее десятилетие о выставках писали эпизодически, зачастую ограничиваясь фельетонами в нижней части газетной страницы, то теперь вся газета целиком была посвящена одной только выставке. В этом «вестнике» Политехнической выставки «Выставочный фельетон», серия зарисовок журналиста, подписывавшего свои творения

---

[85] Москва, 1-го Мая // Вестник Московской Политехнической выставки. 1872. 1 мая. № 1. См. также: Вестник Московской Политехнической выставки. 18 мая 1872 года. № 18; 29 мая 1872 года. № 29; 6 июля 1872 года. № 67. По всем оценкам, Туркестанский отдел был одним из самых популярных; см., например, отзыв Обмокни о нем в выпуске № 91, от 30 июля 1872 года. Помимо других разнообразных подробностей в газете сообщалось, что выставку посетил один литератор — Тургенев. Многие другие газеты и журналы также писали о выставке. См., например: Внутреннее обозрение // Нива. 1872. Т. 3. № 20. С. 317–318.

«Обмокни», занимал весьма скромное место[86]. Серьезное обсуждение различных отделов выставки, их образовательной ценности и национального значения помещалось в более «престижных» верхних сегментах газеты. Газета включала и другие материалы на русские темы, которые соответствующим образом обрамляли это главное событие в общественной жизни Москвы. Москва представала на страницах газеты как необходимая декорация для русской истории и искусства; она также стала источником вдохновения для литературного творчества. «Москва в 1882 г.», произведение, написанное в традициях утопического романа Чернышевского «Что делать?», хотя и с сильным русским акцентом, представляло город как идеальное социальное пространство, наполненное народными театрами и популярными музеями — институтами публичной культуры, вдохновленными Политехнической выставкой[87].

Национальный музей

Идея создания национального музея была не нова, но на протяжении большей части XIX века Русский национальный музей существовал только как незаконченный проект. Первые попытки учредить публичный институт, который фиксировал бы национальную идентичность, были предприняты в начале XIX века. В 1817 году в журнале «Сын отечества» была опубликована статья прусского ученого Ф. фон Аделунга под названием «Предложение об учреждении Русского Национального Музея». Автор призывал к созданию нового вида энциклопедического института, национального музея, «весьма полезного для скорого и легкого обозрения» неизмеримого и чрезвычайно обширного Российского госу-

---

[86] «Обмокни», возможно, является шуточной аллюзией на отрывок из «Тяжбы» Гоголя, где одна из героинь пишет это слово вместо подписи, что приводит к комической путанице после ее смерти. Впоследствии «Обмокни» стало иронически означать любые неразборчивые каракули.

[87] Игорь Святославич. Москва в 1882 г. (Из записок путешественника) // Вестник Московской Политехнической выставки. 1872. 22 августа. № 114. Ср. еще одно вымышленное произведение — роман-хронику М. С. Шагинян [Шагинян 1965].

дарства[88]. В 1820-е годы появилось еще два плана национального музея — Б. фон Вихмана и Свиньина. Но все эти интеллектуальные начинания так и остались нереализованными. Похожая участь постигла в 1830-е годы предложение об Эстетическом музее. Планы создания этнографического и исторического музеев, связанные с основанием Императорского Русского географического общества в 1845 году, также остались лишь на бумаге. Публичный музей стал еще одной национальной мечтой, которая, подобно Хрустальному дворцу, захватила воображение всего общества: современники жаждали такого всеобъемлющего института русской культуры. Погодин передавал эти настроения следующим образом: «Сколько рассыпано всяких драгоценностей по лицу всей России, где они лежат без употребления и пользы! <...> Тогда только, как все подобные вещи будут храниться вместе, можно будет написать Историю Художеств в России...»[89]

В год тысячелетия России идея комплексного музея, представляющего все сферы русской жизни и знания, снова стала актуальной[90]. Когда перемещенный Румянцевский музей открылся в Москве, казалось, что он отвечает запросам общества. Но довольно скоро критики обратили внимание, что его экспозиция, состоявшая из различных подразделений, производила впечатление «очень скученного и тесного, сложного» учреждения; в лучшем случае музей можно было назвать «лишь зародышем Национального Музея» [Государственный Румянцовский музей 1923: 30, 39][91].

---

88 Предложение об учреждении Русского Национального Музея // Сын отечества. 1817. Ч. 37. С. 54. См. также [Мастеница 1999].

89 Цит. по: Шалина И. А. «Коллекция икон М. П. Погодина», в [Карасик, Петрова 1995: 122].

90 В 1864 году в прессе циркулировал любопытный музейный проект: так называемый «Центральный» музей, который должен был охватить все существующие музеи Академии наук в Санкт-Петербурге. См.: Центральный музеум в С. Петербурге // Северная пчела. 1864. 30 августа. № 220.

91 К 1920-м годам его коллекции были расформированы и разделены между различными музеями, причем хранилище книг и рукописей легло в основу московской Ленинской библиотеки в 1925 году [Полунина, Фролов 1990: 131]. Подробнее об истории Румянцевского музея в общем см. в [Кестнер 1882].

В результате музейного бума 1860-х годов появилось множество новых учреждений культуры: временных выставок и музеев, посвященных сельскому хозяйству, этнографии, прикладной науке и древнему искусству. Но главного, истинно русского музея по-прежнему не было. «Много у нас музеев и прикладных, и специально-научных, — писал Бестужев-Рюмин в «Голосе», — но где же национальный, всероссийский исторический музей?»[92] (В главе 5 мы видели, что десятилетие спустя Стасов также будет сокрушаться, как будто вторя Бестужеву-Рюмину, об отсутствии национальной художественной галереи [Стасов 1894–1906, 1: 494].) Наконец в 1872 году Исторический музей, известный в это время как Русский национальный музей и названный в честь великого князя (будущего Александра III), был создан на основе исторических коллекций, собранных Политехнической выставкой (рис. 15).

С самого начала музей задумывался именно как национальный институт: он располагался на Красной площади, по соседству с Кремлем и собором Василия Блаженного, а в слове «русский» в его первоначальном названии слышался этнический отзвук. Хотя после 1881 года он был официально известен как Императорский Российский исторический музей, современники использовали два названия — Исторический музей и Национальный музей — взаимозаменяемо[93]. В предлагаемом ниже исследовании

---

[92] Бестужев-Рюмин К. Н. Санкт-Петербург. 30 января 1873 года // Голос. 1873. 31 января. № 31. Судя по зафиксированным цифрам, изобилие музеев, на которое ссылается Бестужев-Рюмин, является преувеличением.

[93] История названия музея является ценным комментарием к двум противоречащим концепциям в русской истории — национальному и имперскому. Первоначально полковник Чепелевский в своем докладе наследнику упоминал музей как Русский национальный музей; однако официально музей стал известен как Императорский Российский исторический музей. Ближе к концу столетия современники опять стали называть его «национальным»: Национальный музей императора Александра III. На более ранних этапах истории музея два прилагательных, «русский» и «российский», казались по большей части взаимозаменяемыми. Высказанное в 1817 году предложение Аделунга было озаглавлено «Предложение об учреждении Русского Национального Музея», тогда как несколько лет спустя Вихман предложил анало-

Рис. 15. Исторический музей в Москве, архитектор В. О. Шервуд (1875–1883)

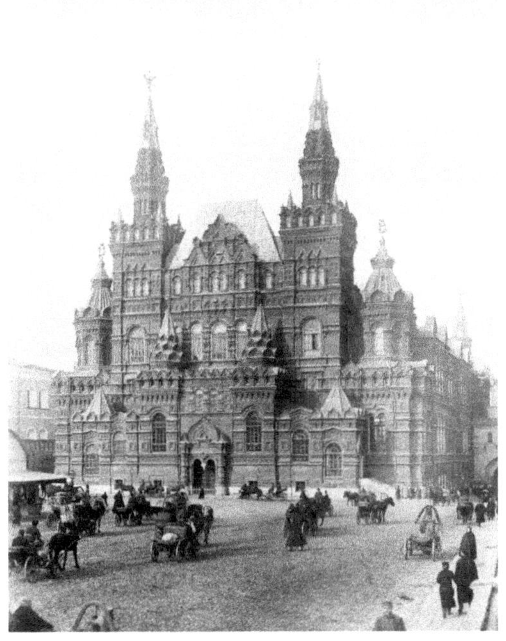

современной дискуссии, развернувшейся вокруг музея, я также следую этой практике. Интересно, что на ранних этапах организаторы предполагали, что музей будет посвящен российской армии; затем идея преобразилась в «Храм русской славы», и только позже — в музей истории России [Егоров 1995: 26][94]. После Крымской войны эпическая история заменила военную мощь в качестве возможной опоры для национальной гордости.

Особая сила нового музея состояла в том, что он предлагал посетителям «наглядное представление об истории» основных

гичное учреждение под названием «Российский отечественный музей» [Разгон 1960: 226–228, 236; Thomas 1998: 91–107; Императорский Российский исторический музей 1893: iv]; Неделя строителя. 1896. № 44. С. 213.

[94] Подробнее об учреждении музея см. в [Разгон 1960: 235–239]. Подробную хронологию музея можно найти в [Отчет Императорского Российского Исторического Музея 1916].

эпох Российского государства и знакомил их с культурным наследием в доходчивой, запоминающейся форме. Организаторы музея признавали важность визуальных образов для изучения русской истории: научное знание малодоступно и в то же время не составляет «полной картины, а только картина, только наглядное представление могут оставлять неизгладимое впечатление, иметь нравственное влияние». Картина и сцена, по мнению идеологов нового музея, были лучшими воспитателями народных масс[95]. Таким образом, Исторический музей укреплял силу визуальных средств, популяризированных предшествующими выставками[96].

Пресса возложила на Национальный музей задачу воспитывать в посетителях гордость и уважение к своей стране и «положить прочное основание нашему самосознанию»[97]. Газетные колонки, посвященные новому музею истории, снова начали пестрить терминами для изучения отечества, впервые завоевавшими популярность десятилетием ранее — «отечествоведение» или «отчизноведение»[98]. Бестужев-Рюмин, например, на страницах популярной ежедневной газеты «Голос» призывал читателей перестать подражать достижениям западной цивилизации, сосредоточиться на собственной истории и начать гордиться своей культурой. Метафоры, которые современники использовали для описания нового музея, красноречиво говорят о его символической ценности в обществе: «живая летопись тысячелетней России»; «живой памятник тысячелетнего бытия России»; «всероссийский памятник,

---

95 Музей имени Государя Наследника Цесаревича в Москве // Русская старина. 1874. № 11. С. 595; [Разгон 1960: 242].

96 Кокоревская картинная галерея // Картинные галереи Европы. 1863. № 2. С. 46. См. также: Московские заметки // Голос. 1875. 26 августа. № 235.

97 Санкт-Петербург. 30 января 1873 года // Голос. 1873. 31 января. № 31. Пресса также называла Исторический музей «главным» музеем страны (Московские заметки // Голос. 1875. 26 августа. № 235; Музей имени Государя Наследника Цесаревича в Москве // Русская старина. 1874. № 11. С. 597. См. также: Сизов В. И. Исторический музей в Москве // Искусство и художественная промышленность. 1899. Май. № 8. С. 638).

98 Московские заметки // Голос. 1875. 26 августа. № 235. О роли Румянцевского музея в пробуждении интереса общества к русской истории см. в [Сборник материалов для истории 1882–1886, 1: 2].

который будет свидетельствовать о любви народа русского к своему отечеству»; «памятник всей России, история и достояние всего нашего отечества»; «вещественный выразитель и изобразитель тысячелетней истории русского народа во всех ее видоизменениях и бытовых положениях»[99]. Отголоски настроений, которые были вызваны празднованием тысячелетия и озвучены десятью годами ранее в Новгороде, а затем повторены в Румянцевском музее, теперь гордо зазвучали в монументальной риторике нового Национального музея.

За несколько лет до того, как в 1883 году Исторический музей действительно открыл свои двери публике, он был объявлен основным институтом формирования культуры[100]. Один фельетонист выразился довольно просто: «Музей громко, ясно и правдиво скажет нам, что́ мы были, что́ мы есть и чего мы стоим, а следовательно, и какое принадлежит нам место в семье государств цивилизованного мира». Главной ролью музея было служить «катехизисом самосознания»[101]. Общество выразило «единодушное согласие» с этой инициативой[102]. Все элементы музея — выставленные предметы, архитектура здания, его интерьер — были задействованы в этом творческом проекте. Так, Буслаеву и Соловьеву было поручено тщательно отобрать сюжеты из русского национального прошлого для воспроизведения во внутреннем убранстве [Кириченко 1982: 138][103]. Но больше

[99] Музей имени Государя Наследника Цесаревича в Москве // Русская старина. 1874. № 11. С. 591, 596; Касицын Д. Из дорожных наблюдений. Берлинский Королевский Музей // Московские ведомости. 1876. 21 января. № 19; [Забелин 1878], цит. по: [Разгон 1960: 271].

[100] О библиотеке музея, составленной из ряда выдающихся коллекций (например, библиотек Г. В. Голицына и А. Д. Черткова, специализировавшихся на русской истории), см. в [Отчет Императорского Российского Исторического Музея 1916]. Описание аудитории музея, рассчитанной на 500 человек, см. в: Московский исторический музей по проекту гг. Семенова и Шербута // Русский мир. 1875. 27 сентября. № 174.

[101] Московские заметки // Голос. 1875. 26 августа. № 235.

[102] Музей имени Государя Наследника Цесаревича в Москве // Русская старина. 1874. № 11. С. 596.

[103] См. также: Внутреннее убранство будущего исторического музея в Москве // Исторический вестник. 1880. № 3. С. 211–213.

всего споров вызвало непосредственно здание музея. Как проницательно заметил корреспондент «Голоса», одной из причин этого являлось то, что прежде в России не существовало никакой особенной архитектурной формы для публичных музеев.

Быть национальным по форме и содержанию составляло главную социальную миссию музеев, по мнению современников, таких как Стасов, Забелин и Шервуд [Кириченко 1982: 131]. Специальный проект в русском стиле для здания музея был впервые успешно реализован при строительстве Политехнического музея в 1874–1877 годах [Лисовский 2000: 127–139]. В 1875 году был представлен проект Исторического музея Шервуда под названием «Отечество»; эта победившая модель, описанная цитатой из Пушкина, «дух русской старины», получила практически всеобщее признание[104]. Архитектор Шервуд в частной переписке с историком Забелиным признавал, что стремился достичь в архитектуре того, что композитор Глинка осуществил в русской музыке. Шервуд считал, что подлинное искусство по своей сути национально: «Искусство создается народом, но оно в то же время создает народ»[105].

Как не было прецедента для такого здания, так не было и согласия по поводу того, из чего будет состоять его экспозиция. Современники, казалось, не знали, каким должен быть национальный музей. В то время как журналисты пытались объяснить своим читателям это новое явление, сравнивая его с существующими европейскими учреждениями, отдельные авторы предлагали в качестве возможных образцов для подражания разные музеи: Королевский музей в Берлине, Мюнхенский музей, Британский музей[106]. До сих пор среди ученых нет единого мнения относительно того, что именно представляет собой национальный музей. Например, куратор музея Питт-Риверса в Оксфорде

---

104 Московские заметки // Голос. 26 августа 1875 года. № 235.

105 Цит. по: [Кириченко 1982: 137].

106 Касицын Д. Из дорожных наблюдений. Берлинский Королевский Музей // Московские ведомости. 1876. 21 января. № 19; Из Москвы, 18-го августа // Голос. 1875. 20 августа. № 229. Ср.: Московские заметки // Голос. 1875. 26 августа. № 235.

в 1904 году определил его главным образом как народный музей [Coombes 1988: 65][107]. Согласно более современному мнению, национальные музеи следует рассматривать как «институты, финансируемые национальным правительством»[108]. Одной из причин такого расхождения во мнениях является изменчивость самого понятия: в зависимости от культурных потребностей разные страны в разные периоды времени вкладывают в понятие «национального музея» свой собственный уникальный смысл.

Несмотря на такое разнообразие определений, учреждение национального музея было важной вехой в проекте построения русской культуры. В течение целого десятилетия между замыслом музея в 1872 году и его открытием 11 лет спустя пресса непрестанно писала об этом культурном мероприятии и его значении для страны, освещая каждую неудачу и каждый успех музея и побуждая общественность к обсуждению. Множественность мнений и голосов, которые мы находим в современной прессе, не сходятся воедино: скорее, мы сталкиваемся с увлекательной незавершенной работой и накоплением дискурса о культуре. Тем не менее желание видеть полную картину истории России объединяло разнящиеся мнения. Так один из авторов резюмировал, что учреждение национального музея должно быть предметом гордости для любой страны: музей означает, что государство уже эволюционировало, чтобы принять свою окончательную форму, «что теперь оно — то́, каким должно быть», и что теперь оно может оглянуться на свой собственный прогресс и спокойно наблюдать за ним[109]. Организаторы особенно подчеркивали, что

---

[107] Советский ученый Разгон использовал другой набор прототипов национального музея, в том числе Национальный археологический музей в Копенгагене (1807), Версаль (1848) и Национальный музей в Нюрнберге (1855). Музей в Нюрнберге, похожий на проектируемый Русский национальный музей, был по своему происхождению в основном коллекцией исторических артефактов [Разгон 1960: 227]. Подробнее о Германском национальном музее в Нюрнберге см. в: Хофман Д. «The German Art Museum and the History of the Nation», в [Sherman, Rogoff 1994: 3–21, особ. 6–8].

[108] «Museums», в [The New Encyclopedia Britannica 1994: 485].

[109] Московские заметки // Голос. 1875. 26 августа. № 235.

Национальный музей будет институтом, представляющим полную картину России:

> В Музее будут собираться *все* памятники знаменательных событий истории русского государства. Эти памятники, расположенные в хронологической последовательности, должны представлять, по возможности, *полную картину* каждой эпохи, с памятниками религии, законодательства, науки и литературы, с предметами искусств, ремесел, промыслов, и вообще со всеми памятниками бытовой стороны русской жизни, а равно с предметами военных и морских сил[110].

Первостепенная задача музея — наглядно представить тысячелетнюю историю Российского государства и ее масштабное содержание — характеризовала Исторический музей как действительно *национальный* институт [Сведения об устройстве 1874: 8]. Музей был «национальным» и в другом смысле, так как он стал частью публичной культуры и о нем говорили повсеместно.

В отличие от популярного дискурса, построенного вокруг Исторического музея, само учреждение не оправдало возложенных на него надежд. Если дискурсивно Исторический музей более десяти лет служил оплотом идентичности, то фактически недостроенный музей наконец открыл свои двери публике лишь в 1883 году, в связи с коронацией Александра III. К этому времени были закончены первые 11 залов; в последующие 34 года будет добавлено еще пять, и экспозиция завершится XVI веком. Восемнадцать залов, отведенных под историю Романовых, так и не были реализованы. Строительство здания, которое первоначально планировалось завершить в 1877 году, встретило достаточно организационных и финансовых препятствий, так что архитектору Шервуду пришлось публично отстаивать в прессе саму идею музея. Общество также начало выражать сомнения в том, нужен

---

[110] Музей имени Государя Наследника Цесаревича в Москве // Русская старина. 1874. № 11. С. 592, курсив добавлен.

ли музей вообще[111]. Уже в 1885 году Забелин, возглавивший музей в том же году, сравнивал его с «парализованным больным и несостоятельным должником» [Формозов 1984: 178][112].

После непримечательного открытия Исторический музей исчез со страниц прессы. Первый краткий путеводитель по экспозиции увидел свет лишь в 1914 году. Кажется, общество практически забыло о музее, который лишь несколько лет назад был у всех на слуху. «Главный» музей России был явно настолько «невидим», что в 1910-е годы в связи с 300-летием династии Романовых было выдвинуто *еще одно* предложение о «Всероссийском национальном музее».

Создание национального музея в очередной раз оказалось невозможным проектом. В ретроспективе неосуществимость такой коллективной мечты очевидна. Но тогда, в предвкушении публичного музея для показа всей стране, современная русская пресса встречала каждого нового кандидата как подлинно национальное учреждение. И хотя сам Исторический музей не оправдал ожиданий, связанный с ним публичный дискурс стал неотъемлемой частью практики построения культуры. В результате всех этих фальстартов русская публика объединилась, чтобы представить себе, что должно составлять такой национальный институт, и эти представления оказались гораздо более важными, чем сам музей, который мог бы когда-нибудь появиться[113].

---

[111] Новое время. 20 октября 1881 года. 7 ноября 1881 года; Современные известия. 22 октября 1881 года; Голос. 7 мая 1882 года.

[112] См. также: Мальцева Н. А. «Российский Исторический музей и вопрос об учреждении национального музея им. 300-летия Дома Романовых», в [Егоров 1995: 30–41].

[113] Когда после десятилетий бездействия в 2002 году музей вновь открылся, он вернулся в публичную сферу через комментарий в прессе в неменьшей степени, чем через выставки и каталоги.

Глава 7
Национальное возрождение в полном объеме
От культа старины к сувенирной идентичности

В конце XIX века русское национальное возрождение проявилось не только в крупных архитектурных формах, но и в изделиях ручной работы и сувенирах, которые производились художниками и кустарными мастерскими в больших количествах. Этой миниатюрной версией национальной культуры занимались художники в Абрамцеве, Талашкине и других подобных центрах. Предметы проникали в публичное поле с помощью театральных постановок, выставок-продаж кустарных изделий, всемирных выставок и сопутствующих критических комментариев в прессе. Не только отдельные вещи, но и целые культурные объекты отныне репрезентировали эту придуманную традицию, которую я буду называть «наша Берендеевка» — название, использованное драматургом Островским для обозначения царства мифического царя Берендея, которое впоследствии русские журналисты применяли для описания Кустарного отдела Русского павильона на Всемирной выставке в Париже в 1900 году.

Сказочная деревня Берендеевка является местом действия пьесы Островского «Снегурочка. Весенняя сказка», написанной в стихотворной форме и опубликованной в 1873 году[1]. Будучи

---

1 Впервые пьеса Островского появилась на страницах журнала «Вестник Европы» (1873 год, № 9).

окказионализмом, новое слово вскоре зажило собственной жизнью. Берендеевка и ее производные — прилагательные «берендеевский» и «берендеев», абстрактное существительное «берендеевщина» — стали обозначать разнообразные фантастические творения, русские по виду и духу. Среди них мы видим и деревянные постройки художника С. В. Малютина, и русские павильоны на всемирных выставках, и изделия ремесленных мастерских княгини Тенишевой. С течением времени Берендеевка как собирательный образ расширяла свои границы. В советский период она стала символизировать также исконно русские пейзажи. Например, в сборнике очерков «Родники Берендея» (1926) М. М. Пришвин воображает себя царем Берендеем, рассказывая о своих исследованиях озер и лесов в окрестностях древнего русского города Переславль-Залесского. «Берендеев лес» в одноименной повести Ю. М. Нагибина — это таинственное место, где герои теряются, чтобы в конечном итоге вновь обрести себя [Нагибин 1978][2]. В постсоветскую эпоху отзвуки воображенной Берендеевки можно найти в реально существующем Переславль-Залесском музее «Дом Берендея», в городском парке Берендеевка в Костроме, в названиях кафе и ресторанов, элитного коттеджного поселка Берендеевка под Москвой и, что самое прозаичное, в марках майонеза и минеральной воды, которые также называются «Берендеевка», с очевидной коннотацией чего-то подлинного и традиционного.

Но на рубеже веков, когда Кустарный отдел Русского павильона в Париже попал в заголовки газет в России и за границей, Берендеевка преимущественно отсылала к причудливой, сказочной разновидности русского стиля в архитектуре и декоративно-прикладном искусстве. Эмоциональная окраска этого понятия варьировалась от хвалебной до саркастической, никогда не оставаясь нейтральной. Художественный критик и издатель С. К. Маковский описывал один из наиболее показательных об-

---

[2] Что характерно, краеведы критиковали Пришвина именно за ошибки в деталях, возникшие в результате вольного смешения автором факта и вымысла. См., например, [Анциферов 1927; Нагибин 1978].

разцов этой тенденции — уникальный теремок талашкинского художника Малютина — такими словами: «Некоторые детали восхищают своей неожиданностью, живописной простотой, смелым своеобразием композиции. В них чувствуется особая, “берендеевская” красота, что-то донельзя восточно-славянское, замысловатое, варварское и уютное» [Маковский 1905: 44].

Берендеевка — это поистине изобретенная традиция в том смысле, что литературный вымысел конца XIX века стал символизировать исторические истоки русской культурной идентичности. Очевидно, что Берендеевка представляет собой конструкт: являясь частью национального возрождения, происходившего по всей Европе, русская старина была заново изобретена в XIX веке, чтобы служить отчетливо выраженным современным потребностям построения нации через искусство. Русский сценарий отличало то, что, ведя переговоры между традицией и современностью, Россия не только оглядывалась через плечо на допетровскую эпоху, но и бросала взгляд в сторону зеркала западного мнения. Противостояние двух столиц и двух связанных с ними сторон модерности также во многом повлияло на дискурс национального возрождения, о чем уже говорилось в главе 6.

Благодаря современным средствам производства и распространения народное искусство, эстетизированное профессиональными художниками и возрожденное в виде эксклюзивных кустарных изделий, стало доступным широкому потребителю. Не являясь больше исключительным достоянием выставочных залов и литературных текстов, причудливый образ Берендеевки повторялся во всех медийных форматах — на сцене, на холсте, в музыке, в архитектуре и в изделиях кустарной промышленности. Его привлекательность для публики была неоспорима, но стирание различий между высоким и низким, которое повлекла за собой обывательская эстетика, также означало потерю атмосферы подлинности: таким образом эрзац-эффект национальной традиции обратился в сувенирную промышленность, которую не преминули заметить современники.

Представление русской культуры в виде Берендеевки — самобытной деревни с деревянным зодчеством, крестьянскими ремеслами и мифическими жителями, одетыми в народные костюмы и исполняющими народные песни и танцы, — пользовалось значительной популярностью. Почему именно эта версия культуры вызвала такой резонанс в России и за рубежом?

Образ России как сказочного царства царя Берендея, скромного, но богато украшенного отдаленного аванпоста на периферии Европы, был частью романтической современности а-ля рюс. Как национальный идеал Берендеевка — это утопическое место культуры с ярко выраженной ностальгической направленностью, русская версия «взгляда назад». Однако на самом деле Россия *в качестве* Берендеевки добилась международной известности и признания на Всемирной выставке в Париже, а русский стиль стал модным заявлением и объектом подражания, изменив привычное направление заимствования у Европы, когда Россия подражала «всему и всем», как однажды заявил Стасов.

Решающую роль в этом сценарии сыграл изменившийся статус народного искусства. Распространение того, что современники называли русской стариной в виде изделий кустарного промысла и сувениров, было важной частью национального возрождения. С одной стороны, предметы повседневного крестьянского быта становились музейными экспонатами, с другой стороны, художники и крестьяне производили копии этих оригинальных предметов для продажи в кустарных лавках по всей стране. Эта продаваемая версия культуры получила дальнейшее развитие благодаря организованным княгиней Тенишевой в Европе выставкам русской старины и дягилевской кампании по экспорту национальной культуры, кульминацией которой стал международный триумф Русских сезонов. Берендеевка в итоге дала не только исключительно удовлетворительный ответ на поиск национальной формы в искусстве, но и основу того, что я называю «сувенирной идентичностью» — преимущественно сконструированной памяти о прошлом, выразительной и продаваемой, представленной в духе переосмысленной традиции и тесно связанной с народными представлениями, выставками и сувенирными лавками. Популярная метафора «наша Берендеевка» также помогает объяснить живучесть русской сувенирной культуры, которая оставалась частью «полезного» прошлого в советское время, когда царское наследие тотально отвергалось, и которая продолжает пользоваться широкой популярностью и в постсоветскую эпоху.

Следующая дискуссия начинается с анализа русского увлечения национальной стариной и рассмотрения истории и использования самого понятия «старина» в разнообразных печатных изданиях. Далее я разбираю творческие процессы в Абрамцеве, Талашкине и в Музее народного искусства в Москве. Затем внимание переключается на художественные репрезентации идеала Берендеевки на примере «Снегурочки» и «Левши». В заключение я обращаюсь к тому ошеломляющему эффекту, который произвела «наша Берендеевка», как окрестили русские журналисты Кустарный отдел Русского павильона в Париже, в 1900 году; пресса несет ответственность за создание этого эффекта не меньше, чем организаторы выставки.

Русский культ старины

Традиционные ремесла и художественные изделия попали в заголовки массовых изданий в последней трети XIX века. Это было частью «патриотической горячки» 1870-х годов, как один из авторов описывал период, когда древности и археологические редкости искали повсюду — культ старины был особенно заметен после гораздо более длительного периода отрицания родной повседневной жизни и коренных традиций[3].

Русское слово «старина» в общем смысле древних времен и следов культуры было в ходу с конца XVIII века. Карамзин

---

[3] Сверхштатный археолог. Несколько слов о положении наших археологических памятников // Древняя и новая Россия. 1875. № 11. С. 275–279. Среди других статей о древней русской архитектуре и искусстве в журнале «Древняя и новая Россия» появились также следующие статьи: [Чаев 1875]; Барсов Е. Северные народные сказания о древнерусских князьях и царях // Древняя и новая Россия. 1879. № 9. С. 400–413; Забелин И. Черты самобытности в древне-русском зодчестве // Древняя и новая Россия. 1878. № 3. С. 185–203; № 4. С. 281–303.

использовал название «Русская старина» для коллекции анекдотов иностранных авторов о старой Москве, в предисловии к которой он писал с сожалением: «К несчастью, мы так худо знаем русскую старину, любезную для сердца патриотов!» [Карамзин 1803, 20: 251][4]. На страницах «Вестника Европы» Карамзин призывал своих читателей изучать и любить национальное прошлое: «Хочется знать старину, какова ни была она, даже и чужую, а своя еще милее» [Карамзин 1802, 15: 207–226]. Пушкин использовал это понятие в своих знаменитых строках из поэмы «Руслан и Людмила» — «преданья старины глубокой», что является иронической отсылкой на лейтмотив знаменитой литературной мистификации Дж. Макферсона «Поэмы Оссиана» [Пушкин 1963: 13][5]. Древность «Руслана и Людмилы» была такой же воображаемой, как и древность «Оссиана»[6].

Русский культ старины зародился в середине столетия. По своему происхождению он был связан не с музеем и не с выставкой редких артефактов, а с печатным изданием. Ф. Г. Солнцев одним из первых обнародовал предметы искусства из прошлого России в многотомном сборнике «Древности Российского государства», составленном по заказу и на средства Николая I. В период с 1846 по 1853 год Археологическая комиссия под руководством С. Г. Строганова опубликовала солнцевские рисунки с изображением русского оружия, церковной утвари, церковных

---

4 Ранее в Санкт-Петербурге в 1772–1773 году В. Г. Рубаном непродолжительно издавался журнал «Старина и новизна», в котором были собраны стихи, переводы и материалы, взятые из истории и географии.

5 Ср. «оригинал»: «Повесть о былых временах! Дела давно минувших дней!» [The Works of Ossian 1765]. К 1820 году, когда поэма Пушкина была опубликована, сомнения в подлинности Оссиана и вся полемика, которая с самого начала следовала за публикацией Макферсона в Англии, достигли России, и ирония поэта не могла быть не замечена.

6 Подробнее о присутствии Оссиана в русской культуре см. в [Левин 1980]. Первый русский перевод, осуществленный А. И. Дмитриевым, появился в 1788 году. В течение последних двух десятилетий XVIII века и первых трех десятилетий XIX века в России появилось 188 различных переводов, адаптаций, вариаций, критических статей и воспоминаний, связанных с Оссианом [Маслов 1928].

украшений, доспехов и коллекционных предметов из Оружейной палаты Кремля. Всего было напечатано 600 экземпляров [Солнцев 1849–1865][7]. Заявленной целью этого грандиозного проекта было сделать доступными исторические предметы VI–XVIII веков, чтобы во всех подробностях и деталях познакомить общество с древнерусскими традициями, обычаями, обрядами, церковной, военной, штатской и крестьянской одеждой, жилищами и постройками, степенью образованности или просвещенности, технологией, искусством, торговлей и прочими предметами [Stuart 1986: 108].

Именно это печатное издание впервые представило предметы русской старины, в том числе иконы, как произведения *искусства*. Подбор материала, который осуществил Солнцев, был важен потому, что позволял собрать воедино памятники старины, разбросанные по ризницам монастырей и церквей. Принимая во внимание общее состояние рассредоточенности культуры, солнцевские издания были своего рода передвижным музеем, открывающим великолепную коллекцию декоративных предметов и оружия, прекрасно воспроизведенных в цветной литографии.

Первоначально «Древности Российского государства» были частью государственных усилий по сохранению национальной культуры в эпоху Николая I[8]. Влияние оригинального издания Солнцева было огромным. Стасов поспешил признать вклад художника уроком патриотизма, назвав Солнцева «одним из тех лучших и немногих, которые учили нас всех ценить и любить

---

[7] Солнцев сделал более 3000 рисунков русского оружия, церковной утвари, церковных украшений, доспехов и коллекционных предметов из Оружейной палаты Кремля [Stuart 1986: 109]. Я благодарна Уортману, который привлек мое внимание к этому источнику. О Солнцеве см. в [Whittaker 2010]. См. также [Odom 1991: 3; Одом 1993: 106–107].

[8] Великолепное издание Солнцева недавно было перевыпущено в рамках продолжающегося восстановления дореволюционной версии национальной культуры, когда многие редкие печатные источники царского периода возвращаются в обращение в форме роскошных репринтных изданий. См., например, [Солнцев 2007].

настоящую коренную Русь»[9]. Стоит подчеркнуть, что художники, работающие в русском стиле, использовали в качестве *оригинала* именно издание Солнцева, на основе которого они моделировали свои творения. Например, Сазиков использовал именно рисунки Солнцева при создании своего отмеченного наградами серебряного канделябра с Дмитрием Донским, который привлек такое значительное международное внимание в Хрустальном дворце в 1851 году. В свою очередь, ювелирная фирма П. А. Овчинникова использовала образцы орнамента, созданные под влиянием иллюстраций Солнцева, в своих многочисленных эмалях, в том числе в ларцах, литургических наборах, окладах Евангелия и икон, а также предметах повседневного использования. Ближе к концу столетия Фаберже также заимствовал для своих декоративных ювелирных изделий некоторые из древнерусских мотивов из издания Солнцева[10].

Примерно в середине столетия помимо солнцевских «Древностей Российского государства» появилось еще несколько подобных изданий[11]. Директор Строгановской школы В. И. Бутовский собрал в один том примеры средневековых рукописных иллюстраций, опубликовав его под названием «История русского орнамента с X до XVI столетия по древним рукописям». В 1872 году Стасов издал свое иллюстрированное исследование «Русский народный орнамент» [Стасов 1872][12]. В совокупности все эти

---

[9] Некогда забытый Солнцев возвращается сегодня и как национальный герой — в 2004 году открылся новый музей, посвященный ему, а в 2007 году было перевыпущено несколько юбилейных изданий. Таким образом, как утверждается в последнем издании «Древностей», постсоветской Россией успешно были восстановлены не только отдельные книги, альбомы и названия, но и целые пласты национальной культуры. Шевченко В. И. «Сокровище истории и художества», в [Солнцев 2007: 27–29].

[10] Смородинова Г. Г. «П. Овчинников и русское золотое и серебряное дело», в [Мухин 1992: 58]; [Одом 1993: 109–115].

[11] Среди них следует упомянуть [Мартынов, Снегирев 1848] и 6 томов [Снегирев 1850–1854]. См. [Kettering 2007: 62–63].

[12] Тридцать листов из издания Стасова были опубликованы на английском в 1976 году. См. [Stasov 1976].

издания дали то, что Э. Одом назвала «грамматикой русского орнамента» — коллективный учебник изображений и декоративных деталей, на который могли опираться современные дизайнеры мебели, текстиля и серебра при создании произведений искусства и промышленности в древнерусском стиле [Одом 1993: 106–107]. В то же время многочисленность учебников по русской старине вкупе с множественностью коннотаций самого понятия означала, что эклектизм и стилизация также стали частью этой переосмысленной традиции. В этом сценарии элементы современной народной вышивки легко сочетались с допетровскими рукописями и эмалями.

На протяжении XIX века спектр конкретных значений, связанных с концептом «старина», стал более разнообразным: под стариной подразумевались и старые времена, и традиции, и коллекционные предметы материальной культуры, а также народные песни и былины. Ближе к концу столетия *старина* заняла видное место в самых разных печатных изданиях, включая исторические и художественные журналы, этнографические исследования, путевые заметки, каталоги и художественную литературу, не говоря уже о разнообразных текстах в ежедневной периодической печати. Уже сам объем публикаций, посвященных этой широко очерченной теме, свидетельствует об одержимости русской стариной. В текстах также зафиксированы колебания значения слова «старина», по мере того как этой темой занимались различные сообщества.

В ряде книг, предназначенных для широкой публики, например, слово *старина* использовалось в названии, чтобы соединить чувство национальной гордости с давней традицией. В книге В. Д. Сиповского «Родная старина: отечественная история в рассказах и картинах» (1885–1888) описывается отдаленная история периода между IX и XVII веками[13]. Среди художественных

[13] Среди многих других изданий, в названии которых использовалось слово *старина*, были [Красницкий 1876; Сапунов 1883; Титов 1883; Опочинин 1902]. «Старина, памятники, предания и легенды Прикамского края», собранная В. Ф. Кудрявцевым [Кудрявцев 1897], была изначально опубликована как часть «Календаря Вятской губернии на 1897 год». В 1900 году вышла

произведений к теме местной истории под рубрикой *старина* обращается «Пошехонская старина» Салтыкова-Щедрина, первоначально публиковавшаяся по частям в 1887–1889 годах в «Вестнике Европы». После успеха в московском Малом театре в 1871 году популярностью в печати пользовалась драма Аверкиева «Каширская старина»: для современников эта пьеса была классикой и даже клише, поскольку публика была знакома с ней[14]. В 1887 году в суворинской серии «Дешевая библиотека» была переиздана «Семейная старина» Г. П. Данилевского, что говорит о ее популярности [Данилевский 1887][15].

Несколько исторически ориентированных журналов, в том числе ежемесячная «Русская старина» (1870–1918), пополнили растущую коллекцию текстов и изображений из национального прошлого. В среднем ежегодно печаталось 5000 копий, а число подписчиков колебалось от 3500 до 6000. Основное внимание в журнале уделялось сравнительно недавней истории имперского периода, но его общая направленность помогала увязать историю Российской империи с настроениями, распространенными в современном обществе. Далекое прошлое было обыграно

книга воспоминаний В. П. Карпова [Карпов 1900]. Автором еще одного такого издания, выпущенного Императорским обществом истории и древностей российских при Московском Университете в 1902 году, был И. П. Побойнин [Побойнин 1902].

14 «Старина» в названии относится в данном случае к XVII веку, золотому допетровскому периоду русской истории — ко времени правления царя Алексея Михайловича: Аверкиев Д. В. «Каширская старина», в [Журавлева 1984: 283–354]. В биографических и автобиографических произведениях также использовалось наименование *старина*. Среди прочих стоит упомянуть повесть «Старина. Семейная память» (1861) писательницы-славянофилки Н. С. Соханской, представляющую собой хронику семьи рассказчицы [Соханская 1863].

15 Среди других тематически связанных повествований — незаконченный фрагмент «Старина» П. И. Мельникова-Печерского, описывающий жизнь одной знатной дамы [Мельников 1915]. Свой вклад в культ старины внесли и несколько поэтических сборников, включая издание, посвященное архаическим образам в поэзии [Романович 1890] и «Седая старина: Десять бывальщин», изданное А. А. Коринфским в 1912 году [Коринфский 1912], которое содержало десять поэтических адаптаций известных былин.

в оформлении журнала, разработанном Солнцевым, который на протяжении 30 лет сотрудничал с издателем М. И. Семевским и внес свой вклад в узнаваемый стиль издания. Исторические документы, представленные в «Русской старине», способствовали популяризации идей и образов из русского прошлого[16].

В 1875 году было учреждено еще одно периодическое издание, посвященное русской истории, — иллюстрированный ежемесячный сборник «Древняя и новая Россия». Среди прочих на этой площадке публиковали свои статьи известные историки Забелин, Бестужев-Рюмин, Костомаров и Д. И. Иловайский[17]. Связанная с тысячелетием государства риторика журнала подчеркивала непрерывность русской культурной традиции, представленной на титульном листе как место встречи древности и современности (в лице Петра Великого) на фоне памятника «Тысячелетие России». Новый журнал был призван обеспечить широкую публику общепонятной и достоверной информацией по истории, географии и этнографии России. Обложка журнала была выполнена в русском стиле: на его страницах можно было найти гравюры с изображением предметов старины, таких как шлем князя Ярослава, скопированный из «Древностей» Солнцева и воспроизведенный в первом выпуске[18]. Иллюстрации, помещенные рядом со статьями, написанными «просто, ясно и понят-

---

[16] За 49 лет своего существования журнал «Русская старина», безусловно, сделал публичное заявление о русской истории и культуре, которое остается актуальным и по сей день, о чем свидетельствует то, что в 2008 году было выпущено репринтное издание всех 175 выпусков журнала [Русская старина 2008]. Среди других периодических публикаций были ежемесячная «Киевская старина» (1882–1906), где изучались история, археология, этнография и литература Украины, «Старина и новизна. Исторический сборник» (1897–1917), «Смоленская старина» (1909–1916) и «Музыкальная старина» (1903–1911), содержащая материалы по истории музыки в России.

[17] Указатель всех материалов, которые появились в журнале, можно найти в [Систематический указатель 1893]. См., например: Бестужев-Рюмин К. Н. Чему учит русская история // Древняя и новая Россия. 1877. № 1. С. 5–25; Забелин И. Е. Черты самобытности в древнерусском зодчестве // Древняя и новая Россия. 1878. № 4.

[18] Древняя и новая Россия. 1875. № 1. С. 108. Также в это издание включены изображения старинных ваз и крестов, а также портреты исторических деятелей.

но для всех», усиливали представление о том, что древнерусские памятники, здания и предметы искусства могут служить действенным средством для воспитания патриотизма[19].

В других изданиях, как специализированных, так и широкого профиля, публиковались материалы на темы, связанные с русской стариной. Журнал «Живая старина» (1890–1916) способствовал научному интересу к фольклору и этническим культурам и языкам коренных народов на территории Российской империи[20]. В «Русском архиве» (1863–1917) публиковались дневники, официальные документы, письма и воспоминания с акцентом на истории XVIII и XIX веков. Журнал «Зодчий» (1872–1917) и посвященный дизайну журнал «Мотивы русской архитектуры» представляли новые проекты деревянных зданий, интерьеров и мебели в русском стиле[21]. Опубликовано было гораздо больше проектов, чем было осуществлено в реальности.

Все эти журналы имели явную цель популяризации русской истории, в том числе древних памятников искусства и архитектуры. Превосходные публикации, напечатанные на дорогой бумаге, производили благоприятный эффект, хотя их тиражи, обычно колебавшиеся между 1000 и 3000 экземпляров, никогда не могли конкурировать с массовой прессой. Разнообразные статьи в ежедневных изданиях, в свою очередь, способствовали публичному дискурсу о русской культуре и традициях, укрепляя впечатление, что старина, прежде хранившаяся в материальной форме только в избранных музеях и кустарных мастерских, отныне доступна всем. К концу столетия русская старина была повсюду. Колебания в значении часто затмевались всеобъемлющим ощущением, что Россия обладает древней, непрерывной, самобытной культурой.

---

19 Об издании сборника «Древняя и новая Россия» в 1875 г. // Древняя и новая Россия. 1875. № 1.

20 Подробнее см. в [Турьинская 2005: 270–279].

21 Популярные журналы, такие как «Нива», также публиковали проекты в русском стиле. Помимо многого другого, «Нива» публиковала на своих страницах изображения традиционных деревянных храмов: Памятники древнего русского зодчества // Нива. 1898. С. 715–716.

Возрождение традиции в Абрамцеве, Талашкине и за их пределами

> Национальное самосознание — это твердыня народного духа — укрепляется созерцанием и изучением памятников минувшей жизни, и мы счастливы тем, что отечество наше еще может ее брать и приносить в сохранные хранилища многие предметы, имеющие высокое значение в мировом понимании художества.
>
> *Мария Тенишева*[22]

Печатные издания выполняли важную задачу популяризации русской старины среди широкого круга читателей. Но были и другие, совершенно реальные места, где распространялась и сохранялась русская старина, в том числе разнообразные коллекции, выставки и публикации. Среди других сообществ выделяются колонии художников в Абрамцеве и Талашкине, где была сосредоточена деятельность по воссозданию старины. Именно в этих художественных кругах, возглавляемых знаменитым меценатом и предпринимателем Мамонтовым и княгиней Тенишевой, взращивалась берендеевская традиция, которая впоследствии была представлена на отечественных и зарубежных выставках, в театрах, в специализированной и массовой прессе и предлагалась на продажу и экспорт. В художественных кружках любое народное изделие имело все шансы стать объектом коллекционирования, изучения и воспроизведения. Вслед за кустарными изделиями возрождались как произведения *искусства* предметы повседневного крестьянского быта, в том числе иконы, лубки, избы и традиционные костюмы, которые веками считались само собой разумеющимися. Внезапно была открыта богатая, прекрасная и самобытная традиция. Именно в этом и заключалась придуманная «Берендеевка» — в *неожиданном открытии* древнего, подлинного, национального языка в искусстве.

То, что мы сегодня воспринимаем как русское народное искусство, выражающее национальный дух, является продуктом со-

---

22 Цит. по: [Журавлева 1994: 256].

циальных теорий эпохи романтизма и творческих мастерских конца XIX века. Примечательно, что ни матрешка, ни балалайка, ни сказочная васнецовская Избушка на курьих ножках, собственно говоря, не принадлежали к традиционной крестьянской среде. Популярность русской старины не ограничивалась каким-то определенным сегментом общества: усилия художников и меценатов совпадали с запросами публики, а также с интересами, поддерживаемыми государством [Hilton 1995: 4, 216, 223]. По мнению Э. Хилтон,

> Историки, социальные реформаторы и официальные власти, а также художники верили, что восстановление форм исторической и народной культуры может помочь возродить традиционные ценности, которым угрожают современные условия. <...> Это консервативное отношение также было одной из причин официального национализма Александра III в искусстве в конце XIX века [там же: 220].

Почему крестьянская культура привлекала столько внимания? В период «хождения в народ» в 1870-е годы крестьянство и деревенский образ жизни идеализировались народниками. Более того, как объясняет В. Салмонд:

> Будущее народных ремесел имело особый отклик в России XIX века, в стране, где преимущественно крестьянское население особенно остро переживало муки модернизации, а чувство национальной идентичности было осложнено ее географическим положением между Европой и Азией и историческим экстремизмом петровских реформ. Являясь символом невежественного сопротивления западным идеям прогресса, народная культура была объектом презрения высшего класса в России с начала XVIII века; но открытие духовной и эстетической ценности крестьянской жизни начало проявляться уже в середине XIX века, в ответ на международный подъем патриотических настроений, а точнее говоря, на новое сочувствие к крестьянству в России, которое возникло после отмены крепостного права в 1861 году [Salmond 1997: 6].

В то же время, только когда народное искусство и ремесла оказались на грани исчезновения, в обществе начались серьезные усилия по их возрождению. До этого образованные русские смотрели на кустарные изделия с отвращением или безразличием [Salmond 1996: 15]. Ситуация изменилась, когда более или менее успешно начали работать около 35 кустарных мастерских, что совпало с изменением отношения к русским промыслам в Европе.

> Растущий интерес за рубежом к тщательно разрекламированным и упакованным кустарным изделиям побудил образованных русских переосмыслить свое автоматическое неприятие товаров отечественного производства и заставлял гордиться тем, что *le koustar russe* теперь воспринимался как один из последних подлинных примитивов Европы [там же: 144].

Когда предметы повседневного крестьянского быта превратились в музейные сокровища, произошло, как предполагает Хилтон, своеобразное смешение категорий, в результате которого народное искусство стало отождествляться и смешиваться с собственно *русским* искусством, а также с допетровской традицией в целом [Hilton 1995: 227–229]. Эта восстановленная русская старина предлагала средство обеспечить преемственность с прошлым и представить разорванную национальную традицию как долгую и непрерывную. Более того, повседневная крестьянская жизнь эстетизировалась и ностальгически идеализировалась, часто чрезмерно. Жалкая картина крестьянского опыта, которую лишь недавно обнажили передвижники, беспощадно «лакировалась».

В последние десятилетия XIX века идея национального снова сменила наряд: если в реалистическом искусстве передвижников национальный элемент передавался прежде всего через содержание, то в эпоху народного возрождения на первый план вышли форма и орнамент. Если передвижники стремились как можно точнее отобразить жизнь, во всех ее грубых, физиологических подробностях, то неонациональная эстетика возрожденной русской старины определялась противоположным сценарием — жизнью, копирующей искусство. Со сцены, из книг и с полотен мотивы русской старины входили в русскую публичную сферу как крайне желанные, а зачастую и модные товары. Но крестьянские безделушки кустарного производства не были народным искусством в подлинном смысле: новая эстетика была не столько образом жизни, сколько экзотическим аксессуаром для городских богачей, идеальных потребителей подобного рода товаров. Не говоря уже о реальной проблеме, «что наследники всех этих музейных артефактов — крестьяне современной России — казались совершенно готовыми отказаться от своего наследия и не проявляли особого желания продолжать невыгодные, устаревшие пути своих предков» [Salmond 1997: 7].

Компоненты приукрашенности и сценические эффекты берендеевской изобретенной традиции трудно было не заметить. Смешанные категории искусства и *быта* также грозили свести искусство к бесконечным копиям, что и произошло со многими популярными сувенирами. В живописи художники в 1880-е годы также брали сюжеты из допетровской Руси и изображали натурщиков в тщательно продуманных исторических костюмах, как это видно в роскошном «Боярском свадебном пире в XVII веке» (1883) К. Е. Маковского, драматической «Боярыне Морозовой» (1887) В. И. Сурикова и лирической «Северной идиллии» (1886) К. А. Коровина. За счет костюмов, исторических отсылок и выразительного фона, состоящего из старинных изб, теремов, крепостей и родного пейзажа, достигалась атмосфера самобытной русскости [Hilton 1995: 217–218].

Народная культура стала мостом, соединившим в последние два десятилетия XIX века традицию и модерность — она также давала надежду на будущее. И. Я. Билибин реконструировал дух национального возрождения следующим образом:

> Только совершенно недавно, точно Америку, открыли старую художественную Русь, вандальски искалеченную, покрытую пылью и плесенью. Но и под пылью она была прекрасна; так прекрасна, что вполне понятен первый минутный

> порыв открывавших ее: вернуть! вернуть! <...> И вот, художникам-националистам предстоит колоссально трудная работа: они, пользуясь богатым старым наследием, должны создать новое серьезное, логически вытекающее из того, что уцелело. <...> Будем ждать и, не теряя времени, собирать и собирать все, что еще осталось старого в избах, и изучать и изучать. Постараемся, чтобы ничто не ускользнуло от нашего внимания; и, может быть, под влиянием увлечения минувшей красотою и создастся, наконец, новый русский стиль, вполне индивидуальный и не мишурный[23].

Актуальность возрождения подчеркивала и Е. Д. Поленова:

> Цель наша — подхватить еще живущее народное творчество и дать ему возможность развернуться. То же, что попадает в издание, — это большей частью умершее и забытое. Стало быть, нить порвана и ужасно трудно искусственно ее связать. <...> Вот почему мы ищем главным образом вдохновения и образцов, ходя по избам и приглядываясь к тому, что составляет предметы их обихода, стараясь, разумеется, отбрасывать иноземную новейшую прививку...[24]

Национальное возрождение в духе Берендеевки, культивируемое в Абрамцеве и экспонируемое на родине и за границей, стало долгожданным ответом на призывы современников спасти народное искусство. Но именно эти усилия творческой интеллигенции научить народ правильно понимать национальное искусство и создавать предметы для музея и рынка возбудили подозрение у некоторых арбитров вкуса, таких как Бенуа: «Какой это ужас, какая нелепость — народ, старающийся творить в народном духе!» Критик продолжает: «Самое кислое впечатление... производят разные отдельные попытки вернуться к народу. Все это, быть может, и почтенно, но в то же время и вздорно, отвлеченно,

---

[23] Билибин И. Я. Народное творчество русского Севера // Мир искусства. 1904. Т. 12. С. 317.

[24] Поленова Е. Д. Письмо П. Д. Антиповой, 8 ноября 1885 года, в [Сахарова 1964: 362–363].

“музейно”, нелепо»[25]. Бенуа и другие современники оспаривали саму театральность берендеевской традиции, ее попытки казаться национальной. Позиционированное между сокровенным стремлением к самопознанию и сознательной критикой имитации и искусственности, русское национальное возрождение было предметом дискуссий. Кратковременный коммерческий успех кустарных изделий, созданных в Абрамцеве с 1885 по 1890 год, выдвинул русскую художественную промышленность и споры вокруг нее на передний план общественной жизни.

Абрамцево

История Абрамцева — от частной инициативы отдельного промышленника до феномена, в значительной степени сформировавшего наше представление о русской национальной традиции, — ключ к пониманию динамики развития культуры в России в конце дореволюционного периода.

История Абрамцева как колонии художников восходит к 1870-м годам, когда в бывшей усадьбе Аксаковых поселился Мамонтов, богатый предприниматель и компетентный художник, который вскоре пригласил к себе многих одаренных молодых людей. Во время пребывания в имении Мамонтова многие художники, такие как Репин, Васнецов, Серов, Нестеров, И. И. Левитан, И. С. Остроухов, Поленов и М. А. Врубель, создали свои известные произведения. Там же начинали свою карьеру Ф. И. Шаляпин и К. С. Станиславский.

Все эти знаменитые имена свидетельствуют о важной роли Абрамцева в истории русского искусства. Но Абрамцево было не просто художественным кружком: это был целый образ жизни, предполагавший гармонию между красотой и полезностью и временное примирение споров об эстетике, бушевавших в русском обществе с 1860-х годов[26]. Сценический дизайн, архитек-

---

[25] Бенуа А. Н. Кустарная выставка // Мир искусства. 1902. № 3. С. 48. Цит. по: [Лапшина 1977: 68].

[26] См. [Стернин 1988].

тура, опера, художественные промыслы — все эти искусства процветали в Абрамцеве[27]. Восторженный прием Частной русской оперы Мамонтова в Москве и триумф русского кустарного отдела на Всемирной выставке 1900 года в Париже закрепили за Абрамцевом репутацию «колыбели целого движения к возрождению национального духа в русском искусстве» и лаборатории неорусского стиля [Поленова 1922: 5]. «Колыбель» и «лаборатория» — две метафоры, традиционно используемые для описания места, занимаемого Абрамцевом в движении национального возрождения[28]. В последующем анализе я обращаюсь к другой метафоре и рассматриваю знаменитую колонию художников как «островок старины».

Здания, их содержание, постановки, повседневная деятельность, даже одежда — все было неотъемлемой частью этого островка культуры, стилизованного в «традиционном» русском духе. На манер сказочного теремка Ропетом была построена фантастическая баня; воссозданная Васнецовым избушка Бабы-Яги на курьих ножках выглядела так, как будто вышла прямо из сказки. В 1873 году Гартман построил в Абрамцеве свою мастерскую, богато украшенную кружевом резьбы, заимствованным из народной вышивки (рис. 16). В 1876 году в Абрамцеве была создана столярная мастерская, где развивались плотницкие навыки, и вскоре она приобрела известность под руководством Е. Д. Поленовой, ставшей в 1885 году художественным руководителем кустарной мастерской. Домашний театр, в котором в 1882 году состоялась первая постановка «Снегурочки», подготовил успех Русской частной оперы Мамонтова, очаровавшей городскую аудиторию. Был в Абрамцеве и музей народного искусства, учрежденный в 1885 году Е. Г. Мамонтовой и Поленовой: в нем

---

27 Подробнее см. в [Мамонтов 1950: 4]. Эти воспоминания написаны сыном Мамонтова: несмотря на свою субъективность, они помогают воссоздать общую атмосферу Абрамцева.

28 Выдающийся советский историк искусства Стернин подчеркивал двойную темпоральность этого «культурного гнезда», как он называет Абрамцево, указывая на несколько контекстов русской действительности, в которых оно одновременно существовало [Стернин 1984: 187].

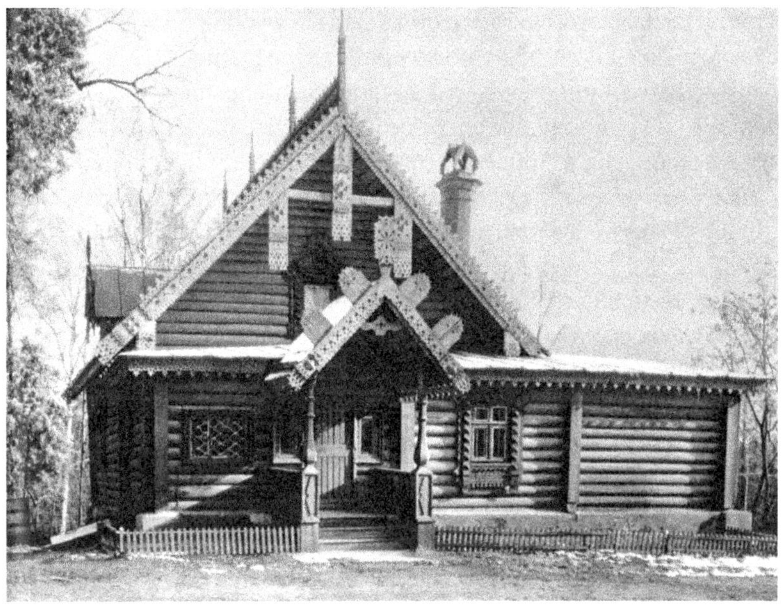

Рис. 16. Мастерская в Абрамцеве, проект В. А. Гартмана (1872)

содержались образцы крестьянского мастерства, собранные во время их обходов близлежащих деревень. В каком-то смысле вся усадьба стала музеем на открытом воздухе. Контролируемая атмосфера в этом восстановленном комплексе сохранила традиционный «русский дух». Более того, в этом музейном комплексе можно было жить в окружении ремесел и зданий, которые вполне подходили для выставочного показа.

Атмосфера творчества, как и авторитетная фигура Мамонтова, утверждавшего, что «искусство во всех направлениях должно быть, прежде всего, народным», и призывавшего художников искать чисто русские темы и формы, помогала объединить художников разных поколений и школ в единое сообщество[29]. Грей подчеркивает общее стремление к национальным темам в искус-

29 Пастон Э. В. «Формирование художественного кружка», в [Стернин 1984: 57].

стве: «Помимо этого общего обращения к русской истории, мифу, сказке и фольклору, картины и рисунки, созданные в Абрамцеве, имеют мало общих черт, что должно бы подрывать любые претензии на групповую идентичность» [Gray 2000a: 117]. Строительство церкви в Абрамцеве в 1882 году — лишь один из ярких примеров того, как пресловутый русский дух проявлялся в ежедневной деятельности в усадьбе. Поленова вспоминает, что каждый художник принимал участие в этом вдохновенном проекте не только руками, но и своей собственной душой: «Все жили интересом постройки, всех объединяло это общее дело, сделавшееся дорогим каждому из участников». И позже она снова отмечает: «В абрамцевскую церковь было вложено так много любви, интереса и личного духа каждого из участников работы, что она на всю жизнь осталась дорогим звеном, соединяющим их всех» [Поленова 1922: 40–42].

Одним словом, Абрамцево было идеальным местом культуры, где бережно восстанавливался и сохранялся дух русской старины. Но этот островок старины существовал отдельно от материка индустриализирующейся России. Тем более интригующим является то, каким образом это изолированное локальное явление трансформировалось в повсеместное присутствие в русской публичной сфере. Как абрамцевский эксперимент стал частью публичной культуры и начал в значительной степени влиять и на образ России за рубежом? Каковы были механизмы создания и сбыта русской старины?

Образ Абрамцева был представлен широкой общественности с помощью художественных выставок, оперных постановок, продажи кустарных изделий и заметок в массовой прессе, а позже в новых художественных журналах, таких как «Мир искусства». Среди каналов коммуникации, связывавших остров старины с материком, значительное внимание привлекали постановки Русской частной оперы в Москве и выставки изделий художественных промыслов и мебели, созданных в мастерских. Абрамцево также стало притягивать внимание публики как центр декоративно-прикладного искусства после того, как кустарные изделия, созданные в его мастерской, завоевали золотые медали на Всемирной

Колумбовой выставке 1893 года в Чикаго, на Всемирной выставке 1900 года в Париже и на первой Всероссийской кустарно-промышленной выставке в 1902 году. Но именно обилие комментариев в прессе, и зачастую полемика, способствовали поддержанию интереса публики к Абрамцеву между спектаклями и выставками и превратили его в тему для обсуждения всей страной.

Несколько выставок, относящихся к наиболее плодотворному периоду Абрамцева, спровоцировали огромный объем комментариев. В 1896 году большой резонанс в обществе вызвала выставка в Нижнем Новгороде, благодаря которой имена Мамонтова и Врубеля вошли в дискурс об искусстве и идентичности. Консервативное жюри отвергло два стилистически смелых панно, заказанных тогда еще малоизвестному Врубелю для Северного павильона выставки. В ответ Мамонтов, отвечавший за оформление, демонстративно выставил их в специально построенном павильоне сразу за пределами выставочной площадки [Бенуа 1990, 2: 210–211]. Эта провокация вызвала скандал в обществе, и вскоре Абрамцево и его владелец оказались втянуты в острую полемику.

Среди многих других голосов, участвовавших в спорах, был голос молодого Максима Горького, который в своих фельетонах на страницах «Нижегородского листка» участвовал в развернутых дискуссиях, выступая непосредственно против «нового искусства» Врубеля и косвенно против новой эстетики Абрамцева. В частности, по поводу «Принцессы Грезы» Горький писал:

> В конце концов — что все это уродство обозначает? Нищету духа и бедность воображения? Оскудение реализма и упадок вкуса? Или простое оригинальничание человека, знающего, что для того, чтоб быть известным, у него не хватит таланта, и вот ради приобретения известности творящего скандалы в живописи?[30]

---

[30] Некто Х [М. Горький]. М. Врубель и «Принцесса Греза» Ростана // Нижегородский листок. 1896. 24 июля. № 202. В 1896 году Горький написал для «Нижегородского листка» серию фельетонов, посвященных Всероссийской выставке в Нижнем Новгороде, под названием «Беглые заметки». Обмен мнениями продолжился в газетах «Волгарь», «Неделя» и «Нижегородская почта».

Рассказчик-фельетонист Горького называет себя представителем публики и профаном. Отвечая художнику А. Карелину, критиковавшему его взгляды на «новое искусство», герой Горького высказывает мнение, отсылающее к любительской художественной критике 1860-х — 1870-х годов, которая определила дискурс «национальности и реализма»:

> Или искусство понятно и поучительно, или оно не нужно для жизни и людей. Доказано, что искусство Врубеля понятно только специалистам. Каково же его жизненное значение? Каково значение его картин без комментариев к ним, которых они требуют для понимания их сюжета и техники?[31]

Одним словом, Горький категорически заявляет, что картины Врубеля есть не что иное, как «хаос творчества», который не могут улучшить даже объяснения специалистов вроде Карелина[32]. Подобные разговоры о Врубеле в частности и о новых направлениях в искусстве в целом сохраняли присутствие Абрамцева в публичной сфере.

Регулярно освещалась в прессе Русская частная опера Мамонтова, где в конце 1890-х годов были поставлены многие спектакли, в том числе «Снегурочка», «Садко», «Царская невеста», «Майская ночь», «Псковитянка». Участие Шаляпина, а также костюмы и декорации Коровина, Малявина, Васнецова и Врубеля принесли театру огромный успех, особенно во время гастролей труппы в Санкт-Петербурге в сезон 1897–1898 года. С. Р. Гровер указывает, что «в большинстве случаев отзывы о Частной опере были поистине восторженные». Этот триумф он ставит в заслугу Стасову [Grover 1971: 314]. Стасов отзывался с похвалой не только о «Снегурочке» и Васнецове; он также является автором

---

[31] Некто Х [М. Горький]. Беглые заметки // Нижегородский листок. 1896. 31 июля. № 209.

[32] Некто Х [М. Горький]. Беглые заметки // Нижегородский листок. 1896. 20 августа. № 229. Подробнее о нижегородской ярмарке см. в [Богородицкая 2000; Fitzpatrick 1990].

исключительно восторженной рецензии на «Псковитянку», опубликованной в «Новостях и биржевой газете»[33].

Все эти рецензии способствовали популяризации Абрамцева и связанной с ним кустарной и театральной продукции. Но Абрамцево также было вовлечено в яростные дискуссии, развернувшиеся вокруг журнала «Мир искусства». В первых двух томах «Мира искусства» (1899), финансируемого совместно Мамонтовым и Тенишевой, можно найти виды абрамцевской церкви и ее интерьера, образцы мебели, изготовленной в столярной мастерской Абрамцева, картины Васнецова, образцы орнаментов и рисунки вышивок, книжные иллюстрации Е. Д. Поленовой, эскизы для ковров и скатертей Н. Я. Давыдовой, декоративные панели для выставок в Нижнем Новгороде (1896) Коровина и его проект кустарного павильона «Берендеевка» на Всемирной выставке 1900 года в Париже. Дягилев также написал отдельную статью о выставке Васнецова. Прославляя Васнецова за его «девственную национальность», Дягилев пишет: «Никогда в русском искусстве национальное самосознание не проявлялось так сильно». Наряду с Суриковым и Репиным, Васнецов был предвестником возрождения «в национально-русском духе»: этими художниками, которые «не убоялись быть сами собой», были созданы ярко выраженные национальные образы — от непримиримой «Боярыни Морозовой» Сурикова до милой «Снегурочки» Васнецова[34].

Само по себе освещение Абрамцева в журнале вовсе не было подрывным: в конце концов, владелец имения был еще и спонсором журнала. Тем не менее качественные иллюстрации, относящиеся к Абрамцеву, появились в тех же номерах «Мира искусства», где была напечатана провокационная статья Дягилева, шокировавшая общество. Нельзя сказать, что сам новый художественный журнал пользовался большим спросом, но журна-

---

33 Статья «Радость безмерная» была опубликована 9 марта 1898 года [Grover 1971: 314].

34 Дягилев С. К выставке В. М. Васнецова // Мир искусства. 1898. № 1. С. 66–67. См. также в том же выпуске: Заметки // Мир искусства. 1898. № 1. С. 82.

листы часто писали о нем в массовых ежедневных газетах: и эти статьи не были благожелательными. Скандальная известность способствовала развитию «Мира искусства» не меньше, чем его привлекательные репродукции, в чем мы убедились на примере провокационного диалога между Дягилевым и Репиным по поводу репутации Русского музея. Благодаря «Миру искусства» и деятельность Абрамцева привлекла внимание общества.

Музей народного искусства

Московский кустарный музей, или Музей народного искусства, был учрежден Московским земством в 1885 году: основа его коллекции происходила из Всероссийской художественно-промышленной выставки 1882 года. На протяжении XIX века во многих европейских странах появились музеи, посвященные народным ремеслам, декоративно-прикладному искусству и национальным традициям, которые пользовались большой популярностью у публики[35]. Одним из первых таких институтов был Музей Виктории и Альберта в Южном Кенсингтоне, который открылся в 1852 году и вместил в себя множество материалов с Великой выставки 1851 года. Как характеризует эту тенденцию Салмонд, «в эпоху индустриализации, когда национальная самобытность была в приоритете, каждая нация могла поддержать ярко выраженную культурную идентичность путем сохранения этнических традиций в тщательно отобранной и пригодной для продажи форме» [Salmond 1997: 6]. Музей народного искусства в Москве стал первым пространством в России для показа таких народных ремесел. По примеру Москвы в 1880-х и 1890-х годах в Санкт-Петербурге, Нижнем Новгороде, Костроме и Вятке появились другие важные коллекции народного искусства и древ-

---

[35] Несколько примеров исследования национального возрождения в архитектуре и декоративно-прикладном искусстве, включая народные стили в России, Польше, Венгрии, Финляндии, Англии, Японии и Ирландии, собрано в [Bowe 1993]. Общим у всех этих национальных традиций, как указывает Н. Г. Боу в своем «Предисловии», был народный язык национального романтизма. См. также [Streen 1995; Pantelić 1997]; о духе средневековья в немецкой архитектуре XIX века см. в [Lane 1991].

ностей. Распространение как научных исследований, так и новых художественных школ, таких как училище Штиглица, также способствовало этому начинанию в России [Hilton 1995: 223–225].

Музей народного искусства не был обычным музеем в том смысле, что одну из его основных функций составляла продажа кустарных изделий, особенно в первые годы существования музея. Далекий от того, чтобы быть храмом муз, музей был, скорее, посредником в разветвленной системе производства и потребления произведений народного искусства. Само существование этого института свидетельствует об изменении вкусов в России: после критического реализма передвижников внимание художников, критиков и потребителей привлекли орнаменты, вдохновленные народными промыслами.

Деятельность музея поддерживала торговлю такими ремеслами, как вышивка, ткачество, резьба по дереву, кружевоплетение и изготовление игрушек, причем качество варьировались «от сувениров массового производства и безделушек до единственных в своем роде мебельных заказов, неотличимых от работы профессиональных городских мастерских» [Salmond 1996: 93]. Эпохальная первая Всероссийская кустарно-промышленная выставка, состоявшаяся в 1902 году в Санкт-Петербурге, подчеркнула итоговые достижения русского возрождения и общую популярность кустарной продукции. Помимо других массовых изданий, это событие освещалось в «Ниве» с множеством иллюстраций[36]. Вслед за успехом на первой Всероссийской художественно-промышленной выставке в 1882 году кустарное производство превратилось в «модный вопрос», как выразился в своем отчете В. П. Безобразов. Причем экономист ставит это достижение непосредственно в заслугу прессе[37]. В период с 1882 по 1913 год в России состоялось еще несколько крупных кустарных выставок; кустарные отделы в русских павильонах не переставали удивлять и на всемирных выставках.

---

[36] Нива. 1902. № 11.

[37] Безобразов В. П. «Отчет о Всероссийской художественно-промышленной выставке 1882 года в Москве» [Безобразов 1883–1884, VI: 454].

В рамках кустарного движения появились некоторые «традиционные» русские сувениры, в первую очередь кукла матрешка. Салмонд убедительно продемонстрировала, как в дореволюционной России под влиянием изобретенной традиции возникали и распространялись сувениры. Традиционная русская матрешка в действительности является одним из самых молодых символов культурной идентичности, хотя, возможно, и самым прочным, так как она продолжает пользоваться популярностью и по сей день и при этом процветала как в советский, так и в постсоветский периоды. Первая такая «традиционная» кукла была придумана профессиональным художником и создана в Сергиевом Посаде.

> Вопреки распространенным сегодня представлениям, матрешка была не старинным народным символом или даже традиционной кустарной игрушкой, а была придумана в 1891 году молодым художником Малютиным для магазина игрушек "Детское воспитание" Марии Мамонтовой на Леонтьевском переулке [Salmond 1996: 85–86].

Музей народного искусства вел успешную коммерческую деятельность, но именно этот утилитарный аспект коллекции беспокоил пионеров кустарного движения Мамонтову и Поленову. Поленова вспоминает, что на продажу выставлялись самые обычные предметы повседневного обихода, такие как чулки, платки, ножи и подносы, и что музей не преследовал никаких художественных целей [Поленова 1922: 59]. После того как Кустарный музей в нескольких случаях проявил нежелание принять изделия абрамцевской мастерской, владельцы Абрамцева в декабре 1886 года открыли в Москве свой собственный склад. Это новое предприятие сразу же стало пользоваться успехом: «Публика стала охотно посещать этот магазин нового типа, с художественными кустарными изделиями русского, чисто народного производства, давно забытого и вытесненного фабричными изделиями» [там же: 67–68]. Через несколько лет склад расширился, и в 1890 году в Москве открылся новый магазин, расположенный ближе к центру. Мамонтова поручила Врубелю, который вскоре шокировал нижегородское общество, оформить интерьер и нарисовать вывеску для магазина, называвшегося теперь «Магазин русских работ» [Salmond 1996: 37–38; Поленова 1922: 88, 96].

Сами по себе выставки и торговые павильоны были важными местами встречи кустарного искусства и публики. Дискуссии принесли еще большую известность, поскольку читатели оценили потенциал кустарного производства. В одном из источников суть полемики, продолжавшейся с конца XIX до начала XX века, изложена следующим образом: «Действительно, кустарные изделия не являются *народным искусством* в том смысле, что ими пользуется состоятельное городское население, а не народ, но в художественном смысле они, несомненно, должны быть признаны возрождением самобытного русского творчества»[38]. В 1913 году рецензии на Вторую всероссийскую кустарно-промышленную выставку в Санкт-Петербурге, которая вместила около 6000 участников и которую посетило примерно 200 000 посетителей, показали, что единого мнения о том, является ли берендеевская традиция еще одной версией потемкинской деревни, националистической провокацией или подлинным выражением национального характера, так и не сложилось[39]. С одной стороны, мастерские, музей и магазин сумели сохранить интерес к декоративно-прикладному искусству в эпоху запоздалой промышленной революции в России. С другой стороны, эта традиция, возрожденная как раз тогда, когда она почти исчезла, продолжала жить не как часть среды ее создателей, а как популярная сувенирная промышленность.

Талашкино

В период с 1893 по 1914 год Талашкино являлось одним из крупных центров возрождения национального искусства. Оно было основано незаурядной женщиной, княгиней Марией Клав-

---

[38] «Moscow Past and Present», цит. по: [Salmond 1996: 144].

[39] См.: Речь. 20 марта 1913 года; День. 12 марта 1903 года; Любошь С. В кустарном царстве // Речь, 11 марта 1913 года, цит. по: [Siegelbaum 1998: 55].

диевной Тенишевой (1858–1928), урожденной Пятковской, которая сама являлась покровительницей искусства и художницей и которая до эмиграции в Париж в 1916 году жила преимущественно в этом имении[40]. Тенишева была вовлечена в несколько ключевых художественных событий на рубеже столетий, включая журнал «Мир искусства» и Кустарный отдел Русского павильона на Всемирной выставке 1900 года в Париже. Колония художников в усадьбе Тенишевой в Талашкине также была частью ее творческого наследия.

Впервые международное внимание к Талашкину было привлечено в 1900 году, когда на Всемирной выставке в Париже широкую известность получили 12 балалаек, расписанных Тенишевой, Врубелем, Малютиным, Давыдовой и А. Я. Головиным. После этого первоначального успеха Тенишева показала во французской столице предметы из своего музея «Русская старина», а затем выставила изделия из своих мастерских на продажу в Париже и Праге. Она также показала некоторые из своих эмалей в Лондоне [Тенишева 2006: 362; Озер 2004: 34]. В период с 1905 по 1908 год русское народное искусство пользовалось небывалым успехом в Европе, где Тенишева получила признание, которого она желала. Она также не без оснований утверждала, что оказала влияние на французскую моду:

---

[40] История жизни Тенишевой все еще реконструируется, хотя это осложняется из-за отсутствующих или уничтоженных архивных материалов. Данное исследование не является частью биографии. Напротив, оно опирается на порой анекдотические сведения, которые дают представление о Тенишевой и ее многочисленных проектах в современной прессе. Здесь речь идет о том, чтобы посмотреть на срез публичной культуры, по мере того как она создавалась в диалоге между множеством источников и людей. Л. С. Журавлева опубликовала много работ на темы, связанные с различными аспектами жизни и искусства Тенишевой. Среди ее публикаций — «Теремок» [Журавлева 1974], «Придите и владейте мудрые...» [Журавлева 1990], «Талашкино. Очерк-путеводитель» [Журавлева 1989], «Княгиня Мария Клавдиевна Тенишева» [Журавлева 1992], «Тенишевский музей “Русская старина”» [Журавлева 1998]. См. также: Фролов А. И. «Мария Тенишева», гл. в [Фролов 1991: 62–79]. Аронов А. А. «Мария Клавдиевна Тенишева (1867–1928)», гл. в [Аронов 1995: 56–77]. В 2008 году в культурных центрах страны отмечалось 150-летие со дня рождения Тенишевой. См. каталоги выставок [Собрание княгини 2008] и [Стругова 2008].

> Обе мои парижские выставки сильно отразились на модах и принадлежностях женского туалета. Год спустя я заметила на дамских туалетах явное влияние наших вышивок, наших русских платьев, сарафанов, рубах, головных уборов, зипунов, появилось даже название «блуз рюсс» и т. д. На ювелирном деле также отразилось наше русское творчество, что только порадовало меня и было мне наградой за все мои труды и затраты [Тенишева 2006: 362].

Однако в России успех талашкинских выставок и мастерских в дореволюционный период был встречен либо с безразличием, либо с насмешкой и полностью игнорировался в советское время. «В конечном счете, — заключает Салмонд, — культурный оазис, на который Тенишева потратила столько любви и денег, по-видимому, не произвел сколько-нибудь продолжительного впечатления на окружающую среду» [Salmond 1996: 142]. Множество причин очевидной слепоты общества по отношению к национальному достоянию, каким являлось Талашкино, включают в себя время, вкус, гендерные стереотипы и современные практики коллекционирования. Своей странной судьбой Талашкино также обязано прихотям прессы, которая больше, чем любой другой фактор, формировала его образ в публичной сфере.

Тенишевская колония художников была явно создана по образу и подобию мамонтовского Абрамцева, открывшегося более чем двумя десятилетиями ранее, и так же включала школу для крестьянских детей, церковь, кустарные мастерские, театр, собрание предметов народного искусства и старины, балалаечный оркестр и магазин в Москве «Родник». Это было, как описывала Талашкино сама княгиня, уникальное и отдельное место культуры: «целый особый мирок, где на каждом шагу кипела жизнь, бился нерв, создавалось что-то, ковалась и завязывалась, звено за звеном, сложная цепь» [Тенишева 2006: 226].

Талашкино приобрело свой особый облик благодаря нескольким достопримечательностям, в которых были использованы мотивы из сказок и народного орнамента: знаменитый Теремок на близлежащем хуторе Флёново, построенный жившим там художником Малютиным, мастерская и дом художницы в Талашкине, ворота

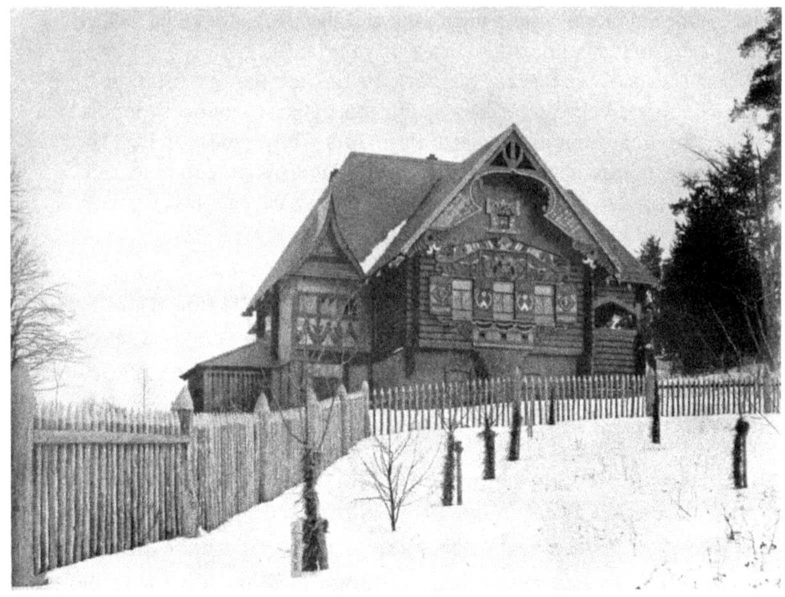

Рис. 17. Теремок во Флёнове около Талашкина, проект С. В. Малютина (1900-е годы) [С. К. Маковский 1906]

в усадьбу и часовня во Флёнове с грандиозными мозаиками Рериха, в создании которых участвовала и сама Тенишева (рис. 17). В 1904–1905 годах по проекту Малютина, с участием Васнецова и Тенишевой, также был создан музей «Русская старина» в Смоленске. В совокупности все эти сооружения служили физическим воплощением творческих принципов, которыми руководствовались во владениях княгини Тенишевой. Талашкино представляло собой целый музей под открытым небом, являясь прототипом современных историко-этнографических музеев и музеев-заповедников, с заложенной в них двойной темпоральностью.

В дореволюционной России Талашкино было особым миром культуры, действительно «сказочным царством», как назвал его Брешко-Брешковский[41]. Эта метафора особенно хорошо подходит

[41] Брешко-Брешковский Н. В сказочном царстве // Новый мир. 1905. № 23.

для описания того, что было, по сути, островком русской старины посреди стремительно индустриализирующейся нации, со всеми его коннотациями ностальгии, красоты, фантазии и тоски — чего-то в высшей степени желаемого и в то же время нереального. Этот сказочный островок культуры резко контрастировал с обнищавшим и неразвитым материком провинциальной России, что княгиня признавала:

> Как-то совестно было жить в нашем культурном Талашкине в убранстве и довольстве и равнодушно терпеть кругом себя грязь и невежество и непроглядную темноту. <...> Разыскать эту душу, отмыть то, что приросло от недостатка культуры, и на этой заглохшей, но хорошей почве можно взрастить какое угодно семя... [Тенишева 2006: 214]

Как бы Тенишева ни стремилась к возрождению подлинной национальной культуры крестьянства, заявления, подобные приведенному выше, скрыто приравнивают крестьянство к отсталости. Народ в ее понимании является противоположностью «культурному слою общества»: носители драгоценной народной традиции, которой она так усердно старалась подражать в Талашкине, — это по-прежнему грязные и некультурные массы. Противоречивость в этом заявлении помогает объяснить главный парадокс Талашкина: с одной стороны, оно существовало для того, чтобы сохранить традицию; с другой стороны, эту традицию сперва необходимо было создать и очистить. Это напоминает нам о затруднительном положении национальной культуры, как его формулировали русские философы XIX века: принципиальная несовместимость образованного слоя и неграмотного народа. Талашкино тогда было центром *рафинированной* крестьянской культуры, музейной версией традиции, которая в своем повседневном обличье интерпретировалась как отсутствие той самой культуры, которую спасали от забвения. Если весь императив национального возрождения состоял в том, чтобы вернуть традиционные промыслы в повседневный обиход, форма, в которой они вернулись, — нарочито грубая, непрактичная и неудобная для использования в ежедневной среде — годилась только для витрины музея.

Тенишева также называла Талашкино «культурным очагом» [там же: 344–345]. «Культурный очаг», «сказочное царство», островок старины — все эти метафоры указывают на особый, отдельный статус Талашкина, его оторванность от общественного контекста, которую усадьба сохраняла даже в то время, когда мастерские успешно работали. Почему-то не держались никакие мосты с материком, которые пыталась навести Тенишева. Некоторые современники довольно рано проницательно заметили неосуществимость тенишевского предприятия в Талашкине. Бенуа, которого Тенишева в середине 1890-х годов пригласила в качестве куратора ее растущей коллекции и консультанта, откровенно скептически отнесся к стремлению Тенишевой облагородить национальный стиль в Талашкине:

> Сама же княгиня в то время уже целиком обратилась к новой затее — созданию в своем имении художественного центра, долженствовавшего помочь образованию пресловутого русского национального *стиля*. Как все подобные любительские затеи, и эта была обречена на неудачу. *Стиль*, да еще такой, который выражал бы самую народную душу, не зависит от благих намерений отдельных лиц, а образуется сам собой по каким-то таинственным органическим законам [Бенуа 1990, 2: 197].

В предисловии к каталогу изделий талашкинских мастерских, составленному по заказу Тенишевой в 1905 году, Маковский также подчеркивал нежизнеспособность фантастических предметов в старинном стиле в современную эпоху, указывая на то, что они могут оставаться лишь любопытными коллекционными игрушками [Маковский 1905: 54].

Общественная реакция на начинания Тенишевой была в лучшем случае прохладной; на большей части территории России горячо ею любимый «культурный очаг» был практически невидим. К примеру, в декабре 1901 года Тенишева организовала выставку кустарных изделий из талашкинских мастерских в региональном центре — Смоленске. Она выставила лучшие работы своих учеников: вышивки, скамейки, дудки, балалайки, рамки, полотенца и сани, украшенные живописью и резьбой. Несмотря на очень маленькую плату за вход (10 копеек), за целый месяц выставку посетило не более полусотни человек. В своих воспоминаниях Тенишева прямо признает этот публичный провал: «Вообще наши вещи не вызвали восторга, а только немое удивление, которое мы не знали чему приписать: признанию или отрицанию подобного производства, сочувствию или порицанию» [Тенишева 2006: 234].

В Европе, напротив, изделия из Талашкина пользовались большим спросом, и несколько выставок и продаж, организованных Тенишевой, имели небывалый успех. Талашкино завоевало репутацию одного из самых известных центров национального возрождения за рубежом. Во время первого продолжительного пребывания в Париже (1905–1908) Тенишева выставила некоторые сокровища из своего музея «Русская старина» в Музее декоративно-прикладного искусства в Лувре в 1907 году, где за пять месяцев работы выставка привлекла 78 000 посетителей[42]. Подводя итоги однозначно благосклонного приема ее коллекций и искусства за границей, Тенишева отметила, что из положительных отзывов французов, англичан и чехов можно было составить целую гостевую книгу. Общее впечатление от иностранных рецензий можно сформулировать так: поэтическое очарование русского варварства. Вскоре после этого на этой же волне восхищения русской экзотикой Русский балет Дягилева добился славы и богатства[43]. Княгиня размышляла о своем успехе в Европе: «Я счастлива и горда, что именно на мою долю выпало познакомить Запад с нашей стариной, с нашим искусством, показать, что у нас было трогательное и прекрасное прошлое» [Тенишева 2006: 366]. При этом она никогда не уставала подчеркивать, что ее

---

[42] Выставка «Старинные русские объекты искусства из коллекции княгини Марии Тенишевой на выставке в Музее декоративно-прикладного искусства» проходила с 10 мая по 10 октября 1907 года [Озер 2004: 33].

[43] См., например, [De Danilovicz 1907: 135; Cain 1914].

высшим стремлением было служение России, что делало еще более болезненным то равнодушие, с которым встречались в России ее многочисленные усилия по распространению национальной старины. В одном из писем Рериху, например, Тенишева сетовала на то, что она называла «преступным равнодушием ко всему отечественному» среди русского «якобы культурного» общества, члены которого любят все западное, но не имеют абсолютно ни малейшего представления о своем национальном наследии[44].

Единственная форма присутствия Талашкина в русской публичной сфере состояла в том, что оно являлось предметом полемики. Не то чтобы сама княгиня провоцировала скандалы, но тем или иным образом она оказалась вовлечена в несколько заметных публичных событий на рубеже веков. Например, ее печально известная связь с объединением «Мир искусства» была безжалостно высмеяна в скандальных карикатурах, появившихся в петербургском журнале «Шут».

Тенишева финансировала новый художественный журнал «Мир искусства» в первый год его существования совместно с Мамонтовым, чью колонию художников в Абрамцеве журнал рекламировал в нескольких своих первых номерах. Именно в связи с этим княгиня Тенишева приобрела репутацию «матери декадентства». Две карикатуры способствовали ее публичному позору. На одной из них, опубликованной в сатирическом ежемесячном журнале «Шут», П. Е. Щербов изобразил княгиню в виде коровы, которую доит Дягилев (рис. 18). Эта карикатура, названная «Идиллия» и изображающая, помимо Тенишевой и Дягилева, ключевых участников объединения «Мир искусства», моментально стала знаменитой. Современники легко могли расшифровать историю, изображенную здесь: Тенишева (корова) и Дягилев (доярка) в окружении соратников Дягилева — давно с ним тесно сотрудничавшего Философова, художника Нестерова с вышивкой и графического художника и дизайнера Леона Бакста (изображенного в виде петуха), а также маститого худож-

---

44 Цит. по: [Журавлева 1994: 243].

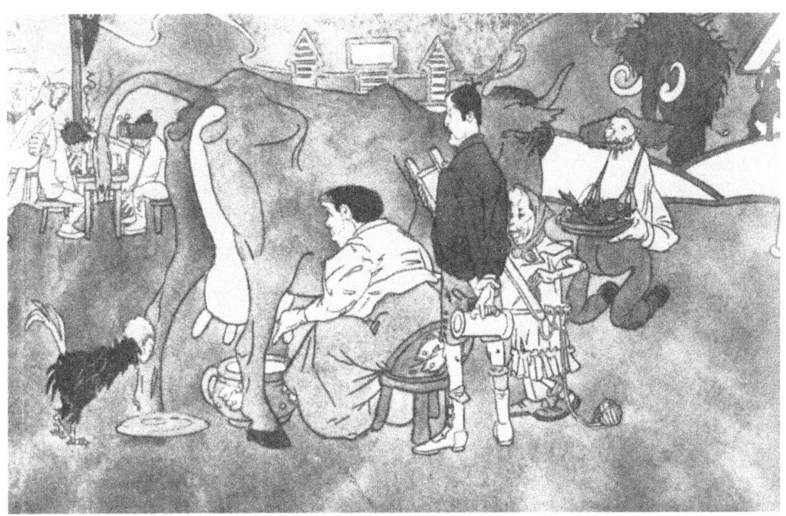

Рис. 18. П. Е. Щербов, «Идиллия» // Шут. 1899. № 13

ника Репина (первоначально сотрудничавшего с «Миром искусства»), который был изображен спешащим поднести лавровый венок корове. Вся компания располагалась на фоне, стилизованном под обложку журнала «Мир искусства». На заднем плане мамонт (намек на Мамонтова) и два финна, пьющих пиво, (намек на дебют Дягилева — выставку русских и финских художников). Стасов, например, был решительно в восторге от этого шедевра графического искусства. В письме Щербову в марте 1899 года он писал: «Этакая карикатура в 100 раз важнее всяких статей против декадентов. Это настоящая — синильная кислота, сразу убивает, как удар грома!»[45]

На еще одной карикатуре, озаглавленной «Salzburg», Щербов изобразил Тенишеву в грязной крестьянской одежде, торгующейся с Дягилевым из-за старого одеяла (рис. 19). Этот рисунок намекает на организованную Дягилевым в 1898 году выставку

[45] Цит. по: [Савинов 1969: 72].

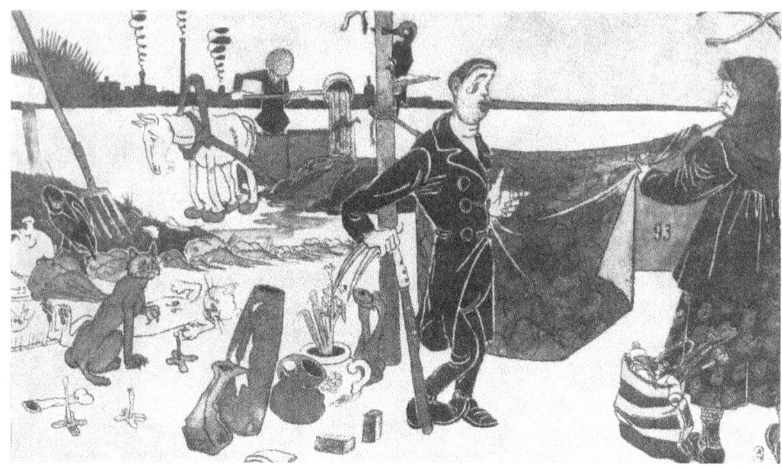

Рис. 19. П. Е. Щербов, «Зальцбург» // Шут. 1898. № 6

русских и финских художников, которая проходила в районе Санкт-Петербурга, известном как «Соляной городок» (или, по-немецки, Salzburg). Пронумерованные предметы, рассеянные среди хлама, соответствуют художественным произведениям с выставки, перечисленным в каталоге. Тряпка, которую рассматривает грязная баба (Тенишева), — это панно Врубеля «Утро». Если и оставалась какая-то неясность относительно того, как следует читать этот рисунок, то Стасов развеял ее, объяснив, что «хлам», выставленный на продажу в карикатуре, символизировал «картины навозного и декадентского стиля»[46]. Искусство, изображенное в виде хлама, ставило под сомнение эстетическое суждение покупателя в той же мере, что и талант продавца. Именно таким образом Талашкино было представлено в русской публичной сфере — как скопление скандальных представлений о его владелице и ее многочисленных благодетельных начинаниях.

---

[46] Цит. по: [Савинов 1969: 58].

Сама Тенишева прямо винила русское общество и его неспособность воспринимать всерьез женщину как мецената и коллекционера.

> Боже мой, как трудно женщине одной что-нибудь сделать. Ей все ставится в вину, каждый шаг ее перетолковывается в дурную сторону, всякий может ее судить, осудить и безнаказанно оскорбить. А в особенности, если эта женщина решается создавать что-то свое. Как бы ни были благородны ее цели, каковы бы ни были результаты ее деятельности — даже ленивый и тот считает своим долгом бросить в нее камнем... [Тенишева 2006: 291].

В самом деле, русская публика была не особо восприимчива к новшествам и самобытности, как отмечал Маковский, в 1905 году составивший роскошный каталог, который должен был познакомить общественность с мастерскими в Талашкине. «В России нужны исключительные силы, чтобы донести свой “талант” в сокровищницу родной культуры. Оттого так часто его зарывают в землю. Злорадным смехом отвечают у нас на лучшие попытки созидания. Издевались и над “русским декадентством” Талашкина». Маковский пришел к выводу, что Талашкино остается на задворках культуры потому, что русская «середина», или широкая публика, не может выносить ничего незаурядного и инстинктивно сторонится его [Маковский 1905: 64–65].

И Тенишева, и Маковский правы в своей оценке неспособности широкой общественности принять исключительное искусство и выдающихся людей. Но одним из факторов, оказавших наибольшее влияние на судьбу Талашкина, была пресса. Пол Тенишевой в сочетании с ее амбициями и известностью сделал ее легкой мишенью для нападок в периодических изданиях того времени. Как ни преуспела княгиня Тенишева в создании оазиса русской старины в Талашкине, она не могла контролировать дискурс в переменчивой массовой прессе, которая бросала тень сомнения на многие из ее благородных начинаний. Двойная жизнь Талашкина в дореволюционный период открывает силу влияния того, что выдавалось за общественное мнение, на судьбу памятников культуры.

Сказки национального возрождения: «Снегурочка» и «Левша»

Идея изобретенной традиции, которую мы назвали Берендеевкой, впервые появилась в художественном произведении в 1873 году. Деревня с таким названием послужила местом действия весенней сказки Островского «Снегурочка». В центре сюжета — главная героиня, дочь Весны-Красны и Деда Мороза, которая приходит жить к людям. Ее тянет к ним из-за их песен, особенно тех, что поет пастух Лель. Каждого привлекает ее красота, и она невольно расстраивает не одну помолвку, в том числе торгового гостя Мизгиря. Но ее холодное сердце не знает любви, и она просит у своей матери сердечного тепла. Весна предупреждает свою дочь, что любовная страсть погубит ее, но в конце концов выполняет ее желание. Снегурочка действительно тает в объятиях своего жениха Мизгиря, в то время как берендеи празднуют конец зимы и возвращение Солнца.

Берендеевка — идиллическое царство доброго царя Берендея и его счастливых, ленивых подданных — берендеев. Веселиться — вот в чем преуспевают берендеи:

> ...Народ великодушный
> Во всем велик, — мешать с бездельем дело
> Не станет он; трудиться, так трудиться,
> Плясать и петь — так вдоволь, до упаду.
> Взглянув на вас разумным оком, скажешь,
> Что вы народ честной и добрый; ибо
> Лишь добрые и честные способны
> Так громко петь и так плясать отважно [Островский 1977: 432].

Действие происходит в доисторические времена, когда люди почитали своим главным божеством Ярило-Солнце, которое в сказке гневается на берендеев за их пренебрежение любовью и красотой. Берендеи Островского — отчасти правда, отчасти вымысел. В словаре Даля упоминается село Берендеево, где производились резные фигурки — «берендейки», причем глагол «берендеить» буквально означает «строгать деревянные игрушки», а в переносном смысле — «заниматься пустяками» [Даль 1903–1909, 1: 204][47].

Предания о древнем племени берендеев можно было найти в нескольких современных источниках[48]. Островский во время своей работы над «весенней сказкой», очевидно, советовался со специалистами по русской старине. Например, его представление о ритме русских гуслей, традиционного струнного инструмента, восходит к «Слову о полку Игореве». Народный царь Берендей, однако, является более поздним изобретением, популяризированным поэтом-романтиком Жуковским в одноименной литературной сказке 1831 года [Жуковский 1960: 157–169][49]. Снегурочка, которую мы сегодня считаем стереотипным персонажем русских волшебных сказок, также стала узнаваемой частью народной традиции только после того, как была представлена в искусстве Островским, Васнецовым, Римским-Корсаковым и другими авторами.

«Снегурочка» опирается на несколько народных мотивов и сказок, в которых оживает кукла из снега. В качестве одного из возможных источников для сюжета «Снегурочки» ученые называют «Великорусские сказки» И. А. Худякова (опубликованные в 1862 году). Версии сказки про Снегурочку можно было также найти в «Народных русских сказках» Афанасьева (опубликованных в 1855–1864 годах), а также в его «Поэтических воззрениях славян на природу», три тома которых вышли между 1865 и 1869 годами. Афанасьев, помимо этого, опубликовал множество статей по фольклору, как в массовых газетах, таких как «Московские ведомости», так и в толстых журналах. Наряду с работами Ф. И. Буслаева, Пыпина и Рыбникова, публикации Афанасьева внесли значительный вклад в растущий объем фольклорных материалов, ставших доступными широкой общественности в середине столетия.

---

47 Подробнее о происхождении Берендеевки см. в [Розанова 1998: 23].

48 Лотман Л. «Примечания», в [Островский 1977: 588–589].

49 Гоголь считал сказку Жуковского «чисто русской» [там же: 537]. См. также [Березкина 1989].

Снегурка (Снегурочка, Снежевиночка), как и следует из ее имени, родилась из снега. Существовало несколько версий сказки про снежную деву. В одной из них старик приносит горсть снега и кладет его на печь: снег тает, и из облака пара появляется прекрасная девочка. В другой версии изображается бездетная пара, которая лепит из снега куклу, которая затем превращается в красивую и умную девочку. Но с первыми признаками весны Снегурочка начинает грустить, а затем испаряется, перепрыгнув через костер по примеру других девушек [Афанасьев 2002, 2: 604–606][50]. Еще в одном варианте повествуется о маленькой девочке, Снежевиночке, потерявшей дорогу в лесу и спасенной доброй лисой.

Однако, кроме рождения героини из снега, Островский мало что взял из этих народных версий, и изложенная драматургом знакомая сказка озадачила современных критиков. Смущал не только фантастический сюжет от автора-реалиста, знаменитого своим обличением «царства тьмы»; критики также обращали внимание на как будто бы немотивированное разрешение сложных любовных треугольников в пьесе. Более того, беззаботные берендеи не оплакивают жертву Снегурочки и ее недавно обретенную любовь, Мизгиря; пьеса с трагическим для главной героини концом завершается радостным прославлением весны и возвращением Ярилы. Как рассуждает царь Берендей, кончина Снегурочки не должна быть поводом для печали, ведь с уходом чужой для них Снегурочки берендеи могут радоваться восстановлению единства их декоративной общины.

«Снегурочка» имеет богатую историю постановок. Премьера хореографической сюиты на музыку Чайковского состоялась в мае 1873 года в Большом театре в Москве. После девяти спектаклей, последний из которых состоялся в августе 1874 года, эта постановка больше не ставилась. Вскоре после московской премьеры, в сентябре 1873 года пьеса была опубликована в «Вестнике Европы». В 1881 году Римский-Корсаков написал оперу

---

[50] Ср. другие версии, где Снежевиночка превращается в розовый цветок или тростник [там же: 472–473].

«Снегурочка» по сказке Островского: премьера состоялась 10 февраля 1882 года в Мариинском театре Санкт-Петербурга, где она получила прохладный прием. Следующей зимой в Абрамцеве была показана любительская постановка драматической версии «Снегурочки». Для этого спектакля, в котором Васнецов, Репин и Мамонтов исполняли роли соответственно Деда Мороза, боярина Бермяты и царя Берендея, Васнецов подготовил оригинальные декорации, которые вскоре произвели сенсацию[51].

В 1885 году на сцене Частной русской оперы С. И. Мамонтова в Москве состоялась премьера версии Римского-Корсакова. Этот спектакль, сценическое оформление которого было осуществлено В. М. Васнецовым, И. И. Левитаном и К. А. Коровиным, произвел на зрителей лучшее впечатление, и в ряде газет даже рекомендовалось включить оперу в репертуар Большого театра[52]. Несмотря на сильное влияние, которое «Снегурочка» произвела на знатоков, она стояла особняком как русская опера в репертуаре, где преобладали традиционные европейские сочинения, и большинство современных критиков считало, что незнакомая русская музыка Римского-Корсакова стала абсолютным провалом[53]. «Снегурочка» была поставлена еще раз в обновленном театре Мамонтова, который после нескольких лет перерыва в 1896 году продолжил работу. Критики снова встретили неудачную оперу прохладно[54].

Затем последовало множество других постановок и в России, и за рубежом. Когда французский режиссер рассматривал по-

---

[51] Подробнее о декорациях Васнецова см. в: Стасов В. В. «Виктор Михайлович Васнецов и его работы», в [Стасов 1954: 207]; [Стасов 1898: 97–98].

[52] Хмелевская Е. М. «Примечания», в [Островский 1977: 594].

[53] Подробную историю оперы Мамонтова см. в главе IV в [Grover 1971: 293 и далее]. См. также [Taruskin 1996, 1: 492–495].

[54] Подробнее о пьесе Островского и реакции на нее см. в [Шах-Азизова 1982: 219–263]. В течение сезона 1900–1901 года состоялось еще три премьеры «Снегурочки». После того как пьеса, теперь в сопровождении музыки А. Т. Гречанинова, провалилась в МХТ, В. Э. Мейерхольд высказал мнение, что «Снегурочка», вероятно, отжила свой век. Т. К. Шах-Азизова заключает, что успешных постановок «Снегурочки» не было.

становку «Снегурочки» в Opéra Comique в Париже в 1907 году, Мамонтов отдал должное «Снегурочке» как опере, представлявшей лучшее, что есть в России, то есть утонченный и поэтический дух русского народа, а не грубых, пьяных крестьян, которых ожидали увидеть западноевропейские зрители[55]. Эта парижская постановка имела несомненный успех. Особенно неизгладимое впечатление произвели костюмы. Занималась ими княгиня Тенишева, и она лично изготовила корону для царя Берендея [Тенишева 2006: 363–366]. В своих воспоминаниях Тенишева подчеркивает, как старательно и продуманно была воспроизведена каждая деталь традиционного русского костюма:

> Мне был предоставлен неограниченный кредит. Так как подходящей материи для костюмов достать было негде, то я сделала все сарафаны вышитыми сверху донизу, и обошлось это, конечно, недешево. Кокошники, ожерелья, шугаи, мужские костюмы — все прошло через мои руки, а корона царя Берендея была сделана мной собственноручно в моей мастерской, так как та, которую сделал театральный ювелир, была неудовлетворительна [Васильев 2000: 17].

Конечным результатом была роскошная постановка, имевшая большой успех у иностранной публики.

Однако на родине пресса по большей части не испытывала восторга. В 1873–1874 годах отзывы о «Снегурочке» как о самой пьесе, так и постановке на музыку Чайковского были одинаково негативными. Хотя рецензенты находили мало похвального в новой пьесе Островского, они говорили о ней постоянно. Среди многочисленных статей, развивавших контрдискурс «Снегурочки», можно найти целый ряд интерпретаций, в том числе такую, где предполагается, что Ярило-Солнце — это пылкий возлюбленный Снегурочки, чье жгучее желание заставляет ее растаять. Это прочтение, наряду с другими более или менее

---

[55] Письмо С. И. Мамонтова А. Карре, 15 декабря 1907 года, цит. по: [Kennedy 2003: 104].

правдоподобными объяснениями странной пьесы, широко циркулировало в обществе[56].

В этой первой серии рецензий берендеи были представлены как фантастический, ленивый, глупый, фальшивый народ. К примеру, В. П. Буренин, который в середине 1870-х годов был повсеместно читаемым и всеми ненавидимым фельетонистом, писал: «Берендеи заслуживают скорее названия дураков, чем людей. Это народ, стоящий немногими степенями выше гориллы. Берендеи руководятся самыми инстинктивными, почти животными чувствами и выражают их бессмысленными песнями о масленице-мокрохвостке». Буренин также отверг предполагаемые художественные таланты царя Берендея (Островский изобразил его расписывающим столб во дворце), назвав его простым маляром. «Самый глупый из берендеев — это их властелин — Берендей»[57]. Между прочим, Буренин написал эту рецензию, не видя постановку, и вывел свое категоричное суждение из других напечатанных рецензий. Такая практика была далеко не редкостью в то время. Еще один рецензент также выделил чрезмерную глупость как преобладающую черту берендеев, «глупого-преглупого... народа, высшее психическое проявление которого высказывается в звуках: "Хе-хе-хе! хо-хо-хо!"»[58] Минаев подверг «Снегурочку» дальнейшему осмеянию на страницах «Искры», сравнив пустоту весенней сказки Островского с плачевным состоянием русской

---

[56] Х. Письмо в редакцию СПб. Ведомостей. О «Снегурочке» // Санкт-Петербургские ведомости. 1873. № 140, в [Зелинский 1915, IV: 151–157]. Другие неблагосклонные отклики на новую пьесу Островского см. в: Хмелевская Е. М. «Примечания», в [Островский 1977: 590–595].

[57] З. [В. П. Буренин]. Журналистика // Санкт-Петербургские ведомости. 1873. № 250, в [Зелинский 1915, IV: 167–168]. Подробнее о вкладе Буренина в современную публичную культуру см. в [Глинский 1914; Глинский 1916: 28–34]. Как указывает Б. Б. Глинский, хотя Буренина не любили в либеральных кругах за язвительный стиль его критики, особенно во время его работы в суворинском «Новом времени», все продолжали тайком читать его фельетоны.

[58] С. Г. В. [С. Т. Герцо-Виноградский]. Очерки современной журналистики // Одесский вестник. 1873. № 212, в [Зелинский 1915, IV: 175].

литературы в целом[59]. Современники считали пьесу, будь то печатный текст или сценическая постановка, бессмысленным балаганом, нелепым водевилем, «стихотворным винегретом» или «каким-то поэтическим капризом»[60].

Критики оценили то, что Островский поместил пьесу «в самой средине русской сказочной старины», но сочли, что на сцене она выглядит либо как вагнеровская постановка, либо как жалкое подражание Шекспиру. Готический замок, изображающий дворец царя Берендея в первом театральном варианте, а также наряд царя Берендея, напоминающий костюм венецианского дожа, усиливали фальшь и причудливость берендеев[61]. В целом преобладало впечатление странной, чужой и бесполезной подделки: «Вся сказка Островского — это не произведение народное, а чужеземный и современный продукт, переряженный в древнерусское платье... В сказке есть веселость, — но и эта веселость какая-то не русская»[62]. Поразительно то, что рецензенты неоднократно подчеркивали *отсутствие* национального характера в этой первой серии критических откликов.

Благожелательный, хотя и неопубликованный отклик Гончарова стоит особняком среди современных рецензий. В своем очерке писатель не противоречит общественному мнению. Но он также интерпретирует «Снегурочку» как фундамент творчества Островского, сравнивая ее с памятником «Тысячелетие России»:

---

59 Минаев. Весенние заметки «Искры» (вчера, сегодня и завтра) // Искра. 1873. № 30. С. 7.

60 Русская литература // Сын отечества. 1873. № 212, в [Зелинский 1915, IV: 157–161]; З. [В. П. Буренин]. Журналистика// Санкт-Петербургские ведомости. 1873. № 250, в [Зелинский 1915, IV: 161–173]; С. Г. В. [С. Т. Герцо-Виноградский]. Очерки современной журналистики // Одесский вестник. 1873. № 212, в [Зелинский 1915, IV: 173–180].

61 Х. Письмо в редакцию СПб. Ведомостей. О «Снегурочке» // Санкт-Петербургские ведомости. 1873. № 140, в [Зелинский 1915, IV: 151–157].

62 С. Г. В. [С. Т. Герцо-Виноградский]. Очерки современной журналистики // Одесский вестник. 1873. № 212, в [Зелинский 1915, IV: 193].

> Он пишет все одну картину — одну и одну: зритель начинает утомляться. Картина громадна, писать больше нечего: приходится продолжать ее, одну ее. Другого Островский писать не может. Картина эта — «Тысячелетний памятник России». Одним концом она упирается в доисторическое время («Снегурочка»), другим — останавливается у первой станции железной дороги, с самодурами[63].

Эта аналогия помогает прояснить особенность пьес Островского и вместить множество его национальных характеров; она также свидетельствует о том, что дискурс о «Тысячелетии России», существовавший к тому моменту уже десять лет, продолжал оставаться актуальным.

Учитывая обескураживающе негативную реакцию современников, как получилось, что глупые и ленивые берендеи, языческое племя, поклоняющееся солнцу, стали отождествляться с ярко выраженными русскими национальными традициями? Этим мы во многом обязаны художнику Васнецову и художественному критику Стасову.

Сдвиг произошел в 1882 году, когда Васнецов создал оригинальные декорации и костюмы для любительской постановки «Снегурочки» в Абрамцеве. Для премьеры 1885 года в Русской частной опере Мамонтова Васнецов включил знаменитую декорацию «Палата царя Берендея» для действия II (рис. 20). В письме Стасову Репин восторженно отзывался о васнецовских костюмах и рекомендовал использовать их для постановки оперы Римского-Корсакова в Санкт-Петербурге, где она и была поставлена впоследствии. В 1898 году Стасов посетил оперу в Санкт-Петербурге. В статье, посвященной художнику, он похвалил его за то, что тот смог уловить русскую сущность царя Берендея[64].

Вместе с другими Стасов восхищался тем, как мастерски Васнецов превратил лаконичные сценические ремарки Островского

---

[63] Гончаров И. А. «Материалы, заготовляемые для критической статьи об Островском», в [Карпов 1923: 18, 10].

[64] Стасов В. В. «Виктор Михайлович Васнецов и его работы», в [Стасов 1954: 207–209].

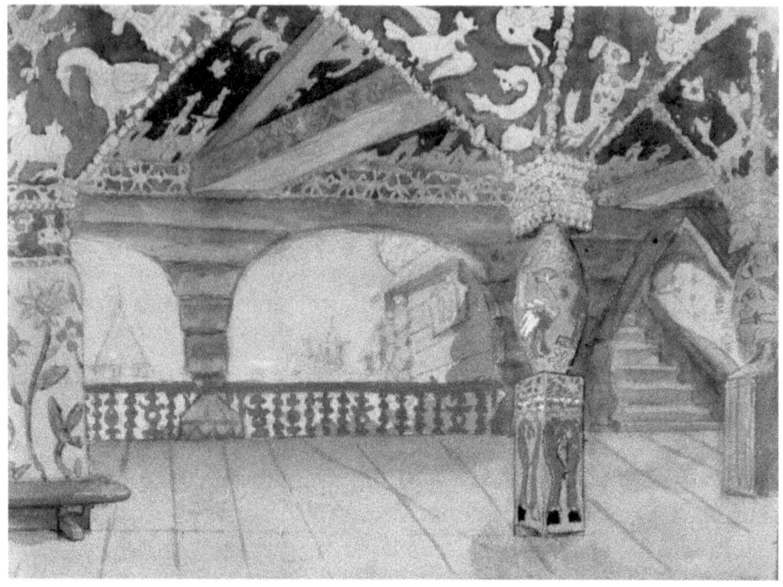

Рис. 20. В. М. Васнецов, «Палата царя Берендея». Эскиз декорации для оперы Н. А. Римского-Корсакова «Снегурочка» (1885)

в полномасштабную картину русской народной традиции. Островский описывает Берендеевку следующим образом: «дворцы, дома, избы — все деревянные, с причудливой раскрашенной резьбой». Дворец царя Берендея описан в столь же минималистичных выражениях, с добавлением деталей в виде слепых гусляров и двух скоморохов, которые развлекают царя, пока он расписывает столб дворца [Островский 1977: 365, 408–409].

Но Васнецов не просто визуализировал текст Островского, а сделал нечто гораздо большее: он создал многоцветные узорчатые композиции, благодаря которым крестьянские избы и дворцы стали бесспорными произведениями искусства. Художник реконструировал обычное крестьянское жилище, сделав массивные бревна стен изящными и живописными. Арки, столбы и колонны во дворце царя Берендея, казалось, восходят к мотивам, найденным в допетровских книгах и традиционных лубках;

при этом они также напоминали внутренний облик типичного крестьянского двора. Васнецов создал нечто одновременно новое и узнаваемое — не изображение крестьянской повседневной жизни, а намек на ее мифологическое измерение[65]. Художник продемонстрировал, как можно было успешно облачить в старину русскую национальную идею. Васнецов был признан мастером подлинного древнерусского стиля даже такими непримиримыми оппонентами, как Дягилев и Стасов, опубликовавшими репродукции многих его работ в первых номерах журналов «Мир искусства» и «Искусство и художественная промышленность» соответственно[66].

В 1873 году публика без особого энтузиазма восприняла весеннюю сказку Островского. В 1880-е годы декорации Васнецова также поначалу смутили зрителей. Поленова обобщает реакцию общества на более позднюю постановку следующим образом:

> Постановка «Снегурочки» явилась чем-то совершенно новым в области театра и совершила полный переворот в русском декоративном искусстве. Публика, привыкшая к условности казенных театров, к известному, выработанному типу декораций и костюмов, не сразу поняла новое направление. Но художественный мир с первых представлений оценил его и приветствовал новую эру в жизни театра [Поленова 1922: 84].

После первых неоднозначных рецензий массовая пресса также начала ассоциировать Берендеевку с подлинно русской стариной. Стасов сыграл не последнюю роль в том, чтобы донести эту идею до аудитории.

На протяжении своей долгой карьеры Стасов продвигал национальные идеалы, видя их воплощение то в Гартмане и Ропете, то в Репине, то в Васнецове, которого он представляет в своей восторженной рецензии не иначе как национальным героем

---

65 Подробнее об оформлении Васнецова см. в [Kirichenko 1991: 152–153].

66 Журнал «Искусство и художественная промышленность» издавался Собко в Санкт-Петербурге в 1898–1902 годах.

[Стасов 1898: 97–98]. Но авторитетное суждение Стасова было основано на нескольких заблуждениях, которые сам критик не заметил. Во-первых, та подлинно традиционная русская старина, которую интуитивно чувствовал Васнецов, на самом деле была почерпнута из монументальных изданий, таких как «Древности Российского государства» Солнцева, которые заключали в себе «целые музеи всего старорусского, истинно народного, художественного и творческого»[67]. Во-вторых, Стасов прямо отождествляет берендеев с древними русскими племенами. Изначально критик признает, что берендеи из сказки Островского — это чистая фантазия. Он также указывает, что исторические берендеи были тюркскими кочевыми племенами, известными своей жестокостью и воинственным духом. Но ни одно из этих противоречий не мешает ему подчеркивать подлинную русскость Васнецова и его «*русских, настоящих русских картин*»[68]. По мнению Стасова,

> для этих *фальшивых* Берендеев Васнецов нарисовал целую полсотню рисунков со славянскими типами, физиономиями и костюмами..., и эта изумительная *галерея правды*, национальности и талантливости есть одно из главных прав Васнецова на великое значение в истории нашего искусства[69].

Именно таким образом «фальшивые Берендеи» стали представлять подлинную русскую национальную культуру.

Стасов цитирует минималистское описание сцены у Островского и останавливается на ма́стерской способности Васнецова имитировать деревянную архитектуру, украшенную резьбой

---

[67] Стасов В. В. «Виктор Михайлович Васнецов и его работы», в [Стасов 1954: 186]. Статья Стасова впервые была опубликована в журнале «Искусство и художественная промышленность» (1898. № 1 и 2).

[68] Курсив в оригинале. Стасов В. В. «Мой адрес публике» [Стасов 1952, 3: 266]. Эта статья, написанная в 1899 году, была впервые опубликована в «Новостях и Биржевой газете» (12 февраля 1899 года, № 43).

[69] Курсив добавлен. Стасов В. В. «Виктор Михайлович Васнецов и его работы», в [Стасов 1954: 212].

и красками. Там, где некоторые журналисты высмеивали работу царя-маляра, Стасов видит в Берендее органичную часть его царства. Критик сравнивает палаты Берендея с другими формами народного творчества: старинной вышитой рубахой, старинными расписными санями или резной прялкой. Все «полно поэзии, жизни, правды, русского духа, фантазии и красоты»[70]. Дивные формы, дивные краски — эта риторика чуда созвучна сказочному жанру, и действительно, воссозданная Стасовым русская старина, основанная на искусстве Васнецова, — это тоже сказка, столь же прекрасная, сколь и фантастическая[71].

Мнение Стасова имело большое значение само по себе, но оно существовало не изолированно. В своей оценке Васнецова Стасов приводит многочисленные примеры из прессы, свидетельствующие о том, что его современники не смогли оценить васнецовскую трактовку исторических и фантастических народных тем. В этой связи он цитирует газеты «Новое время», «Молва» и «Санкт-Петербургские ведомости»[72]. По мере того как в разговор вступало все больше профессиональных критиков и любителей, то поддерживающих маститого Стасова, то выступающих против него, публичный дискурс перестал касаться «Снегурочки» как оперы или пьесы. Скорее, внимание переключилось на образ Берендеевки, особенно после того, как он был весьма успешно использован в оформлении русского отдела на Всемирной выставке 1900 года в Париже и в кустарном производстве в целом, практикуемом мастерами Абрамцева и Талашкина.

Между тем образ Снегурочки, по мере того как Васнецов, Врубель, Рерих, Д. С. Стеллецкий и другие создавали свои версии этой родившейся из снега девушки, приобрел собственную известность. Со временем Снегурочку признали уникальным русским национальным символом, сопровождающим Деда Мо-

---

70 Стасов В. В. «Мой адрес публике» [Стасов 1952, 3: 267].

71 Другие примеры риторики чудесного в текстах Стасова о Васнецове см. в [Стасов 1898: 97–98].

72 Стасов В. В. «Виктор Михайлович Васнецов и его работы», в [Стасов 1954: 189]. См. также [Шах-Азизова 1982: 219–263].

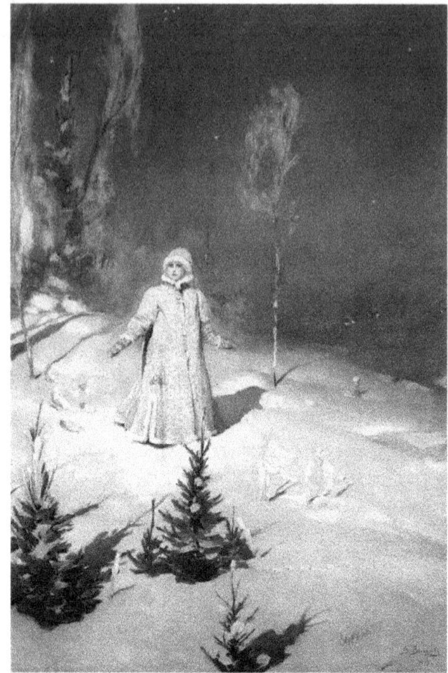

Рис. 21. В. М. Васнецов, «Снегурочка» (1899)

роза в его новогоднем обходе. Стоит подчеркнуть, что неотъемлемым атрибутом русской национальной идентичности стала не та версия, которая произошла из традиционных сказок, а та, автором которой изначально был Островский и которую доработали абрамцевские художники — прекрасная девушка в парчовой шубке, отороченной белым мехом, как изобразил ее Васнецов, или врубелевская дива в причудливой ледяной короне, напоминающей кокошник (рис. 21). Несмотря на тот очевидный факт, что Островский придумал свою Берендеевку, а Васнецов придумал ее стиль, теперь она легко отождествлялась с подлинно русской стариной. Особым признанием в этом образе пользовались богатое украшение, самобытный характер и общая гармония.

Риторика национального возрождения выдвинула на передний план создателя этой традиции — коллективный талант русского народа. Образ «естественного» художника простого происхождения, не обремененного формальным обучением в Академии, был привычной составляющей в публичной культуре в течение десятилетий после отмены крепостного права. Талант таких художников из народа — это не утонченное мастерство, воспитанное в теплицах Академии; он органично произрастает из русской почвы. Реакция на «Левшу» Лескова показывает, как охотно откликались на эти идеи современники, считая даже литературных персонажей доказательством долговечности русской национальной культуры.

Полное название оригинальной публикации Лескова — «Сказ о тульском косом Левше и о стальной блохе (Цеховая легенда)». Впервые Лесков опубликовал эту стилизованную повесть, в которой повествование ведется от имени человека из народа, в 1881 году в трех частях в славянофильской еженедельной газете «Русь» И. С. Аксакова, а вскоре после этого вышло отдельное издание [Лесков 1882]. С тех пор Левша неизменно считается традиционным русским героем, «национальным любимцем и национальным символом», вплоть до постсоветской эпохи [Панченко 1999: 448]. Лесков помещает историю между войной с Наполеоном и Крымской войной. По окончании венского совета победоносный российский император Александр I отправляется в Англию «подивиться» на музеи этой страны, ее коллекции, редкости, новинки и других «чудес посмотреть». В кульминационный момент путешествия англичане преподносят ему уникальный артефакт: танцующую заводную блоху из стали. Царь спешит объявить, что «англичанам нет равных в искусстве». Спустя годы после этой первой встречи император Николай I, унаследовавший танцующую блоху, отправляет ее прославленным тульским мастерам, знаменитым своим мастерством. Им наказано «подумать» над английской диковинкой и «что-нибудь сделать». «Подумав» о блохе длительное время, тульские мастера — «искусные люди, на которых теперь почивала надежда нации» — совершают невозможное. Без микроскопа или какого-либо другого технического приспособления им удается подковать танцующую блоху. При этом на каждой подковке они вырезают имя русского мастера, ее изготовившего. Только имени косого

Левши нигде нет, ведь он сделал самые крошечные детали — гвоздики, которыми забиты подковки. Император отправляет подкованную блоху обратно в Англию, и теперь настает черед англичан удивляться русскому мастерству. В эпоху всемирных выставок, в которых Россия участвовала с 1851 года, нередко о национальном таланте судили по результатам международного соревнования, что и обыгрывает Лесков в своей повести.

То, что Левша смог изменить направление привычного сценария «Россия встречается с Западом», объясняется в повести не последними достижениями технического прогресса в России, а вневременной ценностью изобретательного таланта русского народа. Так, на вопрос английских хозяев о его способностях в математике, Левша отвечает с обезоруживающей честностью: «Наша наука простая: по Псалтирю да по Полусоннику, а арифметики мы нимало не знаем» [Лесков 1956–1958, 7: 49]. Во время разговора в Англии Левша проговаривает национальные ценности: православная вера — самая «правильная», а традиционные русские кружева намного красивее, чем английский фасон [Лесков 1956–1958, 7: 50–52]. Его патриотизм также находит выражение в стремлении доставить царю по возвращении домой сообщение о том, как англичане поддерживают свои ружья в хорошем состоянии. Но царь забывает о Левше, только недавно снискавшем известность своим талантом как герой в России и за границей, и мастер умирает, не успев передать царю сведения, которые он почерпнул в Англии. Если бы правительство услышало наблюдения Левши и прислушалось к его совету, предполагает рассказчик, исход Крымской войны мог бы быть иным.

Стилизованная речь Левши, насыщенная просторечными оборотами и неправильно использованными иностранными словами, подчеркивает его связь с народной традицией, не испорченной западным влиянием. Именно здравый смысл и проницательность Левши приносят России символическую победу; как предполагает Лесков, русская сила заключается не в образовании и не в технологии, а в природных талантах, сохранившихся в простых русских людях. В последней главе рассказчик разъясняет принадлежность Левши к старой традиции, ссылаясь на «предания старины». Левша начинает олицетворять органическое народное мастерство, которому для процветания не нужны ни западные механические устройства, ни научное знание.

> Теперь все это уже «дела минувших дней» и «преданья старины», хотя и не глубокой, но предания эти нет нужды торопиться забывать, несмотря на баснословный склад легенды и эпический характер ее главного героя. <...> Работники, конечно, умеют ценить выгоды, доставляемые им практическими приспособлениями механической науки, но о прежней старине они вспоминают с гордостью и любовью. Это их эпос, и притом с очень «человечкиной душою» [Лесков 1956–1958, 7: 58–59].

Риторика «предания» и «легенды» подразумевает скорее мифические свойства, чем исторические свидетельства. Но в последней трети XIX века дискурс о вновь открытых древностях был настолько актуален, что сразу после издания Левшу представляли в прессе как некий допетровский артефакт, избежавший современных реформ. Едва ли случайно, что действие повести начинается в британской кунсткамере, которую царь Александр I и донской казак М. И. Платов посещают во время своей поездки в Англию после победы России над Наполеоном. Левша тоже принадлежит к кабинету чудес, но другого рода — населенному воображаемыми литературными героями, которые внесли реальный вклад в национальную культуру.

Мастерство Левши, так или иначе, бесполезно. Несмотря на необыкновенный талант и изобретательность тульских мастеров, они, по сути, ломают заводную блоху: после того как русские мастера ее подковали, она больше не может танцевать. С учетом этого А. М. Панченко деконструирует национального героя Левшу, переведя его в категорию «национальной проблемы»: история о мастере-левше из Тулы, по его выражению, — это «сказ о русском национальном падении». Бесполезная победа Левши и неправильно примененный талант обесценивают его как героя. «Мир мы удивили, англичан победили, а хорошее изделие, очень забавную безделушку, испортили». Если Левша символизирует русский народ — а с этим согласны и автор, и его критики, — то он представляет трагическую, а не героическую судьбу [Панченко 1999: 451–452].

В чем же привлекательность этого леворукого, необразованного героя, который, несмотря на самые прекрасные намерения, портит умную иностранную игрушку? Современники в нескольких рецензиях, последовавших за первой публикацией лесковского «Сказа о косом Левше», пытались распознать авторский замысел. Хотел ли автор похвалить изобретательность русских мастеров или критиковать их неумелость, стало предметом продолжительной полемики, развернувшейся в современной прессе после публикации повести. Поводом для споров стало исключенное из последующих изданий предисловие, в котором автор утверждал, что просто записал легенду, рассказанную жившим в Сестрорецке старовером. Рецензенты приняли литературный прием Лескова за чистую монету, утверждая, что автор изложил легенду старую и общеизвестную[73]. Ирония истории явно ускользнула от обозревателей. «Голос», например, восхвалял русских мастеров за победу над образованной Европой. В менее категоричных и более критических выражениях рецензент «Отечественных записок» увидел за сюжетом идеологию славянофильского движения (в конце концов, «Левша» был изначально опубликован в газете «Русь» Аксакова). «Новое время», со своей стороны, обрушилось на автора за принижение талантливых русских людей, прославляемых за границей, но брошенных погибать на родине[74].

Отвечая своим критикам, Лесков в июне 1882 года опубликовал в «Новом времени» небольшую статью «О русском левше».

> Все, что есть чисто *народного* в «сказе о тульском левше и стальной блохе», заключается в следующей шутке или прибаутке: «англичане из стали блоху сделали, а наши ту-

---

[73] Лесков Н. С. «О русском левше (литературное объяснение)» [Лесков 1956–1958, 11: 219].

[74] См., например: Голос. 8 июня 1882 года. № 152; Новое время. 30 мая 1882 года. № 2224; Отечественные записки. 1882. № 6. Ч. II. С. 257. Также: Вестник Европы. 1882. № 7, обложка журнала.

> ляки ее подковали да им назад отослали». Более ничего нет «о блохе», а о «левше», как о герое всей истории ее и о выразителе русского народа, нет никаких народных сказов, и я считаю невозможным, что об нем кто-нибудь «давно слышал», потому что, — приходится признаться, — я весь этот рассказ *сочинил* в мае месяце прошлого года, и *левша* есть лицо *мною выдуманное*. Что же касается самой подкованной туляками английской блохи, то это совсем не легенда, а коротенькая шутка или прибаутка, вроде «немецкой обезьяны», которую «немец выдумал», да она садиться не могла (все прыгала), а московский меховщик «взял да ей хвост пришил, — она и села».
>
> В этой обезьяне и в блохе даже одна и та же идея и один и тот же тон, в котором похвальбы могло быть гораздо менее, чем мягкой иронии над своею способностью усовершенствовать всякую заморскую хитрость[75].

Несмотря на открытое признание Лескова, стилизованный умелец Левша стал служить доказательством долговечности русской традиции и живым воплощением всех тех безымянных крестьян, которые трудились в художественных колониях в Абрамцеве, Талашкине и за их пределами. В эпоху национального возрождения народные промыслы и крестьяне-художники стали новыми героями культуры, и этот статус разделили вымышленный умелец Левша, деревянная игрушка матрешка, легендарные васнецовские богатыри, царь Берендей и его веселые берендеи, Снегурочка и мифическая жар-птица. Парадоксальным образом полемика, вызванная первоначальным вхождением «Левши» в публичную сферу, не отвлекла, а, напротив, усилила внимание публики к сказу и сделала его протагониста легко опознаваемой точкой отсчета, которую могли разделить многие за пределами музеев и колоний художников.

---

[75] Курсив и кавычки в оригинале. Лесков Н. С. «О русском левше» [Лесков 1956–1958, 11: 219–220]. Впервые опубликовано в «Новом времени» 11 июня 1882 года (№ 2256). Лесков ответил непосредственно на анонимный «Маленький фельетон» в «Новом времени» (30 мая 1882 года, № 2244). См.: Бухштаб Б. Я. «Примечания», в [Лесков 1956–1958, 7: 498–504].

Триумф Берендеевки: создание русской сувенирной идентичности, Париж, 1900 год

Всемирную выставку в Париже 1900 года называли «венчающим событием века» — она также стала кульминацией полувековой истории всемирных выставок, начавшейся в Лондоне в 1851 году [Campbell 1900]. Контекст международных выставок, которые по самой своей природе возводят выдающиеся культурные символы каждой страны в высокий статус, помогает выделить национальные элементы в выставленных предметах. По сравнению со скромными результатами России на предыдущих международных конкурсах, бесспорный успех России на Всемирной выставке 1900 года в Париже был впечатляющим. Обозреватели единодушно отмечали вкус и самобытность русского отдела. Но продемонстрированный им неповторимый образ был достигнут определенной ценой: русская культурная идентичность покоилась на одной категории, которую современники называли «мотивы русской старины»[76]. Конечно, помимо искусства и ремесел, в Париже было выставлено огромное разнообразие промышленных предметов, но акцент на «русскости» как определяющей категории произвел особый эффект. Д. Фишер объясняет:

> Усилия организаторов русской выставки, направленные на то, чтобы сделать Россию известной на Западе, на самом деле привели к тому, что Россия предстала менее индустриализированной и модернизированной и более странной и экзотической, чем ее можно было бы изобразить. Если русским выставкам не удалось охватить господствовавшую тогда тему технического прогресса, то они сумели представить легко определяемый, своеобразный национальный стиль [Fisher 2003: 125–126][77].

---

[76] М. Всемирная выставка в Париже 1900-го года. Письмо второе // Вестник Европы. 1900. № 5. С. 320–321. Другие выпуски того же автора см. в: М. Всемирная выставка в Париже 1900-го года. Письмо первое // Вестник Европы. 1900. Апрель. № 4. С. 781–791; М. Всемирная выставка в Париже 1900-го года. Письмо третье // Вестник Европы. 1900. № 7. С. 309–340.

[77] Подробнее о Всемирной выставке 1900 года в целом см. в [Mandell 1967].

В контексте международной выставки русская старина предстала как привлекательная, а впоследствии и модная диковинка, а также эффективный маркетинговый инструмент. С. К. Маковский описывал особенность русского сценария следующим образом:

> Россия, вследствие многих причин, лучше сохранила свою национальную обособленность [чем другие страны]. Несмотря на пропасть, отделяющую наши культурные классы от народа, русское культурное творчество ближе, по внутренним побуждениям своим, к народному художеству, чем творчество западной Европы. Там все это — в прошлом. У нас, может быть именно оттого, что мы, увлеченные искусством Запада, так долго не умели понять народной красоты, у нас новое искусство, стремясь к независимости, вернулось к национальным мотивам. И наша художественная промышленность, в конце XIX-го века, обратилась к стилю допетровских дней, к образцам крестьянского кустарного производства, к поэзии далекой, сказочной, милой старины [Маковский 1905: 37].

Ключом к успеху России стал павильон «деревня Берендеевка». Русская сувенирная идентичность, не так давно придуманная в мастерских Мамонтова и Тенишевой, была хорошо принята в 1900 году. Всемирная выставка помогла определить Берендеевку и все ее атрибуты как выражение национального своеобразия, традиционности, узнаваемости и старины.

Всемирная выставка 1900 года в Париже была не первой и не последней, где русские представили свою культурную идентичность в виде причудливых деревянных построек, богато украшенных декоративными деталями и явственно «пахнущих» русским духом. В 1867 году, на четвертой Всемирной выставке, русский отдел впервые представил традиционные бревенчатые постройки, в том числе декоративный фасад в русском стиле. Русские избы и конюшни также вызвали любопытство в то время: как сообщал комиссар русского отдела, «цивилизованная Франция удивилась, что у варваров есть стиль, да при том еще оригинальный, и множество публики постоянно толчется перед русскими избами, которые в парке русского отдела» [Nashchokina 1991: 105]. Не только Россия прибегала к приемам возрождения для достижения уникальной саморепрезентации. Другие страны также оформляли свои павильоны, отличавшиеся друг от друга особыми декоративными деталями, в национальном стиле.

Доведя современную стилизацию до предела, русская Берендеевка 1900 года произвела поразительное впечатление: преувеличенно декоративное оформление бревенчатых домов гармонировало со сказочным убранством интерьеров и предметов внутри. Этот тщательно оформленный сувенир оказался долговечным. Последовавшие всемирные выставки извлекли выгоду из успешного дизайна Парижской всемирной выставки: стиль Берендеевки продолжал править бал в русских отделах на всемирных выставках в Глазго (1901), Милане (1906) и Бордо (1907) [там же: 107–108]. В России в связи с празднованием 300-летия дома Романовых в 1913 году была построена целая очаровательная деревня в Ярославле [Hamilton 1954: 265].

Деревня Берендеевка в Париже выглядела так, будто ее позаимствовали из декораций для «Снегурочки». Один из корреспондентов описывал: «И домики, и церковь, расположены в ряд так, что образуют вместе как бы улицу русской деревни. Жаль только, что улица тут очень узкая»[78]. Кустарный павильон состоял из четырех зданий, соединенных галереей: дома крестьянина, дома боярина, церкви и отдела современных кустарных изделий (рис. 22, 23) [Salmond 1996: 90]. Словно для того, чтобы еще больше усилить впечатление, что все эти постройки были подлинно русскими, комитет решил привезти в Париж целые бревна и артель крестьян для строительства павильона на месте. В марте 1900 года в журнале «L'Illustration» была опубликована фотография, на которой были запечатлены русские мужики, работающие над Кустарным отделом Русского павильона, что

---

[78] М. Всемирная выставка в Париже 1900-го года. Письмо второе // Вестник Европы. 1900 года. № 5. С. 324.

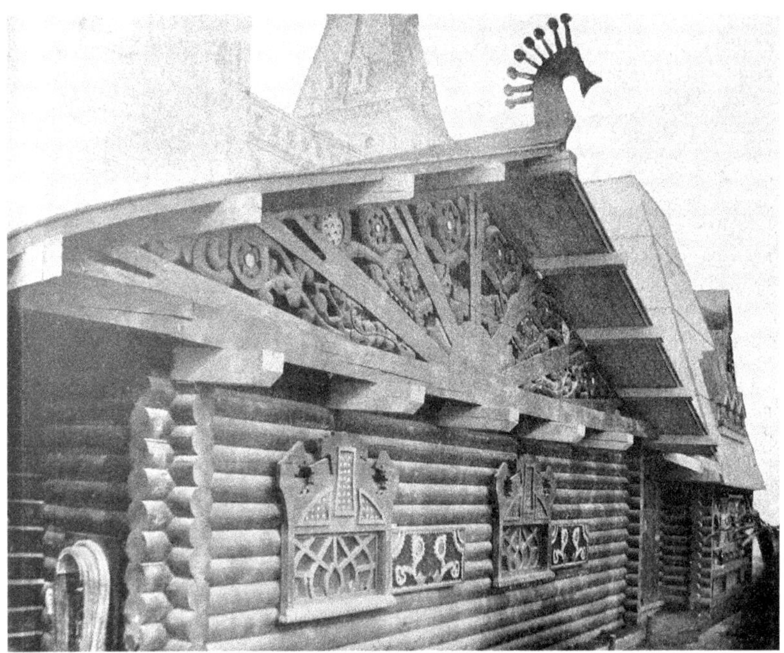

Рис. 22. Кустарный отдел Русского павильона на Всемирной выставке в Париже, проект К. А. Коровина и А. Я. Головина (1900) // Мир искусства. 1900. № 21/22

усилило подлинность сооружения, а также его экзотическую притягательность[79]. Павильон Русских окраин, где была расположена бо́льшая часть русских экспозиций, был оформлен как грандиозная копия московского Кремля.

Московский кустарный музей взял на себя заказ на строительство павильона Берендеевка, также известного как «Русская деревня», по проекту Коровина. В журнале «Искусство и художественная промышленность» был опубликован эскиз Коровина, привлекавший внимание читателей к Кустарному отделу Русского павильона, который был выполнен в «сказочном русском

79 Копия фотографии находится в музее Орсе [L'Art russe 2005: 315].

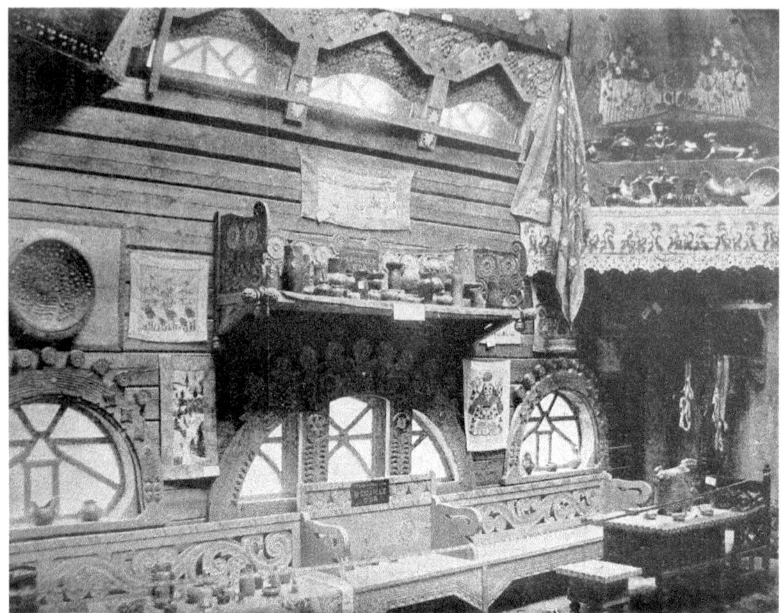

Рис. 23. Интерьер Кустарного отдела Русского павильона на Всемирной выставке в Париже (1900) // Мир искусства. 1900. № 21/22. Фрагмент

стиле» с разноцветной крышей и декоративными деталями внутри и снаружи, а также зданием церкви, построенным по образцу храма XVII века из Архангельской губернии[80]. Головин оформил интерьеры комплекса Берендеевки. Их можно было увидеть на страницах периодики: например, журнал «Мир искусства» включил несколько превосходных иллюстраций со Всемирной выставки. Как отмечал в другом контексте сам Коровин, стиль русского возрождения производил необыкновенно радостное впечатление: «Русскому сердцу отрадно именно видеть красивое, чисто русское создание, творчество, которое не усту-

80 «Искусство и художественная промышленность» (1898–1899): С. 1044–1045, цит. по: [Молева 1963: 283–284].

пает иностранному. Мы приходим к выводу, что Россия, слава богу, не бедна талантами и может ими гордиться перед всем цивилизованным старым миром»[81].

Не менее удовлетворительное впечатление произвели около 6000 предметов внутри русской деревни Берендеевки. Кружева, шали, ткани, игрушки, мебель, иконы и церковная утварь — вот лишь некоторые из вещей, выставленных в комплексе Берендеевки. Сильнейшее впечатление произвели работы художников М. А. Врубеля, Е. Д. Поленовой, М. В. Якунчиковой-Вебер, Н. Я. Давыдовой и А. Я. Головина. В целом, русская старина была украшена, выставлена, описана и воспета в Париже всеми возможными способами. Русские кустарные изделия различных видов получили 119 наград и принесли 18 500 рублей выручки[82].

Особенно высокую оценку критики дали созданным в Талашкине великолепным балалайкам, которые привлекли дополнительное внимание благодаря оркестру народных инструментов Андреева, пользовавшемуся бешеным успехом в Париже во время выставки[83]. Балалайки, впервые появившиеся в России примерно в начале XVIII века, были почти полностью забыты к середине XIX века, с тем чтобы быть заново изобретенными как часть народной традиции в ходе движения национального возрождения. Рецензии на Западе поддерживали этот миф. Описывая балалайки, украшенные самой Тенишевой и художниками, жившими в ее Талашкине, в том числе Малютиным, Давыдовой и Врубелем, один из журналистов писал:

---

81 «К. А. Коровин о московском театральном сезоне 1913 года», цит. по: [Молева 1963: 394].

82 Kristen M. Harkness. Putting Russian Folk Art on the World Stage: Policies, Politics, and the 1900 Exposition Universelle (неопубликованный доклад, представленный на Национальной конференции Американской ассоциации содействия славянским исследованиям (AAASS) в 2007 году). Подробнее о приеме русских изделий кустарного промысла во Франции см. в [Campbell 1900: 85].

83 Парижская всемирная выставка 1900 г. (От нашего корреспондента) // Нива. 1900. № 36. С. 718.

> Показанные балалайки принадлежат княгине Тенишевой — пламенной стороннице нового направления — для которой они были украшены различными художниками. Балалайка — русская крестьянская гитара — имеет очень древнее славянское происхождение, ее особая треугольная форма показывает ее примитивный характер, и она прекрасно подходит для украшения[84].

Интонация иностранных отзывов о русской выставке отражала атмосферу благоговения, которую вызывал русский отдел. На благоприятном политическом фоне, ярким напоминанием о котором был Мост Александра III в Париже, лейтмотив национальной особенности проходил через бо́льшую часть комментариев, в которых Россия предстает живописной, несколько экзотичной и отчетливо национальной. Такого рода реакции очень ждали начиная с первой международной выставки, состоявшейся полвека назад в Лондоне, но на протяжении десятилетий она оставалась лишь желанным сном (в том числе Веры Павловны).

Показательны эпитеты, выбранные для описания кустарной выставки. Журналисты сочли русскую экспозицию «наиболее занятной», «живописной» и обладающей «местным колоритом». Приведем лишь два примера, среди многих других:

> Под стенами Кремля на глазах у посетителей ведутся все небольшие национальные кустарные промыслы, свойственные России. Крестьяне в национальных костюмах делают вышивки, украшения из кости и ракушек, образки. Эта часть выставки была организована великой княгиней Елизаветой, сестрой Императрицы. Она включает «избы» импровизированной деревни, где собраны вместе многие из самых занятных национальных промыслов [Campbell 1900: 82].

В другом источнике подчеркивалось реалистичное отображение местной жизни: «Вся выставка призвана показать не только

---

[84] Peacock N. The New Movement in Russian Decorative Art // The Studio. 1901. Vol. 13. P. 276.

русскую промышленность, цивилизацию и торговлю, но и русскую жизнь; и именно эти живописные проблески местного колорита придают экспозиции космополитический интерес» [там же: 82].

Комментаторы особо подчеркивали аутентичность русской экспозиции:

> Здесь, «все России» были выставлены на обозрение... Но образ страны, который публика, скорее всего, унесет с собой, был не таким. Это был образ «живописной, декоративной, красочной, живой» Древней Руси, представленной дворцом с зубчатыми стенами — настоящим Кремлем — который стоял рядом с павильонами французских колоний и других «экзотических народов» на территории дворца Трокадеро. Здесь можно было зайти в кавказскую галерею, перед входом в которую стояли два манекена — черкес и черкешенка, среднеазиатскую галерею, содержащую сокровища бухарского эмира, и в «La Russie boréale». И здесь, в этой древнерусской цитадели, за белыми стенами, стоя «против города, не вульгарная и не фантастическая, но подлинная во всех деталях», была кустарная выставка, или, как она была более широко известна, Русская деревня [Normand 1900][85].

Европейская пресса в своих рецензиях восхищалась очарованием ожившей русской старины. В журнале «Dekorative Kunst», к примеру, подчеркивалась «полная гармония» русской выставки, где выставленные предметы перекликались с внутренним и внешним убранством. Эта гармония стала возможной потому, что и художники, и мастеровые «черпали вдохновение из старых народных образцов, изучали флору своей страны, проникались очарованием ее легенд и сказок»[86]. Еще одна рецензия с похвалой отозвалась о Коровине как талантливом оформителе, который посвятил свой талант «самой благородной задаче — сохранению

[85] Цит. по: [Siegelbaum 1998: 47].

[86] Dekorative Kunst. Сентябрь 1900 года. № 12. С. 480–488. Цит. по: [Молева 1963: 287].

и возрождению древнерусского национального искусства, пробуждению народного чувства»[87].

Русские отзывы об успехе Берендеевки в Париже были различными. С одной стороны, современники признавали в русской экспозиции пресловутый «русский дух». В одном частном впечатлении, например, улавливалось всеобщее чувство умиления и очарования, вызываемое деревней Берендеевкой:

> Вынес сильное впечатление; повеяло чем-то настоящим русским, былинным — такой характер сумел придать нашему отделу Коровин. Кустарный отдел, выстроенный по его рисункам, представляет из себя целый сказочный городок с деревянными теремами, раскрашенный резьбой, крылечками и переходами. Все это не в шаблонном русском стиле, а в таком, какой разрабатывают Васнецовы, Коровины и др[угие][88].

Газеты и журналы регулярно писали о кустарной деревне Берендеевке, сначала описывая ход строительства, а позже подробно рассказывая о ее убранстве и всей экспозиции внутри[89].

Но похвала была не единственной реакцией на оформление Коровина; критики с таким же энтузиазмом называли его «посредственным» и «декадентским». Газета «Московские ведомости» особенно критически отзывалась о «декадентском» направлении, которое придали московскому театру Шаляпин, Коровин и Головин[90]. Один возмущенный журналист, в традициях любительской художественной критики, пренебрежительно назвал русские картины, среди которых несколько завоевали серьезные награды, «тем художественный хламом, который должен представить

---

87 Revue encyclopédique. 13 октября 1900 года. № 371. С. 801–810. Цит. по: [Молева 1963: 287–288].

88 «Б. Н. Матвеев — М. Н. Матвеевой [Париж. 1900]», цит. по: [Молева 1963: 285].

89 См., например, серию статей в «Новом времени»: Вожин П. На выставке // Новое время. 1900 года. № 8648; Вожин П. Официальное открытие выставки // Новое время. 1900 года. № 8660; Вожин П. Г. Лубе в Сибирском павильоне // Новое время. 1900. № 8664.

90 «Из воспоминаний В. А. Теляковского», цит. по: [Молева 1963: 291].

собой русское искусство»[91]. Третьи видели в деревне Берендеевке просто обновленный вариант потемкинской деревни. Один из авторов выразил это следующим образом:

> Это — попытка внести жизнь в засохшие формы того, что называется в деревянных постройках *русским стилем*. Нечего и говорить, что это вовсе не деревня, и иностранца, желающего узнать, какова русская деревня, она может только сбить с толку. Это не этнографически верное воспроизведение построек русской деревни, а фантазия на мотивы народной русской архитектуры. Намерение здесь похвальное, но пока еще результат получен очень слабый: выстроенные здания тяжелы, аляповаты и не дают цельного впечатления[92].

Этот диссонанс между изображением и смыслом, столь очевидный для местного наблюдателя, ускользнул от зарубежных обозревателей, которые с похвалой отзывались о гармонии фантастического сувенира, каковым являлся комплекс Берендеевки. Бенуа также высказался по поводу этой важной разницы в публичном восприятии Берендеевки в России и за границей: русские, по его мнению, чрезвычайно критически отнеслись к Кустарному павильону отчасти потому, что так называемая «Русская деревня» имела очень мало общего с реально существующими в русских деревнях постройками[93].

На фоне многочисленных комментариев, посвященных парижской деревне Берендеевке, прозвучал авторитетный голос Бенуа, который написал отзыв о русском отделе в Париже в недавно учрежденном журнале «Мир искусства». В журнале были опубликованы многочисленные изображения внешнего и внутреннего убранства русского отдела, демонстрирующие изделия ручной

---

91 Плетнев А. С выставки. Париж, 9 мая // Санкт-Петербургские ведомости. 1900. № 121.

92 Ге П. Всемирная выставка 1900-го года. Художественный отдел // Жизнь. 1900. № 10. С. 200.

93 Бенуа А. Письма со всемирной выставки // Мир искусства. 1900. Т. 4. № 17–18. С. 107–110.

работы и архитектурные проекты Коровина как произведения искусства[94]. На страницах этого печатного издания можно было ближе познакомиться с вышивкой, тканями, коврами, мебелью и всякого рода статуэтками, входившими в состав русской экспозиции в Париже, и оценить сказочную наивность, которую столь проницательно распознал Бенуа.

«Письма со всемирной выставки» Бенуа, появившиеся в «Мире искусства» в 1900 году, предлагают детальный анализ саморепрезентации России в Париже. Критик признает, что русский отдел и преуспел, и потерпел неудачу в «достойном» изображении страны, принимать ли за эталон Турцию или Францию. Бенуа указывает на тот парадокс, что Россия вовсе не представлена в полном объеме как нация и государство, поскольку павильоны соответствуют только отдельным частям целого: Кремлевский павильон — это «игрушка», «пародия, если хотите», представляющая Сибирь, хотя она и производит известное «московское» впечатление, особенно на иностранцев; русская деревня больше похожа на «миниатюрную annex», чем на официальный павильон; а военный отдел, хотя и «типичен для России», также не отражает «нашу национальную культуру».

Бенуа считает павильон Берендеевку «самым интересным и самым художественным экспонатом» России. Хотя она далека от настоящей «русской деревни», это — «чисто русская постройка, поэтичное воссоздание тех деревянных, затейливых и причудливых городов <...> которые были рассеяны по допетровской России». Но даже радуясь разнообразию народных промыслов, Бенуа сокрушается об их скором исчезновении: чем больше крестьянские ремесла становятся академичными и обезличенными, тем больше они теряют в своей наивной красоте и тем скорее они становятся «редкостью и стариной». Критик хвалит абрамцевских художников за то, что они учатся у крестьян и поэтому производят достойные восхищения образцы, единственным недостатком которых является деланная, умышленная их грубость и аляповатость.

---

[94] Там же.

> Мне кажется, что вся эта «Берендеевка» не проиграла бы в наивности, а в то же время наверное выиграла бы в фантастичности, если бы работавшие над ней художники, не прибегая вовсе к Ропетовским и академическим приемам «изящности», все же приложили больше внимания и старания к отделке [там же: 107–110].

И все же, как вспоминает Бенуа, общее впечатление, произведенное русской экспозицией на Всемирной выставке в Париже, было положительным: «Да и мы, россияне, здесь в грязь не ударили» [Бенуа 1990, 2: 315].

Придуманная традиция Берендеевки существенно повлияла на воображение как русских, так и иностранцев и продолжает служить подходящим ориентиром для русской национальной культуры сегодня. Если другие части возрожденной русской старины были отчасти историей, отчасти выдумкой, вымышленная Берендеевка было чисто литературным изобретением. Тем не менее ее многочисленные версии — на сцене и на всемирных выставках, в выставочных залах и музеях, в журналах, газетах и книгах — захватывали воображение русских, стремившихся найти образ, который положительным образом охарактеризовал бы русское своеобразие.

Примечательно, что по мере того, как новые художники, писатели и общественные деятели продолжали заново открывать русскую старину, точка ее зарождения постоянно смещалась. Вот почему существует так много различных трактовок того, что именно подразумевалось под национальным стилем и русской стариной. Письменный комментарий полностью разделяет ответственность за создание национального духа в искусстве во всех его многочисленных проявлениях. В 1902 году Грабарь охарактеризовал хаотичный процесс формирования национального духа в искусстве на страницах «Мира искусства»:

> Начиная с Тона, мы усиленно принимаемся сочинять «в русском духе» <...> Забавнее всего то, что как только мы что-нибудь сочиним, так и славим на весь свет, что вот уж и найдена Русь. Нашел ее Тон и все поверили, что это и есть

> Русь. Потом нашел Шервуд. И опять поверили. Курьезнее всех Ропетовский эпизод. Этому поверил даже такой тонкий человек, как С. И. Мамонтов. И все верили Ропетовским петушкам. Потом явилась Стасовская Русь и уж казалось, что это и есть самая настоящая. <...> ...Руси нет как нет[95].

В свою очередь, Грабарь предлагает иную точку отсчета национальной традиции: картины Васнецова и Сурикова, а затем русское декоративно-прикладное искусство. Предложенная Грабарем краткая история русских поисков культурной идентичности в искусстве подчеркивает постоянные сдвиги относительно того, что общество ощущает как подлинно традиционное. Вскоре под подозрением у последующего поколения окажутся и собственные кандидаты Грабаря — Васнецов и русские ремесла. Не говоря об этом напрямую, Грабарь фактически показывает в своей статье саму невозможность создания национальной культуры на заказ. Он рекомендует художникам прекратить «совершенно ненормальную погоню за этим фантомом, этой загадочной, неуловимой Русью» и позволить художественной свободе делать свое дело, потому что нельзя создать национальность насильно [там же: 55].

---

[95] Грабарь И. Э. Несколько мыслей о современном прикладном искусстве в России // Мир искусства. 1902. Т. 7. № 3–4. С. 51–52.

Эпилог
«Мир искусства» в новостях
Культурные войны на рубеже веков

Воплощением культурных войн XIX века был блистательный журнал с репутацией возмутителей спокойствия — «Мир искусства». Начиная с самого первого номера, издание моментально стало заметным общественным явлением. На фоне стремительного, но бессистемного роста иллюстрированной периодики в последние два десятилетия XIX века «Мир искусства» производил впечатление шедевра [Dobujinsky 1942: 51][1]. Он ввел новую тенденцию в художественную прессу, отразившуюся в целом ряде публикаций: роскошно иллюстрированные ежемесячные издания «Художественные сокровища России» (1901–1907), «Старые годы» (1907–1916), «Аполлон» (1909–1917) и «Золотое руно» (1906–1909), продолжившие дело «Мира искусства» в Москве. Однако сам журнал, как указывают исследователи, никогда не пользовался большим спросом: число его подписчиков редко превышало одну тысячу [Bowlt 1972: 188–189][2]. Публичным событием журнал сделался благодаря своей склонности к скандалу.

Больше всего «Мир искусства» выделялся как неиссякаемый источник полемики. Искусство в России, бесспорно, становится новостью к концу столетия, как показал этот журнал. Первые пять выпусков действительно были быстро распроданы, и воз-

---

1 Подробнее о художественных журналах см. в [Bowlt 1982: 56–57]. Об объединении «Мир искусства» в целом см. в [Лапшина 1977].

2 См. также [Эткинд 1965: 55].

никла необходимость в новом издании[3]. Журнал был втянут в дискуссии с критиками, художниками, обществами и изданиями всех мастей; широкая публика, которая не была подписана на «Мир искусства», была вовлечена в полемику, разжигаемую журналом на страницах менее радикальных, хотя и не менее категоричных ежедневных изданий.

Объединение «Мир искусства» включало в себя печатное периодическое издание превосходного качества, «кружок», и два цикла выставок; оно позиционировало себя на перекресте разнообразных разговоров об искусстве и идентичности, которые распространились в России в конце дореволюционной эпохи. Как предостерегает Дж. Боулт,

> необходимо помнить, что первичное значение “Мира искусства” заключалось не в его художественной продукции, а, скорее, в его разнообразной деятельности как пропагандиста русской культуры и проводника эстетических идей и идеалов прошлых веков и его собственного, серебряного века [Bowlt 1982: 271][4].

Объединение «Мир искусства» предлагало недостающее звено между золотым и серебряным веком, между Россией и Западом, между текстом и изображением.

Журнал «Мир искусства» также служил полем для дебатов. Это издание не существовало вне острых споров: оно было рассчитано на то, чтобы провоцировать и возмущать. Члены объединения обдумывали, например, следует ли им сразу «ошеломить буржуя» или приобщать обывателей постепенно и обласкать их, предложив им эпических васнецовских героев, «Богатырей» [Бенуа 1990, 2: 230]. Но даже включение неумеренных стилизаций Васнецова, которые пользовались почти всеобщим признанием среди русской публики, еще только учившейся ценить красоту, лишь усугубляло полемику, которую вызвало новое издание.

---

[3] Заметки // Мир искусства. 1898. № 1. С. 82.

[4] См. также [Grover 1973].

Дягилев, главнокомандующий объединения на культурном фронте, явно процветал в конфликте. Признанный дилетант в искусстве, он тем не менее говорил авторитетно и никогда не стеснялся бросать вызовы другим лидерам мнения, особенно Стасову. Дягилев преуспел как критик-самоучка. По оценкам советских ученых, он написал 120 статей и интервью, только треть из которых появилась в «Мире искусства»[5]. Он был в определенном смысле умным фельетонистом, особенно в своих ранних пафосных публикациях, способствующих развитию дискурса об искусстве. Но в первую очередь он был провокатором: его публичные заявления окружала атмосфера скандала, вызывавшая ответную реакцию в самых разных формах, от статей и писем к издателю, до сатирических иллюстраций, которые появлялись в периодических изданиях, таких как еженедельный художественный журнал с карикатурами «Шут».

Присутствие Дягилева в публичной сфере в России конца XIX века было значительным. Например, «художественный критик» газеты «Новое время» Буренин, известный среди коллег своей беспощадностью и даже злобой, позволил себе тон наглой фамильярности, изображая издателя «Мира искусства» следующим образом: «очень здоровый и даже, быть может, упитанный, как телец, г. Дягилев». Буренин завершает свою рецензию на «Мир искусства» язвительным обращением, которое вполне могло бы соответствовать некоторым высказываниям самого Дягилева: «Ах, г. Дягилев, г. Дягилев, шутник вы, кажется, а совсем не “руководитель” художественного журнала»[6]. Буренин переходит здесь к личной атаке, попытке подрыва репутации. В этих сражениях, напоминавших то балаган, то потасовку, вежливость не являлась частью этикета.

Пожалуй, самое живое изображение этих культурных войн можно найти в карикатурах Щербова в «Шуте». «Интимная бе-

---

5 Зильберштейн И. С., Самков В. А. «Слово о Сергее Дягилеве», в [Дягилев 1982, 1: 40–41].

6 Буренин В. П. Критические очерки. Новые художественные журналы. II // Новое время. 1898. № 8173.

седа об эстетике Вавилы Барабанова с Николой Критиченко» (1898), например, представляет драку посреди цирковой арены с участием Стасова, Дягилева и художника и журналиста Н. И. Кравченко (рис. 24). Публика на заднем плане показана уткнувшейся в страницы газет. Карикатура Щербова буквально переводит воинственные слова в визуальный образ жестокой драки между авторами колонок об искусстве. Дягилев, безусловно, был заклятым врагом Стасова; он начал травить заслуженного критика на страницах ежедневного издания «Новости и Биржевая газета» в 1896–1897 годах в колонках, подписанных «С. Д.». Стасов ответил рецензией на первую выставку, организованную объединением «Мир искусства», которую он опубликовал под ядовитым названием «Подворье прокаженных»[7]. С годами эта агрессивная перепалка лишь усиливалась. Посредством всей этой негативной огласки Стасов, вероятно, сделал для продвижения нового художественного объединения больше, чем кто-либо другой. Более того, как заключает Тарускин, «во многом благодаря неистовым нападкам Стасова "Мир искусства" окружен в истории ореолом максималистского радикализма, которого он едва ли заслуживает» [Taruskin 1996, 1: 436]. Именно категоричность суждений участников культурных войн, а не их критические взгляды или провозглашения «истины» способствовали традиции оживленных споров в царской России и сделали изобразительное искусство предметом всенародного обсуждения.

Редакционная статья Дягилева в первом номере «Мира искусства», смело названная «Сложные вопросы», является шедевром искусства провокации. Оставив в стороне многие животрепещущие вопросы того времени, за которые Дягилев брался не колеблясь, остановимся лишь на двух, десятилетиями вызывавших резонанс в обществе: «Что такое искусство?» и «Что такое национальная культура?» На рубеже столетий роль искусства в обществе была как никогда актуальна. Трактат Толстого «Что такое искусство?» оживил интерес общества к проблемам культуры,

---

7 Подробнее о Дягилеве и его перепалках со Стасовым см. в: Зильберштейн И. С., Самков В. А. «Слово о Сергее Дягилеве» [Дягилев 1982, 1: 13].

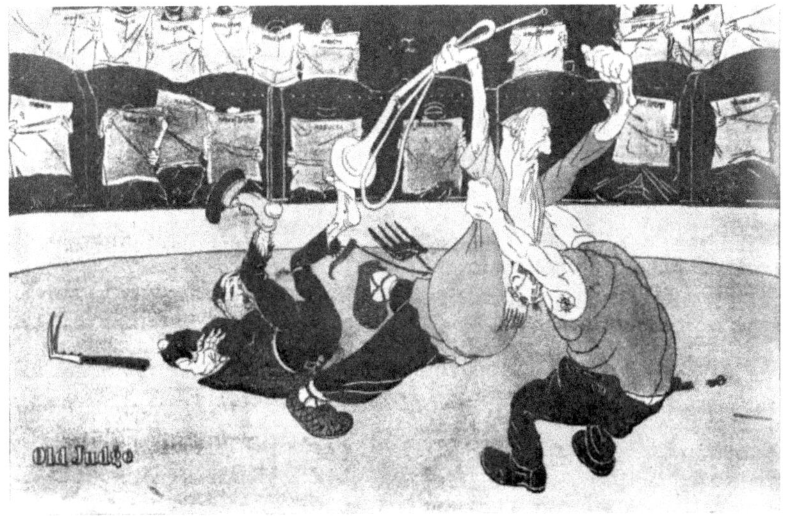

Рис. 24. П. Е. Щербов, «Интимная беседа об эстетике Вавилы Барабанова с Николой Критиченко» // Шут. 1898. № 10

когда он появился в «Вопросах философии и психологии», незадолго до выхода первого номера «Мира искусства». В своей редакционной статье Дягилев писал о «пощечине, нанесенной искусству его неблагодарным служителем Львом Толстым, отвергшим искусство всех веков и низведшим самое назначение его до степени одной из христианских добродетелей». Дягилев парировал нападки Толстого на современную культуру и утверждал превосходство красоты и свободы в искусстве. В том же духе он категорически отрицал наследие Стасова, Чернышевского, передвижников и других приверженцев «утилитарной» эстетики. Особенно беспощаден великий импресарио был по отношению к Чернышевскому: «Эта нездоровая фигура еще не переварена, и наши художественные судьи в глубине своих мыслей еще лелеют этот варварский образ, который с неумытыми руками прикасался к искусству и думал уничтожить или, по крайней мере, замарать его» [Дягилев 1899б, 1–2: 13]. Заключение Дягилева —

это гимн красоте, которую он возносит и над толстовской моралью, и над социальной полезностью Чернышевского: «Мы прежде всего жаждущее красоты поколение. И мы находим ее всюду, и в добре, и в зле» [Дягилев 1899б, 3–4: 60].

Журнал «Мир искусства» также попытался дать новое определение понятию «национальной культуры». Национальный характер оставался приоритетным вопросом во многих спорах об искусстве, и трактат Толстого предлагал критикам еще один повод вернуться к нерешенным вопросам. Историк искусства Гнедич, например, внес свою лепту в полемику своим фельетоном «О красоте», опубликованным в «Новом времени» в конце 1898 года. Искусство не может быть универсальным, утверждал Гнедич, ведь то, что дорого и замечательно для одной нации — будь то костюм, орнамент или пейзаж — может оказаться безобразным для другой. По мнению Гнедича, «нет другой красоты у народа кроме его национального характера, — а оттуда и все его искусство»[8].

«Национальное» было одновременно желанным и оспариваемым атрибутом. Как это ни поразительно, но и ультранационалист Стасов, и космополит Дягилев настаивали на важности национальных черт в искусстве, хотя и совершенно по-разному. Проклятия Стасова в сторону антинациональных декадентов хорошо известны. Другие критики также усиливали представление, что объединению «Мир искусства» решительно недостает патриотических настроений. Например, поэт и публицист П. П. Перцов, стоявший за движением символистов, написал статью «Декаденты и национализм», в которой утверждал, что позиция «Мира искусства» в отношении культурной идентичности — это «крайнее отклонение от национального типа в сторону Европы»[9].

Вопреки предвзятым представлениям, объединение «Мир искусства» не возражало против национальной традиции как таковой — оно возражало против того, что Бенуа называл «ложным национализмом»:

---

8 Гнедич П. П. О красоте // Новое время. 1898. № 8190.

9 Перцов П. Декаденты и национализм // Новое время. 1900. № 8910.

> *Русского в России* и так было достаточно, а многое в этом характерно русском нас огорчало грубостью, пошлостью и вовсе непривлекательной дикостью. С этой грубостью и хотелось сразиться, хотелось способствовать ее искоренению, причем в задачу входило произвести это с величайшей бережностью, отнюдь не ломая того, что находится тут же рядом с тем, что надлежит искоренить. Напротив, предстояло спасать то, чему грозила опасность погибнуть от нивелирующего духа нового времени, а то и от ложного национализма [Бенуа 2011: 430][10].

Работы передвижников представляли именно такой фальшивый национализм, «результат многолетней пропаганды лубочных передвижнических картинок с неизбежными столбцами пояснительного текста к этим картинкам В. В. Стасова». Именно в трудах Стасова и других «невежественных» критиков, согласно «Миру искусства», «нравоучительный анекдот» стал определяющей чертой творчества русского народа[11].

Объединение «Мир искусства» выдвинуло собственную подборку характерно национальных художественных произведений и предложило свою версию русской культуры публике в виде выставок в России и Русских сезонов за границей. В некоторых выпусках «Мира искусства» рассказывалось о художниках, занимавшихся неонациональными образами и темами, таких как Васнецов, Поленова, Нестеров и Якунчикова; отдельные номера были также посвящены колониям художников в Абрамцеве и Талашкине[12]. Идея национальной культуры, в том виде, в котором она была сформирована журналом «Мир искусства» и пред-

[10] Добужинский также утверждал, что, вопреки распространенному мнению, космополитическое объединение «Мир искусства» высоко ценило подлинное русское искусство, возражая лишь против стилизованных, псевдорусских народных мотивов и сюжетов «пряничного» сорта. См. [Dobujinsky 1942: 54–55].

[11] Яремич Ст. Передвижническое начало в русском искусстве // Мир искусства. 1902. Т. 7. № 1–2. С. 24–25.

[12] Например, журнал опубликовал репродукции работ Е. Д. Поленовой (1899, № 1–4), М. В. Нестерова (1900, № 1–2), М. В. Якунчиковой (1904, № 3) и художественных произведений, созданных в талашкинских мастерских (1903, № 4). См. [Bowlt 1972: 192].

ставлена в Европе, ставила во главу угла прекрасные декоративные проекты, которые скорее передавали предполагаемый русский дух, чем копировали местную действительность. Например, на своей выставке в Париже 1906 года Дягилев исключил произведения реалистов, но включил иконы, традиционно рассматриваемые как религиозные и исторические объекты, показав их как произведения искусства и шедевры русской традиции [Kennedy 1977: 120–121].

Графический и театральный художник М. В. Добужинский, сам являющийся членом «Мира искусства», сформулировал национальный вопрос следующим образом:

> Провозглашая эти идеи, идущие вразрез с общепринятыми, «Мир искусства» показал намного более глубокое понимание самой сути «национального» искусства, чем то, которое преобладало у его оппонентов. Он считал, что «русское» в искусстве зависит не только от народных мотивов или народных сюжетов. «Русский дух» проявляется стихийно, в самых неожиданных формах, и истинно национальное искусство не может быть создано искусственно, «на заказ». Так называемый русский стиль в церковном зодчестве и декоративном искусстве XIX века был лишь бездушной компиляцией готовых «русских мотивов» и поэтому был фальшивым и псевдорусским [Dobujinsky 1942: 49].

Дягилев также подчеркивал именно национальное своеобразие своих постановок как ключ к успеху Русских сезонов. Как он заявил в интервью газете «The New York Times»:

> Заглянув прежде всего внутрь себя, и непоколебимо оставаясь самими собой, мы, как мне кажется, сумели создать самобытное русское искусство, доселе неизвестное миру. Мы сделали это, прежде всего, обратившись непосредственно к национальным сокровищам музыки и фольклора, и используя все театральное искусство, кроме искусства речи, чтобы представить на сцене их полные и гармоничные символы[13].

---

[13] Downes O. The Revolutionary Mr. Diaghileff // New York Times. 1916. 23 January. P. 6.

Но и слово Дягилева не было последним в вопросах национального искусства, да и не может быть окончательного определения, ибо пока жива национальная традиция, она непрерывно развивается. Обострившиеся в конце XIX века дискуссии еще больше подчеркнули всю искусственность благородного конструкта под названием «национальная культура»[14]. Соревнующиеся версии национального встречались даже на страницах одного периодического издания, как было в случае с «Миром искусства», где представление о национальном не раз менялось за время недолгого существования журнала.

Заявление Дягилева о национальном искусстве, являвшееся частью его «Сложных вопросов», стоит подробно процитировать как хороший пример множества противоречивых вариантов культурной идентичности, циркулировавших в конце века:

> Национализм — вот еще больной вопрос современного и особенно русского искусства. Многие в нем полагают все наше спасение и пытаются искусственно поддержать его в нас. Но что может быть губительнее для творца, как желание *стать* национальным. Единственный возможный национализм — это бессознательный национализм крови. И это сокровище редкое и ценнейшее. Сама натура должна быть народной, должна невольно, даже быть может против воли, вечно рефлектировать блеском коренной национальности. Надо выносить в себе народность, быть, так сказать, ее родовитым потомком, с древней, чистой кровью нации. Тогда это имеет цену и цену неизмеримую. Принципиальный же национализм — это маска и неуважение к нации. Вся грубость нашего искусства в частности, происходит от этих ложных поисков; как будто стоит только захотеть, чтобы схватить и передать сущность русского духа. И вот являются такие искатели и схватывают то, что их поверхностному представлению кажется наиболее типичным и что наиболее дискредитирует нашу народную особенность. Это роковая ошибка, и пока в русском национальном искусстве не будут видеть стройной грандиозной гармонии, царствен-

[14] Ср. исследование Дж. Кеннеди об изменчивости русского стиля [Kennedy 2003: 115].

ной простоты и редкой красоты красок, до тех пор у нас не будет настоящего искусства. Взгляните же на нашу истинную гордость: новгородскую и ростовскую старину, — что может быть благороднее и гармоничнее ее? Вспомните наше величие — Глинку и Чайковского. Как тонка и изящна у них и как гигантски выражена вся Россия, все чисто русское. Конечно, в нашем искусстве не может не быть суровости, татарщины, и если она вылилась у поэта потому, что он иначе мыслить не способен, потому что он напитан этим духом, как например Суриков и Бородин, то ясно, что в их искренности и простодушной откровенности и кроется вся их прелесть. Но наши ложные берендеи, Стеньки Разины нашего искусства — вот наши раны, вот истинно не русские люди [Дягилев 1899б, 3–4: 58–59].

Не прошло и десяти лет с тех пор, как Берендеевка воспевалась как национальный идеал, прежде чем Дягилев отверг ее как откровенную подделку. Согласно дискурсу, развиваемому новыми художественными журналами, такими как «Художественные сокровища России», «Мир искусства» и «Старые годы», на рубеже столетий начался еще один репрезентативный сдвиг: центр национальной культуры снова сместился, прочь из Москвы. Теперь переживал «возрождение» космополитический Санкт-Петербург, в то время как Стасов, Репин и вся «русская школа», которую они отстаивали, а также пафосные выставочные павильоны в русском стиле стали объектом насмешки в прессе со стороны молодого поколения «декадентов», объединившихся вокруг «Мира искусства»[15]. Классическое противостояние «Москва — Санкт-Петербург» в итоге стало продуктивным соперничеством, способствовавшим диалогу наряду с полемикой. Как размышлял в ретроспективе Добужинский, создавший много незабываемых картин, посвященных городу:

Санкт-Петербург во всех отношениях был противоположностью Москве. Они представляли собой противоположные полюса русской культуры, причем этот дуализм был исклю-

[15] Подробнее о Санкт-Петербурге этой эпохи см. в [Johnson 2006; Кларк 2018].

> чительной чертой русской истории <...> Можно сказать, что оба этих мира — Москва и Санкт-Петербург — дополняли друг друга, и в этом постоянном противопоставлении, в сочетании с взаимным притяжением, продолжала развиваться русская художественная жизнь [Dobujinsky 1942: 54–55].

Насколько та версия русской культуры, которую Дягилев вывез за границу, была более «подлинной», чем «фальшивые берендеи»? Исследователи показали, что «кампания по экспорту русского искусства», которую начало объединение «Мир искусства» после закрытия журнала, также опиралась на своего рода придуманную традицию. Блестящая версия русской культуры, которая так хорошо продавалась в Европе, была создана специально для иностранной аудитории. Например, балет «Жар-птица» Стравинского, воспринимаемый за границей как типично русский, никогда не был бы создан для русской публики. Музыкальный историк Тарускин метко описывает иронию ситуации «Жар-птицы»: «Это очень намеренно, если точнее, нарочито “русское” произведение не имело предшественников в русском искусстве и было специально создано для нерусской аудитории» [Taruskin 1996, 1: 647; Banes 1999: 121]. Таким образом, именно в начале XX века в Париже сформировалось традиционное отождествление России с «землей Жар-птицы». В дополнение к этому парадоксальному сценарию, за два десятилетия, в течение которых Русские сезоны поражали зрителей в Европе и Америке, труппа ни разу не выступила в России[16].

Русская публика и не узнала бы о великом триумфе своей культуры в Европе, если бы не регулярные сводки Бенуа о Русских сезонах, публикуемые под рубрикой «Художественные письма» в газете «Речь». Именно на страницах этого издания критик провозгласил победу «всей русской культуры, всей особенности русского искусства»[17]. И именно так русский балет формировал общепринятое чувство русской культурной идентичности: хотя

---

[16] См. также [Гарафола 2021; Holt 2000].

[17] Бенуа А. Н. Русские спектакли в Париже // Речь. 1909. 19 июня. Цит. по: [Эткинд 1965: 98].

труппа Дягилева никогда не выступала в России, русские дома могли разделить национальную гордость, порожденную ею в Европе, благодаря публикациям в массовой прессе. То, что русские переживали триумф Русского балета Дягилева как успех своей национальной культуры, свидетельствует о том, до какой степени пресса формировала контуры культурной идентичности. Не постановка, недоступная для русской широкой аудитории, а тот отклик, который она вызывала в обществе, возвестил на родине о триумфе русской культуры.

К концу столетия множество временных выставок, новые публичные музеи и сопровождавшие их все более бурные дебаты способствовали заметному накоплению культуры. Многочисленные пласты, именуемые «национальными», теперь включали в себя не только русскую реалистическую живопись и архитектуру, народное творчество и народные темы, но и лубки и старинные иконы, которые лишь недавно были заново открыты как произведения традиционного русского *искусства*. В 1913 году в Москве состоялись две выставки икон: одна проходила в рамках празднования 300-летия дома Романовых; другая, «Выставка оригинальных икон и лубков», была организована М. Ф. Ларионовым, и на ней было представлено свыше 100 отреставрированных шедевров (начиная с XIV века). Еще одна версия национального переместилась за границу, как и Русские сезоны Дягилева, и вернулась в Россию в форме хвалебных рецензий и образцов сувенирной промышленности. Спектр национального простирался от народных ремесел до изысканных украшений и пасхальных яиц Фаберже, которые привлекли международное внимание на Всемирной выставке в Париже в 1900 году. На еще одном уровне триумф национальной культуры проявился в разнообразных публичных чествованиях и юбилеемании в конце столетия. Подогревали интерес к вопросу национальности в искусстве и культурные войны конца XIX — начала XX века, которые разразились скандальной известностью по всей стране.

Разнообразные выставки множились как никогда, но это прежде желанное изобилие скорее раздражало, чем радовало.

Кравченко, например, высказался по поводу этого явления следующим образом: «Выставка здесь, выставка там, выставка тут — все выставки, выставки, выставки»[18]. Гнедич, писавший под псевдонимом Старый Джон, также указывал на необычайное число этих публичных событий: «Где-где они не пооткрывались, — урожай невероятный, ошеломляющий»[19]. Если раньше журналисты писали о нехватке художественных экспозиций, теперь было разнообразие и избыток, усугубляемые хаосом противоречивых мнений в прессе. Искусство как новость стало привычным явлением в русской публичной сфере.

Замечательная карикатура Щербова «Базар XX века» предлагает хорошую иллюстрацию изобилия и хаоса русской культуры (рис. 25). Представление художественной жизни на рубеже столетий в виде базара подчеркивает не только множественность предложений, но и их разнообразие и непостоянство. Сама карикатура попала на страницы печати, когда она была представлена в самом начале 1908 года на акварельной выставке в Санкт-Петербурге. Среди прочих, Бенуа высказался по поводу этого шедевра графического искусства в пространной статье, появившейся вскоре после выставки. Щербов изобразил свыше 90 участников этого базара, включая отдельных художников (например, Рериха), объединения («Мир искусства»), учреждения (как Академия художеств), меценатов (Мамонтов, Тенишева), журналистов (Брешко-Брешковский), критиков (Стасов) и общественные организации (Дамский художественный кружок). Среди множества колоритных персонажей можно узнать академиков И. Е. Репина, А. В. Прахова и П. П. Чистякова; скульпторов В. А. Беклемишева и П. П. Трубецкого; художников Маковского,

---

[18] Н. К. [Н. И. Кравченко]. Выставки // Новое время. 1899. № 8552. Художник Кравченко писал под псевдонимом Н. К. для «Нового времени» [Масанов 1956–1960, 2: 220]. В 1904 году он опубликовал сборник путевых заметок, до этого выходивших серийно в «Новом времени» под названием «В Китай! Путевые заметки художника»; это издание было проиллюстрировано его собственными зарисовками (Санкт-Петербург: Т-во Р. Р. Голике и А. И. Вильборг, 1904).

[19] Старый Джон. Художники и ценители // Новое время. 1900. № 8642.

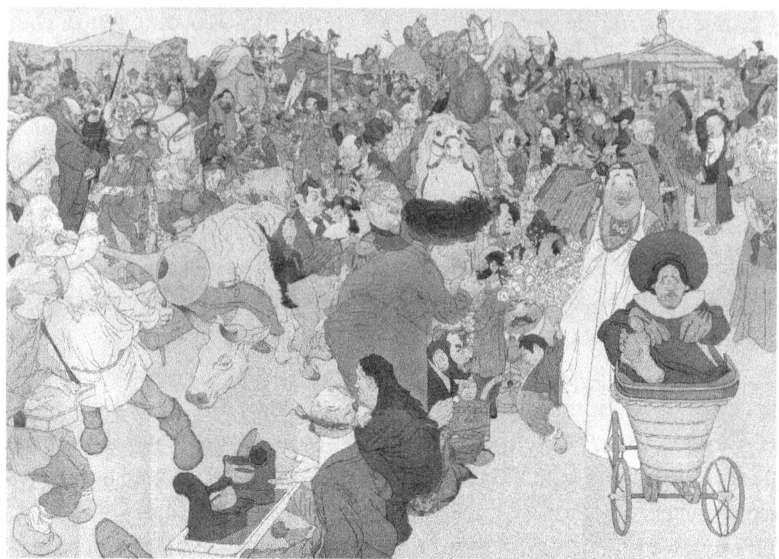

Рис. 25. П. Е. Щербов, «Базар XX века» (1908). При содействии Государственной Третьяковской галереи, Москва

Мясоедова, Сомова, Васнецова (верхом на коне), Нестерова (который держится за хвост васнецовского коня) и Кравченко (играющего на гармони); историков искусства Бенуа (с гуслями) и Грабаря (с лупой в руках); и коллекционера С. А. Щербатова с салоном «Современное искусство», представленным в виде хомута на шее.

Эта групповая карикатура представляет собой уникальный портрет, объединяющий оппонентов в манере, возможной только в музее или на страницах прессы. Для определения своих персонажей Щербов опирался на отдельные символические детали — такие как Тенишева, держащая врубелевскую балалайку, Васнецов, восседающий на коне с разукрашенным щитом в руках, как будто воплощая своих собственных богатырей, Мамонтов со своей керамикой и Дягилев в роли няньки, катающей озорного малыша Малявина в детской коляске — что предполагает, что эти элементы были узнаваемы для современников. Достаточно было написано о разных аспектах искусства, чтобы сделать узнаваемыми хрестоматийные изображения его ключевых участников.

Мы можем видеть похожие групповые «портреты» также в других сферах культуры. Вскоре после щербовского «Базара XX века» появилась большая композиция художника Н. В. Ремизова (подписанная псевдонимом Ре-ми) под названием «Салон ее светлости русской литературы», на которой были представлены 37 портретов русских писателей [Савинов 1969: 93–96][20]. Сам Щербов нарисовал групповой портрет художественных критиков, пишущих для Санкт-Петербургских периодических изданий. Карикатура под названием «Весенний концерт любителей Санкт-Петербургского критикферейна [клуба критиков]» (1900) включала изображения авторов «Нового времени» Кравченко и А. И. Косоротова (последний был изображен с граммофоном для высказывания «здравого смысла»); издателя «Искусства и художественной промышленности» Собко с попугаем, намекающим на его прозвище Попка; Стасова с его тромбоном; художника и критика М. М. Далькевича, актрисы Л. Б. Яворской и Дягилева за роялем; театрального критика И. С. Розенберга; и баталиста И. А. Владимирова с гармошкой в руках [Савинов 1969: 81].

На обложке популярного журнала «Нива» был показан образ русской культуры, включавший науку, искусство и литературу (рис. 26). Многие атрибуты искусства сгруппированы на этой иллюстрации вокруг центральной женской фигуры, символизирующей Россию: музыкальные инструменты, изысканное столовое серебро в русском стиле, памятник Пушкину, что-то пишущие херувимы, а также летящие страницы журнала «Нива», сообщавшего обо всех этих культурных событиях. Непритязательное послание этой перенасыщенной композиции — сообщение о богатом урожае культурного производства и его распространении с помощью журнала по всей стране. Стилизованные буквы названия, а также декоративные детали серебряных сосудов

---

[20] См. также [Стернин 1964].

добавляют явную национальную окраску этому многосложному изображению. «Нива» была на тот момент самым читаемым иллюстрированным еженедельником, посвященным литературе, политике и современной жизни. В 1880 году ее тираж достигал 55 000 экземпляров, а к 1900 году в обращении было 235 000 копий. Как следует из обложки «Нивы», она не только собирала разнообразные культурные предложения вместе, но и широко их распространяла. В ней печатались репродукции картин, в том числе русских художников Шишкина, Васнецова, Верещагина и Репина, а также литературные произведения, в том числе роман Толстого «Воскресение». Сборник из 2131 биографического очерка выдающихся творцов русской культуры, таких как Белинский, Грановский, Крылов, Пушкин, Лермонтов и т. д., представлял собой еще один вклад, который этот тонкий «журнал для семейного чтения» внес в русскую публичную культуру[21].

В ходе публичных торжеств в последнее десятилетие XIX века многие из ключевых творцов культуры в дореволюционном обществе были удостоены статуса героев. Как отмечают ученые, заметное увеличение количества всевозможных празднований, в том числе связанных с культурой в узком смысле, было еще одной попыткой укрепить государство и объединить граждан вокруг общей идеи. Именно в таком ключе К. Н. Цимбаев охарактеризовал явление юбилеемании, охватившей русское общество в конце имперского периода [Цимбаев 2005]. Само выражение «юбилеемания» усеяло страницы современной прессы так же, как «музеомания» несколько десятилетий назад.

Хотя большинство поводов, выбираемых для празднования, явно принадлежали к сфере воинской и государственной славы, не говоря уже о церковных праздниках, большое количество деятелей культуры также находились в центре публичного внимания в эти годы. Однако официальный и формальный характер большей части государственных мероприятий исключал тот вид всеобщего публичного отклика, который способствовал бы развитию чувства общности. Напротив, многие празднования

---

[21] Подробнее см. в [Дементьев и др. 1959: 530–531].

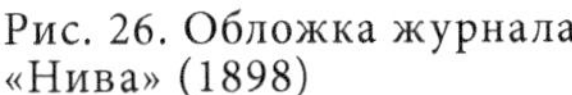
Рис. 26. Обложка журнала «Нива» (1898)

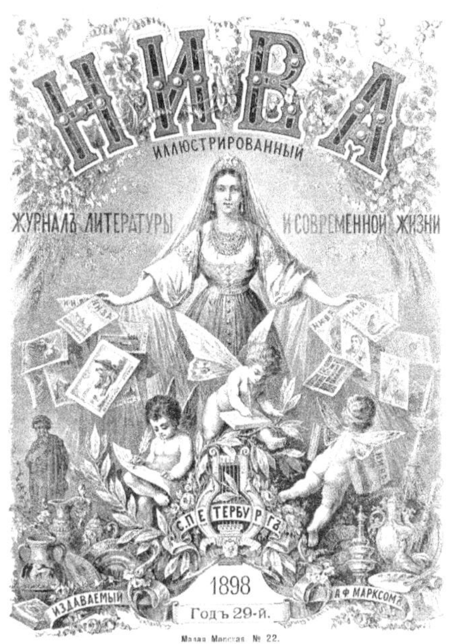

культуры, казалось, приглашали к участию, хотя и часто в форме полемики.

Знаменитая Пушкинская речь, произнесенная Достоевским в 1880 году, была одним из первых высказываний в текущем дискурсе о чествовании и канонизации классиков литературы. Пушкин стал институтом национальной культуры, когда на исходе века по инициативе царя в 1899 году масштабно отмечалось столетие со дня рождения поэта. М. Левитт удачно обозначил литературное празднество 1899 года как крупное публичное событие, выделившееся на фоне «кризиса русской культуры» и предшествующих нападок на национального поэта слева и справа. К тому времени центральное место Пушкина в пантеоне русских культурных героев было твердо установлено, и это имело глубокие последствия для поглотившего его Российского государства. Но и другие группы населения требовали Пушкина для себя, в том числе интеллигенция, широкие слои населения, а позднее и эмигрантское сообщество за рубежом. Левитт пишет:

> Образ Пушкина в общественном сознании стал расплывчатым и противоречивым, чему способствовали очень разнородный состав читательской аудитории, не устоявшееся еще к тому времени состояние пушкинистики и многообразие высказывавшихся несхожих мнений [Левитт 1994: 176–177].

Юбилей Пушкина был далеко не единичным случаем. На рубеже веков русское общество праздновало юбилеи Гоголя и Чехова, 80-летие «живого классика» Толстого и многих других[22]. В том же духе в октябре 1900 года отмечалось 40-летие литературной деятельности еще одного живого классика, редактора и издателя «Библиотеки для чтения» Боборыкина. Как бы мало Боборыкина ни помнили сегодня, в то время он занимал видное место в русской публичной сфере[23]. Появление нескольких музеев, посвященных русским писателям, прочно закрепило за ними место в культуре: вслед за первым таким институтом, музеем Пушкина в Лицее, открывшимся в 1879 году, вскоре были учреждены мемориальные музеи Лермонтова, Толстого и Чехова [Каспаринская 1991: 65–66]. Наряду с этими литературными знаменитостями прославлялись и основополагающие деятели русской музыки и живописи. Чествуя художников-творцов как героев, русские отмечали достижения своей национальной культуры, существование которой было под сомнением еще несколько десятилетий назад. Это стремление канонизировать отцов-основателей помогло преодолеть ощущаемый кризис культуры, но в то же время оно достигло противоположного результата, усилив дискурс и обострив полемику.

В 1886 и 1892 году в музыке отмечались 50-летние юбилеи знаменитых опер Глинки «Жизнь за царя» и «Руслан и Людмила». В 1886 году в Смоленске был открыт памятник композитору,

---

22 Подробнее о статусе Гоголя как русского классика см. в [Moeller-Sally 2002].

23 В качестве примера современной дани уважения Боборыкину см. [Философов 2004].

средства на который были собраны по всероссийской подписке. В 1892 году в Мариинском театре был открыт временный музей Глинки. В 1896 году в Санкт-Петербургской консерватории был учрежден постоянный музей, включавший фотокопии портретов композитора из Третьяковской галереи [Мамонтова и др. 2006: 385, 379]. Мероприятия, посвященные памяти великого русского композитора, продолжились установкой бронзового памятника (работы скульптора Р. Р. Баха), открытого в 1906 году на Театральной площади в Санкт-Петербурге к столетию со дня рождения. При этом на фоне всех торжественных свидетельств, сопровождавших эти события, С. К. Маковский писал о безобразии «бедной» статуи Глинки, признавая в то же время, что лишь немногие в России могли отличить «вывеску от картины и бронзовое пугало от статуи». Публичная скульптура, по его мнению, это не повод для празднования, а причина для беспокойства о состоянии культуры и эстетического вкуса в русском обществе[24].

Возмущение Маковского по поводу статуи, однако, меркнет по сравнению с серьезной полемикой, вызванной юбилеем Брюллова. Столетие со дня рождения художника отмечалось 12 декабря 1899 года в Академии художеств и получило широкое освещение в периодической печати[25]. В частности, в качестве дани уважения оркестр Московской консерватории исполнил кантату,

---

[24] Маковский С. К. Памятник М. И. Глинке // Золотое руно. 1906. № 4. С. 92–94.

[25] Деларов П. В. Карл Брюллов и его значение в истории живописи // Искусство и художественная промышленность. 1899–1900. № 2. С. 121–140; Половцов А. Реформатор русского искусства. К столетию рождения К. П. Брюллова (1799–12 декабря — 1899) // Московские ведомости. 1899. № 342; Н. К. Художественные новости // Новое время. 1899. № 8547; Селиванов Н. (Старовер). Карл Павлович Брюллов // Санкт-Петербургские ведомости. 1899. № 340; Половцов А. Брюлловский юбилей (От нашего корреспондента) // Московские ведомости. 1899. № 345; Половцов А. Брюлловская юбилейная выставка (Письмо из Петербурга) // Московские ведомости. 1899. № 348; Половцов А. Новые данные о «Последнем дне Помпеи» К. П. Брюллова // Московские ведомости. 1899. № 351; Л. М. Две юбилейные выставки в память К. П. Брюллова в Москве // Санкт-Петербургские ведомости. 1899. № 353; Половцов А. Две напраслины на К. П. Брюллова // Московские ведомости. 1899. № 360.

написанную М. М. Ипполитовым-Ивановым по этому случаю на слова из сочинения 1836 года, первоначально предназначавшегося для чествования прославленной картины Брюллова, когда она была привезена в Россию: «И был “Последний день Помпеи” // Для русской кисти первый день»[26]. Коллекционер Деларов выступил с докладом о значении Брюллова в истории изобразительного искусства, позже он был напечатан в прессе. Именно во время этого публичного чествования Брюллов был посмертно назначен главой русской художественной школы. Но полемику вызвала другая, произнесенная, как полагали некоторые, экспромтом речь Репина. Реакция современников на эту речь, отрывки из которой быстро появились в газетах, поначалу была благодушной, вплоть до появления одной публикации в «Мире искусства». Эта статья, «Брюлловское торжество», в которой торжественная речь Репина была названа недоразумением и в которой утверждалось, что в ней не хватало самой важного — мысли, — послужила началом настоящего скандала[27].

«Мир искусства» был не первым периодическим изданием, оспорившим Репина или поставившим под сомнение вклад Брюллова в историю русского искусства. Известно, что Тургенев считал Брюллова «пухлой ничтожностью», и многие разделяли это мнение в 1860-х и 1870-х годах[28]. Но ниспровергающий авторитеты художественный журнал в нескольких публикациях, последовавших в течение следующего года, вывел полемику на новый уровень. Бенуа вернулся к речи Репина, высмеяв заявление последнего о том, что Брюллов был «лучшим после Рафаэля рисовальщиком, величайшим художником за последние 300 лет!» Бенуа признает в своей статье, что Брюллов оказал огромное

---

26 Чествование памяти К. П. Брюллова // Московские ведомости. 1899 года. № 343.

27 Брюлловское торжество // Мир искусства. 1899. Т. 2. № 23–24. С. 95–96. Подробнее непосредственно о речи Репина см. в: Гинзбург И. В. «Наследие Брюллова в оценке Репина», в [Грабарь, Зильберштейн 1948–1949, 1: 525–543].

28 Старый Джон. Юбилей трагика-символиста // Новое время. 1899 года. № 8554; Деларов П. В. Карл Брюллов и его значение в истории живописи // Искусство и художественная промышленность. 1899–1900. № 2. С. 121.

влияние, которое только возросло после его смерти. С точки зрения Академии художеств, Брюллов был действительно превосходным рисовальщиком; даже Стасов, несмотря на свой громкий голос, был не способен свалить это «идолище». Тем не менее обзор творчества и карьеры Брюллова, написанный Бенуа, лишь доказывает, что «Брюллов не гений и даже вовсе не очень умный человек, а лишь блестящий салонный собеседник». Все, что создал Брюллов, проистекало либо из обмана, либо из желания поразить и угодить[29]. Большой обзор творчества Брюллова, сделанный в следующих номерах «Мира искусства» профессором Г. Г. Павлуцким, был основан на публикациях, появившихся между 1850-ми годами и 1899 годом, годом столетнего юбилея. Автор напомнил читателю, что «Последний день Помпеи» пробудил интерес публики к искусству, который с тех пор значительно возрос. Тем не менее заключительные слова Павлуцкого отказывают Брюллову в какой-либо самобытности. Его вердикт звучит следующим образом: «Итак, произведения Брюллова не заключают в себе никаких новых элементов, которые не находились бы уже в произведениях других наций <...> Брюллов не мог составить эпохи в русском искусстве»[30].

Даже если художник был канонизирован как отец-основатель — пусть неоригинальный, он оставался оспариваемой фигурой. Сам процесс институционализации принял форму продолжающегося диалога между дискурсом и контрдискурсом.

Объединение «Мир искусства» открыло новую главу в истории русской культуры, историю, которая писалась преимущественно за пределами России в начале XX века. Революции и мировая война привели к дальнейшему расхождению между вариантами культуры внутри страны и за границей, между имперской и советской версией. Эти новые проявления культурной идентичности, то развивающиеся параллельно друг другу, то пересекаю-

---

[29] Бенуа А. Н. К. П. Брюллов // Мир искусства. 1900. Т. 3. № 1–2. С. 7–18.

[30] Павлуцкий Г. Г. По поводу юбилея Брюллова // Мир искусства. 1900. Т. 4. № 13–14. С. 1–11; № 15–16. С. 28–47.

щиеся, являются темой для отдельной книги. То, что подготовила всемирная выставка 1900 года в Париже, то, что усилили выставки Тенишевой и Дягилева, и то, что в конечном итоге увенчали Русские сезоны, было версией русской культуры на экспорт[31]. Однако в заключительном парадоксе эта русская культура, создаваемая на экспорт, также помогала сформулировать национальную традицию на родине.

1900 год — это произвольная конечная точка этой истории, скорее условность, чем заключение. Споры вокруг создания и распространения культуры продолжаются и по сей день. В дореволюционные годы в России возникали новые музеи, изобретались новые традиции. Между дягилевской культурой на экспорт, которую представили Европе Русские сезоны, и глубоко личными, антикультурными настроениями Толстого версии культуры продолжали множиться в конце царского периода. И триумф русской культуры на рубеже столетия не дал долговременного ответа на загадку национальной идентичности. На то есть много причин, и в данной монографии рассматривается лишь одна из возможных.

Понятие «национального» в единственном числе остается проблемным. Любая попытка уловить национальную суть в живой культуре приводит либо к созданию монументальных мифов, либо к символическим сувенирам идентичности, таким как настенные календари, фарфоровые статуэтки и деревянные куклы, которые стали символизировать Россию как в Париже XIX века, так и в современной Москве. В отличие от этих символических образов, национальная культура как прожитый опыт фрагментарна и неполна. Что именно представляет собой национальный дух, всегда остается открытым для дискуссий, в зависимости от того, когда и кто говорит. Эта провокационность и неполнота культурной традиции и есть то, что придает ей ее существенную жизненную силу; она также лежит в основе ее склонности к мифотворчеству как способу преодоления разрыва.

---

[31] Ср. исследование британского экспорта культурной саморепрезентации в [Buzard 2001: 299–319].

Национальная культура всегда колеблется между невозможным идеалом и бесконечными воспроизведениями сувенирной промышленности. Хотя время сохранило многие институты, созданные русским культурным возрождением, — номинальные бастионы истории и традиции, — публичные дискуссии вокруг этих коллекций и памятников изобразительного искусства продолжают колебаться по мере появления новых поколений художников, критиков и потребителей. И именно поэтому, в отличие от постоянного музея, культурная идентичность никогда не может быть написана на камне. Что сохраняется, так это непрекращающийся диалог о культуре, национальная традиция не менее самобытная, чем жар-птица.

Список иллюстраций

Библиография

Периодические издания

Аполлон
Артист
Библиотека для чтения
Биржевые ведомости
Будильник
Ведомости
Вестник Европы
Вестник изящных искусств
Вестник Московской Политехнической выставки
Весть
Время
Голос
Грамотей
Дело
День
Древняя и новая Россия
Живая старина
Жизнь
Журнал изящных искусств
Заря
Зодчий
Золотое руно
Иллюстрация
Искра
Искусство и художественная промышленность
Исторический вестник
Картинные галереи Европы
Киевская старина

Литературная газета
Мир искусства
Мирское слово
Молва
Москва
Москвитянин
Московские ведомости
Московский вестник
Музыкальная старина
Народное богатство
Наше время
Неделя строителя
Нива
Нижегородский листок
Новое время
Новости и биржевая газета
Новый мир
Основа
Отечественные записки
Петербургская газета
Петербургский листок
Полярная звезда
Пчела
Речь
Русская старина
Русские ведомости
Русский
Русский архив
Русский вестник
Русский инвалид
Русский листок
Русский мир
Русский художественный листок
Санкт-Петербургские ведомости
Светопись
Светоч
Свисток
Северная почта
Северная пчела

Северное сияние
Северный вестник
Семейный круг
Слово
Смоленская старина
Современная летопись
Современник
Современное слово
Современные известия
Современный листок
Старина и новизна
Старые годы
Сын отечества
Телескоп
Художественная газета
Художественные сокровища России
Художественный журнал
Шут

Источники

Адорно 2001 — Адорно Т. В. Эстетическая теория / Пер. с нем. А. В. Дранова. М.: Республика, 2001.

Алексеев 1981 — Свисток. Собрание литературных, журнальных и других заметок. Сатирическое прилежание к журналу «Современник». 1859–1863 / Редкол. М. А. Алексеев и др. М.: Наука, 1981.

Андреева, Гольдштейн 1987 — Товарищество передвижных художественных выставок. 1869–1899. Письма, документы: В 2 т. / Сост. В. В. Андреева, под ред. С. Н. Гольдштейна. М.: Искусство, 1987.

Барсуков 1903 — Барсуков Н. П. Жизнь и труды М. П. Погодина. Т. 17. СПб.: Типография М. М. Стасюлевича, 1903.

Батюшков 1885 — Батюшков К. Н. Прогулка в Академию художеств // К. Н. Батюшков. Сочинения. СПб., 1885. Т. 2. С. 92–117.

Безобразов 1883–1884 — Отчет о Всероссийской художественно-промышленной выставке 1882 года в Москве / Под ред. В. П. Безобразова. СПб.: Типография В. Безобразова, 1883–1884.

Белинский 1953–1959 — Белинский В. Г. Полное собрание сочинений: В 13 т. М.: Изд-во Академии наук СССР, 1954.

Белый 1994 — Андрей Белый. Символизм как миропонимание. М.: Республика, 1994.

Бенуа 1990 — Бенуа А. Н. Мои воспоминания: В 2 т. 2-е изд. М.: Наука, 1990.

Бенуа 2011 — Бенуа А. Н. Дневник. 1908–1916. Воспоминания о русском балете. М.: Захаров, 2011.

Билибин 1904 — Билибин И. Я. Народное творчество русского Севера // Мир искусства. 1904. Т. 12. С. 303–318.

Боборыкин 1965 — Боборыкин П. Д. Воспоминания. Серия литературных мемуаров: В 2 т. Т. 1. М.: Художественная литература, 1965.

Богданов 1914 — Пятидесятилетие Императорского Общества любителей естествознания, антропологии и этнографии, 1863–1913 / Сост. В. В. Богданов. М.: Типография Товарищества Рябушинских, 1914.

Бокль 1863–1864 — Бокль Г. Т. История цивилизации в Англии / Пер. К. Бестужева-Рюмина. СПб.: Н. Тиблен, 1863–1864.

Брокгауз и Ефрон 1890–1904 — Энциклопедический словарь. Т. 38. СПб.: И. А. Ефрон, 1890–1904.

Буслаев 1886 — Буслаев Ф. И. Мои досуги. Собранные из периодических изданий мелкие сочинения Федора Буслаева: В 2 ч. М.: Синодальная типография, 1886.

Буслаев 1897 — Буслаев Ф. И. Мои воспоминания. М.: Издание В. Г. Фон-Бооля, 1897.

Васнецов 1987 — Виктор Михайлович Васнецов. Письма, дневники, воспоминания. Суждения современников / Сост., вступ. ст. и примеч. Н. А. Ярославцевой. М.: Искусство, 1987.

Веневитинов 1934 — Веневитинов Д. В. Несколько мыслей в план журнала // Д. В. Веневитинов. Полное собрание сочинений / Под ред. Б. В. Смиренского, вступ. статья Д. Д. Благого. М.: Academia, 1934. С. 215–220.

Виолле-ле-Дюк 1879 — Виолле-ле-Дюк Э.-Э. Русское искусство. Его источники, его составные элементы, его высшее развитие, его будущность / Пер. с франц. Н. В. Султанова. М.: Типография А. Гатцука, 1879.

Военский 1897 — Военский К. А. Русский музей императора Александра III. Санкт-Петербург, 1897.

Всероссийская этнографическая выставка 1867 — Всероссийская этнографическая выставка и славянский съезд в мае 1867 года. М.: Унив. тип., 1867.

Гаршин 1910 — Гаршин В. М. Заметки о художественных выставках // В. М. Гаршин. Полное собрание сочинений В. М. Гаршина. СПб.: Издание Т-ва А. Ф. Маркса, 1910. С. 428–440.

Гаршин 1976 — Гаршин В. М. Художники // В. М. Гаршин. Рассказы. М.: Советская Россия, 1976. С. 98–115.

Георги 1996 — Георги И. Г. [Иоганн Готлиб]. Описание Российско-императорского столичного города Санкт-Петербурга и достопамятностей в окрестностях оного, с планом / Пер. с нем. П. Х. Безака. СПб.: Лига, 1996.

Гердер 1977 — Гердер И. Г. Идеи к философии истории человечества / Пер. и примеч. А. В. Михайлова, отв. ред. А. В. Гулыга. М.: Наука, 1977.

Гоголь 1937–1952 — Гоголь Н. В. Полное собрание сочинений: В 14 т. / Гл. ред. Н. Л. Мещеряков. М.: Академия наук СССР, 1937–1952.

Городецкий 1908 — Городецкий Б. М. Систематический указатель содержания «Исторического вестника» за 25 лет (1880–1904). СПб.: Типография А. С. Суворина, 1908.

Государственный Румянцовский музей 1923 — Государственный Румянцовский музей. Путеводитель. М.: Изд-во Л. Д. Френкель, 1923.

Григорович 1865 — Григорович Д. В. Прогулка по Эрмитажу. СПб.: Типография В. Н. Майкова, 1865.

Григорович 1928 — Григорович Д. В. Литературные воспоминания. С приложением полного текста воспоминаний П. М. Ковалевского. Памятники литературного быта. Л.: Academia, 1928.

Далматов 1908 — Далматов, В. П. Юлия Пастрана. Психологический очерк. По ту сторону кулис. Театральные очерки. СПб.: Тип. А. С. Суворина, 1908. С. 22–64.

Даль 1903–1909 — Даль В. И. Толковый словарь живого великорусского языка: В 4 т. / Под ред. И. А. Бодуэна де Куртенэ. СПб.: Товарищество М. О. Вольф, 1903–1909.

Данилевский 1887 — Данилевский Г. П. Семейная старина. СПб.: Издание А. С. Суворина, 1887.

Данилевский 1995 — Данилевский Н. Я. Россия и Европа. Взгляд на культурные и политические отношения славянского мира к германо-романскому. 6-е изд. СПб.: Глагол, 1995.

Дебогорий-Мокриевич 1906 — Дебогорий-Мокриевич В. К. Воспоминания. СПб.: Свободный труд, 1906.

Достоевский 1972–1990 — Достоевский Ф. М. Полное собрание сочинений: В 30 т. Л.: Наука, 1972–1990.

Дружинин 1865 — Дружинин А. В. Письма иногороднего подписчика // А. В. Дружинин. Собрание сочинений А. В. Дружинина: в 8 т. / Ред. Н. В. Гербеля. Т. 6. Спб.: Тип. Имп. Академии наук, 1865.

Дягилев 1899а — Дягилев С. П. Письмо по адресу И. Репина // Мир искусства. 1899. Т. 1. № 10. С. 4–8.

Дягилев 1899б — Дягилев С. П. Сложные вопросы. Вечная борьба // Мир искусства. 1899. Т. 1. № 1–2. С. 12–16; № 3–4. С. 37–61.

Дягилев 1901 — Дягилев С. П. О русских музеях // Мир искусства. 1901. Т. 6. № 10. С. 163–174.

Жемчужников 1971 — Жемчужников Л. М. Мои воспоминания из прошлого / Вступ. ст. и общ. ред. А. Г. Верещагиной. Л.: Искусство, 1971.

Жиль 1861 — Жиль Ф. А. [Жилль Ф. А.]. Музей Императорского Эрмитажа. Описание различных собраний составляющих музей с историческим введением об Эрмитаже императрицы Екатерины II и об образовании музея Нового Эрмитажа. СПб.: В тип. Императорской Академии наук, 1861.

Жуковский 1960 — Жуковский В. А. Сказка о царе Берендее, о сыне его Иване-царевиче, о хитростях Кощея Бессмертного и о премудрости Марьи-царевны, Кощеевой дочери // В. А. Жуковский. Собрание сочинений в 4 томах. Т. 3. Ленинград: Гос. изд-во художественной лит-ры, 1960. С. 157–169.

Забелин 1878 — Забелин И. Е. Черты самобытности в древнерусском зодчестве // Древняя и новая Россия. 1878. № 3. С. 185–203; № 4. С. 281–303.

Иллюстрированный путеводитель 1916 — Иллюстрированный путеводитель по этнографическому музею. Вновь переработанное издание. М.: Типография К. Л. Меньшова, 1916.

Императорский Российский исторический музей 1893 — Императорский Российский исторический музей: Указатель памятников. 2-е изд. М.: Типография А. И. Мамонтова, 1893.

Карамзин 1802 — Карамзин Н. М. Исторические воспоминания и замечания на пути к Троице // Вестник Европы. 1802. № 15. С. 207–226; № 16. С. 287–304; № 17. С. 30–47.

Карамзин 1803 — Карамзин Н. М. Русская старина // Вестник Европы. 1803. № 20. С. 251–271; № 21. С. 94–103.

Карпов 1900 — Карпов В. П. Харьковская старина: Из воспоминаний старожила (1830–1860 гг.). Харьков: Типография «Южного края», 1900.

Каталог картин 1863 — Каталог картин: Императорский Эрмитаж. СПб.: Типография Экспедиции заготовления Государственных бумаг, 1863.

Кестнер 1882 — Кестнер К. И. Материалы для исторического описания Румянцевского музеума. М.: Румянцевский музей, 1882.

Киселев 1977 — Киселев А. А. Этюды по вопросам искусства // Русская прогрессивная художественная критика второй половины XIX — начала XX века / Под ред. В. В. Ванслова. М.: Изобразительное искусство, 1977.

Коринфский 1912 — Коринфский А. А. Седая старина: Десять бывальщин. М.: А. Д. Ступин, 1912.

Короленко 1955 — Короленко В. Г. Две картины. Размышления литератора // В. Г. Короленко. Собрание сочинений: В 10 т. Т. 8. М.: Гос. изд-во художеств. лит-ры, 1955. С. 293–304.

Кошелев 1852 — Кошелев А. И. Поездка русского земледельца в Лондон на Всемирную выставку. М.: Тип. Ал. Семена, 1852.

Красницкий 1876 — Красницкий И. Я. Тверская старина. Очерки истории, древности и этнографии. СПб.: Воен. Тип., 1876.

Кудрявцев 1897 — Кудрявцев В. Ф. Старина, памятники, предания и легенды Прикамского края. Очерк. Вятка: Губернская типография, 1897.

Кукольник 1846 — Кукольник Н. В. Картины русской живописи. СПб.: Тип. III Отдел. Собств. Е. И. В. Канцелярии, 1846.

Лесков 1882 — Лесков Н. С. Сказ о тульском Левше и о стальной блохе (Цеховая легенда). СПб.: Типография А. С. Суворина, 1882.

Лесков 1956–1958 — Лесков Н. С. Собрание сочинений: В 11 т. М.: Гос. изд-во художественной литературы, 1956–1958.

Мамонтов 1950 — Мамонтов В. С. Воспоминания о русских художниках (Абрамцевский художественный кружок). М.: Изд-во Академии художеств СССР, 1950.

Мартынов, Снегирев 1848 — Русская старина в памятниках церковного и гражданского зодчества / Сост. А. А. Мартыновым, текст И. М. Снегирева. М.: В Полицейской типографии, 1848.

Межов 1882–1890 — Межов В. И. Русская историческая библиография за 1865–1876 включительно: В 8 т. СПб.: Типография Имп. академии наук, 1882–1890.

Мельников 1915 — Мельников П. И. Старина // П. И. Мельников. Полное собрание сочинений П. И. Мельникова (Андрея Печерского). Т. 6. Петроград, 1915. С. 169–185.

Миллер 1887 — Миллер В. Ф. Систематическое описание коллекций Дашковского этнографического музея. М.: Типография Е. Г. Потапова, 1887.

Миллер 1897–1924 — Миллер В. Ф. Очерки русской народной словесности. М.: Т-во И. Д. Сытина, 1897–1924.

Милюков 1925 — Милюков П. Н. Национальный вопрос (Происхождение национальности и национальные вопросы в России). Прага: Свободная Россия, 1925.

Минченков 1980 — Минченков Я. Д. Воспоминания о передвижниках. 6-е изд. Л.: Художник РСФСР, 1980.

Миронов 1902 — Миронов А. М. Путеводитель по Московской городской художественной галерее П. и С. Третьяковых. М.: Мамонтов, 1902.

Михневич 1878 — Михневич В. О. Пятнадцатилетие газеты «Голос». СПб.: А. А. Краевский, 1878.

Михневич 1884 — Михневич В. О. Наши знаковые. Фельетонный словарь современников: В 2 т. СПб.: Типография Э. Гоппе, 1884.

Московский публичный и Румянцевский музей 1897 — Московский публичный и Румянцевский музей. Торжественное заседание в память графа Н. П. Румянцева, 3 апреля 1897 г. М.: В. В. Чичерин, 1897.

Нагибин 1978 — Нагибин Ю. М. Берендеев лес. Рассказы, очерки. М.: Советский писатель, 1978.

Некрасов 1984 — Некрасов Н. А. (ред.) Физиология Петербурга. Библиотека русской художественной публицистики / Под ред. В. А. Недзвецкого. М.: Сов. Россия, 1984.

Никитенко 1893 — Никитенко А. В. Записки и дневник: В 3 т. СПб.: А. С. Суворин, 1893.

Никитенко 1955 — Никитенко А. В. Дневник. М.: Государственное издательство художественной литературы, 1955.

Опочинин 1902 — Опочинин Е. Н. Театральная старина. Исторические статьи. Очерки по документам. Мелочи и курьезы. М.: Т-во тип. А. И. Мамонтова, 1902.

Орлова 1898 — Орлова О. П. Два посещения с детьми Третьяковской галереи. М.: Мамонтов, 1898.

Островский 1977 — Островский А. Н. Снегурочка. Весенняя сказка в четырех действиях с прологом // А. Н. Островский. Полное собрание сочинений в 12 томах. Т. 7. М.: Искусство, 1977.

Отто, Куприянов 1862 — Отто Н. К., Куприянов И. К. Биографические очерки лиц, изображенных на памятнике тысячелетия России, воздвигнутом в г. Новгороде 1862 г. Новгород, 1862.

Отчет Императорского Российского Исторического Музея 1916 — Отчет Императорского Российского Исторического Музея имени Императора Александра III в Москве за 1883–1908 годы. М.: Синодальная типография, 1916.

Павлов 1863 — Павлов П. В. Тысячелетие России. Краткий очерк Отечественной истории. СПб.: Паульсон, 1863.

Памятник тысячелетия России 1862 — Памятник тысячелетия России, открытый в Новгороде 8 сентября 1862 года. СПб.: В Типографии В. Спиридонова, 1862.

Пантелеев 1958 — Пантелеев Л. Ф. Воспоминания / Под ред. С. А. Рейсера. М.: Гос. изд-во художеств. лит-ры, 1958.

Панютин 1872 — Панютин Л. К. Новый Год // Л. К. Панютин. Рассказы Нила Адмирари. Т. 2. СПб., 1872. С. 21–42.

Пильняк 2002 — Пильняк Б. А. Мне выпала горькая слава... Письма 1915–1937. М.: АГРАФ, 2002.

Писарев 1897 — Писарев Д. И. Разрушение эстетики // Д. И. Писарев. Сочинения Д. И. Писарева: Полное собрание в 6 томах: С портретом автора и статьей Евгения Соловьева. Т. 4. СПб.: Типография А. Пороховщикова, 1897. С. 497–516.

Писарев 1981 — Писарев Д. И. Реалисты // Д. И. Писарев. Литературная критика: В 3 т. / Сост., подгот. текста, авт. примеч. Ю. С. Сорокин. Т. 2. Л.: Художественная литература, 1981.

Побойнин 1902 — Побойнин И. П. Торопецкая старина. Исторические очерки города Торопца с древнейших времен до конца XVII века. М.: Университетская типография, 1902.

Поленова 1922 — Поленова Н. В. Абрамцево. Воспоминания. М.: Издание М. и С. Сабашниковых, 1922.

Пришвин 1928 — Пришвин М. М. Родники Берендея // М. М. Пришвин. Собрание сочинений: В 7 т. Т. 3. М.: Государственное издательство, 1928.

Прудон 1865 — Прудон П.-Ж. Искусство. Его основания и общественное назначение / Пер. Н. С. Курочкина. СПб.: Изд. Переводчиков, 1865.

Пушкин 1963 — Пушкин А. С. Руслан и Людмила // А. С. Пушкин. Полное собрание сочинений в десяти томах. Т. 4. М.: Изд-во Академии наук СССР, 1963.

Пыляев 1990 — Пыляев М. И. Старый Петербург. М.: СП «ИКПА», 1990.

Пятидесятилетие Румянцевского музея 1913 — Пятидесятилетие Румянцевского музея в Москве. 1862–1912. Исторический очерк. М.: Т-во скоропечатни А. А. Левенсон, 1913.

Ре..ф..ц 1837 — Ре..ф..ц И. [Ренофанц И. И.]. Карманная книжка для любителей чтения русских книг, газет и журналов или краткое истолкование встречающихся в них слов: военных, морских, политических, коммерческих и разных других из иностранных языков заимствованных, коих значения не каждому известны. Книжка подручная для каждого сословия, пола и возраста. СПб., 1837.

Репин 1944 — Репин И. Е. Далекое близкое / Под редакцией Корнея Чуковского. М.: Искусство, 1944.

Репин, Стасов 1948 — Репин И. Е. и Стасов В. В. Переписка: в 3 т. / Под ред. А. К. Лебедева. Т. 1. М.: Искусство, 1948.

Романович 1890 — Русская старина в родной поэзии. Иллюстрированный сборник стихотворных образцов с примечаниями и словарем / Ред. П. П. Романович. Новгород: Типо-лит. Губ. правления, 1890.

Рубакин 1895 — Рубакин Н. А. Этюды о русской читающей публике. Факты, факты и наблюдения. СПб.: Склад издания Н. П. Карбасникова, 1895.

Русская старина 2008 — Русская старина: Ежемесячное историческое издание. Репринтное издание. СПб.: Альфарет, 2008.

Салтыков-Щедрин 1934 — Салтыков-Щедрин М. Е. Культурные люди // М. Е. Салтыков-Щедрин. Полное собрание сочинений: В 20 т. Т. 11. Л.: Государственное издательство художественной литературы, 1934. С. 497–532.

Салтыков-Щедрин 1951 — Салтыков-Щедрин М. Е. Убежище Монрепо // М. Е. Салтыков-Щедрин. Собрание сочинений: В 12 т. Т. 8. М.: Правда, 1951.

Сапунов 1883 — Сапунов А. П. Витебская старина. Витебск: Типолит. Г. А. Малкина, 1883.

Сборник материалов для истории 1882–1886 — Сборник материалов для истории Румянцевского музея: В 2 т. М.: Изд. Московского публичного и Румянцевского музеев, 1882–1886.

Сведения об устройстве 1874 — Сведения об устройстве Музея имени Государя Наследника Цесаревича. М.: Синодальная типография, 1874.

Систематический указатель 1893 — Систематический указатель статей исторического журнала «Древняя и новая Россия». 1875–1881. СПб.: Издание А. С. Суворина, 1893.

Случевский 1898 — Случевский К. К. Возникающая сокровищница: Русский музей Императора Александра III. СПб.: Типография Министерства внутренних дел, 1898.

Собко 1893–1899 — Собко Н. П. Словарь русских художников, ваятелей, живописцев, зодчих, рисовальщиков, граверов, литографов, медальеров, мозаичистов, иконописцев, литейщиков, чеканщиков, сканщиков и проч. с древнейших времен до наших дней (XI–XIX вв.): В 3 т. СПб.: Типография М. М. Стасюлевича, 1893–1899.

Собрание княгини 2008 — Собрание княгини М. К. Тенишевой. К 110-летию Русского музея. СПб.: Palace Editions, 2008.

Солженицын 1969 — Солженицын А. В круге первом. Paris: YMCA Press, 1969.

Соллогуб 1988 — Соллогуб В. А. Повести. Воспоминания. Л.: Художественная литература. Ленинградское отд-ние, 1988.

Солнцев 2007 — Солнцев Ф. Г. Древности Российского государства / Ред. Е. С. Давыдова. М.: Белый город, 2007.

Солнцев 1849–1865 — Солнцев Ф. Г. Древности Российского государства. В 6-ти отделениях. М.: Типография Александра Семена, 1849–1865.

Соловьев 1912 — Соловьев В. С. Национальный вопрос в России // В. С. Соловьев. Собрание сочинений Владимира Сергеевича Соловьева: с 3 портретами и автографом: В 10 т. 2-е изд. Т. 5. СПб.: Книгоиздательское Товарищество «Просвещение», 1912.

Соханская 1863 — Соханская Н. С. Старина. Семейная память // Повести Кохановской. Т. 1. М.: В типографии Бахметева, 1863. С. 181–267.

Стасов 1872 — Стасов В. В. Русский народный орнамент. Выпуск 1: Шитье, ткани, кружева. Издание общества поощрения художников с объяснительным текстом В. Стасова. СПб.: Типография товарищества «Общественная польза», 1872.

Стасов 1894–1906 — Стасов В. В. Собрание сочинений В. В. Стасова. 1847–1886: В 4 т. СПб.: Типография М. М. Стасюлевича, 1894–1906.

Стасов 1898 — Стасов В. В. Царь Берендей и его палата // Искусство и художественная промышленность. 1898. № 1–2.

Стасов 1952 — Стасов В. В. Избранные сочинения в трех томах: В 3 т. М.: Искусство, 1952.

Стасов 1954 — Стасов В. В. Статьи и заметки, публиковавшиеся в газетах и не вошедшие в книжные издания: В 2 т. / Предисл. В. М. Лобанова. Т. 2. М.: Изд-во Академии художеств СССР, 1954.

Стругова 2008 — Княгиня Мария Тенишева в зеркале Серебряного века. Каталог выставки / Авт.-сост., отв. ред. О. Б. Стругова. М.: Научно-издательский отдел ГИМ, 2008.

Суворин 1904 — Суворин А. С. Русский календарь на 1904 г. СПб.: А. С. Суворин, 1904.

Тенишева 2006 — Тенишева М. К. Впечатления моей жизни. М.: Молодая гвардия, 2006.

Титов 1883 — Титов А. А. Ростовская старина. Ростов: Типография Сорокина, 1883.

Толстой 1952 — Толстой Л. Н. Дневник 1894 г. // Л. Н. Толстой. Полное собрание сочинений: в 90 т. / Под ред. В. Г. Черткова и др. Т. 52. М.: Художественная литература, 1952.

Толстой 1978–1985 — Толстой Л. Н. Собрание сочинений в 22 томах. М.: Художественная литература, 1978–1985.

Указатель Всероссийской мануфактурной выставки 1870 — Указатель Всероссийской мануфактурной выставки 1870 года в С.-Петербурге. СПб.: Типография товарищества «Общественная польза», 1870.

Успенский 1908 — Успенский Г. И. Полное собрание сочинений Глеба Успенского: В 6 т. СПб.: Издание А. Ф. Маркса, 1908.

Успенский 1952 — Успенский Г. И. Скандал. Обыкновенная история // Г. И. Успенский. Полное собрание сочинений: В 14 т. Т. 1. М.: Издательство Академии наук СССР, 1952. С. 438–455.

Федоров 1997 — Федоров Н. Ф. Собрание сочинений: В 4 т. М.: Традиция, 1997.

Философов 1909 — Философов Д. В. Слова и жизнь. Литературные споры новейшего времени. СПб.: Типография Акц. Общ. Тип. Дела, 1909.

Философов 2004 — Философов Д. В. П. Д. Боборыкин // Загадки русской культуры. М.: НПК «ИНТЕЛВАК», 2004. С. 596–610.

Ходнев 1862 — Ходнев А. П. Об устройстве музеумов, с целью народного образования и практической пользы. СПб.: 1862.

Хомяков 1900 — Хомяков А. С. Полное собрание сочинений Алексея Степановича Хомякова. М.: Университетская Типография, 1900.

Чаадаев 1991 — Чаадаев П. Я. Философские письма (1829–1830) // П. Я. Чаадаев. Полное собрание сочинений и избранные письма: В 2 т. Т. 1. М.: Наука, 1991.

Чекалевский 1793 — Чекалевский П. П. Рассуждение о свободных художествах с описанием некоторых произведений российских художников. СПб.: 1793.

Чернышевский 1939–1953 — Чернышевский Н. Г. Полное собрание сочинений: В 15 т. / Под общ. ред. В. Я. Кирпотина. М.: Гос. изд-во художеств. лит-ры, 1939–1953.

Чернышевский 1986 — Чернышевский Н. Г. Эстетические отношения искусства к действительности (Диссертация) // Н. Г. Чернышевский. Сочинения: В 2 т. Т. 1. М.: Мысль, 1986. С. 71–173.

Шелгунов 1895а — Шелгунов Н. В. Очерки русской жизни. СПб.: Изд. О. Н. Поповой, 1895.

Шелгунов 1895б — Шелгунов Н. В. Сочинения Н. В. Шелгунова. 2-е изд. СПб.: Типография И. Н. Скороходова, 1895.

Шелгунов 1967 — Шелгунов Н. В. Воспоминания. Серия литературных мемуаров. М.: Художественная литература, 1967.

Этнографическая выставка 1878 — Этнографическая выставка 1867 года. М.: Типография М. Н. Лаврова и К°, 1878.

XIX век 1901 — XIX век. Иллюстрированный обзор минувшего столетия. СПб.: Издание А. Ф. Маркса, 1901.

Библиография

Алпатов 1979 — Алпатов М. В. Этюды по всеобщей истории искусств. Избранные искусствоведческие работы. М.: Советский художник, 1979.

Алянский 1996 — Алянский Ю. Л. Увеселительные заведения старого Петербурга. СПб.: АОЗТ «ПФ», 1996.

Андерсон 2001 — Андерсон Б. Воображаемые сообщества: Размышления об истоках и распространении национализма / Пер. с англ. В. Г. Николаева. М.: Канон-Пресс-Ц, Кучково поле, 2001.

Анциферов 1927 — Анциферов Н. П. Беллетристы-краеведы (Вопрос о связи краеведения с художественной литературой) // Краеведение. 1927. № 1. С. 31–46.

Аронов 1995 — Аронов А. А. Золотой век русского меценатства. М.: Изд-во Моск. гос. ун-та культуры, 1995.

Аронсон, Рейсер 2001 — Аронсон М. И., Рейсер С. А. Литературные кружки и салоны / Ред. и предисл. Б. М. Эйхенбаума. М.: Аграф, 2001.

Артамонова 1995 — Артамонова О. Б. К вопросу о коллекционировании западноевропейской живописи графом А. С. Строгановым // Коллекционеры и меценаты в Санкт-Петербурге. 1703–1917. Тезисы докладов конференции. СПб.: Государственный Эрмитаж, 1995. С. 6–8.

Асоян, Малафеев 2000 — Асоян Ю. А., Малафеев А. В. Открытие идеи культуры. Опыт русской культурологии середины XIX — начала XX веков. М.: ОГИ, 2000.

Афанасьев 2002 — Афанасьев А. Н. Мифы, поверья и суеверия славян. Поэтические воззрения славян на природу: В 3 т. М.: ЭКСМО, 2002.

Баршт 1988 — Баршт К. А. О типологических взаимосвязях литературы и живописи (на материале русского искусства XIX века) // Русская литература и изобразительное искусство XVIII — начала XX века: Сборник научных трудов. Л.: Наука, 1988. С. 5–34.

Бахтин 1975 — Бахтин М. М. Вопросы литературы и эстетики. М.: Художественная литература, 1975.

Бахтин 1979 — Бахтин М. М. К методологии гуманитарных наук // Эстетика словесного творчества. М.: Искусство, 1979. С. 361–373.

Бахтин 1986 — Бахтин М. М. Литературно-критические статьи. М.: Художественная литература, 1986.

Беккер и др. 1940 — Беккер И. И., Бродский И. А., Исаков С. К. Академия художеств. Исторический очерк. Л.: Искусство, 1940.

Бельчиков 1928 — Бельчиков Н. Ф. Чернышевский и Достоевский (из истории пародий) // Печать и революция. Июль–август 1928. № 5. С. 35–53.

Бенуа 1901 — Бенуа А. Н. История живописи в XIX веке. Русская живопись. СПб.: Издание т-ва «Знание», 1901.

Бенуа 1906 — Бенуа А. Н. Русский музей императора Александра III. М.: Издание И. Н. Кнебель, 1906.

Бенуа 1911 — Бенуа А. Н. Путеводитель по картинной галерее Императорского Эрмитажа. СПб.: Издание Общины св. Евгении, 1911.

Беньямин 2000 — Беньямин В. Париж, столица XIX столетия // В. Беньямин. Озарения / Пер. с нем. С. А. Ромашко. М.: Мартис, 2000. С. 153–167.

Беньямин 2018 — Беньямин В. Эдуард Фукс: коллекционер и историк // В. Беньямин. О коллекционерах и коллекционировании / Пер. с нем. С. А. Ромашко. М.: V-A-C Press, 2018. С. 25–71.

Бердяев 1994 — Бердяев Н. А. Философия творчества, культуры и искусства: В 2 т. М.: Искусство, 1994.

Бердяев 2016 — Бердяев Н. А. Русская идея / Н. А. Бердяев. Русская идея. Миросозерцание Достоевского. М.: Э, 2016.

Березина 1965 — Березина В. Г. Газеты 1860-х годов // Очерки по истории русской журналистики и критики. Т. 2. Л.: Изд-во ЛГУ, 1965. С. 30–59.

Березкина 1989 — Березкина С. В. Пушкинская фольклорная запись и «Сказка о царе Берендее» В. А. Жуковского // Пушкин. Исследования и материалы. Т. 13. Л.: Наука, 1989. С. 267–278.

Берман 2020 — Берман М. Все твердое растворяется в воздухе. Опыт модерности / Пер. с англ. В. В. Федюшина, Т. Беляковой. М.: Горизонталь, 2020.

Биллингтон 2011 — Биллингтон Дж. Х. Икона и топор. Опыт истолкования истории русской культуры. Россия в поисках себя / Пер. с англ. В. А. Скороденко. М.: Центр книги Рудомино, 2011.

Богородицкая 2000 — Богородицкая Н. А. Нижегородская ярмарка в воспоминаниях современников. Нижний Новгород: Изд-во ННГУ им. Н. И. Лобачевского, 2000.

Борисова 1979 — Борисова Е. А. Русская архитектура второй половины XIX века. М.: Наука, 1979.

Боткина 1995 — Боткина А. П. Павел Михайлович Третьяков в жизни и искусстве. 5-е изд. М.: Искусство, 1995.

Брешко-Брешковский 1903 — Брешко-Брешковский Н. Н. Русский музей императора Александра III. СПб.: Товарищество М. О. Вольф, 1903.

Брук 1981 — Государственная Третьяковская галерея: Очерки истории, 1856–1917. К 125-летию основания Третьяковской галереи / Ред. Я. В. Брук. Л.: Художник РСФСР, 1981.

Брусовани, Гальперина 1988 — Брусовани М. И., Гальперина Р. Г. Заграничные путешествия Ф. М. Достоевского 1862 и 1863 гг. // Достоевский. Материалы и исследования. Т. 8. Л.: Наука, 1988. С. 272–292.

Брэдли 2012 — Брэдли Дж. Общественные организации в царской России: наука, патриотизм и гражданское общество / Пер. с англ. М. Н. Карпец. М.: Новый хронограф, 2012.

Будагов 1971 — Будагов Р. А. История слов в истории общества. М.: Просвещение, 1971.

Бурова и др. 1959 — Товарищество передвижных художественных выставок: в 2 т. / Ред. Г. К. Бурова, О. И. Гапонова, В. Ф. Румянцева. М.: Искусство, 1959.

Валицкий 2013 — Валицкий А. История русской мысли от просвещения до марксизма. М.: Канон-Плюс, 2013.

Васильев 2000 — Васильев А. А. Красота в изгнании. М.: Слово/Slovo, 2008.

Васина-Гроссман 1984 — Васина-Гроссман В. А. Мусоргский и Виктор Гартман // Художественные процессы в русской культуре второй половины XIX века / Отв. ред. Г. Ю. Стернин. М.: Наука, 1984. С. 37–51.

Врангель 1904 — Врангель Н. Н. Русский музей Императора Александра III. Живопись и культура: В 2 т. СПб.: Изд. Русского музея Императора Александра III, 1904.

Врангель 1915 — Врангель Н. Н. Искусство и государь Николай Павлович. Петроград, 1915.

Гарафола 2021 — Гарафола Л. Русский балет Дягилева / Пер. с англ. М. Ивониной, О. Левенкова. М.: Колибри, 2021.

Гинзбург 1974 — Гинзбург И. В. К истории Академии художеств во второй половине XIX века // Вопросы художественного образования. Вып. IX. Л.: Академия художеств СССР, Ин-т живописи, культуры и искусства, 1974. С. 3–16.

Гирц 2004 — Гирц К. Интерпретация культур / Пер. с англ. О. В. Барсуковой, А. А. Борзунова, Г. М. Дашевского, Е. М. Лазаревой, В. Г. Николаева. М.: Российская политическая энциклопедия, 2004.

Глинский 1914 — Глинский Б. Б. Среди литераторов и ученых. Биографии, некрологи, характеристики, воспоминания, встречи. СПб.: Типография Т-ва А. С. Суворина «Новое время», 1914.

Глинский 1916 — Глинский Б. Б. «Новое время» (1876–1916). Исторический очерк. Петроград: Типография Т-ва А. С. Суворина «Новое время», 1916.

Гнедич 1897 — Гнедич П. П. История искусств. Зодчество, живопись, ваяние. СПб.: Издание А. Ф. Маркса, 1897.

Голубева 1995 — Голубева О. Д. В. В. Стасов. СПб.: Российская национальная библиотека, 1995.

Горький 1918 — Горький Максим. Революция и культура. Статьи за 1917 г. Берлин: Изд. Т-ва И. П. Ладыжникова, 1918.

Грабарь 1909–1913 — Грабарь И. Э. История русского искусства: В 6 т. М.: Изд-во И. Н. Кнебеля, 1909–1913.

Грабарь, Зильберштейн 1948–1949 — Репин. Художественное наследство: В 2 т. / Ред. И. Э. Грабарь, И. С. Зильберштейн. М.: Издательство Академии наук СССР, 1948–1949.

Дементьев и др. 1959 — Русская периодическая печать (1702–1894): Справочник / Под ред. А. Г. Дементьева, А. В. Западова, М. С. Черепахова. М.: Гос. изд-во полит. лит-ры, 1959.

Джексон 2020 — Джексон Р. Л. Достоевский: поиск формы. Философия искусства писателя / Пер. с англ. Т. В. Ковалевской. СПб.: Дмитрий Буланин, 2020.

Дружинин 1958 — Дружинин А. В. Драматический фельетон о фельетоне и о фельетонистах // Русский фельетон. В помощь работникам печати / Под ред. А. В. Западова. М.: Гос. изд-во полит. лит-ры, 1958. С. 122–128.

Дрыжакова 1983 — Дрыжакова Е. Н. Достоевский и Герцен: Лондонское свидание 1862 года // Canadian-American Slavic Studies. Осень 1983. Вып. 17. № 3. С. 325–348.

Дьяков 1986 — Дьяков В. А. Ученая дуэль М. П. Погодина с Н. И. Костомаровым (О публичном диспуте по норманнскому вопросу 19 марта 1860 г.) // Историография и источниковедение стран Центральной и Юго-Восточной Европы. М.: Наука, 1986. С. 40–56.

Дягилев 1982 — Дягилев С. П. Сергей Дягилев и русское искусство. Статьи, открытые письма, интервью. Современники о Дягилеве: В 2 т. / Под ред. И. С. Зильберштейна и В. А. Самкова. М.: Изобретательское искусство, 1982.

Егоров 1991 — Егоров Б. Ф. Борьба эстетических идей в России 1860-х годов. Л.: Искусство, 1991.

Егоров 1995 — Исторический музей — энциклопедия отечественной истории и культуры / Ред. В. Л. Егоров. М.: Гос. исторический музей, 1995.

Егоров 2009 — Егоров Б. Ф. Избранное. Эстетические идеи в России XIX века. СПб.: Летний сад, 2009.

Емельянов 1969 — Русская журналистика XVIII–XIX вв. (из истории жанров) / Отв. ред. Н. П. Емельянов. Л.: Изд-во Ленинградского университета, 1969.

Есин 1971 — Есин Б. И. Русская дореволюционная газета, 1702–1917 гг. Краткий очерк. М.: Изд-во Московского университета, 1971.

Есин 1989 — Есин Б. И. История русской журналистики XIX в. М.: Высшая школа, 1989.

Журавлева 1974 — Журавлева Л. С. Теремок. М.: Московский рабочий, 1974.

Журавлева 1984 — Русская драма эпохи А. Н. Островского / Ред. А. И. Журавлева. М.: Издательство Московского университета, 1984.

Журавлева 1989 — Журавлева Л. С. Талашкино. Очерк-путеводитель. М.: Изобразительное искусство, 1989.

Журавлева 1990 — Журавлева Л. С. Придите и владейте мудрые... Смоленск: Московский рабочий, 1990.

Журавлева 1992 — Журавлева Л. С. Княгиня Мария Клавдиевна Тенишева. Смоленск: Смоленский государственный педагогический институт им. К. Маркса, 1992.

Журавлева 1994 — Журавлева Л. С. Княгиня Мария Тенишева. Смоленск: Полиграмма, 1994.

Журавлева 1998 — Журавлева Л. С. Тенишевский музей «Русская старина». Анн Арбор: Распр. ATC Books International, Inc., 1998.

Журбина 1969 — Журбина Е. И. Теория и практика художественно-публицистических жанров. М.: Мысль, 1969.

Журбина 1979 — Журбина Е. И. Повесть с двумя сюжетами. О публицистической прозе. 2-е изд. М.: Сов. писатель: 1979.

Западов 1958 — Русский фельетон. В помощь работникам печати / Под ред. А. В. Западова. М.: Гос. изд-во полит. лит-ры, 1958.

Западов 1973 — История русской журналистики XVIII–XIX веков / Под ред. А. В. Западова и др. М.: Высшая школа, 1973.

Зарецкая 1986 — Зарецкая Д. М. Россия на Всероссийской выставке 1851 года // Вопросы истории. Июль 1986. № 7. С. 180–185.

Зелинский 1915 — Критические комментарии к сочинениям А. Н. Островского. Хронологический сборник критико-библиографических статей / Изд.-сост. В. А. Зелинский. 4-е изд. М.: Типография Вильде, 1915.

Исаков 1914 — Исаков С. К. и др. Краткий исторический очерк: Императорская академия художеств, 1764–1914. СПб.: Т-во Р. Голике и А. Вильборг, 1914.

Каппелер 1997 — Каппелер А. Россия — многонациональная империя. Возникновение, история, распад / Пер. с нем. С. М. Червонной. М.: Прогресс-Традиция, 1997.

Карасик, Петрова 1995 — Из истории музея. Сборник статей и публикации / Сост. И. Н. Карасик, Е. Н. Петрова. СПб.: Государственный Русский музей, 1995.

Карпеев, Шафрановская 1996 — Карпеев Э. П., Шафрановская Т. К. Кунсткамера. СПб.: ООО «Алмаз», 1996.

Карпов 1923 — Памяти А. Н. Островского: сборник статей об Островском и неизданные труды его / Под ред. Е. П. Карпова. Петроград: Путь к знанию, 1923.

Каспаринская 1991 — Каспаринская С. А. Музеи России и влияние государственной политики на их развитие (XVIII — нач. XX в.) // Музей и власть. Государственная политика в области музейного дела (XVIII–XX вв.). Сборник научных трудов. М.: Научно-исследовательский институт культуры, 1991. С. 8–95.

Каспаринская-Овсянникова 1971 — Каспаринская-Овсянникова С. А. Выставки изобразительного искусства в Петербурге и Москве в пореформенный период (вторая половина XIX в.) // Очерки истории музейного дела в СССР. Вып. 7. М.: Советская Россия, 1971. С. 366–399.

Кауфман 1985 — Кауфман Р. С. Очерки истории русской художественной критики XIX века. М.: Искусство, 1985.

Киреевский 1984 — Киреевский И. В. Избранные статьи / Под ред. В. А. Котельникова. М.: Современник, 1984.

Кириченко 1982 — Кириченко Е. И. Историзм мышления и тип музейного здания в русской архитектуре середины и второй половины

XIX в. // Взаимосвязь искусств в художественном развитии России второй половины XIX века. Идейные принципы. Структурные особенности / Отв. ред. Г. Ю. Стернин. М.: Наука, 1982. С. 109–162.

Кириченко 1984 — Кириченко Е. И. К вопросу о пореформенных выставках России как выражении исторического своеобразия архитектуры второй половины XIX в. // Художественные процессы в русской культуре второй половины XIX века / Под ред. Г. Ю. Стернина. М.: Наука, 1984. С. 83–136.

Кириченко, Щеболева 1997 — Кириченко Е. И., Щеболева Е. Г. Русская провинция. М.: Наш дом — L'Age d'Homme, 1997.

Кларк 2018 — Кларк К. Петербург, горнило культурной революции / Пер. с англ. В. Макарова. М.: Новое литературное обозрение, 2018.

Ковалевский 1900 — Россия в конце XIX века / Под общ. ред. В. И. Ковалевского. СПб.: Типография Акц. Общ. Брокгауз-Ефрон, 1900.

Козьмин 1961 — Козьмин Б. П. «Раскол в нигилистах» (Эпизод из истории русской общественной мысли 60-х годов) // Из истории революционной мысли в России. Избранные труды. М.: Изд-во Академии наук СССР, 1961. С. 20–67.

Комелова 1958 — Комелова Г. Н. Петербургское общество поощрения художеств и его деятельность в 20–40-х гг. XIX в. // Сообщения Государственного Эрмитажа. Вып. 14. Л.: Искусство, 1958. С. 34–36.

Кондаков 1914 — Императорская Санкт-Петербургская Академия художеств: 1764–1914: В 2 т. / Сост. С. Н. Кондаков. СПб.: Р. Голике, 1914.

Костомаров 1991 — Костомаров Н. И. Две русские народности. Киев: Майдан, 1991.

Кулибина 1905 — Кулибина О. Н. Русский музей императора Александра III. Объяснение к картинам, составленное для народа Ольгою Кулибиной. 2-е изд. СПб.: Монтвида, 1905.

Лазаревич 1972 — Журналистика и литература / Под ред. Э. А. Лазаревич. М.: Изд-во Московского университета, 1972.

Лапшина 1977 — Лапшина Н. П. «Мир искусства». Очерки истории и творческой практики. М.: Искусство, 1977.

Лебедев 1946 — Лебедев Г. Е. Государственный русский музей. 1895–1945. Л.: Искусство, 1946.

Левин 1980 — Левин Ю. Д. Оссиан в русской литературе. Конец XVIII — первая треть XIX века. Л.: Наука, 1980.

Левинсон-Лессинг 1985 — Левинсон-Лессинг В. Ф. История картинной галереи Эрмитажа (1764–1917). Л.: Искусство, 1985.

Левитт 1994 — Левитт Маркус Ч. Литература и политика: Пушкинский праздник 1880 года / Пер. с англ. И. Н. Владимирова, В. Д. Рака, М. Б. Кутеевой. СПб.: Академический Проект, 1994.

Лемке 1904 — Лемке М. К. Очерки по истории русской цензуры и журналистики XIX столетия. СПб.: Кн-во М. В. Пирожкова, 1904.

Ленин 1961 — Ленин В. И. Критические заметки по национальному вопросу // В. И. Ленин. Полное собрание сочинений: в 55 т. 5-е изд. Т. 24. М.: Государственное издательство политической литературы, 1961. С. 113–150.

Леонтьева 1976 — Леонтьева Г. К. Карл Брюллов. Л.: Искусство, 1976.

Лещинский 1946 — Лещинский Я. Д. Павел Андреевич Федотов. Художник и поэт. Л.: Искусство. 1946.

Ливен 2007 — Ливен Д. Российская империя и ее враги с XVI века до наших дней / Пер. с англ. А. Козлика, А. Платонова. М.: Европа, 2007.

Лисовский 1903 — Лисовский Н. М. Периодическая печать в России. 1703–1903. Статистико-библиографический обзор русской периодической печати. СПб.: А. Э. Винеке, 1903.

Лисовский 1976 — Лисовский В. Г. Петербургская Академия художеств и проблема «национального стиля» // Проблемы развития русского искусства. Вып. 8. Л.: Академия художеств СССР, Ин-т живописи, культуры и искусства, 1976. С. 26–35.

Лисовский 1997 — Лисовский В. Г. Академия художеств. СПб.: ООО «Алмаз», 1997.

Лисовский 2000 — Лисовский В. Г. «Национальный стиль» в архитектуре России. М.: Совпадение, 2000.

Лихачев 1999 — Лихачев Д. С. Раздумья о России. СПб.: Логос, 1999.

Лотман 1994 — Лотман Ю. М. Беседы о русской культуре. Быт и традиции русского дворянства (XVIII — начало XIX века). СПб.: Искусство-СПб, 1994.

Лотман 1996 — Лотман Ю. М. Внутри мыслящих миров. Человек — текст — семиосфера. М.: Языки русской культуры, 1996.

Лотман, Успенский 1971 — Лотман Ю. М., Успенский Б. А. О семиотическом механизме культуры // Труды по знаковым системам. Ученые записки Тартуского государственного университета. Вып. 284. Т. 5. Тарту, 1971. С. 144–166.

Майорова 2000 — Майорова О. Е. Бессмертный Рюрик. Празднование Тысячелетия России в 1862 г. // Новое литературное обозрение. 2000. № 43. С. 137–165.

Майорова 2001 — Майорова О. Е. Славянский съезд 1867 года. Метафорика торжества. Новое литературное обозрение. 2001. № 51. С. 89–110.

Маковский 1905 — Маковский С. К. Талашкино. Изделия мастерских кн. М. Кл. Тенишевой. СПб.: Содружество, 1905.

Маковский 1909–1913 — Маковский С. К. Страницы художественной критики: В 3 кн. СПб.: Пантеон, 1909–1913.

Мальцева 1995 — Мальцева Н. А. Российский Исторический музей и вопрос об учреждении национального музея им. 300-летия Дома Романовых // Исторический музей — энциклопедия отечественной истории и культуры. М.: Государственный исторический музей, 1995. С. 30–41.

Мамонтова и др. 2006 — Павел и Сергей Третьяковы. Жизнь. Коллекция. Музей / Редкол. Н. Н. Мамонтова, Т. А. Лыкова, Т. В. Юденкова. М.: Махаон, 2006.

Масанов 1956–1960 — Масанов И. Ф. Словарь псевдонимов русских писателей, ученых и общественных деятелей: В 4 т. М.: Всесоюзная книжная палата, 1956–1960.

Маслов 1928 — Маслов В. И. Оссиан в России (Библиография). Л.: Изд. Отд-ния гуманитарных наук Академии наук СССР, 1928.

Маслова 1985 — Маслова Е. Н. Памятник «Тысячелетие России» / Сост. С. Н. Семанов. М.: Советская Россия, 1985.

Мастеница 1999 — Мастеница Е. Н. Музей в формировании менталитета // Психология Петербурга и петербуржцев за три столетия. Материалы Российской научной конференции 25 мая 1999 г. СПб.: Нестор, 1999. С. 17–21.

Мезенин 1990 — Мезенин В. К. Парад всемирных выставок. М.: Знание, 1990.

Микац 1996 — Микац О. В. Копирование в Эрмитаже как школа мастерства русских художников XVIII–XIX вв. СПб.: Гос. Эрмитаж, 1996.

Михайлов 1929 — Михайлов А. И. Заметки о развитии буржуазной живописи в России (60–70 гг. XIX в.) // Русская живопись XIX века: Сборник статей / Под ред. В. М. Фриче. М.: РАНИОН, 1929. С. 84–114.

Михайловская 1961 — Михайловская А. И. Из истории промышленных выставок в России первой половины XIX в. (первые всероссийские промышленные выставки) // Очерки истории музейного дела в России. Вып. 3. М.: Советская Россия, 1961. С. 79–154.

Мокрицкий 1975 — Мокрицкий А. Н. Дневник художника А. Н. Мокрицкого / Вступ. ст. и прим. Н. Л. Приймака. М.: Изобразит. искусство, 1975.

Молева 1963 — Константин Коровин. Жизнь и творчество: письма, документы, воспоминания / Ред. Н. М. Молева. М.: Изд-во Академии художеств СССР, 1963.

Молева, Белютин 1967 — Молева Н. М., Белютин Э. М. Русская художественная школа второй половины XIX — начала XX века. М.: Искусство, 1967.

Мухин 1992 — Блестящая эпоха Фаберже. Санкт-Петербург — Париж — Москва. Каталог выставки. Екатерининский дворец. Царское село / Ред. В. В. Мухин. СПб.: Норд, 1992.

Набоков 1996 — Набоков В. В. Записки из подполья // В. В. Набоков. Лекции по русской литературе: Чехов, Достоевский, Гоголь, Горький, Толстой, Тургенев / Пер. с англ. А. В. Курт. М.: Независимая газета, 1996. С. 189–202.

Найт 2001 — Найт Н. Империя напоказ. Всероссийская этнографическая выставка 1867 года // Новое литературное обозрение. 2001. № 51. С. 111–131.

Найт 2005 — Найт Н. Наука, империя и народность. Этнография в Русском географическом обществе, 1845–1855 // Российская империя в зарубежной историографии. Работы последних лет. Антология / Сост. П. Верт, П. С. Кабытов, А. И. Миллер; пер. с англ. Н. Бодягиной. М.: Новое издательство, 2005. С. 155–198.

Неверов 2004 — Неверов О. Я. Частные коллекции Российской империи. М.: Слово/Slovo, 2004.

Ненарокомова 1994 — Ненарокомова И. С. Павел Третьяков и его галерея. М.: Галарт, 1994.

Нерадовский 1965 — Нерадовский П. И. Из жизни художника. Л.: Художник РСФСР, 1965.

Нечаева 1975 — Нечаева В. С. Журнал М. М. и Ф. М. Достоевских «Эпоха» (1864–1865). М.: Наука, 1975.

Никитин 1960 — Никитин С. А. Славянские комитеты в России в 1858–1876 годах. М.: Изд-во Московского университета, 1960.

Никитин 1977 — Никитин Ю. А. Архитектура русских выставочных павильонов на всемирных и международных выставках // Проблемы синтеза искусств и архитектуры. Вып. 7. Л.: Академия художеств СССР, Ин-т живописи, культуры и искусства, 1977. С. 68–77.

Новицкий 1903 — Новицкий А. П. История русского искусства с древнейших времен. М.: В. Н. Линд, 1903.

Норман 2006 — Норман Дж. Биография Эрмитажа / Пер. с англ. М. Козыревой, А. Козырева. М.: Слово/Slovo, 2006.

Образцов 1975 — Образцов Г. А. Эстетика В. В. Стасова и развитие русского национально-реалистического искусства. Л.: Издательство Ленинградского университета, 1975.

Овсянникова 1962 — Овсянникова С. А. Художественные музеи Петербурга и Москвы II-й пол. XIX — нач. XX века (Эрмитаж, Третьяковская галерея, Русский музей) // Труды Научно-исследовательского института музееведения. Вып. 7. М., 1962. С. 7–62.

Одом 1993 — Одом Э. Московские мастерские Фаберже // Фаберже: Придворный ювелир / Г. фон Габсбург, М. Лопато; пер. с англ. А. Кана, Н. Пушкиной. Вашингтон: Фонд искусства Фаберже, 1993. С. 104–115.

Озер 2004 — Озер Дж. Мир эмалей княгини Марии Тенишевой [Княгиня Мария Тенишева и ее мир эмалей]. М., 2004.

Оксман 1930 — Фельетоны сороковых годов. Журнальная и газетная проза И. А. Гончарова, Ф. М. Достоевского, И. С. Тургенева / Под ред. Ю. Г. Оксмана. М.: Academia, 1930.

Оршер 1930 — Оршер И. Л. Литературный путь дореволюционного журналиста. М.: Гос. изд-во, 1930.

Очерки по истории 1965 — Очерки по истории русской журналистики и критики: В 2 т. Л.: Изд-во Ленинградского гос. ун-та, 1965.

Панаев 1958 — Панаев И. И. Петербургский литературный промышленник // Русский фельетон. В помощь работникам печати / Под ред. А. В. Западова. М.: Гос. изд-во полит. лит-ры, 1958. С. 130–139.

Панаев 1984 — Панаев И. И. Петербургский фельетонист // Физиология Петербурга. Серия: Библиотека русской художественной публицистики / Под ред. В. А. Недзвецкого. М.: Сов. Россия, 1984. С. 251–301.

Панченко 1977 — Панченко А. М. Два этапа русского барокко // Текстология и поэтика русской литературы XI–XVII веков / Отв. ред. Д. С. Лихачева. Л.: Наука, 1977. С. 100–106.

Панченко 1999 — Панченко А. М. Лесковский Левша как национальная проблема // А. М. Панченко. Русская история и культура. Работы разных лет. СПб.: Юна, 1999. С. 448–452.

Паперно 1996 — Паперно И. А. Семиотика поведения: Николай Чернышевский — человек эпохи реализма / Пер. с англ. Т. Я. Казавчинской. М.: Новое литературное обозрение, 1996.

Паперный 1985 — Паперный В. З. Культура «Два». Анн Арбор: Ардис, 1985.

Пастон 2003 — Пастон Э. В. Абрамцево. Искусство и жизнь. М.: Искусство, 2003.

Пекарский 1862 — Пекарский П. П. Наука и литература в России при Петре Великом. СПб.: Общественная польза, 1862.

Поликарпова 1998 — 100 лет Русского музея в фотографиях, 1898–1998 / Сост. Г. А. Поликарпова. СПб.: Государственный Русский музей, 1998.

Половцов 1900 — Половцов А. В. Прогулка по Русскому музею Императора Александра III в С.-Петербурге. М.: Типо-лит. Т-ва И. Н. Кушнерев и К°, 1900.

Полунина, Фролов 1990 — Полунина Н. М., Фролов А. И. Основатели. Российские просветители. М.: Советская Россия, 1990.

Пыпин 1890 — Пыпин А. Н. История русской этнографии: в 4 т. Т. 1. СПб.: Типография М. М. Стасюлевича, 1890.

Равикович 1990 — Равикович Д. А. Музейные деятели и коллекционеры в России XVIII — нач. XX в. // Концептуальные проблемы музейной энциклопедии. М.: Научно-исслед. ин-т культуры, 1990.

Разгон 1960 — Разгон А. М. Российский Исторический музей. История его основания и деятельности (1872–1917 гг.) // Очерки истории музейного дела в России. Вып. 2. М.: Советская Россия, 1960. С. 224–299.

Разгон 1961 — Разгон А. М. Этнографические музеи в России (1861–1917) // Очерки истории музейного дела в России. Вып. 3. М.: Советская Россия, 1961.

Рамазанов 1863 — Рамазанов Н. А. Материалы для истории художеств в России. М.: Губернская типография, 1863.

Рерих 1994 — Рерих Н. К. Культура и цивилизация. М.: Международный Центр Рерихов, 1994.

Рогинская 1989 — Рогинская Ф. С. Товарищество передвижных художественных выставок. Исторические очерки. М.: Искусство, 1989.

Розанова 1998 — Розанова Л. А. Берендеи и их царь как носители русского национального характера // Национальный характер и русская культурная традиция в творчестве А. Н. Островского. Материалы научно-практической конференции 27–28 марта 1998 года. Ч. II. Кострома: Эврика-М, 1998. С. 18–30.

Савинов 1969 — Савинов А. Н. Павел Егорович Щербов. Л.: Художник РСФСР, 1969.

Сахарова 1964 — Сахарова Е. В. Василий Дмитриевич Поленов. Елена Дмитриевна Поленова. Хроника семьи художников. М.: Искусство, 1964.

Свиньин 1997 — Свиньин П. П. Достопамятности Санкт-Петербурга и его окрестностей. СПб.: Лига Плюс. 1997.

Смирнов 1993 — Смирнов В. Г. Россия в бронзе. Памятник Тысячелетию России и его герои. Новгород: Русская провинция, 1993.

Смит 2006 — Смит Д. Работа над диким камнем. Масонство и общество в России XVIII века / Пер. с англ. К. Осповата, Д. Хитровой; ред. И. Жданова. М.: Новое литературное обозрение, 2006.

Снегирев 1850–1854 — Памятники древнего художества в России. Собрание рисунков с церковных и домашних утварей, св. крестов, предметов иконописи, иконостасов, детальные изображения отдельных частей зданий, украшения, образцы мебели и других принадлежностей старинного русского быта: В 6 т. / Текст И. М. Снегирева. М.: Изд. А. А. Мартынова, 1850–1854.

Собко 1892 — Собко Н. П. Василий Григорьевич Перов. Его жизнь и творчество. 60 фототипий с его картин без ретуши. СПб.: Издание Д. А. Ровинского, 1892.

Сокол 1999 — Сокол К. Г. Монументы империи. Описание двухсот наиболее интересных памятников императорской России. М.: Изд-во ГЕОС, 1999.

Соколов 2007 — Соколов Ю. М. Русский фольклор / Отв. ред. В. П. Аникин. М.: Издательство Московского университета, 2007.

Сомов 1859 — Сомов А. И. Картины императорского Эрмитажа. Для посетителей этой галереи. СПб.: Типография А. Якобсона, 1859.

Сорокин 1965 — Сорокин Ю. С. Развитие словарного состава русского литературного языка. 30–90-е годы XIX века. М.: Наука, 1965.

Сталин 1934 — Сталин И. В. Марксизм и национально-колониальный вопрос. М.: Партийное изд-во, 1934.

Старк 1913 — Старк Э. А. Наши художественные сокровища (Русский музей императора Александра III). СПб.: П. П. Сойкин, 1913.

Стеклов 1928 — Стеклов Ю. М. Н. Г. Чернышевский. Его жизнь и деятельность. М.: Гос. изд-во, 1928.

Стернин 1964 — Стернин Г. Ю. Очерки русской сатирической графики. М.: Искусство, 1964.

Стернин 1984 — Стернин Г. Ю. Русская художественная культура второй половины XIX — начала XX века. М.: Советский Художник, 1984.

Стернин 1988 — Стернин Г. Ю. Абрамцево — «тип жизни» и тип искусства // Абрамцево: художественный кружок. Живопись. Графика. Скульптура. Театр. Мастерские. Л.: Художник РСФСР, 1988. С. 7–23.

Стернин 1991 — Стернин Г. Ю. Художественная жизнь России середины XIX века. М.: Искусство, 1991.

Страхов 1888 — Страхов Н. Н. Наша культура и всемирное единство // Русский вестник. Июнь 1888. № 6. С. 200–256.

Субтельный 1994 — Субтельный О. Украина: история / Пер. с англ. В. Звиняцковского. Киев: Лыбидь, 1994.

Тайлор 2021 — Тайлор Э. Б. Первобытная культура. Исследования развития мифологии, философии, религии, искусства и обычаев / Пер. Д. А. Коропчевского. М.: Академический проект, 2021.

Тодд 1996 — Тодд У. М. III. Литература и общество в эпоху Пушкина / Пер. с англ. А. Ю. Миролюбовой. СПб.: Академический проект, 1996.

Толстой 1998 — Толстой В. И. Музей в России — больше, чем музей // Мир и музей. Осень 1998. № 1.

Туниманов 1980 — Туниманов В. А. Творчество Достоевского. 1854–1862. Л.: Наука, 1980.

Турьинская 2005 — Турьинская Х. М. Этномузееведческая мысль в журнале «Живая старина» (1890–1916) // Гуманитарная культура и этноидентификация. 2005. № 2. С. 270–279.

Тынянов, Казанский 1927 — Фельетон. Сборник статей. Вопросы современной литературы / Под ред. Ю. Н. Тынянова, Б. В. Казанского. Л.: Academia, 1927.

Уортман 2004 — Уортман Р. С. Сценарии власти. Мифы и церемонии русской монархии: В 2 т. / Пер. С. В. Житомирской, И. А. Пильщикова. М.: ОГИ, 2004.

Успенский 1910 — Успенский А. И. Очерки по истории русского искусства. М.: Изд. В. Р. Успенской, 1910.

Федоров 1982 — Федоров Н. Ф. Музей, его смысл и назначение // Н. Ф. Федоров. Сочинения. М.: Мысль, 1982. С. 575–604.

Флоренский 1983 — Флоренский П. А. Христианство и культура // Журнал московской патриархии. 1983. № 4. С. 53–57.

Формозов 1984 — Формозов А. А. Историк Москвы И. Е. Забелин. М.: Московский рабочий, 1984.

Фридлендер 1964 — Фридлендер Г. М. Реализм Достоевского. М.: Наука, 1964.

Фридлендер 1972 — Фридлендер Г. М. Эстетика Достоевского // Достоевский — художник и мыслитель: Сборник статей. М.: Художественная литература, 1972. С. 97–164.

Фриче 1923 — Фриче В. М. Очерки социальной истории искусства. М.: Новая Москва, 1923.

Фриче 1929 — Русская живопись XIX века: Сборник статей / Под ред. В. М. Фриче. М.: РАНИ ОН, 1929.

Фролов 1991 — Фролов А. И. Основатели российских музеев. М.: РГГУ, 1991.

Хабермас 2016 — Хабермас Ю. Структурное изменение публичной сферы. Исследования относительно категории буржуазного общества / Под ред. М. М. Беляева; пер. с нем. В. В. Иванова. М.: Весь мир, 2016.

Хоскинг 2000 — Хоскинг Дж. Россия: народ и империя (1552–1917) / Пер. с англ. С. Н. Самуйлова. Смоленск: Русич, 2000.

Цимбаев 2005 — Цимбаев К. Н. Феномен юбилеемании в Российской общественной жизни конца XIX — начала XX века // Вопросы истории. 2005. № 11. С. 98–108.

Чаев 1875 — Чаев Н. А. О русском старинном церковном зодчестве // Древняя и новая Россия. 1875. № 6. С. 141–153.

Шагинян 1965 — Шагинян М. С. Первая Всероссийская. Роман-хроника. М.: Молодая гвардия, 1965.

Шах-Азизова 1982 — Шах-Азизова Т. К. Реальность и фантазия («Снегурочка» А. Н. Островского и ее судьба в русском искусстве последней трети XIX и начала XX в.) // Взаимосвязь искусств в художественном развитии России второй половины XIX века. Идейные принципы. Структурные особенности / Отв. ред. Г. Ю. Стернин. М.: Наука, 1982. С. 219–263.

Шеин 1898–1900 — Шеин П. В. Великорусс в своих песнях, обрядах, обычаях, верованиях, сказках, легендах и т. п. СПб.: Изд. Имп. Академии наук, 1898–1900.

Шкловский 1928 — Шкловский В. Б. Гамбургский счет. Л.: Изд-во писателей в Ленинграде, 1928.

Шкловский 1930 — Шкловский В. Б. Техника писательского ремесла. М.: Молодая гвардия, 1930.

Эмерсон 1999 — Эмерсон К. «Борис Годунов» А. С. Пушкина // Современное американское пушкиноведение. СПб.: Академический проект, 1999. С. 111–152.

Энгельштейн 2001 — Энгельштейн Л. Повсюду «культура»: О новейших интерпретациях русской истории XIX–XX веков / Пер. с англ. Е. Берштейна, Я. Левченко // Новая Русская Книга. Критическое обозрение. № 3–4. М., 2001. С. 107–121.

Этимологический словарь 1982 — Этимологический словарь русского языка / Под ред. Н. М. Шанского. Т. II. М.: Издательство Московского университета, 1982.

Эткинд 1965 — Эткинд М. Г. Александр Николаевич Бенуа: 1870–1960. Л.: Искусство, 1965.

Якобсон 1987 — Якобсон Р. Статуя в поэтической мифологии Пушкина // Работы по поэтике / Пер. с англ. Н. В. Перцова. М.: Прогресс, 1987. С. 145–180.

Aderhold, Thomazo 2003 — Français! Notre histoire, nos passions / Ed. by C. Aderhold and R. Thomazo. Paris: Larousse, 2003.

Adlam 2005 — Adlam C. Realist Aesthetics in Nineteenth-Century Russian Art Writing // Slavonic and East European Review. October 2005. Vol. 83. № 4. P. 639–663.

Adlam et al. 2005 — Russian Visual Arts: Art Criticism in Context, 1814–1909 / Ed. by C. Adlam, A. Makhrov, and R. Russell. Sheffield: HRIOnline, 2005. URL: http://hri.shef.ac.uk/rva/

Adorno 1967 — Adorno T. W. Prisms / Transl. by Samuel and Shierry Weber. London: Neville Spearman, 1967.

Alperson 1992 — The Philosophy of the Visual Arts / Ed. by P. Alperson. New York: Oxford University Press, 1992.

Altick 1998 — Altick R. D. The English Common Reader: A Social History of the Mass Reading Public, 1800–1900. 2nd ed. Columbus: Ohio State University Press, 1998.

Ambler 1972 — Ambler E. Russian Journalism and Politics, 1861–1881: The Career of Aleksei S. Suvorin. Detroit: Wayne State University Press, 1972.

Anderson 1998 — Anderson B. Nationalism, Identity, and the World-in-Motion: On the Logics of Seriality // Cosmopolitics / Ed. by Pheng Cheah and B. Robbins. Minneapolis: University of Minnesota Press, 1998. P. 117–133.

Anemone 2000 — Anemone A. The Monsters of Peter the Great: The Culture of the St. Petersburg Kunstkamera in the Eighteenth Century // The Slavic and East European Journal. Winter 2000. Vol. 44. № 4. P. 583–602.

Appadurai, Breckenridge 1992 — Appadurai A., Breckenridge C. A. Museums Are Good to Think: Heritage on View in India // Museums and Communities: The Politics of Public Culture / Ed. by I. Karp, C. M. Kreamer, S. D. Lavine. Washington: Smithsonian Institution Press, 1992. P. 34–55.

Atkinson 1873 — Atkinson J. B. An Art Tour to Northern Capitals of Europe. New York: Macmillan and Co., 1873.

Auerbach 1999 — Auerbach J. A. The Great Exhibition of 1851: A Nation on Display. New Haven: Yale University Press, 1999.

Baedeker 1914 — Baedeker K. Russia, with Teheran, Port Arthur, and Peking: Handbook for Travellers. Leipzig: K. Baedeker, 1914.

Bal 1996 — Bal M. The Discourse of the Museum // Thinking about Exhibitions / Ed. by R. Greenberg, B. W. Ferguson, S. Nairne. New York: Routledge, 1996. P. 201–218.

Banes 1999 — Banes S. «Firebird» and the Idea of Russianness // The Ballets Russes and Its World / Ed. by L. Garafola and N. V. N. Baer. New Haven: Yale University Press, 1999. P. 117–234.

Bazin 1967 — Bazin G. The Museum Age / Transl. by J. van Nuis Cahill. New York: Universe Books, 1967.

Beaver 1986 — Beaver P. The Crystal Palace: A Portrait of Victorian Enterprise. Chichester: Phillimore, 1986.

Bennett 1995 — Bennett T. The Birth of the Museum: History, Theory, Politics. New York: Routledge, 1995.

Benjamin 1999 — Benjamin W. The Arcades Project / Ed. by R. Tiedemann, transl. by H. Eiland and K. McLaughlin. Cambridge, MA: Belknap Press, 1999.

Bhabha 1993 — Bhabha H. K. Beyond the Pale: Art in the Age of Multicultural Translation // 1993 Biennial Exhibition. New York: Whitney Museum of American Art, 1993. P. 62–73.

Blakesley 2004 — Blakesley R. P. Slavs, Brits and the Question of National Identity in Art: Russian Responses to British Painting in the Mid-Nineteenth Century // English Accents: Interactions with British Art c. 1776–1855 / Ed. by C. Payne and W. Vaughan. Aldershot: Ashgate, 2004. P. 203–224.

Blakesley 2010 — Blakesley R. P. Pride and the Politics of Nationality in Russia's Imperial Academy of Fine Arts, 1757–1807 // Art History. December 2010. Vol. 33. № 5. P. 800–835.

Bourdieu 1993 — Bourdieu P. The Field of Cultural Production: Essays on Art and Literature / Ed. by Randal Johnson. New York: Columbia University Press, 1993.

Bourdieu et al. 1990 — Bourdieu P., Darbel A., Schnapper D. The Love of art: European Art Museums and Their Public / Transl. by Caroline Beattie and Nick Merriman. Stanford: Stanford University Press, 1990.

Bowe 1993 — Art and the National Dream: The Search for Vernacular Expression in Turn-of-the-Century Design / Ed. by N. G. Bowe. Dublin: Irish Academic Press, 1993.

Bowlt 1972 — Bowlt J. E. The World of Art // Russian Literature Triquarterly. Fall 1972. Vol. 4. P. 184–218.

Bowlt 1982 — Bowlt J. E. The Silver Age: Russian Art of the Early Twentieth Century and the «World of Art» Group. Newtonville: Oriental Research Partners, 1982.

Bowlt 1983 — Bowlt J. E. Russian Painting in the Nineteenth Century // Art and Culture in Nineteenth-Century Russia / Ed. by T. G. Stavrou. Bloomington: Indiana University Press, 1983. P. 113–139.

Bowlt 1991 — Bowlt J. E. The Moscow Art Market // Between Tsar and People: Educated Society and the Quest for Public Identity in Late Imperial Russia / Ed. by E. W. Clowes, S. D. Kassow, J. L. West. Princeton: Princeton University Press, 1991. P. 108–128.

Bradburne 2000 — Bradburne J. The Poverty of Nations: Should Museums Create Identity? // Heritage and Museums: Shaping National Identity / Ed. by J. M. Fladmark. Shaftesbury: Donhead Publishing Ltd., 2000. P. 379–393.

Bradley 1991 — Bradley J. Voluntary Associations, Civic Culture, and Obshchestvennost' in Moscow // Between Tsar and People: Educated Society and the Quest for Public Identity in Late Imperial Russia / Ed. by Edith W. Clowes, S. D. Kassow, J. L. West. Princeton: Princeton University Press, 1991. P. 131–148.

Bradley 2002 — Bradley J. Subjects into Citizens: Societies, Civil Society, and Autocracy in Tsarist Russia // The American Historical Review. October 2002. Vol. 107. № 4. P. 1094–1123.

Bradley 2008 — Bradley J. Pictures at an Exhibition: Science, Patriotism, and Civil Society in Imperial Russia // Slavic Review. Winter 2008. Vol. 67. № 4. P. 934–966.

Brooks 1981 — Brooks J. Russian Nationalism and Russian Literature: The Canonization of the Classics // Nation and Ideology: Essays in Honor of Wayne S. Vucinich / Ed. by I. Banac et al. New York: Columbia University Press, 1981. P. 315–334.

Brooks 1985 — Brooks J. When Russia Learned to Read: Literacy and Popular Literature, 1861–1917. Princeton: Princeton University Press, 1985.

Brower 2002 — Brower D. Whose Cultures? // Kritika. Winter 2002. Vol. 3. № 1. P. 81–88.

Brubaker 1996 — Brubaker R. Nationalism Reframed: Nationhood and the National Question in the New Europe. New York: Cambridge University Press, 1996.

Buzard 1993 — Buzard J. The Beaten Track: European Tourism, Literature, and the Ways to Culture, 1800–1918. Oxford: Oxford University Press, 1993.

Buzard 2001 — Buzard J. Culture for Export: Tourism and Autoethnography in Postwar Britain // Being Elsewhere: Tourism, Consumer Culture, and Identity in Modern Europe and North America / Ed. by Shelley Baranowski and Ellen Furlough. Ann Arbor: University of Michigan Press, 2001. P. 299–319.

Cahn 1999 — Cahn J. Nikolai Punin and Russian Avant-Garde Museology, 1917–1932. PhD diss., University of Southern California, 1999.

Cain 1914 — Cain K. R. Talachino [sic]: A Home for Russian Folk Art // The Craftsman. October 1914. Vol. 27. № 1. P. 92–96.

Campbell 1900 — Campbell J. B. Campbell's Illustrated History of The Paris International Exposition Universelle of 1900. Chicago: Chicago & Omaha Publishing Co., 1900.

Campbell 2003 — Campbell S. Russians on Russian Music, 1880–1917: An Anthology. New York: Cambridge University Press, 2003.

Charles 1987 — Charles B. F. Exhibition as (Art) Form // Past Meets Present: Essays about Historic Interpretation and Public Audiences / Ed. by J. Blatti. Washington: Smithsonian Institution Press, 1987. P. 97–104.

Clifford 1986 — Clifford J. Introduction: Partial Truths // Writing Culture: The Poetics and Politics of Ethnography / Ed. by J. Clifford and G. E. Marcus. Berkeley: University of California Press, 1986. P. 1–26.

Clifford 1988 — Clifford J. The Predicament of Culture: Twentieth-Century Ethnography, Literature, and Art. Cambridge: Harvard University Press, 1988.

Colley 1992 — Colley L. Britons: Forging the Nation, 1707–1837. New Haven: Yale University Press, 1992.

Coombes 1988 — Coombes A. E. Museums and the Formation of National and Cultural Identities // The Oxford Art Journal. 1988. Vol. 11. № 2. P. 57–68.

Cracraft, Rowland 2003 — Architectures of Russian Identity: 1500 to the Present / Ed. by J. Cracraft and D. Rowland. Ithaca: Cornell University Press, 2003.

Crane 2000 — Crane S. A. Collecting and Historical Consciousness in Early Nineteenth-Century Germany. Ithaca: Cornell University Press, 2000.

Crimp 1983 — Crimp D. On the Museum's Ruins // The Anti-Aesthetic: Essays on Postmodern Culture / Ed. by H. Foster. Seattle: Bay Press, 1983. P. 43–56.

Crow 1985 — Crow T. E. Painters and Public Life in Eighteenth-Century Paris. New Haven: Yale University Press, 1985.

Crowley 1992 — Crowley D. National Style and Nation-State: Design in Poland from the Vernacular Revival to the International Style. Manchester: Manchester University Press, 1992.

David-Fox et al. 2006 — Orientalism and Empire in Russia / Ed. by M. David-Fox, P. Holquist, A. Martin. Bloomington: Slavica, 2006.

Davis 1999 — Davis J. R. The Great Exhibition. Stroud: Sutton Publishing Ltd., 1999.

De Danilovicz 1907 — De Danilovicz C. Talashkino: Princess Tenishef's School of Russian Applied Art // The International Studio. August 1907. Vol. 32. № 126. P. 135–140.

Dianina 2003a — Dianina K. Passage to Europe: Dostoevskii in the St. Petersburg Arcade // Slavic Review. Summer 2003. Vol. 62. № 2. P. 237–257.

Dianina 2003b — Dianina K. The Feuilleton: An Everyday Guide to Public Culture in the Age of the Great Reforms // Slavic and East European Journal. 2003. Vol. 47. № 2. P. 186–208.

Dickens 1851a — Dickens C. The Great Exhibition and the Little One // Household Words. 1851. Vol. 3. № 67. P. 356–360.

Dickens 1851b — Dickens C. Three May-Days in London // Household Words. 1851. Vol. 3. № 58. P. 121–124.

Dobujinsky 1942 — Dobujinsky M. V. The St. Petersburg Renaissance // Russian Review. Autumn 1942. Vol. 2. № 1. P. 46–59.

Donato 1979 — Donato E. The Museum's Furnace: Notes toward a Contextual Reading of «Bouvard and Pécuchet» // Textual Strategies: Perspectives in Post-Structural Criticism / Ed. by Josué V. Harari. Ithaca: Cornell University Press, 1979. P. 213–238.

Duncan 1991 — Duncan C. Art Museums and the Ritual of Citizenship // Exhibiting Cultures: The Poetics and Politics of Museum Display / Ed. by I. Karp and S. D. Lavine. Washington: Smithsonian Institution Press, 1991. P. 88–103.

Duncan, Wallach 1980 — Duncan C., Wallach A. The Universal Survey Museum // Art History. December 1980. Vol. 3. № 4. P. 448–469.

Eikhenbaum 1968 — Eikhenbaum B. M. Lev Tolstoi, part 1. München: Wilhelm Fink Verlag, 1968.

Eley 1994 — Eley G. Nations, Publics, and Political Cultures: Placing Habermas in the Nineteenth Century // Culture/Power/History: A Reader in Contemporary Social Theory / Ed. by N. B. Dirks, G. Eley, S. B. Ortner. Princeton: Princeton University Press, 1994. P. 297–335.

Eley, Suny 1996 — Eley G., Suny R. G. Introduction: From the Moment of Social History to the Work of Cultural Representation // Becoming National: A Reader / Ed. by G. Eley and R. G. Suny. New York: Oxford University Press, 1996. P. 3–38.

Ely 2002 — Ely C. This Meager Nature: Landscape and National Identity in Imperial Russia. DeKalb: Northern Illinois University Press, 2002.

Ely 2003 — Ely C. The Picturesque and the Holy: Visions of Touristic Space in Russia, 1820–1850 // Architectures of Russian Identity: 1500 to the Present /

Ed. by J. Cracraft and D. Rowland. Ithaca: Cornell University Press, 2003. P. 80–90.

Encyclopedia of Aesthetics 1998 — Encyclopedia of Aesthetics / Ed. by Michael Kelly. 4 vols. New York: Oxford University Press, 1998.

Fanger 1965 — Fanger D. Dostoevsky and Romantic Realism: A Study of Dostoevsky in Relation to Balzac, Dickens, and Gogol. Cambridge: Harvard University Press, 1965.

Figes 2002 — Figes O. Natasha's Dance: A Cultural History of Russia. New York: Picador, 2002.

Findling 1990 — Historical Dictionary of World's Fairs and Expositions, 1851–1988 / Ed. by J. E. Findling. New York: Greenwood Press, 1990.

Fisher 1991 — Fisher P. Making and Effacing Art: Modern American Art in a Culture of Museums. New York: Oxford University Press, 1991.

Fisher 2003 — Fisher D. C. Exhibiting Russia at the World's Fairs, 1851–1900. PhD diss., Indiana University, 2003.

Fisher 2008 — Fisher D. C. Russia and the Crystal Palace in 1851 // Britain, the Empire, and the World at the Great Exhibition of 1851 / Ed. by J. A. Auerbach and P. H. Hoffenberg. Hampshire: Ashgate Publishing Company, 2008. P. 123–146.

Fitzpatrick 1990 — Fitzpatrick A. L. The Great Russian Fair: Nizhnii Novgorod, 1840–1890. New York: St. Martin's Press, 1990.

Forster-Hahn 1996 — Imagining Modern German Culture, 1889–1910 / Ed. by F. Forster-Hahn. Washington: National Gallery of Art, 1996.

Frank 1976 — Frank J. Dostoevsky: The Seeds of Revolt, 1821–1849. Princeton: Princeton University Press, 1976.

Frank 1986 — Frank J. Dostoevsky: The Stir of Liberation, 1860–1865. Princeton: Princeton University Press, 1986.

Frazier 2010 — Frazier M. Turgenev and a Proliferating French Press: The Feuilleton and Feuilletonistic in «A Nest of the Gentry» // Slavic Review. Winter 2010. Vol. 69. № 4. P. 925–943.

Frolova-Walker 2007 — Frolova-Walker M. Russian Music and Nationalism: From Glinka to Stalin. New Haven: Yale University Press, 2007.

Gallagher, Greenblatt 2000 — Practicing New Historicism / Ed. by C. Gallagher and S. Greenblatt. Chicago: University of Chicago Press, 2000.

Gautier 1905 — Gautier T. Russia / Transl. by F. M. Tyson. 2 vols. Philadelphia: The John Winston Company, 1905.

Goode 1889 — Goode G. B. The Museums of the Future. Washington: The Smithsonian National Institute, 1889.

Grabowicz 1993 — Grabowicz G. Insight and Blindness in the Reception of Ševchenko: The Case of Kostomarov // Harvard Ukrainian Studies. December 1993. Vol. 17. № 3. P. 279–340.

Gray 1986 — Gray C. The Russian Experiment in Art, 1863–1922 / Rev. and upd. by M. Burleigh-Motley. New York: Thames and Hudson, 1986.

Gray 2000a — Gray R. P. Questions of Identity at Abramtsevo // Artistic Brotherhoods in the Nineteenth Century / Ed. by L. Morowitz and W. Vaughan. Aldershot: Ashgate, 2000. P. 105–121.

Gray 2000b — Gray R. P. Russian Genre Painting in the Nineteenth Century. Oxford: Oxford University Press, 2000.

Greenhalgh 1988 — Greenhalgh P. Ephemeral Vistas: The Expositions Universelles, Great Exhibitions, and Worlds Fairs, 1851–1939. Manchester: Manchester University Press, 1988.

Grover 1971 — Grover S. R. Savva Mamontov and the Mamontov Circle, 1870–1905: Artistic Patronage and the Rise of Nationalism in Russian Art. PhD diss., University of Wisconsin, 1971.

Grover 1973 — Grover S. R. The World of Art Movement in Russia // Russian Review. January 1973. Vol. 32. № 1. P. 28–42.

Habermas 1974 — Habermas J. The Public Sphere: An Encyclopedia Article / Transl. by S. Lennox and F. Lennox. New German Critique. Fall 1974. Vol. 5. P. 49–55.

Hall 1994 — Hall S. Cultural Identity and Diaspora // Colonial Discourse and Post-Colonial Theory: A Reader / Ed. by P. Williams and L. Chrisman. New York: Columbia University Press, 1994. P. 392–403.

Hall 1996 — Hall S. Introduction: Who Needs «Identity»? // Questions of Cultural Identity / Ed. by S. Hall and P. du Gay. London: SAGE Publications, 1996. P. 3–17.

Hamilton 1954 — Hamilton G. H. The Art and Architecture of Russia. Baltimore: Penguin Books, 1954.

Hargrove, McWilliam 2005 — Nationalism and French Visual Culture, 1870–1914 / Ed. by J. Hargrove and N. McWilliam. Washington: National Gallery of Art, 2005.

Hilton 1995 — Hilton A. Russian Folk Art. Bloomington: Indiana University Press, 1995.

Hobsbawm, Ranger 1983 — The Invention of Tradition / Ed. by E. Hobsbawm and T. Ranger. Cambridge: Cambridge University Press, 1983.

Hoffenberg 2001 — Hoffenberg P. H. An Empire on Display: English, Indian, and Australian Exhibitions from the Crystal Palace to the Great War. Berkeley: University of California Press, 2001.

Hohendahl 2005 — Hohendahl P. U. Aesthetic Violence: The Concept of the Ugly in Adorno's Aesthetic Theory // Cultural Critique. Vol. 60. Spring 2005. P. 170–196.

Holquist 1977 — Holquist M. Dostoevsky and the Novel. Princeton: Princeton University Press, 1977.

Holt 1982 —The Art of All Nations, 1850–73: The Emerging Role of Exhibitions and Critics / Ed. by E. G. Holt. Princeton: Princeton University Press, 1982.

Holt 2000 — Holt U. V. Style, Fashion, Politics, and Identity: The Ballets Russes in Paris from 1909 to 1914. PhD diss., Brown University, 2000.

Hosking 1998 — Hosking G. A. Empire and Nation-Building in Late Imperial Russia // Russian Nationalism, Past and Present / Ed. by G. Hosking and R. Service. New York: St. Martin's Press, 1998. P. 12–20.

Hroch 2000 — Hroch M. Social Preconditions of National Revival in Europe: A Comparative Analysis of the Social Composition of Patriotic Groups among the Smaller European Nations / Transl. by B. Fowkes. New York: Columbia University Press, 2000.

Huyssen 1995 — Huyssen A. Twilight Memories: Marking Time in a Culture of Amnesia. New York: Routledge, 1995.

Jenks 2005 — Jenks A. L. Russia in a Box: Art and Identity in an Age of Revolution. DeKalb: Northern Illinois University Press, 2005.

Johnson 2006 — Johnson E. D. How St. Petersburg Learned to Study Itself: The Russian Idea of Kraevedenie. University Park: Pennsylvania State University Press, 2006.

Kanatchikov 1994 — Kanatchikov S. I. S. I. Kanatchikov Recounts His Adventures as a Peasant-Worker-Activist, 1879–1896 // Major Problems in the History of Imperial Russia / Ed. by J. Cracraft. Lexington: D. C. Heath and Company, 1994. P. 528–551.

Karp 1991 — Karp I. Culture and Representation // Exhibiting Cultures: The Poetics and Politics of Museum Display / Ed. by I. Karp and S. D. Lavine. Washington: Smithsonian Institution Press, 1991. P. 11–24.

Karp 1992 — Karp I. Introduction: Museums and Communities: The Politics of Public Culture // Museums and Communities: The Politics of Public Culture / Ed. by I. Karp, C. M. Kreamer, S. D. Lavine. Washington: Smithsonian Institution Press, 1992. P. 1–17.

Kasinec, Wortman 1992 — Kasinec E., Wortman R. The Mythology of Empire: Imperial Russian Coronation Albums // Biblion: The Bulletin of the New York Public Library. Fall 1992. Vol. 1. № 1. P. 77–100.

Katz 2002 — Katz M. R. But This Building—What on Earth Is It? // New England Review. Winter 2002. Vol. 23. № 1. P. 65–76.

Katz 2008 — Katz M. R. The Russian Response to Modernity: Crystal Palace, Eiffel Tower, Brooklyn Bridge // Southwest Review. 2008. Vol. 93. P. 44–57.

Kelly 1990 — Kelly C. Petrushka: The Russian Carnival Puppet Theater. Cambridge: Cambridge University Press, 1990.

Kelly 1998 — Kelly C. Popular culture // The Cambridge Companion to Modern Russian Culture / Ed. by N. Rzhevsky. New York: Cambridge University Press, 1998. P. 125–155.

Kelly et al. 1998 — Kelly C., Pilkington H., Shepherd D., Volkov V. Introduction: Why Cultural Studies? // Russian Cultural Studies: An Introduction / Ed. by C. Kelly and D. Shepherd. Oxford: Oxford University Press, 1998. P. 1–20.

Kelly, Volkov 1998 — Kelly C., Volkov V. Obshchestvennost', Sobornost': Collective Identities // Constructing Russian Culture in the Age of Revolution: 1881–1940 / Ed. by C. Kelly and D. Shepherd. New York: Oxford University Press, 1998. P. 26–27.

Kennedy 1977 — Kennedy J. The «Mir iskusstva» Group and Russian Art, 1898–1912. New York: Garland Pub., 1977.

Kennedy 2003 — Kennedy J. Pride and Prejudice: Serge Diaghilev, the Ballets Russes, and the French Public // Art, Culture, and National Identity in Fin-de-siècle Europe / Ed. by M. Facos and S. L. Hirsh. New York: Cambridge University Press, 2003. P. 90–118.

Kettering 2007 — Kettering K. Decoration and Disconnection: The Russkii stil' and Russian Decorative Arts at Nineteenth-Century American World's Fairs // Russian Art and the West: Century of Dialogue in Painting, Architecture, and the Decorative Arts / Ed. by R. P. Blakesley and S. E. Reid. DeKalb: Northern Illinois University Press, 2007. P. 61–85.

Kirichenko 1991 — Kirichenko E. I. Russian Design and the Fine Arts, 1750–1917 / Compiled by Mikhail Anikst. New York: Abrams, 1991.

Kirshenblatt-Gimblett 1991 — Kirshenblatt-Gimblett B. Objects of Ethnography // Exhibiting Cultures: The Poetics and Politics of Museum Display / Ed. by I. Karp and S. D. Lavine. Washington: Smithsonian Institution Press, 1991. P. 386–443.

Kivelson, Neuberger 2008 — Picturing Russia: Explorations in Visual Culture / Ed. by V. A. Kivelson and J. Neuberger. New Haven: Yale University Press, 2008.

Klancher 1987 — Klancher J. P. The Making of English Reading Audiences, 1790–1832. Madison: The University of Wisconsin Press, 1987.

Klioutchkine 2002 — Klioutchkine K. The Rise of «Crime and Punishment» from the Air of the Media // Slavic Review. Spring 2002. Vol. 61. № 1. P. 405–422.

Knight 2000 — Knight N. Ethnicity, Nationality, and the Masses: Narodnost' and Modernity in Imperial Russia // Russian Modernity: Politics, Knowledge, Practices / Ed. by D. L. Hoffmann and Y. Kotsonis. Houndmills: St. Martin's, 2000. P. 41–64.

Kohl 1980 — Kohl J. G. Russia and the Russians in 1842. Ann Arbor: University Microfilms International, 1980.

Kristof 1968 — Kristof L. K. D. The Russian Image of Russia: An Applied Study in Geopolitical Methodology // Essays in Political Geography / Ed. by C. A. Fisher. London: Methuen & Co., 1968. P. 345–387.

Kroeber, Kluckhohn 1952 — Kroeber A. L., Kluckhohn C. Culture: A Critical Review of Concepts and Definitions. New York: Vintage Books, 1952.

Landon 1997 — Landon P. Great Exhibitions: Representations of the Crystal Palace in Mayhew, Dickens, and Dostoevsky // Nineteenth-Century Contexts. 1997. Vol. 20. P. 27–59.

Lane 1991 — Lane B. M. National Romanticism in Modern German Architecture // Nationalism in the Visual Arts, Studies in the History of Art, 29 / Ed. by R. A. Etlin. Washington: National Gallery of Art, 1991. P. 111–144.

L'Art russe 2005 — L'Art russe dans la seconde moitié du XIXe siècle: en quête d'identité. Paris: Société française de promotion artistique, 2005.

Lavrin 1961 — Lavrin J. Kireevsky and the Problem of Culture // Russian Review. April 1961. Vol. 20. № 2. P. 110–120.

Lepenies 2006 — Lepenies W. The Seduction of Culture in German History. Princeton: Princeton University Press, 2006.

Lincoln 1990 — Lincoln W. B. The Great Reforms: Autocracy, Bureaucracy, and the Politics of Change in Imperial Russia. DeKalb: Northern Illinois University Press, 1990.

Macdonald 2003 — Macdonald S. J. Museums, Nationals, Postnational and Transcultural Identities // Museums and Society. 2003. Vol. 1. № 1. P. 1–16.

Maes 2002 — Maes F. A History of Russian Music: From Kamarinskaya to Babi Yar / Transl. by A. J. Pomerans and E. Pomerans. Berkeley: University of California Press, 2002.

Malia 1999 — Malia M. E. Russia under Western Eyes: From the Bronze Horseman to the Lenin Mausoleum. Cambridge: The Belknap Press of Harvard University Press, 1999.

Makhrov 2003 — Makhrov A. The Pioneers of Russian Art Criticism: Between State and Public Opinion, 1804–1855 // Slavonic and East European Review. October 2003. Vol. 81. № 4. P. 614–633.

Makhrov 2009 — Makhrov A. Defining Art Criticism in Nineteenth-Century Russia: Vladimir Stasov as Independent Critic // Critical Exchange: Art Criticism of the Eighteenth and Nineteenth Centuries in Russia and Western Europe / Ed. by C. Adlam and J. Simpson. Oxford: Peter Lang, 2009. P. 207–226.

Makovskii 1906 — Makovskii S. K. L'art décoratif des ateliers de la princesse Ténichef. St. Petersbourg: Édition «Sodrougestvo», 1906.

Mandell 1967 — Mandell R. D. Paris 1900: The Great World's Fair. Toronto: University of Toronto Press, 1967.

Martinsen 1997 — Literary Journals in Imperial Russia / Ed. by D. A. Martinsen. New York: Cambridge University Press, 1997.

McGuigan 1996 — McGuigan J. Culture and the Public Sphere. New York: Routledge, 1996.

McReynolds 1991 — McReynolds L. The News under Russia's Old Regime: The Development of a Mass-Circulation Press. Princeton: Princeton University Press, 1991.

McReynolds 2003 — McReynolds L. Russia at Play: Leisure Activities at the End of the Tsarist Era. Ithaca: Cornell University Press, 2003.

Mercer 1990 — Mercer K. Welcome to the Jungle: Identity and Diversity in Postmodern Politics // Identity: Community, Culture, Difference / Ed. by J. Rutherford. London: Lawrence & Wishart, 1990. P. 43–71.

Miiakovsky 1980 — Miiakovsky V. Shevchenko in the Brotherhood of Saints Cyril and Methodius // Shevchenko and the Critics, 1861–1980 / Ed. by G. S. N. Luckyj. Toronto: University of Toronto Press, 1980. P. 355–385.

Miller 1995 — Miller A. H. Novels Behind Glass: Commodity, Culture, and Victorian Narrative. Cambridge: Cambridge University Press, 1995.

Mitchell 1989 — Mitchell T. The World as Exhibition // Comparative Studies in Society and History. April 1989. Vol. 31. № 2. P. 217–236.

Moeller-Sally 1998 — Moeller-Sally S. 0000; or, The Sign of the Subject in Gogol's Petersburg // Russian Subjects: Empire, Nation, and the Culture of the Golden Age / Ed. by M. Greenleaf and S. Moeller-Sally. Evanston: Northwestern University Press, 1998. P. 325–346.

Moeller-Sally 2002 — Moeller-Sally S. Gogol's Afterlife: The Evolution of a Classic in Imperial and Soviet Russia. Evanston: Northwestern University Press, 2002.

Morson 1981 — Morson G. S. The Boundaries of Genre: Dostoevsky's Diary of a Writer and the Traditions of Literary Utopia. Austin: University of Texas Press, 1981.

Moser 1989 — Moser C. A. Esthetics as Nightmare: Russian Literary Theory, 1855–1870. Princeton: Princeton University Press, 1989.

Motyl 2001 — Encyclopedia of Nationalism / Ed. by A. J. Motyl. 2 vols. San Diego: Academic Press, 2001.

Mumford 1996 — Mumford L. The Culture of Cities. New York: Harcourt Brace, 1996.

Namier 1963 — Namier Sir L. Vanished Supremacies: Essays on European History, 1812–1918. New York: Harper Torchbooks, 1963.

Nashchokina 1991 — Nashchokina M. V. Russia at the International Exhibitions of the Late 19th and Early 20th Centuries (architectural and artistic aspects) // Art Nouveau/Jugendstil Architecture: International Joint Cultural Study and Action Project to Preserve and Restore World Art Nouveau/Jugendstil Architectural Heritage / Ed. by M. Ehrström, R. Wäre, A. Lönnberg. Helsinki: University Press, 1991. P. 104–113.

Nationalism 1939 — Nationalism: A Report by a Study Group of Members of the Royal Institute of International Affairs. London: Oxford University Press, 1939.

Norman 1991 — Norman J. O. Pavel Tretiakov and Merchant Art Patronage, 1850–1900 // Between Tsar and People: Educated Society and the Quest for Public Identity in Late Imperial Russia / Ed. by E. W. Clowes, S. D. Kassow, J. L. West. Princeton: Princeton University Press, 1991. P. 93–107.

Normand 1900 — Normand M. La Russie à l'Exposition // L'Illustration. 5 May 1900. P. 281–287.

Norris 2006 — Norris S. M. A War of Images: Russian Popular Prints, Wartime Culture, and National Identity, 1812–1945. DeKalb: Northern Illinois University Press, 2006.

Odom 1991 — Odom A. Fedor Solntsev, the Kremlin Service, and the Origins of the Russian Style // Hillwood Studies. Fall 1991. Vol. 1. P. 1–4.

Oinas 1984 — Oinas F. J. Essays on Russian Folklore and Mythology. Columbus: Slavica Publishers, Inc., 1984.

Olkhovsky 1983 — Olkhovsky Y. Vladimir Stasov and Russian National Culture. Ann Arbor: UMI Research Press, 1983.

Palgrave 1862 — Palgrave F. T. Handbook to the Fine Art Collections in the International Exhibition of 1862. London: Macmillan and Co., 1862.

Pantelić 1997 — Pantelić B. Nationalism and Architecture: The Creation of a National Style in Serbian Architecture and Its Political Implications //

The Journal of the Society of Architectural Historians. March 1997. Vol. 56. № 1. P. 16–41.

Paret 1988 — Paret P. Art as History: Episodes in the Culture and Politics of Nineteenth-Century Germany. Princeton: Princeton University Press, 1988.

Pauly 1862 — Pauly T. de. Description ethnographique des peuples de la Russie. St. Petersburg: F. Bellizard, 1862.

Piggott 2004 — Piggott J. Palace of the People: The Crystal Palace at Sydenham, 1854–1936. Madison: University of Wisconsin Press, 2004.

Petrovich 1985 — Petrovich M. B. The Emergence of Russian Panslavism, 1856–1870. Westport: Greenwood Press, 1985.

Pitkin 1967 — Pitkin H. F. The Concept of Representation. Berkeley: University of California Press, 1967.

A Plain Guide 1862 — A Plain Guide to the International Exhibition: The Wonders of the Exhibition Showing How They May Be Seen at One Visit. London: Sampson Low, Son, and Co., 1862.

Prasch 1990 — Prasch T. International Exhibition of 1862 // Historical Dictionary of World's Fairs and Expositions, 1851–1988 / Ed. by J. E. Findling. New York: Greenwood Press, 1990. P. 23–30.

Prymak 1996 — Prymak T. M. Mykola Kostomarov: A Biography. Toronto: University of Toronto Press, 1996.

Rabow-Edling 2005 — Rabow-Edling S. The Role of «Europe» in Russian Nationalism: Reinterpreting the Relationship between Russia and the West in Slavophile Thought // Russia in the European Context 1789–1914: A Member of the Family / Ed. by S. P. McCaffray and M. Melancon. New York: Palgrave Macmillan, 2005. P. 97–112.

Riasanovsky 1967 — Riasanovsky N. V. Nicholas I and Official Nationality in Russia, 1825–1855. Berkeley: University of California Press, 1967.

Richards 1990 — Richards T. The Commodity Culture of Victorian England: Advertising and Spectacle, 1851–1914. Stanford: Stanford University Press, 1990.

Rieber 1994 — Rieber A. J. The Fragmented «Middle Ranks» // Major Problems in the History of Imperial Russia / Ed. by J. Cracraft. Lexington: D. C. Heath and Company, 1994. P. 494–504.

Rogger 1960 — Rogger H. National Consciousness in Eighteenth-Century Russia. Russian Research Center Studies. Cambridge: Harvard University Press, 1960.

Ruskin 1890 — Ruskin J. Proserpina; Ariadne Florentina; The Opening of the Crystal Palace. Boston: Colonial Press Company, 1890.

Russian Masters 1980a — The New Grove Russian Masters 1: Glinka, Borodin, Balakirev, Mussorgsky, Tchaikovsky. New York: W. W. Norton & Company, 1980.

Russian Masters 1980b — The New Grove Russian Masters 2: Rimsky-Korsakov, Skryabin, Rakhmaninov, Prokofiev, Shostakovich. New York: W. W. Norton & Company, 1980.

Rutherford 1995 — Rutherford A. Vissarion Belinskii and the Ukrainian National Question // The Russian Review. October 1995. Vol. 54. P. 500–515.

Ryan-Hayes 1993 — Ryan-Hayes K. L. Russian Publicistic Satire under Glasnost: The Journalistic Feuilleton. Lewiston: The Edwin Mellen Press, 1993.

Rzhevsky 1998 — Rzhevsky N. Russian Cultural History: Introduction // The Cambridge Companion to Modern Russian Culture / Ed. by N. Rzhevsky. New York: Cambridge University Press, 1998. P. 1–18.

Salmond 1996 — Salmond W. R. Arts and Crafts in Late Imperial Russia: Reviving the Kustar Art Industries, 1870–1917. New York: Cambridge University Press, 1996.

Salmond 1997 — Salmond W. R. A Matter of Give and Take: Peasant Crafts and Their Revival in Late Imperial Russia // Design Issues. Spring 1997. Vol. 13. № 1. P. 5–14.

Schönle 2006 — Lotman and Cultural Studies: Encounters and Extensions / Ed. by A. Schönle. Madison: The University of Wisconsin Press, 2006.

Sewell 1999 — Sewell W. H. Jr. The Concept(s) of Culture // Beyond the Cultural Turn: New Directions in the Study of Society and Culture / Ed. by V. E. Bonnel and L. Hunt. Berkeley: University of California Press, 1999. P. 35–61.

Sheehan 2000 — Sheehan J. J. Museums in the German Art World from the End of the Old Regime to the Rise of Modernism. New York: Oxford University Press, 2000.

Sherman 1989 — Sherman D. J. Worthy Monuments: Art Museums and the Politics of Culture in Nineteenth-Century France. Cambridge: Harvard University Press, 1989.

Sherman, Rogoff 1994 — Museum Culture: Histories, Discourses, Spectacles / Ed. by D. J. Sherman and I. Rogoff. Minneapolis: University of Minnesota Press, 1994.

Shiner 2001 — Shiner L. The Invention of Art: A Cultural History. Chicago: The University of Chicago Press, 2001.

Sicher 1985 — Sicher E. By Underground to Crystal Palace: The Dystopian Eden // Comparative Literature Studies. Fall 1985. Vol. 22. № 3. P. 377–393.

Siegelbaum 1998 — Siegelbaum L. H. Exhibiting Kustar' Industry in Late Imperial Russia / Exhibiting Late Imperial Russia in Kustar' Industry // Transforming Peasants: Society, State and the Peasantry, 1861–1930 / Ed. by J. Pallot. New York: St. Martin's Press, 1998. P. 37–63.

Simon 2007 — Simon R. Hogarth, France and British Art: The Rise of the Arts in 18th-Century Britain. London: Hogarth Arts, 2007.

Smith 1985 — Smith J. B. The Golden Age of Finnish Art: Art Nouveau and the National Spirit. Helsinki: Otava Pub. Co., 1985.

Smith 1986 — Smith A. D. The Ethnic Origins of Nations. Oxford: Blackwell, 1986.

Starr 1983 — Starr S. F. Russian Art and Society, 1800–1850 // Art and Culture in Nineteenth-Century Russia / Ed. by T. G. Stavrou. Bloomington: Indiana University Press, 1983. P. 87–112.

Stasov 1976 — Stasov V. V. Russian Peasant Design Motifs for Needleworkers and Craftsmen. New York: Dover Publications, Inc., 1976.

Stavrou 1983 — Art and Culture in Nineteenth-Century Russia / Ed. by T. G. Stavrou. Bloomington: Indiana University Press, 1983.

Steiner 2009 — Steiner E. A Battle for the «People's Cause» or for the Market Case: Kramskoi and the Itinerants // Cahiers du Monde russe. Octobre-Décembre 2009. Vol. 50. № 4. P. 1–20.

Steiner 2011 — Steiner E. Pursuing Independence: Kramskoi and the Peredvizhniki vs. the Academy of Arts // The Russian Review. April 2011. Vol. 70. P. 252–271.

Stites 2005 — Stites R. Serfdom, Society, and the Arts in Imperial Russia: The Pleasure and the Power. New Haven: Yale University Press, 2005.

Stocking 1987 — Stocking G. W. Jr. Victorian Anthropology. New York: The Free Press, 1987.

Stoughton 1851 — Stoughton J. The Palace of Glass and the Gathering of the People: A Book for the Exhibition. London: Religious Tract Society, 1851.

Streen 1995 — Streen A. Tradition and Revival: The Past in Norway's National Consciousness // Norwegian Folk Art: The Migration of a Tradition / Ed. by M. Nelson. New York: Abbeville Press, 1995. P. 249–256.

Stuart 1986 — Stuart M. Aristocrat-Librarian in Service to the Tsar: Aleksei Nikolaevich Olenin and the Imperial Public Library. New York: Columbia University Press, 1986.

Swift 2002 — Swift E. A. Popular Theater and Society in Tsarist Russia. Berkeley: University of California Press, 2002.

Swift 2007 — Swift A. Russia and the Great Exhibition of 1851: Representation, Perceptions, and a Missed Opportunity // Jahrbücher für Geschichte Osteuropas. 2007. Bd. 55. S. 242–263.

Szporluk 1988 — Szporluk R. Communism and Nationalism: Karl Marx versus Friedrich List. New York: Oxford University Press, 1988.

Tallis 1852 — Tallis J. Tallis's History and Description of the Crystal Palace, and the Exhibition of the World's Industry in 1851. London: J. Tallis and Co., 1852.

Taruskin 1981 — Taruskin R. Opera and Drama in Russia as Preached and Practiced in the 1860s. Ann Arbor: UMI Research Press, 1981.

Taruskin 1996 — Taruskin R. Stravinsky and the Russian Traditions: A Biography of the Works through Mavra. Oxford: Oxford University Press, 1996.

Taruskin 1997 — Taruskin R. Defining Russia Musically: Historical and Hermeneutical Essays. Princeton: Princeton University Press, 1997.

Taruskin 2009 — Taruskin R. On Russian Music. Berkeley: University of California Press, 2009.

Taylor 1999 — Taylor B. Art for the Nation: Exhibitions and the London Public, 1747–2001. The Barber Institute's Critical Perspectives in Art History. Manchester: Manchester University Press, 1999.

Thaden 1964 — Thaden E. C. Conservative Nationalism in Nineteenth-Century Russia. Seattle, University of Washington Press, 1964.

Thaden 1971 — Thaden E. C. Russia since 1801: The Making of a New Society. New York: Wiley-Interscience, 1971.

Thaden 1981 — Russification in the Baltic Provinces and Finland, 1855–1914 / Ed. by E. C. Thaden. Princeton: Princeton University Press, 1981.

Thaden 1984 — Thaden E. C. Russia's Western Borderlands, 1710–1870. Princeton: Princeton University Press, 1984.

The American Association of Museums — The American Association of Museums. URL: www.aam-us.org (дата обращения: 27.12.2021).

The Art Journal Illustrated Catalogue 1862 — The Art Journal Illustrated Catalogue of the International Exhibition, 1862. London: J. S. Virtue, 1862.

The Crystal Palace Exhibition 1970 — The Crystal Palace Exhibition: Illustrated Catalogue, London 1851. New York: Dover Publications, 1970.

The New Encyclopedia Britannica 1994 — The New Encyclopedia Britannica. 15th ed. 32 vols. Vol. 24. Chicago: Encyclopedia Britannica, 1994.

The Study of Russian Folklore 1975 — The Study of Russian Folklore / Ed. and transl. by F. J. Oinas and S. Soudakoff. The Hague: Mouton, 1975.

The Works of Ossian 1765 — The Works of Ossian, the Son of Fingal. 3rd ed. 2 vols. / Transl. by James Macpherson. London, 1765.

Thomas 1998 — Thomas K. T. T. Collecting the Fatherland: Early-Nineteenth-Century Proposals for a Russian National Museum // Imperial Russia: New Histories for the Empire / Ed. by J. Burbank and D. L. Ransel. Bloomington: Indiana University Press, 1998. P. 91–107.

Thomson 2004 — Thomson R. The Troubled Republic: Visual Culture and Social Debate in France, 1889–1900. New Haven: Yale University Press, 2004.

Thurston 1998 — Thurston G. The Popular Theater Movement in Russia, 1862–1919. Evanston: Northwestern University Press, 1998.

Todd 1978 — Literature and Society in Imperial Russia, 1800–1914 / Ed. by W. M. III Todd. Stanford: Stanford University Press, 1978.

Tolz 2001 — Tolz V. Russia. New York: Oxford University Press, 2001.

Valkenier 1989 — Valkenier E. K. Russian Realist Art: The State and Society: The Peredvizhniki and Their Tradition. New York: Columbia University Press, 1989.

Valkenier 1990 — The Wanderers: Masters of 19th-Century Russian Painting: An Exhibition from the Soviet Union / Ed. by E. K. Valkenier. Dallas: Dallas Museum of Art, 1990.

von Geldern, McReynolds 1998 — Entertaining Tsarist Russia: Tales, Songs, Plays, Movies, Jokes, Ads, and Images from Russian Urban Life, 1779–1917 / Ed. by J. von Geldern and L. McReynolds. Indiana-Michigan Series in Russian and East European Studies. Bloomington: Indiana University Press, 1998.

Wallis 1994 — Wallis B. Selling Nations: International Exhibitions and «Cultural Diplomacy» // Museum Culture: Histories, Discourses, Spectacles / Ed. by D. J. Sherman and I. Rogoff. Minneapolis: University of Minnesota Press, 1994. P. 265–281.

Walsh 1992 — Walsh K. The Representation of the Past: Museums and Heritage in the Post-Modern World. The Heritage: Care—Preservation—Management. New York: Routledge, 1992.

Warner 1985 — Warner M. Monuments and Maidens: The Allegory of the Female Form. New York: Atheneum, 1985.

Warner 1993 — Warner M. The Mass Public and the Mass Subject // The Phantom Public Sphere / Ed. by B. Robbins. Minneapolis: University of Minnesota Press, 1993. P. 234–255.

Wachtel 1994 — Wachtel A. B. An Obsession with History: Russian Writers Confront the Past. Stanford: Stanford University Press, 1994.

Weeks 1996 — Weeks T. R. Nation and State in Late Imperial Russia: Nationalism and Russification on the Western Frontier, 1863–1914. DeKalb: Northern Illinois University Press, 1996.

Williams 1983 — Williams R. Culture and Society: 1780–1950. New York: Columbia University Press, 1983.

Williams 1970 — Williams R. C. The Russian Soul: A Study in European Thought and Non-European Nationalism // Journal of the History of Ideas. October–December 1970. Vol. 31. № 4. P. 573–588.

Whittaker 2010 — Visualizing Russia: Fedor Solntsev and Crafting a National Past / Ed. by C. H. Whittaker. Leiden and Boston: Brill, 2010.

Woehrlin 1971 — Woehrlin W. F. Chernyshevsky: The Man and the Journalist. Cambridge: Harvard University Press, 1971.

Wortman 2003 — Wortman R. S. The «Russian Style» in Church Architecture as Imperial Symbol after 1881 // Architectures of Russian Identity: 1500 to the Present / Ed. by J. Cracraft and D. Rowland. Ithaca: Cornell University Press, 2003. P. 101–116.

Yampolsky 1995 — Yampolsky M. In the Shadow of Monuments: Notes on Iconoclasm and Time // Soviet Hieroglyphics: Visual Culture in Late Twentieth-Century Russia / Ed. by N. Condee. Bloomington: Indiana University Press, 1995. P. 93–112.

Zaitsev 1988 — Zaitsev P. Taras Shevchenko: A Life / Transl. by George S. N. Luckyj. Toronto: University of Toronto Press, 1988.

Предметно-именной указатель

Вестник Европы, журнал 54, 129, 174, 182, 183, 272, 342, 347, 351, 382, 396, 398, 400

Оглавление

Часть II. Дискурсивные практики

Научное издание

Катя Дианина

ИСКУССТВО НА ПОВЕСТКЕ ДНЯ

Рождение русской культуры из духа газетных споров

Директор издательства *И. В. Немировский*
Ответственный редактор *И. Белецкий*
Куратор серии *К. Тверьянович*
Заведующая редакцией *О. Петрова*

Дизайн *И. Граве*
Редактор *Р. Рудницкий*
Корректоры *А. Филимонова, И. Манлыбаева*
Верстка *Е. Падалки*

Подписано в печать 17.04.2023.
Формат издания 60 × 90 $^{1}/_{16}$. Усл. печ. л. 31,1.
Тираж 300 экз.

Academic Studies Press
1577 Beacon Street, Brookline, MA 02446 USA
https://www.academicstudiespress.com

ООО «Библиороссика».
190005, Санкт-Петербург, 7-я Красноармейская ул., д. 25а

Эксклюзивные дистрибьюторы:
ООО «Караван»
ООО «КНИЖНЫЙ КЛУБ 36.6»
http://www.club366.ru
Тел./факс: 8(495)9264544
e-mail: club366@club366.ru

Книги издательства можно купить
в интернет-магазине: www.bibliorossicapress.com
e-mail: sales@bibliorossicapress.ru

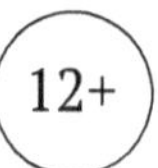

Знак информационной продукции согласно
Федеральному закону от 29.12.2010 № 436-ФЗ

www.ingramcontent.com/pod-product-compliance
Lightning Source LLC
LaVergne TN
LVHW012338100826
845148LV00018B/2707

* 9 7 9 8 8 9 7 8 3 7 9 0 8 *